Heraldik

WAPPEN – IHR URSPRUNG, SINN UND WERT

OTTFRIED NEUBECKER

VORSTANDSMITGLIED DER INTERNATIONALEN
AKADEMIE DER HERALDIK

MIT BEITRÄGEN VON

J. P. BROOKE-LITTLE

RICHMOND HERALD OF ARMS

GESTALTET VON

ROBERT TOBLER

BATTENBERG VERLAG

eraldik

WAPPEN – IHR URSPRUNG, SINN UND WERT

Die Konzeption des Buches wurde entwickelt von
EMIL M. BÜHRER

Redaktion:
CORINNA REICH

Bildbeschaffung:
EDITH BÜRGLER

Herstellung:
FRANZ GISLER

Eine Koproduktion von:
EMB-Service für Verleger, Luzern, Schweiz

Titel der amerikanischen Ausgabe:
Heraldry
Sources, Symbols, and Meaning

Deutsche Ausgabe:
Genehmigte Lizenzausgabe für Battenberg Verlag
im Weltbild Verlag GmbH, Augsburg 1990

Satz:
HERTIG & CO. AG, BIEL

Photolitographie:
KREIENBÜHL AG, LUZERN
und
ACTUAL, BIEL

Druck und Einband:
G. CANALE & C. S.P.A.
VIA TRIPOLI 97 - TORINO

Printed in Italy

ISBN 3-89441-275-5

MOSAIK DER HERALDIK

Mosaik, ursprünglich ein arabisches Wort, bedeutet »geschmückt«; und wahrlich schmuck ist alles, was mit Wappen zu tun hat. Kaum vorstellbare Vielfalt in strengem und doch flexiblem Rahmen bietet einen Reiz, dem sich der, den er einmal berührt hat, nicht mehr entziehen kann. Kosmos, Natur, Sagenwelt und Geschichte weben an einem bildhaften Netz von unvergeßlichen Symbolen, unter deren Eindruck Nationen, Staaten, Organisationen, Geschlechter und

Familien aufgebaut werden, fortdauern, aber auch dem Untergang entgegeneilen. Figuren aus fernster Vergangenheit bleiben gültige Zeichen für Menschenwerk und Menschenwillen, neugeschaffene schließen sich dem Reigen an, und abstrakte Graphik gewinnt zuweilen eine Bedeutung, die über Leben und Tod von Millionen Menschen entscheiden kann.
Stilisierte und naturalistische Adler mit einem, mit zwei oder gar mit drei Köpfen, Löwen, die einen anblecken, und solche, die ihre Zungen aus zwei Köpfen herausschlagen oder – in Nachahmung symbolischer Fischdreiheit – drei Körper an einem Kopf vereinigen, fürchterliche menschenverschlingende und umweltbedrohende Drachen und Panther, jungfraubetörende Einhörner, aber auch ehrliebende Hermeline, madonnenverehrende Lilien und minnigliche Rosen, bis herunter zu einem berühmt gewordenen Rettich – alles, was Menschen beobachten und deuten können, kommt in Wappen vor. Den Rahmen haben einst glaubenstrunkene Krieger gesteckt, ohne zu ahnen, daß sie damit eine unauslöschliche und unaufhaltsame Entwicklung eingeleitet haben. Einfache und verzierte Kreuze, Kronen und prächtige Helmzierden, bunt gemusterte Gewänder und verzierte Stäbe wirken zusammen und lassen das Wappenwesen wie ein Mosaik aus unzähligen schönen Sinnbildern voll tiefer Bedeutung erscheinen.

PAX

In früheren Zeiten wußte jeder, was ein Wappen ist. Aber man sollte es doch auch heute als einen Bestandteil der allgemeinen Bildung ansehen, denn man begegnet Wappen auf Schritt und Tritt, wenn auch weniger bewußt, als in der Blütezeit der Heraldik.
Diese Zeit liegt nun freilich schon lange zurück, und sie soll auch keineswegs wiederbelebt werden, denn sie war alles andere als friedlich. Womit nicht gesagt sein soll, daß unsere heutige Zeit als friedvoll zu bezeichnen wäre. Gerade die turbulentesten Regionen unserer Welt lassen aber Zeichen entstehen, die mit den klassischen Wappen durchaus vergleichbar sind. Es lohnt sich also, den historischen Voraussetzungen – sozialen wie psychologischen – nachzuspüren. Wie seltsam, daß in diesem Jahr gerade jener Teil der Welt zum unruhigsten geworden ist, auf den wir die Entstehung der Wappen zurückführen, nämlich das Heilige Land, Kernland des Vorderen Orients mit seinen von vielen Religionen heiliggehaltenen Stätten von Damaskus bis Sinai. Lassen wir die moralische Beurteilung der Kreuzzüge hier aus dem Spiel; die historische Bedeutung dieses Zusammenpralls, aber auch der gegenseitigen Befruchtung zweier einander wesensfremder Kulturen kann nicht in Zweifel gezogen werden.
Die sozialen Voraussetzungen für das Entstehen des Wappenwesens waren schon lange gegeben; sie kamen aber erst zur Wirkung, als militärische Erfahrungen hinzukamen, die eine Kennzeichnung sowohl der Einzelpersonen als auch der Volkszugehörigkeit erforderlich machten.
Die Kennzeichnung der Volkszugehörigkeit war für alle jene eine Wohltat, die nach Verlassen ihrer Heimat auf die Sprachbarriere stießen, die ja nur von Gelehrten mit Hilfe des Lateinischen überwunden werden konnte; auch das Französische, die Hauptsprache Gebildeter, konnte da nur wenig helfen, obwohl es im Orient eine bedeutende Rolle spielte.
Als im Jahr 1095 der flammende Aufruf an die Christenheit erging, das Kreuz zu nehmen und zur Befreiung der Heiligen Stätten von der Bedrohung durch eine auf Ausbreitung bedachte fremde Religion aufzubrechen, machten sich offenbar nur wenige eine Vorstellung davon, auf welch qualvolle und gefährliche Abenteuer man sich damit einließ. Groß war das Erstaunen der recht ungeschliffenen Leute aus dem Abendland, als sie auf eine hohe Kultur und auf eine wissenschaftlich fundierte Technik, auch Kriegstechnik, stießen. Sie zogen daraus gewisse Lehren, dies aber mehr in bezug auf die Technik; hingegen versuchten sie, ihre gesellschaftliche Struktur den eroberten Gebieten aufzupfropfen. Sie errichteten die Herrschaft einer Oberschicht mit den Regeln der Feudalität, perfekter als in der Heimat, aber als Oberschicht auch gebrechlicher.
Mehrere Elemente legten gemeinsam den Grundstein zu einer Erscheinung, die die ganze im europäischen Sinn zivilisierte Welt umfaßte: dem Wappenwesen, das wir nach späteren Formen auch Heraldik nennen. Die Feudalität, das Lehenswesen also, beruhte grundsätzlich auf einem unverbrüchlichen Treueverhältnis zwischen Herr und Diener, wobei der Dienstleistung einerseits eine Sorge- und Schutzpflicht des Herrn andererseits zu entsprechen hatte. Dieses lehensrechtliche Verhältnis wurde – wie heute ein Beamtenverhältnis – zwischen dem König oder einem ihm kurz nachgeordneten Herrn und einer Einzelperson auf Lebenszeit geschlossen und erlosch nur, aber dann automatisch, beim Tode eines der Partner. War der Lehnsherr eine Institution, etwa die Kirche, so konnte die Frage auftauchen, ob der Tod des Repräsentanten der Institution, etwa eines Bischofs, das Lehensverhältnis auflöste oder nicht. Das verständliche Bestreben, besonders seitens der Lehnsnehmer, die Vorteile des Lehens ihren Nachkommen zu sichern, führte notwendigerweise zur Erblichkeit. In einer Gesellschaft, die noch keineswegs auf technischen Fortschritt und die damit verknüpfte Geldwirtschaft ausgerichtet war, war die Grundlage der Existenz die Landwirtschaft, mit anderen Worten Grund und Boden. Nach dem Zusammenbruch des römischen Weltreiches fanden im Zuge der Völkerwanderung grundlegende Wandlungen in den Besitzverhältnissen statt. Sie wirkten sich zugunsten derer aus, die die Gewalt innehatten. So entstanden in Mitteleuropa zwei Typen des Grundbesitzes. Der eine ist das sogenannte *Allod,* das heißt der erbliche Grundbesitz, der seinem Eigentümer vollständig gehörte; der andere ist das Lehen, ein Grundstück oder Gebiet, das dem König oder einem hochgestellten Herrn gehörte, von diesem aber einem unterstellten Mann geliehen wurde, damit er die Existenzmittel gewinnen konnte, um seine mit der Entgegennahme des Lehens übernommenen Pflichten zu erfüllen. In einer Zeit, die mehr auf Gewaltanwendung als auf eine rechtliche Gesinnung angewiesen war, bestand eine Hauptpflicht in der Bereitschaft, den Herrn in der kämpferischen Verfolgung seiner Ziele mit allen Mitteln und in eigener Person zu unterstützen.
Solange derartige Unternehmungen von verhältnismäßig kleinen Häuflein Bewaffneter betrieben wurden, bedurfte es kaum einer zusätzlichen Kennzeichnung; da genügten Merkmale verschiedenster Art. Das änderte sich mit einem Male, als beim ersten Kreuzzug Kampfwillige aus dem ganzen Abendland auszogen. Man mußte zwar mit Nachbarn vom gleichen Kontinent gemeinsame Sache machen, war aber dennoch genötigt, sich hierbei eng an die eigenen Landsleute anzuschließen. Durch die Differenzierung der Farben des Kreuzzeichens wurde nicht nur ein Nationalbewußtsein erzeugt oder gefördert; die militärisch leitenden Personen übertrugen ihre aus dem Lehenswesen herrührenden Auffassungen auf die neue Lage.
Eine stärkere Schutzbewaffnung bestand insbesondere in einer weiteren Abdekkung des Gesichtes, wodurch der Krieger unkenntlich wurde. Dies hatte wiederum zur Folge, daß er wie ein moderner Panzerfahrer oder Flugzeugpilot seine Umhüllung mit leicht identifizierbaren Zeichen ausstatten mußte; das konnte ein zusätzlicher Aufbau auf dem Helm sein, aber auch eine Bemalung der Rüstungsteile, des Schildes und auch der Pferdedecke. Der Waffendienst eines Lehensinhabers schloß meistens die Stellung des Streitrosses auf eigene Kosten ein.
Dieses Verhältnis zwischen dem Herrn und seinem Vasallen erklärt auch, warum in den ersten Jahrhunderten des Wappenwesens Wert darauf gelegt werden mußte, daß das Wappen eine bestimmte Person und nicht etwa eine Familie anzeigt. Den Eintritt in das tätige Leben gewann ein junger Ritterbürtiger ja auch nicht durch seinen Vater, sondern durch den, der ihm die Ritterwürde verschaffte. Erst die Erfolge der Lehensinhaber in ihrem Bestreben, die Lehen nach und nach erblich zu machen, führten zur Dauerhaftigkeit der Wappen, die nunmehr zu rechtlichen Symbolen wurden.
In der Gegenwart bestehen die vor rund tausend Jahren entwickelten Regeln kaum verändert weiter, nachdem sie durch die Tätigkeit einer immer wichtiger gewordenen Berufsgruppe, der Herolde, formuliert und durchgesetzt worden waren.

Alles, was mit Wappen zusammenhängt, bezeichnen wir als »heraldisch«, und der ganze Komplex der Wappenkunde und Wappenkunst heißt HERALDIK.

Die von den Herolden entwickelten Regeln beruhen auf den Erfahrungen des mittelalterlichen Kriegshandwerks und fanden wegen der seinerzeit elementaren Bedeutung der Waffengänge weitgehend Anerkennung. Jede Person mußte auch unter ungünstigen Sichtverhältnissen schnellstens erkannt werden können.

Eine der Hauptregeln ist die Farbregel, nach welcher Metall nicht auf Metall und Farbe nicht auf Farbe liegen soll.

In jedem Wappenschild soll daher entweder Gold oder Silber in nennenswertem Anteil vorkommen.
Neben dem Gesichtspunkt der Erkennbarkeit auf große Entfernung, der in angemessenem Verhältnis auch auf stärkste Verkleinerung anzuwenden ist, müssen formale Voraussetzungen erfüllt sein, um ein Zeichen als Wappen gelten zu lassen.

Ein Wappenbild muß auf mittelalterlichen Rüstungsteilen, insbesondere einem Kampfschild, dargestellt denkbar sein.

Die modernen Abzeichen verschiedener Staaten würden dieser Begriffsbestimmung zwar nicht mehr entsprechen, sie müssen aber deswegen als Wappen gelten, weil sie eine wesentliche heraldische Funktion ausüben.

Durch Wappen werden Personen oder Personengruppen unmittelbar repräsentiert. Die Anwesenheit eines Wappens kann die Anwesenheit der Person, selbst über ihren Tod hinaus, ersetzen.

Deshalb auch sind Wappen bevorzugte Embleme auf Siegeln und Stempeln.

INHALTSVERZEICHNIS

Das Wappenwesen ist im Laufe seiner langen Geschichte immer zeitgültig geblieben. Alle politischen Entwicklungen finden einen Niederschlag in heraldischen Formen. Das ist am deutlichsten bei der Gründung neuer Staaten zu beobachten, die ausnahmslos am ersten Tage ihrer Unabhängigkeit und möglichst um 0.00 Uhr unter feierlichem Gepränge eine Flagge hissen und bald danach befreundeten Nationen ihr künftiges Wappen und auch die Abzeichen ihrer nationalen Fluggesellschaft und ihrer Luftwaffe mitteilen.
Die zunehmende Demokratisierung im Sinne einer erweiterten Selbstverwaltung und Selbstverantwortung der unteren Instanzen oder kleinster Bevölkerungsgruppen führt zur Schaffung von örtlichen Abzeichen. Das hat in so demokratisch aufgebauten Ländern wie der Schweiz und Finnland jeder oder fast jeder Gemeinde, auch der kleinsten, zu einem heraldisch einwandfreien Wappen verholfen.
Allen Unkenrufen zum Trotz ist eine ähnliche Bewegung auch bei Familien zu beobachten, die sich als Baustein ihres Volkes empfinden und zu dessen Zusammenhalt beizutragen wünschen. Nachdem die Auffassung überwunden sein dürfte, daß es eines Kaisers oder Fürsten bedürfe, um ein Wappen zu erlangen, nimmt auch die Nachfrage nach Wappen für zusammenschlußfreudige Familien, aber auch für Einzelpersonen zu.

Je mehr der Tourismus zunimmt, desto eher wird sich erweisen, wie nützlich heraldisch gekennzeichnete Markierungen sind, die dem Reisenden, der keine fremde Sprache beherrscht, anzeigen, von wo an andere Geldsorten, andere Umgangsformen und andere bürokratische Vorschriften gelten. Es ist auch interessant, zu beobachten, wer auf derartige Markierungen Wert legt und wo das geschieht. Bayern grenzt sich keineswegs gegen die benachbarten Bundesländer ab, wohl aber läßt es den, der im Süden die Grenze zur Bundesrepublik Deutschland überschreitet, wissen, daß er zugleich den Freistaat – nicht etwa nur ein Bundesland – Bayern betritt.

Früher strebten wichtige Städte danach, ihre innere Autonomie damit zu manifestieren, daß sie das Wappen ihrer obersten Herren an den Stadttoren anbringen ließen, manche nur als Tafel, manche aber in Stein gehauen, wie Toledo an der Einfahrt von Norden (*rechts*).

Der Herold

Mein Nam' ist von alters »Ehrenhold«,
mein Amt hierbei vernehmen sollt.
Äneas Sylvius beschreibt
nach der Lang', wie sind eingeleibt
vor vielen Jahren die Ehrenholden,
daß sie Fürsten und Herren sollten
besuchen durch all' ihre Grenz.
Den' soll man dann mit Reverenz
Schenk, Kleinod und Hofkleid geben,
sie befesting, herrlich z'leben,
sie sicher g'leiten und verteiding,
hart straffen, wer sie tät' beleiding.

Sinngedicht von Hans Guldenmundt, um 1550

In der Götterwelt des Altertums waren die Zuständigkeiten der einzelnen Gottheiten sorgfältig aufgeteilt; der Hauptgott oder Göttervater bedurfte zur Bekanntgabe seines himmlischen Willens eines Verkünders, eines Vermittlers. Im alten Ägypten galt der heilige Apis-Stier *(oben)* als Bote von Ptah, dem obersten Gott.

Was ist ein Herold? Woher kommt die Bezeichnung »Heraldik« für die Wappenkunde? Der Zusammenhang zwischen Wappen und Herolden ist nicht selbstverständlich, und der Begriff »Heraldik« besteht erst seit etwa dreihundert Jahren. Denn eigentlich ist ein Herold ein Bote und Verkünder. Seine Aufgabe ist es, »des Heeres zu walten«, ein Ausdruck, der vermutlich auf das althochdeutsche *hariwalt* zurückgeht. Auf dem Umweg über das altfranzösische *herault* drang das Wort in alle europäischen Sprachen ein. In seiner jetzigen Form aber findet es sich in der deutschen Sprache nicht vor 1367, in französischer Dichtung bereits seit 1285 in der Form *hirau*.

Die griechische Mythologie schrieb ihren Göttern viele menschliche Eigenschaften und sogar Gefühlsregungen zu, von der Liebe bis zum Haß, von der Heiterkeit bis zu Zornesausbrüchen. Der Gott der »Cleverness«, Götterbote von Beruf, hieß bei den Griechen Hermes, bei den Römern Merkur. Mit Botenstock – daran zwei Schlangen – und Flügelhut ausgerüstet, stellte er die Verbindung zwischen Göttern und Menschen her und wurde von allen denen verehrt und angefleht, die wachen Sinnes sein mußten, um ihrem Beruf, sei er auch nicht besonders honorig, nachgehen und in ihm bestehen zu können. Auf unserem Bild wird Hermes von Silen begleitet.

Die überaus kriegerische Lebensweise der Gesellschaft des Mittelalters wies einem Heeresbeamten Aufgaben zu, die sich nicht immer von selbst verstanden. Ein Bote mußte oft zum Diplomaten werden, der auf dem schmalen Grat zwischen Botschafter und Kundschafter als ein Vorläufer des Gesandten der Neuzeit zu gelten hat.

Die enge Beziehung zwischen Wappen und Herolden erklärt sich zwanglos aus der Heeresverfassung und der Art der Kriegführung im Mittelalter. Die feudale Gesellschaft war in endlose Fehden verwickelt, die nach ritterlichem Ritual begonnen, ausgetragen und unter unschätzbaren Verlusten an Land und Vermögen beendet wurden. Jeder Teilnehmer an einem Waffengang kriegerischer oder mehr sportlicher Natur machte sich mit einem Wappen auf Schild, Helm und Banner wie auch auf der Pferdedecke kenntlich und war nur daran von anderen zu unterscheiden. Es mußte also Leute geben, die an diesen Zeichen ablesen konnten, ob man Freund oder Feind vor sich hatte. Voraussetzung hierfür war ein gutes Gedächtnis, aber auch Vertrauenswürdigkeit; eine unwahre Berichterstattung hätte katastrophale Folgen gehabt. Und da zu allen Zeiten Wissen Macht ist, bildete sich aus der jeweiligen Umgebung der Kriegsherren eine Gruppe von Personen heraus, die über diese Eigenschaften und Kenntnisse verfügten. Dabei war ihre soziale Herkunft ausnahmsweise ohne Bedeutung.

Bereits wenige Jahrzehnte nach dem Auftauchen der ersten Wappen waren sie so zahlreich geworden, daß ihre Kenntnis zum Rüstzeug der »Herolde« genannten Personen wurde, die man zwar vorher als Boten und Ausrufer von den Spielleuten und anderem fahrendem Volk nicht unterschieden hatte, aber jetzt zu Rate ziehen mußte. Zum ersten Mal ist die Anwesenheit eines Herolds bei einem Gefecht im Juli 1173 nachgewiesen: damals bezeugt der Chronist

Weniger durch seine Funktionen als durch seine heraldischen Sammelwerke wurde der Wappenkönig der »Ruyers« zu einer wichtigen Figur. Sein bürgerlicher Name war Claes Heinen oder Heynensoen, sein Amtsname »Gelre« (Geldern), solange er im Dienste von Jean de Chatillon, Grafen von Blois und zeitweiligem Herzog von Geldern stand. Der Herold »Gelre« war wohl nicht gern sein Diener; als Herzog Jean sich 1374 nach Holland zurückzog, wo er sechs Jahre später starb, konnte Claes Heinen die Fesseln zerreißen, seinen Wappenrock davonwehen lassen und einen neuen Herrn suchen.

Der oberste Wappenkönig in England trägt seinen Amtsnamen nach dem höchsten englischen Orden, dem Hosenband. Der erste

»Garter King of Arms«, mit bürgerlichem Namen William Bruges, wurde 1413 vom König ernannt. Hier ist er im Gebet vor dem Landespatron, dem Hl. Georg, dargestellt, angetan mit seinem Tappert, darauf die Lilien von Frankreich und die drei Leoparden von England.

Guillaume le Maréchal, daß ein Herold die Schlacht bei Drincourt in der Normandie beobachtet hat. Noch war das ein Einzelfall, eine Inanspruchnahme aus gegebenem Anlaß. Die Einrichtung aber bewährte und festigte sich langsam. Immerhin weisen englische Ausgabenbelege für das Jahr 1290 auf einen »König der Herolde« in königlichem Dienst hin, und etwa vierzig Jahre danach taucht erstmals eine Amtsbezeichnung auf, wie sie später allgemein für die Herolde verwandt wurde. Ein Mann namens Andrew nannte sich zusätzlich »Norroy« (Nordkönig) zu einer Zeit, als der gemeine Mann noch keinen Familiennamen, sondern nur einen Taufnamen zu haben pflegte. Königliche Bedienstete aber wurden aus der Menge durch Amtsbezeichnungen herausgehoben, die wiederum hierarchisch gestaffelt sein konnten. Nachdem sich die Herolde aus der Gruppe des Gesindes, der Spielleute und Abendunterhalter ausgegliedert hatten, stand an ihrer Spitze ein Wappenkönig oder König der Herolde, gefolgt von den Herolden als nächster Stufe und den Persevanten (vom französischen *poursuivant*, Amtsanwärter). So ist es jahrhundertelang gehandhabt worden, auch noch, als die eigentliche Aufgabe der Herolde, der sie ihre öffentliche Wertschätzung verdankten, nicht mehr gestellt wurde. Worin bestand aber diese Aufgabe im einzelnen?

In Frankreich ist sie innerhalb des Statuts für den *Connétable* (vermutlich aus dem Jahr 1309) so genau umschrieben, daß man sich ein lebendiges Bild von der Tätigkeit der damaligen Herolde machen kann. Der *Connétable,* dessen Amt erst 1627 durch Richelieu aufgehoben worden ist, war der Oberbefehlshaber der Heere des Königs. Die königlichen Fahnen dienten dazu, mittels ihrer Gestalt die militärische Gliederung kenntlich zu machen; die Wappenkönige, Herolde und Persevanten hatten sich um das dem Großkämmerer anvertraute Banner zu scharen.

Die Zahl dieser Wappenkenner war beträchtlich. Nach der kriegsgeschichtlich bedeutsamen und für die Franzosen so verlustreichen Schlacht bei Crécy 1346, bald nach Beginn des Hundertjährigen Krieges, wurde dem Sieger, König Eduard III. von England, die Liste der gefallenen französischen Ritter überreicht. Als Boten wurden fünf Herolde abgesandt. Ihre Amtsnamen waren nach französischen Landschaften gewählt: »Valois«, »Alençon«, »Harcourt«, »Dampierre« und »Beaujeu«. Ein Jahr später muß König Johann II. der Gute, damals noch Herzog der Normandie, vier französische Wappenkönige, einen mit adeligem und drei mit Amtsnamen, sowie einen Wappenkönig der Normandie, amtlich »Herzog der normannischen Herolde« geheißen, und einundzwanzig Herolde entlohnen. Das war nicht außergewöhnlich: 1396 war Albrecht von Bayern auf seinem Feldzug nach Friesland ebenfalls von einundzwanzig Herolden begleitet. Sicherlich wurden diese größtenteils von Fall zu Fall eingestellt. Man bot ja auch die Truppen nach Bedarf auf. Obwohl

Die prunkvolle Stickerei der Tapperte, auf denen nunmehr auch der Löwe von Schottland und die Harfe von Irland erscheinen, ist in den hochkünstlerischen Porträts von 1671 festgehalten *(rechts)*. Auch damals noch trugen die Persevanten ihren Wappenrock um neunzig Grad gedreht.

Englische Wappenbeamte *(Officers of Arms)* zu Pferde in Ausübung ihrer prunkvollen Amtspflichten. Vorne die Persevanten, kenntlich an ihrem »verkehrt« getragenen Tappert. Die nachfolgenden Herolde tragen den Tappert »richtig«, dazu einen weißen Stab. Nach einem Turnierbuch aus der Zeit König Heinrichs VIII. (reg. 1509–1547).

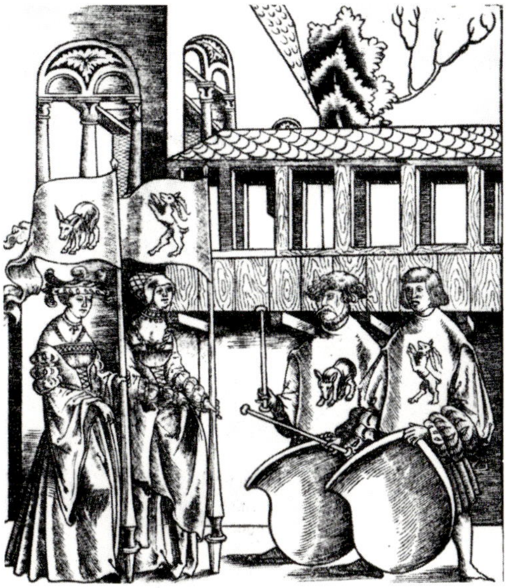

Wer ein Turnier ausrichten sollte, benötigte Organisatoren. So kleideten die Turniergesellschaften in Deutschland ihre Ordner in Wappenröcke mit dem Gesellschaftszeichen, hier »Esel« und »Steinbock«, die auf den Fahnen der Damen wiederkehren. Zur Ausrüstung auch dieser Personen gehörte ein weißer Stab.

In dem berühmten »Livre des Tournois« des Guten Königs René wird beschrieben, wie das Turnier von den Herolden eröffnet wird. Derjenige, der über die kräftigste Stimme verfügt, hat dreimal zu rufen: *Or oyez, or oyez!* (Also höret!), worauf die eigentliche Ansage folgt. Im Bild oben die Herolde der Turnierpartner, der Herren von Gruthuyse und Ghistelle, beide aus Flandern.

die Truppenaufbietung erst etwas später durch stehende »Banden« ersetzt wurde, scheinen die Herolde um die Mitte des 14. Jahrhunderts ein fester Bestandteil der Hofhaltung geworden zu sein; die unbestallten Herolde gerieten dabei ins Hintertreffen.

Die von den Herolden verlangte ausgedehnte Personenkenntnis erforderte nicht nur ein gutes Gedächtnis, sondern auch Gedächtnisstützen, also Verzeichnisse. Diese Verzeichnisse konnten nach den verschiedensten Prinzipien angelegt werden. Ein systematisches Erfassen war aber der Epoche noch recht fremd, man nahm mehr militärisch-hierarchische Einteilungen vor, erstellte Übersichten nach Gefolgschaften oder der Teilnahme an Heerschauen oder Krönungen. Doch auch andere Gesichtspunkte traten hinzu, wie die Anordnung aufgrund der Wappenbilder nach einzelnen Gegenden, dies vor allem in England, wo man auch in den folgenden Jahrhun-

Das schönste Turnierbuch ist zweifellos die Sammlung von Vorschriften, die der feinsinnige, aber politisch ruhelose König René aus dem Hause Anjou-Neapel (1409 bis 1480) »aus alten Schriften« zusammenstellte und herrlich illustrieren ließ. Er interessierte sich vor allem für Pomp und Zeremonien, die er genau beschrieb und von den erfundenen Herzögen der Bretagne und von Bourbon ausfüllen ließ. Wie das Turnier selbst verläuft, war ihm weniger wichtig.

Die vier Abbildungen zeigen folgende Szenen: Der Herzog der Bretagne händigt seinem Wappenkönig das Schwert aus, das dieser dem künftigen Gegner als Zeichen der Aufforderung zu einem Turnier bringen soll. Ein Persevant hält Kappe und Heroldsstab seines Meisters.

Die Abgesandten des Herzogs der Bretagne überreichen dem Herzog von Bourbon das Schwert.

Sie bieten ihm die mittels imaginärer Wappen auf einer Pergamentrolle verzeichneten acht Spruchrichter an, von denen er vier auswählen möge.

Die Spruchrichter stecken sich Abzeichen mit ihren Wappen an die Kopfbedeckung. Ein stimmgewaltiger Persevant ruft das Turnier aus.

derten dem Wappenwesen eine auffallend dogmatisch bestimmte Aufmerksamkeit widmete.
Die militärischen Erfordernisse waren aber nicht nur Antrieb zur Listenführung, sondern sie erlegten den Herolden bestimmte Regeln für Lebensweise und öffentliches Auftreten auf, mußten sie doch als unverletzliche Personen die Reihen der Fehde- oder Kriegsgegner durchschreiten und deren Lager betreten können. Dazu gehörte eine unverwechselbare Tracht. Sie bestand in einem Wappenrock, wie ihn auch der Herr zu festlichen Gelegenheiten anlegte, jedoch – dies ein wesentlicher Unterschied – ohne Schwert, Dolch oder Schlagstock, immerhin aber im Getümmel über einem Ringelpanzer. Die Herolde waren also von weitem kenntlich; eine solche Tracht hat sich in Ländern, in denen die Einrichtung der Herolde noch in irgendeiner Form besteht, bis heute erhalten. Solange die alte Heeresfolge-Verfassung noch galt, bei der die Fürsten, ihre Bannerherren und deren fallweise aufgebotenes Lehnsgefolge an den aufgerichteten Fahnen kenntlich waren, blieben die Herolde allenthalben im Abendland unentbehrlich. Sie hatten sich stets, besonders aber in Kriegszeiten, in unmittelbarer Nähe ihres Herrn aufzuhalten und bei Tag und Nacht bereit zu sein, weswegen sie in den Zelten des Fürsten untergebracht wurden. Sollte eine fürstliche Verfügung bekannt gemacht werden, hatte der Herold seinen Wappenrock, den Tappert, anzulegen und, von einem dreimal ins Horn stoßenden Trompeter begleitet, laut und deutlich der Zuhörerschaft den vorgeschriebenen Text unverändert vorzulesen.

Mit dem Tappert angetan, hatte er auch die angeordnete Waffenruhe zu verkünden und Botschaften an gegnerische Befehlshaber zu übermitteln, sei es, um den Kampf anzubieten, die Übergabe eines festen Platzes zu fordern, oder um Kapitulationsverhandlungen vorzuschlagen, aber auch, um Zweikämpfe zwischen Einzelpersonen aus den gegnerischen Lagern zu organisieren. Einer namhaften Entlohnung durch den Gegner, der seine Nachricht entgegennahm, durfte er gewiß sein, um so mehr, als man darauf achtete, daß er dessen Sprache beherrsche. Zurückgekehrt, durfte ein Herold über beim Gegner beobachtete Zurüstungen, etwa einen Hinterhalt, kein Wort verlieren; er mußte sogar so tun, als habe er ihn überhaupt nicht wahrgenommen. Andernfalls wäre er als Spion betrachtet worden, was mancher eidbrüchige Persevant dem Schaden seines Herrn vorgezogen haben soll. Immerhin durfte er seinem Herrn mit Ratschlägen ohne nähere Begründung nützlich sein. Der als Verfasser eines Regelbuchs für Herolde maßgeblich gewordene Herold »Sicile« begründete diese Vorschrift mit der Christenpflicht, Blutvergießen zu verhindern, einer Auffassung, die die kriegslüsternen Ritter kaum geteilt haben dürften.
Vor Kriegslisten und der Übertölpelung eines zu redseligen Heroldes schreckte mancher nicht zurück; so feierten die Leute des französischen Herolds Bertrand du Guesclin, wie aus dessen Biographie hervorgeht, im Oktober 1370 so ausgiebig mit ihrem englischen »Kollegen«, der den Lagerplatz seines Herrn versehentlich ausgeplaudert hatte, daß dieser, betrunken, die Rückkehr

Turniere waren außerordentlich kostspielig, denn sie wurden mit großem Aufwand ausgestattet. Welche Pracht dabei entfaltet wurde, zeigen zeitgenössische Illustrationen. Der Schmuck der Ritter und der Pferde entfernte sich immer mehr von der alten Heraldik und setzte sich zunehmend aus persönlich gewählten Bildern zusammen, nicht selten von dezenter Erotik, die sich in den Initialen einer Dame ausdrücken mag, die vielleicht Maria hieß und für deren Herz in der Helmzier ein sanftes Bett auf Straußenfedern bereitet wird; auch Hoffnungsanker sind ein beredtes Symbol. Die Wappen der Herren dienen nur noch der Illustration des Albums.

verschlief, und die Franzosen im ersten Morgenlicht mit »niedergehaltenen Bannern« ins englische Lager schleichen konnten, um den kampfeslustigen Thomas von Granson zu überwältigen und gefangenzunehmen. Wenn der Kampf aber auf korrekte, ritterliche Weise eröffnet wurde, pflegte man vor Gefechtsbeginn neue Ritter zu schlagen, eine Zeremonie, bei der die Herolde als Zeugen anwesend zu sein hatten. Der Herold »Hennegau« beurkundete 1547, daß Kaiser Karl V. am Morgen der Schlacht bei Mühlberg Peter von Brandenburg zum Ritter geschlagen habe. Der Lohn für ein derartiges Zeugnis bestand in allen nichtmilitärischen Ausrüstungsstücken des bisherigen Knappen, die aber auch mit einer Mark Silber ausgelöst werden konnten.

Jeder mußte sich bei bevorstehendem Kampf bewußt sein, daß er vielleicht nicht lebend davonkäme. Für diesen Fall hatten die Herolde letztwillige Verfügungen zu protokollieren und Wertsachen in Verwahrung zu nehmen, sich aber auch körperliche Merkmale ansagen zu lassen, anhand deren sie Gefallene identifizieren konnten. John Talbot, Graf von Shrewsbury, fiel 1453 in der Schlacht bei Castillon, mit der der Hundertjährige Krieg zwischen England und Frankreich beendet wurde. Sein Herold konnte

Nächste Seiten:
Den Damen war bei einem so bunt bewegten Vorgang die geziemende Mitwirkung eingeräumt. Sie sollten, sagt König René, viermal an den aufgereihten Helmen aller Teilnehmer vorbeigeführt werden, um keinen zu übersehen, der ihr Geschlecht mit Worten geschmäht habe. Dessen Helm, von einer Dame berührt, wurde ausgesondert, der Betreffende zur Rechenschaft gezogen. Die Unbelasteten nahmen am abendlichen Tanzvergnügen teil.

MASSGEBLICHE HEROLDE AUS VERSCHIEDENEN LÄNDERN

Der von Kaiser Karl V. am 27. Oktober 1520 in Aachen zum Reichsherold mit dem Amtsnamen »Teutschland« oder »Germania« ernannte Caspar Sturm ist in der Reformationsgeschichte als Begleiter Martin Luthers zum

Reichstag in Worms 1521 bekannt geworden. Er hat sich nicht nur als Wappensammler, sondern auch als Verfasser von Chroniken einen Namen gemacht. Albrecht Dürer hat ihn porträtiert.

Der Herold, dem der Tod begegnet, trägt den markgräflich-badischen Wappenrock mit den Feldern Baden (in Gold ein roter Schrägbalken) und Sponheim. Die Markgrafen von Baden hatten sich 1415 verpflichtet, die Sponheimer Wappen weiterzuführen, wenn das Haus Sponheim erlösche, was 1437 eintrat.

ihn nur noch an einer Lücke im Gebiß erkennen, die er mit dem Finger im Mund seines durch Verletzungen und bereits begonnene Verwesung entstellten Herrn erfühlte. Rührend liest sich bei Mathieu d'Escouchy die Szene, wie der enttäuschte Herold, der den Grafen lebend, wenn auch in Gefangenschaft, anzutreffen wähnte, sich über ihn beugte und auf den Mund küßte, unter Tränen seinen vierzigjährigen Dienst als beendet erklärte und zum Zeichen dessen seinen Waffenrock auszog und auf den Leichnam legte.

Wie aber kam es dazu, daß der Herold des Grafen von Shrewsbury seinen Herrn zu identifizieren Gelegenheit fand, wenn er selbst nicht zu den Gefangenen gehörte? Herolde waren ja unbewaffnet und wurden grundsätzlich nicht gefangengenommen. Sie hatten sich unmittelbar bei Kampfbeginn von der Fahne ihres Herrn weit genug, aber nicht zu weit zu entfernen, weil sie den Kampfverlauf anhand der Wappen verfolgen und auch das Verhalten der Kämpfer oder gar Feiglinge beobachten und melden mußten. Nach Entflechtung trafen sich die Herolde beider Seiten auf dem Schlachtfeld, um gemeinsam zu entscheiden, wer der Sieger des Tages sei. Unterlegen war derjenige, aus dessen Gefolge die meisten Toten stammten.

hatte der Wappenkönig des Königs von Frankreich mit dem Amtsnamen »Montjoye« auf Befragen dem König von England, Heinrich V., zu erklären, daß er der Sieger sei und wie das Schloß in der Nähe heiße, worauf der König gemäß bestehender Sitte der Schlacht den Namen dieses Platzes erteilte.

Die Herolde oder Persevanten, die als erste eine glückliche Nachricht überbrachten, konnten damit rechnen, vom Empfänger mit seiner eigenen Kleidung entlohnt zu werden. Der sparsame König Ludwig XI. hat sich aber 1473 damit begnügt, den Persevanten, der ihm die Einnahme des Städtchens Lectoure meldete, zum Herold zu befördern.

Nach den Gefechten fiel den Herolden die umfangreiche Aufgabe zu, die an den Wappen erkennbaren Gefallenen listenmäßig zu erfassen, wozu ihnen Schreiber beigestellt wurden, und für die Bestattung zu sorgen. Wer in die Heimat überführt werden wollte, wurde dabei mit Zetteln in angehefteten Schächtelchen besonders gekennzeichnet. Dank seiner Immunität hatte der Herold auch Zugang zu den Gefangenen, aber Namen durfte er dem Sieger nicht bekanntgeben, um zu verhindern, daß dieser einen Wehrlosen im Zorn umbringe. Allerdings durfte er gegebenenfalls versichern, daß es sich um einen Edelmann handle, der standesgemäß zu behandeln sei. Der Herold hatte sich auch um die Frage des Lösegeldes zu kümmern.

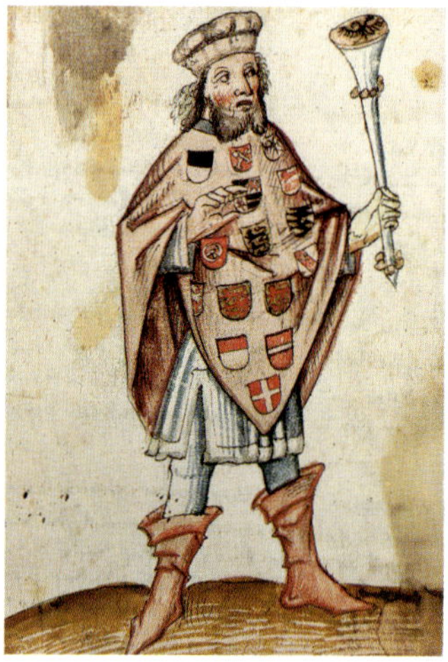

Die unbestallten, also »freiberuflichen« Herolde schmückten ihren Tappert mit lauter kleinen Wappenschildchen, die beamteten trugen das Wappen ihres Herrn, bei kleineren Anlässen als angehängtes Schildchen, wie seinerzeit auch die über Land gehenden Briefboten. In der Schweiz hat sich dieser Brauch bei den »Weibel« genannten Amtsdienern erhalten.

Wegen dieser genauen Kenntnis aus Augenschein informierten sich die Chronisten und ihre Illustratoren über den Verlauf der oft schicksalsentscheidenden Schlachten bei den Herolden beider Seiten. Die Herolde des Verlierers begaben sich in der Regel zu dem gegnerischen Befehlshaber, beglückwünschten ihn zu dem Sieg, den Gott ihm geschenkt habe, und ersuchten ihn, Gott für die Seelen der Gefallenen um Gnade zu bitten. Darüber hinaus konnten sie dem Sieger Dienste erweisen. Nach der Schlacht von Azincourt 1415

Zum Zeichen eines Sieges hatten die Herolde sogleich die Fahne ihres Herrn aufpflanzen zu lassen und für die Ablieferung der Fahnen der Verlierer zu sorgen. Und da die Herolde keine kämpferischen Erfolge erringen konnten, sollten sie statt Kriegsbeute ein voll eingerichtetes Haus oder den Gegenwert in Geld erhalten. Im Jahre 1380 ließ der Graf von Buckingham die Stadt

Vertus niederbrennen, weil die Einwohner ihre Häuser, auf die die Herolde Ansprüche erhoben, nicht hatten auslösen wollen. Ihr Verhalten wurde diesen Herolden übelgenommen; vielleicht waren es überhaupt solche, die das in ihr Amt gesetzte Vertrauen nicht verdient hatten. Das hohe Ansehen und die Vorrechte des Berufsstandes übten ja auch auf weniger verläßliche Personen eine Anziehungskraft aus. Daher mußten französische Wappenkönige ihren König einmal bitten, zu verbieten, daß Kaufleute sich als Herolde ausgaben, um steuerfrei zu sein. Nicht nur die Steuerfreiheit war ein Privileg der Herolde, sondern auch die ungehinderte Freizügigkeit, die ihnen weite Dienstreisen gestattete, auf denen sie ihre Kenntnisse von fremden Ländern und deren Wappen erweitern konnten. Viele hielten, was sie sahen, in Wort und Bild fest; ihnen verdanken wir die Wappensammlungen, auf denen unsere Kenntnis der mittelalterlichen Heraldik hauptsächlich beruht. Es gibt nur wenige Berichte von ernsten Zwischenfällen, aus denen die Herolde aber meist aufgrund ihrer Gewandung ungeschoren hervorgingen. Zwar hat 1524 in St. Maximin in der Provence der Pöbel einen Herold Karls V. erschlagen; die Stadt wurde aber vom erbosten Kaiser in Schutt und Asche gelegt. Umgekehrt hat Kaiser Karl V. einen französischen und einen englischen Herold, die ihm 1528 einen Fehdebrief nach Burgos zu überbringen hatten, mit einem pelzgefütterten Rock und je tausend Talern belohnt und mit einem Geleit von vierundzwanzig Bogenschützen zu sicherer Heimkehr ausgestattet.

Der den Herolden im ganzen Abendland gezollte Respekt war unabhängig von der nicht überall gleich straffen Organisationsform ihres Amtes; westlich des Rheins herrschten weit strengere Regeln als im übrigen Europa. So erklärt sich

Der nebenstehende Ausschnitt aus der »Historia Anglorum« (Geschichte der Engländer) von Matthew Paris beginnt mit den Wappen des Königs von England und seines Bruders Richard Grafen von Cornwall, der als Graf von Poitou ein eigenes Wappen führte und als der reichste Fürst seiner Zeit zum deutschen König gewählt und gekrönt wurde. Das erste Wappen in der zweiten Reihe ist das älteste bekannte Wappen in der englischen Geschichte.

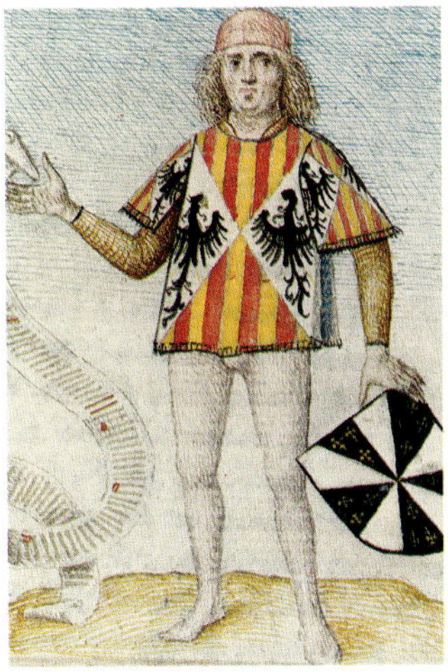

Zwei der unten dargestellten Herolde sind namentlich bekannt. Der Herold »Sicile« (Sizilien) *(links)* stand um 1420 in Diensten des Königs von Aragon (dem Sizilien damals gehörte). Er hieß mit bürgerlichem Namen Jean Courteois. Die maßgeblichste schriftliche Fixierung der Rechte und Pflichten der Herolde stammt von ihm.
Der Persevant *(Mitte)* des Kurfürsten Friedrichs II. von Brandenburg (1413–1471) trug neben dem Taufnamen Hans den Amtsnamen »Burggraf«, weil sein Herr Burggraf von Nürnberg (aus dem Haus Hohenzollern) war. Sein Wappen ahmt den gestückten Schildrand des burggräflichen Wappens nach, das auf seinem Tappert (im dritten Feld) erscheint. Die deutschen Persevanten unterscheiden sich von den Herolden nicht in der Trageweise des Tapperts.
Der französische Herold *(rechts)* entstammt einer weit späteren Epoche, wie seine unter dem Tappert mit den französischen Lilien hervorlugende Kleidung ausweist.

Der Tod als Herold, Radierung von Stefano della Bella (1610–1664).

Der auf einer Spielkarte dargestellte Herold trägt das Wappen von Böhmen als Ansteckabzeichen.
Das Abzeichen mit dem Bären ist das der Weibel der Talschaft Ursern (Schweiz).

Unten (von links nach rechts):
Der Persevant der Turniergesellschaft »Zum Esel«, Hans Ingeram, stellt sich selbst, einarmig, wie er war, in dem von ihm 1459 angelegten Wappenbuch neben seinem eigenen Wappen dar.

Ein spanischer Herold aus den letzten Regierungsjahren König Ferdinands I. († 1516).

Hans von Francolin (1520–1586) war einer der ersten Edelleute, der Heroldsdienste leistete; er war römisch-kaiserlicher und ungarischer Herold und trug daher den jeweils zuständigen Tappert.

Schwedische Herolde aus der Begräbnisprozession König Johanns III., 1594.

Rechte Seite:
Der Herzog von Lancaster war einer der ersten Ritter des englischen Hosenbandordens; von einem Herold ist er dadurch zu unterscheiden, daß er keinen Wappenrock im Tappertschnitt, sondern ein tailliertes Wams trägt. Außerdem fällt darüber der Mantel, der ihm als Ritter des Hosenbandordens zustand.

auch die Ähnlichkeit der rheinischen Heraldik mit der westeuropäischen, insbesondere der niederländischen. Die Herolde Westeuropas hatten abgegrenzte Amtsbezirke, sogenannte *Marches,* die sich aus den für die Turniereinteilung geschaffenen beiden Adelsprovinzen der »Ruyers« und der »Poyers« gebildet hatten. Die »Ruyers« stellten den germanischen und die »Poyers« den gallischen Adel dar. Wie diese Namen zu erklären sind, ließ sich bis jetzt noch nicht erforschen. Um die Mitte des 15. Jahrhunderts rechnete man zum Wappenkönigtum der »Ruyers« nur noch die Niederlande und andere Reichsgebiete westlich des Rheins; deren Gebräuche richteten sich ganz nach denen der »Poyers«, also der Franzosen. Der Wappenkönig des Reiches wurde vom Herzog von Brabant und Lothier in seiner Eigenschaft als Markgraf des Heiligen Römischen Reichs ernannt, der ihn auch zu entlohnen hatte. Der als Wappenkenner berühmte Claes Heynensoen war nicht nur Herold mit dem Amtsnamen »Gelre«, sondern auch Wappenkönig *de ruyris.* Die »sehr edle und große Mark« der »Poyers« gliederte sich in drei Turnierprovinzen: die der »Poyers«, der »Aquitanier« und der »Champagner«, die geographisch aufgebaut und in zwölf *Marches* oder Wappenkönigreiche unterteilt waren: Ponthieu war die *Chef Marche* aller »Poyers«; dann folgten Flandern, Corbie, Artois, Vermandois, Innerfrankreich, Normandie, Anjou, Bretagne, Guyenne, Berry und Touraine (dabei das westliche Südfrankreich), Champagne (dabei Bar, beide Burgund, Savoyen, Dauphiné, Provence und Südostfrankreich).

Im Deutschen Reich organisierte der turnierfähige, also ausreichend alteingesessene Adel sich unabhängig von den Fürsten selbst. Die Herolde der Landesfürsten hatten keine Veranlassung, sich mit Wappenkunde zu beschäftigen, da diese Fürsten zur Wappenverleihung nicht berechtigt waren und also auch kein Interesse an der Überwachung hatten. Allerdings wurden gelegentlich Herolde der Landesfürsten mit der Ausrichtung von Turnieren betraut.

Der Pfalz-Simmerische Herold Georg Rüxner berichtet in seinem damals sehr verbreiteten, aber mit den Tatsachen, insbesondere, was die Vergangenheit betrifft, sehr großzügig verfahrenden »Turnierbuch«, im Jahre 942 sei im Anschluß an das Turnier zu Rothenburg ob der Tauber beschlossen worden, die »Turniervögte« organisatorisch zu entlasten und in jedem Bezirk drei »Turniergesellschaften« zu bilden, deren Gesellschaftsvögte ein Tier oder einen Vogel, was man damals auseinanderhielt, als Abzeichen zu wählen hätten. Ein solcher Gesellschaftsvogt sollte dies Abzeichen seinem Gesellschaftsknecht anhängen und es selbst tragen, »dabei man sein Gesellschaft erkennte, und welcher von den vier Landen ein Turnierer wär, der sollt derselben Zeichen eins an seinem Hals, der Kappen oder am Hut tragen, in dem Gezirk, darinnen er gesessen, wär er ein Ritter, so sollt ers güldin oder vergült führen, wär er ein Edelmann, sollt ers ganz weiß führen und der Ehrenknecht sollt das vorder vergült und das Halbteil weiß tragen, damit sich der Adel untereinander bekennen möchte.«

So sollen die Abzeichen der Gesellschaften (↑ S. 13) mit folgenden geographischen Abgrenzungen entstanden sein: Oberer Rheinstrom: Schwan, mittlerer Rheinstrom: Löwe, unterer

duc : de lancastre

Rheinstrom: Wind (Windhund), oberes Schwaben: Fisch und Falke, mittleres Schwaben: Steinbock, unteres Schwaben: Leithund oder Leitbracke, oberes Franken: Greif, mittleres Franken: Einhorn, niederes Franken: Esel, oberes Bayern: Bär, mittleres Bayern: Pferd, niederes Bayern: Pfau. Um 1480 bestand diese Einteilung in den Grundzügen noch, einige Abzeichen, wie die bayerischen, erscheinen nicht mehr, hinzugekommen sind andere, wie beim Rheinstrom die Gesellschaft im Wolf, auch der Steinbock, der vorher zu Schwaben gehörte. Bei den Franken kommen später auch Geräte wie Krone und Fürspang (Gürtelschnalle) vor.

Die Regelung für die Herolde in Großbritannien spiegelt die Geschichte dieses Staates darin wider, daß die Heroldsämter von England und von Schottland voneinander vollkommen unabhängig sind, wie ja auch die heraldischen Systeme beider Länder sich stark unterscheiden. Die schottische Heraldik bezeichnet sich selbst als die »einfachste und klarste in Europa«. Ihre Reinheit wird beobachtet von dem nach dem schottischen Wappenbild, einem Löwen, *Lord Lyon, King of Arms* genannten Leiter des *Lyon Office,* dessen Einrichtung auf das 14. Jahrhundert zurückgeht. Seine Befugnisse reichen erheblich weiter als die des englischen Heroldsamtes. Der »Lord Lyon« kann sogar das Führen von Wappen, die er nicht registriert hat, erfolgreich untersagen. Auch ihm unterstehen Persevanten und Herolde. Die Amtsnamen der Herolde sind »Marchmont«, »Rothesay« und »Albany«, die der Persevanten: »Dingwall«, »Unicorn« (Einhorn) und »Carrick«.

Die englischen Wappenbeamten gehörten schon vor ihrer Konstituierung als *The Corporation of Kings, Heralds, and Poursuivants,* kurz *Heralds' College* oder *College of Arms,* zum königlichen Haushalt und unterstehen dem *Earl Marshal,* dem Herzog von Norfolk. England verfügt über drei Wappenkönige: »Principal Garter King of Arms«, der 1415 erstmals ernannt und nach dem höchsten englischen Orden, dem Hosenbandorden oder *Order of the Garter,* tituliert worden ist; »Norroy« für das Gebiet nördlich des Trent, und »Clarenceux« für seinen Kollegen südlich dieses Flusses. Bis 1964 gab es dreiunddreißig »Garter«, sechsundvierzig »Clarenceux« und achtundsechzig »Norroy«. Mit Norroy ist 1943 wegen der Teilung Irlands das Wappenkönigtum von Ulster vereinigt worden.

Die Herolde erhalten die Namen von Landschaften. Achtunddreißig von ihnen trugen nacheinander den Namen »Chester«, dreiundvierzig hießen »Lancaster«, neunundddreißig »Richmond«, achtundzwanzig »Somerset«, einundvierzig »Windsor«, achtunddreißig »York«. Für die Persevanten steht eine Auswahl königlicher Badges zur Verfügung. Es gab siebenundvierzig

Initiale mit dem Porträt des obersten englischen Wappenkönigs, John Smert. Nach einem 1456 von ihm ausgestellten Wappenbrief.

Linke Seite:
Heroldsrock aus der Regierungszeit der Königin Anne aus dem Hause Stuart. Während der Regierungszeit dieser Königin sind die Parlamente von Großbritannien 1707 vereinigt worden. Zum Zeichen dieser Veränderung rückt von jetzt an der Löwe von Schottland näher an die Leoparden von England, und die Lilien von Frankreich müssen auf einen geringerwertigen Platz weichen.

»Bluemantle« (Blauer Mantel), sechsunddreißig »Portcullis« (Fallgatter), siebenunddreißig »Rouge Croix« (Rotes Kreuz), fünzig »Rouge Dragon« (Roter Drache). Daneben können jederzeit außerordentliche Herolde und Persevanten ernannt werden.

Das Amtsgebäude des *College of Arms* in der Queen Victoria Street ist älter als diese erst 1867 durchgebrochene Straße. Es wurde dem College 1555 am damaligen Derby Place zugewiesen, 1666 durch Feuer schwer beschädigt und 1677 neu errichtet. 1956 wurde es durch einen amerikanischen Stifter, Mr. Blevin Davis, mit dem herrlichen Torgitter aus dem abgebrochenen Goodrich Court, Hertfordshire, verschönert.

1

TAPPERT MIT DEM DEUTSCHEN REICHSADLER, 15. JAHRHUNDERT

1 Einziger erhaltener Heroldsrock aus so früher Zeit.

2 In der Beute, welche die Schweizer dank ihres Sieges über Karl den Kühnen machen konnten, befand sich auch dieser Tappert.

3 Durch das portugiesische Wappen in der oberen Hälfte läßt sich das Stück auf die Zeit von 1580–1640 datieren. Es ist der Tappert des Herolds König Philipps II. von Spanien, den der Herold des Ordens vom Goldenen Vlies auch später noch trug.

4–7 Jedes Territorium des Herzogtums Burgund besaß seinen eigenen Herold.

8 Der Rock stammt von der Krönung Kaiser Ferdinands II. zum König von Böhmen am 29. Juni 1617; der Brustschild wurde 1790 zur Krönung Kaiser Leopolds II. an den nunmehrigen Besitzstand Österreichs angepaßt.

9 Durch den leeren Herzschild drückte Kurpfalz seinen Protest gegen die zweimalige Entziehung des Reichserztruchsessenamtes (1623 und 1714) und die mangelnde Sicherheit im Besitz des Reichserzschatzmeisteramtes (seit 1648) aus.

2

ORANISCHER WAPPENROCK, 1476

5

TAPPERT DES BURGUNDISCHEN HEROLDS FÜR DIE GRAFSCHAFT HENNEGAU

8

TAPPERT FÜR DEN HEROLD DES RÖMISCH-DEUTSCHEN KAISERS

3

TAPPERT MIT DEM VOLLSTÄNDIGEN WAPPEN VON SPANIEN

4

TAPPERT DES BURGUNDISCHEN HEROLDS
FÜR DAS HERZOGTUM LUXEMBURG

6

TAPPERT DES BURGUNDISCHEN HEROLDS
FÜR DIE GRAFSCHAFT ARTOIS

7

TAPPERT DES BURGUNDISCHEN HEROLDS
FÜR DAS HERZOGTUM BURGUND

9

APPERT DES KURPFÄLZISCHEN HEROLDS, ZWISCHEN 1714 UND 1742

10

PRUNKGEWAND DES LETZTEN KAISERS VON CHINA

Kampfszene aus der »Eneît«. Wie aufsässig müssen um 1200 die deutschen Fürsten gewesen sein, daß man es wagen durfte, den Löwenwappenträger zu zeigen, wie er den Adlerwappenträger mit einem Schwertstreich tötet!

Im Wappenbuch des Herolds »Gelre« sind die Wappen der Vasallen eines großen Herrn neben dessen Wappen aneinandergereiht, alle mit zum Teil phantasievollen Helmzierden, dabei die seltsamen Bretter, die oben in federartige Enden auslaufen und Flügel imitieren. Diesen Typ gibt es nur in den Niederlanden, man nennt ihn wegen seiner rechteckigen Form auch *Vol-banneret*, bannerförmiger Flug.
Das Wappen von Flandern kommt dreimal vor: als das sogenannte Wappen Altflandern, das heute noch im Wappen der belgischen Provinz Westflandern steht, als das übliche Vollwappen und als das durch den Dornenbord und die Hermelinschwänzchen auf den Flügeln differenzierte des Grafen von Cassel. Während wachsende Figuren oder »Rümpfe« auch sonst oft vorkommen, bleibt ein gestürzter Fischleib als Helmzier wohl etwas Singuläres.

Für die Kenntnis von der Blütezeit des Wappenwesens sind die Wappensammlungen des 13., 14. und 15. Jahrhunderts von größter Bedeutung, zumal die Formen jener Zeit auch in der Gegenwart als die eigentlich klassischen, also als Vorbilder geeigneten gelten. Unter Wappensammlungen kann man verschiedene Quellenwerke verstehen, in erster Linie die farbig ausgeführten Wappenmalereien, die in großer Zahl in Pergamentrollen oder Büchern aus Papierlagen zusammengestellt sind.
Bereits in dieser Gruppe sind je nach dem Verfertiger oder der Zielsetzung des Werkes Unterschiede zu machen.
Ist der Verfertiger oder sein Auftraggeber – denn nicht jeder, der sich für Wappen interessiert, ist auch ein fähiger Graphiker – eine Amtsperson, also etwa ein Herold oder Persevant, dann kann man davon ausgehen, daß seine Angaben, mit den zeitbedingten Einschränkungen, im großen und ganzen verläßlich sind. Ist der Hersteller nur ein Privatmann, so ist er – auch heute noch – auf die Gutwilligkeit seiner Gewährsleute und die Verläßlichkeit seiner Quellen angewiesen. Derartige Sammlungen kranken bereits an dem nach Vollständigkeit strebenden Sammeleifer, dem Herolde weniger unterlegen haben dürften. Daher erklärt sich wohl auch, warum die von Privatleuten angelegten Sammlungen weniger systematisch aufgebaut sind als die der Herolde, denn für letztere waren Wappensammlungen tägliches Handwerkszeug.

GRAF VON FLANDERN — BANNER DER FRANCHE-COMTÉ — ALTFLANDERN — BURGGRAF VON LILLE — DAVID VON HALLUIN — BURGGRAF VON AUDENARDE — ROBERT, GRAF VON CASSEL — PHILIPP VON AXEL

Die Kenntnis der tatsächlich geführten Wappen verschafften sich Herolde als Organisatoren von Turnieren und anderen größeren ritterlichen Zusammenkünften durch Augenschein, den sie in Zusammenstellungen festhielten. Diese Zusammenstellungen streben Vollständigkeit nur in bezug auf den jeweiligen Anlaß an, weswegen diese Gruppe in England die treffende Bezeichnung *Occasional Roll* erhielt. Aus dienstlichen Bedürfnissen entstanden dort außerdem sogenannte *Ordinaries,* Wappensammlungen, die nach dem Schildinhalt geordnet sind und nicht nach dem Namen des oder der Wappenherren. England ist an solchen Wappensammlungen weitaus reicher als jedes andere Land. Im übrigen Europa sind nach Figuren geordnete Sammlungen fast nur zu Lehrzwecken, also aus Beispielen bestehend, angelegt worden. Erst im 19. Jahrhundert erwachte ein größeres Interesse daran; die Ergebnisse sind jedoch immer noch beschämend dürftig. Immerhin hat in den letzten Jahrzehnten die wissenschaftlich orientierte Auswertung mittelalterlicher Wappensammlungen aller Art gute Fortschritte gemacht, wobei im all-

Werner von Teufen, der in dem Bild aus der »Großen Heidelberger Liederhandschrift« auf der Falkenjagd eifrig der Minne pflegt, führte im Schild den Helm mit der Helmzier, eine im Mittelalter nicht seltene Art der Wappengestaltung.

gemeinen auch solche Quellen zu den Wappensammlungen hinzugenommen werden, die im strengen Sinn diesen Namen nicht verdienen, nämlich Bilderhandschriften, die mit einer größeren Anzahl von Wappen zusätzlich illustriert sind. Wir sind heute für derartige Illustrationen dankbar, müssen uns allerdings oft mit der Frage abmühen, welche Wappen als echt zu werten sind und welche nur als Schmuckelemente erfunden wurden. Die Listen im Anhang enthalten Hinweise darauf.

Man ist außerdem dazu übergegangen, zu den Wappensammlungen auch jene Gruppierungen zu rechnen, die an Bauwerken, teils plastisch, teils als Wandmalereien erhalten geblieben sind. Eine Abgrenzung, wie groß dann die Anzahl solcher Wappen sein müsse, besteht nicht; also müßten auch wappengeschmückte Einrichtungsgegenstände wie Teppiche und Möbel zu den Wappensammlungen gezählt werden. Ihr Quellenwert ist so gut wie der vergleichbarer auf Papier oder Pergament gemalter Wappen. Der Wappensaal in Lauf ist einer *Occasional Roll* durchaus gleichwertig, und die Wienhäuser Teppiche können in dieser Hinsicht den Vergleich mit den ersten Teilen der Zürcher Wappenrolle aushalten. Weniger anschaulich sind die bildlosen Zeugnisse, entweder listenartige Verzeichnisse von Teilnehmern an einem Ereignis mit Beschreibung ihrer Wappen – und sei es eine Gefangennahme oder Urfehdebeglaubigung – oder wortreiche Dichtungen, in denen phantastischen Personen als Teilnehmern an erdichteten Turnieren die Wappen regierender Fürsten beigelegt und so genau beschrieben werden, daß sie manchmal als erstes historisches Zeugnis für diese – oft noch heute bestehenden – Wappen dienen können. Dies gilt in besonderem Maße für das legendäre »Turnier von Nantes« des Konrad von Würzburg († 1284), während der »Clipearius Teutonicorum« (Schildliste der Deutschen) des Konrad von Mure († 1281) sich nur auf die Wappenbeschreibung selbst, aber auch in gereimter Form, beschränkt. Das Studium dieser Texte ist für die Erforschung der Entwicklung der typischen heraldischen Kunstsprache sehr ergiebig. Es zeigt sich, daß sie in allen Ländern vom Französischen ausgeht.

Zu den bisher geschilderten Arten von Wappensammlungen treten diejenigen, in denen Mitglieder einer Korporation heraldisch verewigt sind. Ihr vielleicht nicht erstes, aber für die Zeit um 1400 bedeutendstes Beispiel bilden die Bruderschaftsbücher von St. Christoph am Arlberg.

Erstreckte sich eine solche Bruderschaft über ein weites Gebiet, so entstanden an vielen Orten heraldisch illustrierte Listen von Berufsgenossen, Stiftern von Seelenmessen und Lehnsmannen, ja auch Universitätsmatrikeln von erstaunlichem künstlerischem Niveau. So hoch angesehene Ritterorden wie der Hosenbandorden und die Orden vom Goldenen Vlies, von Hubertus und St. Michael konnten sich besonders aufwendige, qualitativ hervorragende Wappenbücher leisten. Ein solches Prachtwerk ist »Bruges' Garter Book«, in dem die Porträts der ältesten Hosenbandritter enthalten sind (↗ S. 21). Derartige, auf der Ordenszugehörigkeit beruhende Wappenbücher werden teilweise noch bis in die unmittelbare Gegenwart fortgeführt, wie etwa in Dänemark.

Die Wappensammlungen kann man nach ihrer Gestalt technisch in Wappenrollen und Wappen-

Die Zürcher Wappenrolle unterscheidet säuberlich zwischen an Personen gebundenen Wappen und rein territorialen Zeichen. Die ersteren bestehen aus Schilden mit Helm und Helmzier, die letzteren, Zeichen der Bistümer oder Abteien sowie der Pfalzgrafschaft am Rhein, sind durch Banner vertreten.

Im Jahre 1334 hatten sich achtzehn Fürsten gegen Herzog Johann III. von Brabant verbündet und ihm einen Fehdebrief gesandt. Der Herold »Gelre« hat den Text für die Nachwelt festgehalten und auch das Spottbild dazu, den Eber mit dem Wappenmäntelchen von Brabant. Der hinter ihm stehende Helm ist der des Herzogs von Brabant.

bücher gliedern, wird aber damit ihrer Zweckbestimmung kaum gerecht. Der Ausdruck »Rolle«, der von einer Rolle aus Pergament herrührt, hat sich bis in die Gegenwart erhalten zur Bezeichnung eines Registers mit mehr oder weniger authentischem Charakter, wie etwa der Zeichenrolle des Patentamtes.

Ehe man daran dachte, Wappen zu sammeln und zu registrieren, mußte das Wappenwesen eine

Eine Seite aus dem sogenannten Armorial Wijnbergen *(rechts)*, auf der die ersten 25 der 64 Wappen der Marche d'Artois zusammengestellt sind. Dieses Blatt ist sicherlich noch vor 1291 entstanden. Der Urheber der Sammlung hat sich bemüht, innerhalb der »Marches« Wappengruppen zu zeigen, die zwar teils auf Verwandtschaft beruhen, teils aber nur optische Ähnlichkeit aufweisen.

Wappen der Herren von Haemstede und von Heneveliet; das quadratische Fähnchen deutet einen Bannerherren, der dreieckige Wimpel einen Vasallen-Ritter an.

gewisse Bedeutung erlangt haben. Zunächst war es nur eine Zeiterscheinung, die ohne Systematik auftrat und zuerst von Geschichtsschreibern illustrativ verwertet wurde. Nachdem die ersten Wappen um 1130 auftauchen, stellen – etwa ein halbes Jahrhundert später – die Chroniken des Sizilienfeldzuges Kaiser Heinrichs VI. und die Bebilderung der Äneas-Sage bereits erstaunliche zeitgeschichtliche Zeugnisse dar, die »Eneît« dies sogar noch nicht einmal im echten Sinne. In ihren Bildern werden antike Sagengestalten in vergleichsweise moderner Ausrüstung dargestellt, deren Realitätsnähe man ganz ernst nehmen darf. Dort wird auch ungeniert gezeigt, wie Äneas die Königin Dido im Wald verführt. Die Illustrationen zum Sizilienfeldzug liefern viel Aufschlußreiches: Bilder von der Führung der sogenannten Normannenschilde durch deutschen Freund und normannischen Feind, redende Wappen (ein Schwein für den Namen »Schweinspoint«), Schrägbalken als Hilfszeichen für unbekannte Wappen, das Kreuz als Reichsfahnenbild, den Reichsadler mit noch schwankender Farbgebung. Dies alles war vermutlich nicht einmal mit den Augen eines Fachmannes gesehen, denn der Autor, Petrus de Ebulo, war ein Geistlicher; seine Aussagen sind für die Heraldik nicht mehr wert, als es die eines Journalisten unserer Tage wären.

Im Gegensatz dazu werden die Schildformen in der Bilderhandschrift der »Eneît« durch Reitersiegel aus der gleichen Zeit genau bestätigt; sie unterrichten den aufmerksamen Betrachter auch über die Trageweise der Schilde, die mehrfach von der Innenseite her gezeigt werden. Die Übereinstimmung geht so weit, daß sie Grundlage für die Datierung der heute noch erhaltenen Bilderhandschrift werden konnte. Es ergab sich, daß sie eine Kopie des Originals von 1188 sein muß und erst um 1214 entstanden sein kann. Damit ist sie aber immer noch eine der frühesten Handschriften ihrer Art.

Die Verwendung von Wappen zur Belebung ganzer historischer oder legendärer Berichte scheint den Deutschen mehr Vergnügen bereitet zu haben als ausländischen Wappenkennern. Jedenfalls sind bisher in der heraldischen Literatur anderer Länder nur eigentliche Wappensammlungen, aber keine Chroniken mit heraldischen Illustrationen erschienen. Eine Ausnahme ist die bedeutende Chronik des Engländers Matthew Paris oder Matthäus Parisiensis († 1259). Die darin enthaltenen Wappen sind für zahlreiche Fürstengeschlechter der älteste Beleg. Für das Deutsche Reich gibt der Verfasser schon den Doppeladler als Kaiserwappen an, zu einem Zeitpunkt, als dies noch keineswegs festgelegt war, wohl aber sich die Meinung schon durchsetzte, der Kaiser führe einen zweiköpfigen, der römisch-deutsche König einen einköpfigen Adler (↑ S. 124 ff.). Die Verbindung zwischen dem Kontinent und England war um diese Zeit für einen Nachrichtenaustausch eng genug. Die Witwe des Kaisers Heinrich V., Mathilde, lebte über vierzig Jahre lang in ihrer alten Heimat unter dem Namen »Kaiserin«, obwohl sie zwei Jahre nach dem Tod ihres ersten Gatten (1125) den Thronerben von England, Gottfried V. Plantagenet, geheiratet hatte. Ihr Urenkel, Richard Graf von Cornwall, wurde 1257 zum deutschen König gewählt, nachdem schon Otto IV., ebenfalls ihr Urenkel, ein Kind Heinrichs des Löwen und am Hofe seines Oheims, des englischen Königs Richard Löwenherz, erzogen, 1209 bis 1218 deutscher Kaiser gewesen war.

Von heraldischem Quellenwert, allerdings schon

Die Franziskaner-Mönche in München hatten alljährlich eine Messe für den Herzog Albrecht III. von Bayern († 1460) und seine Gemahlin Anna von Braunschweig († 1474) zu lesen. Den entsprechenden Eintrag in ihrem Nekrologium verzierten sie mit den beiden Wappen der fürstlichen Herrschaften, ungebührlicherweise mit dem Wappen der Dame auf der heraldisch rechten Seite, aber mit gewohnter Höflichkeit dem Wappen ihres Gemahls zugewandt. Der Schild darunter ist die Hausmarke des fürstlichen Kochs, die durch Übertragung in einen Schild »heraldisiert« ist, wobei man – wie oft – mit den einfachsten Farben, schwarz auf weiß, also eigentlich keinen Farben, zufrieden war. Der kniende Beter darunter soll der erst 1524 gestorbene ehrenwerte Herr Glazius, des Klosters hochangesehener Gönner, sein, der der Nachwelt mit seiner Berufstracht überliefert wurde.

sehr weitgehend erforscht, ist das sogenannte »Balduineum«, in dem die Romfahrt Kaiser Heinrichs VII. geschildert wird. Für die Heraldik bedeutsam sind die Darstellung Heinrichs vor, während und nach der Kaiserkrönung, der immer noch ungeklärte langgestreckte rot-gelbe Wimpel, der den Marsch auf Rom begleitet (Zeichen des Patricius von Rom?) und die Tatsache, daß der Verfasser durch graphische Mittel andeutet, wann er ein Wappen, nämlich das eines Gegners, nicht kennt.

Eustasse de neuile. t.
Eustace de neuile.
pierre de neuile.
Aymer de neuile.
Jehan de la haie. t.
Jehan de la haie
Jehan de croisilles. t.
Jaques du pas.
Jehan de couci.

Spätere heraldisch illustrierte Chroniken gewinnen ihren Quellenwert durch die Verwendung kurzlebiger Wappen, wie sie bei manchen Fürsten, mehr aber bei Geistlichen vorkommen. Anhand solcher Wappen kann auch die Entstehungszeit anderer Wappenbücher ermittelt werden, vor allem aufgrund des häufigen Wechsels der Wappen der Päpste.

Die Chroniken des 15. Jahrhunderts aber verfallen der Freude am Fabulieren. Von Reiseberichten angeregt, zitieren die Verfasser von Wappenbüchern zunehmend erdichtete Wappen der Könige fernster Länder; die Chronisten ersinnen Wappen für die Vorgänger ihres Landesherrn, die nicht als historische Quellen interessant sind, sondern wegen des gewählten Motivs und der oft gelungenen Zeichnung.

Von den Chroniken dieser Art zu unterscheiden sind die Augenzeugenberichte über einmalige, wenn auch zum Teil länger andauernde Ereignisse. Die Augenzeugen sind, soweit sie sich als Wappenkenner ausweisen, in den meisten Fällen Herolde, die an den Ereignissen als Organisatoren teilgenommen haben. Manche Wappenrolle hat erst die moderne Forschung als ein solches Verzeichnis erkannt.

Unsere Liste solcher Wappenverzeichnisse (im Anhang) beginnt gleich mit drei Nummern aus dem französisch-niederländischen Spannungsraum. Das erste ist ein markantes Zeugnis für die Immunität der Herolde, umfaßt es doch die Wappen der beiden Parteien. Seinen Namen trägt es nicht nach dem Ereignis, sondern nach einem früheren Besitzer der noch vorhandenen Kopie aus dem 17. Jahrhundert. Ob die Liste von dem Turnier von Compiègne die früheste dieser Art war, muß bezweifelt werden, wie auch die Echtheit gewisser Turnierlisten der angeblich gleichen Epoche, etwa die eines Turniers von Cambrai, 1267. Wertvoller als dubiose Turniere sind für die historisch interessierte Nachwelt die bildlichen oder schriftlichen Verzeichnisse der Wappen von Teilnehmern an einer Schlacht oder einer Belagerung, wie wir deren mehrere aus England kennen, darunter die Rolle von Caerlaverock, die ob ihres Umfanges eine beachtliche Popularität genießt und daher immer wieder reproduziert wird. Die dort beschriebenen Banner kann man heute als Zigarettenbilder und als Zinnfiguren kaufen.

Einen einmaligen Fall stellen die Wappen der deutschen Ritter dar, die 1361 in Italien, nachdem sie Urfehde geschworen hatten, aus der Gefangenschaft entlassen werden konnten. Des Schreibens und Lesens wenig kundig, konnten sie ihre Namen wohl nicht buchstabieren, die daher italianisiert und entstellt sind. Ihre Wappen konnten sie jedoch vorweisen.

Es müssen aber keineswegs nur kriegerische Vorkommnisse sein, die einen Herold von Amts wegen zur Anlegung einer Liste veranlaßten. Auf ähnlichen Beweggründen wie die heraldische Illustration von Chroniken beruht die Ausschmückung mit Wappen in anderen literarischen Zeugnissen, unter denen besonders die »Große Heidelberger Liederhandschrift« (Manesse-Codex) zu nennen ist, in der jedem Bildnis oder Szenenbild das Wappen des betreffenden Minnesängers beigegeben ist, in einigen Fällen sogenannte Minnewappen als Ausdruck der Damenverehrung anstelle des eigentlichen Familienwappens. In den Handschriften des »Sachsenspiegels« hingegen spielen Wappen nur eine nebensächliche Rolle; sie dienen zur Veranschaulichung rechtlicher Grundsätze.

Im hohen Mittelalter sind Wappen an vielen Stellen angebracht worden, ohne daß eine Sammleridee verfolgt worden wäre. So verzierte Kunstwerke können neben ihrem ästhetischen Reiz

König Eduard der Bekenner (reg. 1042–1066), der Gründer der Abtei von Westminster. Das ihm nachträglich zugeschriebene Wappen beruht auf einer seiner Silbermünzen, auf der vier Vögel in die Winkel eines Kreuzes eingefügt sind. Phantasieporträts aus einer Kopie der »Rous Roll«.

Rechts:
Phantasiewappen Kaiser Karls des Großen, das in der Ikonographie seit seiner Erfindung eine bedeutende Rolle spielte und noch heute als Wappen des Aachener Domkapitels geführt wird.
Darüber der Wappenschild des Bistums Utrecht mit dem freigelassenen Schildchen für das Wappen des jeweiligen Bischofs.

Die Reihe der Löwenwappen *(oben)* entstammt einem der ältesten englischen Wappenbilderregister, »Thomas Jenyn's Book« (um 1410), dessen Seiten bereits Kapitelüberschriften und Themenangaben, hier *Leones* (Löwen), tragen. Über den Schildchen steht die zugehörige Beschreibung in französischer Sprache.

auch Aufklärung über ihre Stellung im historischen Zusammenhang bieten (↑ S. 252 ff.). Manche von diesen Werken verdienen in Verbindung mit den Wappensammlungen aufgeführt zu werden, denn als wohl vorbereitet und sorgfältig ausgewählt erscheinen diejenigen Wappenreihen, die aus festlichem Anlaß geschaffen wurden, etwa für einen fürstlichen Besuch. Dies darf man für das Haus »Zum Loch« in Zürich und den Turm zu Erstfelden vermuten, sicherlich auch für das Kastell von Rivoli, ganz bestimmt aber für den Wappensaal zu Lauf, wo Karl IV. öfters weilte. Auch der Tisch aus dem Lüneburger Rathaus dürfte aus einem freudigen Anlaß mit den allegorischen Medaillons und den Wappen am Rand dekoriert worden sein.

Die Sitte, Wappen zum Schmuck seiner Unterkunft zu benutzen, findet eine wichtige Parallele in dem mitteleuropäischen Brauch, sein Wappen an der Herberge anzubringen, in der man abstieg. Wer Händel suchte, riß dann ein solches Plakat ab – ähnlich wie wenn heutzutage Konsulatsschilder, die unmittelbaren Nachfahren dieser Herbergsplakate, beschädigt werden.

Ein so großer Kongreß wie das Konzil zu Konstanz, während dessen Dauer von 1414 bis 1418 mehrere hunderttausend Personen zusammenkamen, war eine wahre Fundgrube für einen Wappenfreund, der sich auch tatsächlich fand: Ulrich von Richental ging damals von Haus zu Haus, notierte, was er sah, und nahm es in seine Chronik des Konzils auf. Leider gerieten ihm wohl seine Notizzettel durcheinander, so daß vor allem in den Wappen der Geistlichkeit, die er festhielt, allerlei Verwirrung herrscht. Auch war er nicht frei von Spekulation, und manches exotische Wappen hat er nicht an einer Herberge notieren können, sondern sich aufschwatzen lassen. So bleibt er die Erklärung schuldig, wie man sich mit »Äthiopiern« verständigt habe, die niemand habe verstehen können und die nicht einmal des Lateinischen mächtig gewesen seien. Vom Konstanzer Konzil sind unerwartete Anregungen ausgegangen. Damals verkürzten Theaterspielgruppen die Abende, in deren Stücken die in Köln entstandenen Wappen der Heiligen Drei Könige immer wieder vorkamen; so wurden sie im ganzen deutschen Sprachraum und in England bekannt.

Mit dem Streben nach Vollständigkeit, das Ulrich von Richental an den Tag legte, setzte er eine bereits anderthalb Jahrhunderte bestehende, ihm aber kaum bewußt gewordene Tradition fort, nämlich Wappensammlungen anzulegen, die sich möglichst universelle Ziele setzten. Da der Antrieb zum Wappensammeln entweder reines kulturelles Interesse oder berufliche Notwendigkeit war, tut man gut daran, bei den allgemeinen Wappensammlungen zwischen denen der Herolde und denen von privaten Sammlern oder Mäzenen zu unterscheiden. Beide Arten finden sich zuerst um die Mitte des 13. Jahrhunderts.

Die Sammlungen der privaten Urheber lassen ein höheres kulturelles Interesse erkennen, als es bei den Amtspersonen erforderlich war. Abgesehen davon, daß die poetischen Wappenschilderungen, wie das Schildverzeichnis der Deutschen (»Clipearius Teutonicorum«) oder die schwelgerischen Wappenbeschreibungen in dem »Turnier von Nantes« (Turnei von Nantheiz) des Konrad von Würzburg († 1287) Literaturerzeugnisse sind, fällt auch auf, daß es gerade diese Privatsammlungen sind, die Wert auf die Kenntnis der Vollwappen legen, also auch die Helmzierden erwähnen (wie das »Turnier von Nantes«) oder abbilden; letzteres gilt für die Wappenrolle von Zürich, die nur mühsam zu datieren ist – sie enthält nämlich kein Wappen geistlicher Personen –, und das Wappenbuch »Van den Ersten«.

Die Zürcher Chronik des Gerold Edlibach widmet mehrere Seiten den Wappen der Untertanengebiete von Zürich. Hier der Hl. Georg von Küsnacht, der Schlüssel von Zollikon und der weiß-blau schräggeteilte Schild von Zürich selbst.

Mit Ausnahme des Uffenbachschen Wappenbuches, das nur – übrigens schwungvoll gemalte – Wappenschilde enthält, und des Grünwaldschen Wappenbuches bieten alle Wappenbücher unserer Liste im Anhang Vollwappen. Als das bedeutendste deutsche Wappenbuch eines privaten Sammlers darf das des Konrad Grünenberg gelten.

Was Ulrich von Richental festgelegt hatte, das hat ein späterer Konstanzer, der ihn nicht mehr persönlich gekannt haben kann, übernommen und nicht nur erheblich erweitert, sondern auch in kraftvoll gezeichneter Weise zusammengestellt. Konrad Grünenberg ist 1442 als Baumeister seiner Heimatstadt Konstanz bezeugt; dreimal war er deren Bürgermeister. Sein umfangreiches Wappenwerk schloß er am 9. April 1483 ab, drei Jahre vor Antritt einer etwa ein halbes Jahr dauernden Wallfahrt nach dem gelobten Lande. Die Wallfahrt, von der er die üblichen Ordenszeichen (↑ S. 218) mitgebracht zu haben scheint, überlebte er noch etwa acht Jahre. Seine

Nächste Seiten:
Im Nonnenkloster zu Wienhausen bei Celle befinden sich mehrere gestickte Teppiche. Einige davon, wie der hier gezeigte sogenannte Tristanteppich, sind mit Friesen aus Wappenschilden verziert, die die damaligen nicht immer zutreffenden Vorstellungen von den Wappen fremder Länder widerspiegeln.

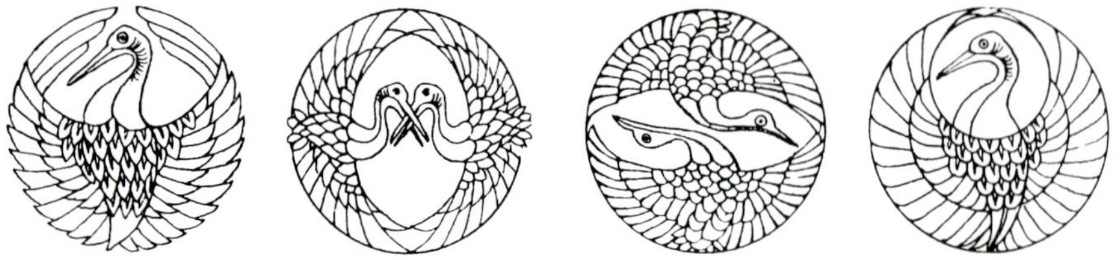

Die japanischen Verzeichnisse der Familienzeichen *(Mon)* lassen erkennen, wie schwierig es ist, innerhalb von Figurengruppen nur anhand von Beschreibungen zu arbeiten, wenn es auf graphische Einzelheiten ankommt. Die japanischen Beschreibungen verzichten daher auf genaue Hinweise; so ist der Kranich in Figur 1 nur als *Tsuru* bezeichnet, der Kranich in Figur 4 aber als genau ins Rund *(maru)* passend *(Schin no tsuru nu maru)*. Die Stellung der zwei Kraniche in Figur 2 wird als im Kreis *(no maru)* konfrontiert *(mu kau)* beschrieben, die der Figur 3 nur als zwei *(Ni)* Kraniche im Kreis *(Ni wa tsuru)*. Es ist nichts Ungewöhnliches, daß mehrere Familien das gleiche *Mon* benützen.

Im Konziliumbuch von Konstanz hat Ulrich von Richental die Wappen der dem Bischof von Konstanz

unterstellten Äbte und Abteien zutreffend verzeichnet; einige von ihnen fügen dem Wappen ihrer Abtei das eigene Familienwappen hinzu, und zwar an zweiter und dritter Stelle des gevierten Schildes. Der rot-weiß geschachte Schrägbalken in den Wappen von Salmansweiler und Wettingen deutet darauf hin, daß es sich um Zisterzienserklöster handelte.

Wappensammlung, von der es ein Exemplar auf Papier (in Berlin-Dahlem) gab und eine Kopie auf Pergament (in München) gibt, ist 1875 in einer für ihre Zeit mustergültigen Weise unter Mitwirkung des damaligen Heroldsamtschefs und des jungen Heraldikers Adolf Matthias Hildebrandt reproduziert worden.

Die auf Herolde oder andere Amtspersonen zurückgehenden Wappensammlungen berücksichtigen auffallenderweise die Helme und Helmzierden bis in die Mitte des 14. Jahrhunderts nicht; das gilt auch für England, wo sonst mit den Helmzierden (↗ S. 152 ff.) besonderer Aufwand getrieben wurde und wird. Auf dem Kontinent hingegen waren die Herolde bestrebt, vollständige Wappen festzuhalten; ein hervorragendes Beispiel dafür ist das Wappenbuch des Herolds »Gelre«. Die Nachwelt hatte allerdings Mühe, die von diesem Herold unter verschiedenen Amtsnamen zusammengebrachten Werke als miteinander verwandt zu erkennen. Als er seinen Dienst beim Herzog von Geldern verlassen konnte, fand er einen neuen Herrn in dem damals auch Holland beherrschenden Hause Wittelsbach. Albrecht von Bayern, Graf von Holland seit 1390, erteilte ihm den Amtsnamen »Bayern«. Darüber hinaus wurde er auch Wappenkönig der »Ruyers«. Für die Verleihung dieser überregionalen Funktion war der Herzog von Brabant zuständig.

Die auf Helmzierden verzichtenden, nur auf die Schilde beschränkten Wappenlisten dienten offensichtlich zu Kontrollzwecken, wofür sie vollauf ausreichten, umso mehr, als gerade die englischen Wappensammlungen den Nutzen der Anordnung nach Motiven sehr früh verdeutlichen.

Auch an den Ordnungsleitlinien der Heroldswappenrollen läßt sich, jedenfalls für die frühen, die Zweckbestimmung erkennen; das Interesse an möglichst großer Vollständigkeit in bezug auf fremde und fernste Länder ist gering. Ausländer, auch fürstliche, werden gern im Anhang behandelt, die Familienwappen werden nach Turnierregionen und Vasallenverhältnissen geordnet. Im 15. Jahrhundert beginnen sich die Unterschiede zu verwischen, aber nunmehr geht die Autorschaft eines Herolds aus seiner Namensnennung hervor. Die mit Urhebernamen versehenen Wappensammlungen werden daher auch nach dem Urheber benannt; sonst ist die Forschung genötigt, Hilfsnamen zu ersinnen. Dazu dienen dann die Namen des Ortes oder eines bekannt gewordenen Vorbesitzers, der nicht einmal das Original besessen haben muß, sondern vielleicht nur eine Kopie, mit der wir zufrieden sein müssen, wenn, wie es oft der Fall ist, das Original verloren ist.

Von manchen Wappensammlungen gibt es, am häufigsten in England, große Mengen von Ko-

DIE WAPPEN DER KÖNIGE VON ARAGON, FRANKREICH, UNGARN UND SCHOTTLAND

»Gelre« kennt neben dem üblichen Wappen mit den vier roten Pfählen sogar das Fußspitzkreuz in blauem Grunde, das bei ihm wohl zum erstenmal nachgewiesen wird und das eigentliche

Wappenbild Aragons und nicht das der Stadt Saragossa ist, wie man meist zu lesen bekommt. Seine Abbildung der Helmzier von Aragon, des wachsenden Drachen, widerlegt die Angabe, daß erst König Martin diese Helmzier, übrigens ohne erkennbaren Grund für diese Wahl, angenommen haben soll. Im Laufe der Zeit wurde das Oberwappen von Valencia daraus, eine Fledermaus.

Das Wappen von Frankreich stabilisierte sich im ersten Drittel des 14. Jahrhunderts auf die Dreizahl der Lilien (↗ S. 132).

Das Wappen von Ungarn deutet auf die machtvolle Epoche König Ludwigs des Großen (reg. 1342 bis 1382), der auch König von Polen war.

Das Wappen von Schottland entspricht im wesentlichen dem heute noch gültigen. Aus dem Umstand, daß die Helmdecke das Familienwappen der 1370 im Mannesstamm ausgestorbenen Dynastie Bruce aufweist, wird geschlossen, daß »Gelre« eine ältere Vorlage benützt habe; es wird aber auch die Meinung vertreten, daß das seit 1371 regierende Haus Stuart durch die Beibehaltung des Wappens der Bruce dokumentieren wollte, daß es den Thron von Schottland als deren genealogische Erben bestieg.

Auch der von Ludwig XIII. 1615 geschaffene Posten des *Juge Général des Armes de France* brachte keinen Wandel in den Bemühungen, die Führung von Wappen systematisch zu erfassen. Erst die Finanznot Ludwigs XIV. ließ die Idee der Wappenregistrierung wieder aufleben, diesmal aber als Besteuerungsgrundlage. Inzwischen hatten tüchtige Graveure und Buchdrucker gedruckte Wappenbücher auf privater Grundlage herausgebracht, über die wir ein Verzeichnis im Anhang bringen.

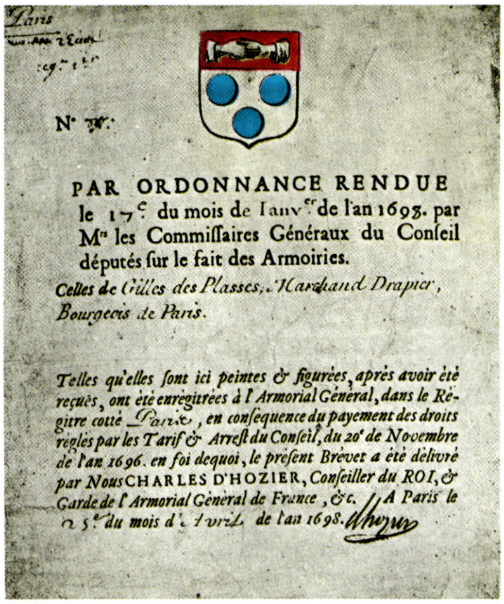

Paris

N°

PAR ORDONNANCE RENDUE
le 17e du mois de Janvier de l'an 1698. par
Mrs les Commissaires Généraux du Conseil
députés sur le fait des Armoiries.
Celles de Gilles des Plasses, Marchand Drapier,
Bourgeois de Paris.

Telles qu'elles sont ici peintes & figurées, après avoir été
reçuës, ont été enregitrées à l'Armorial Géneral, dans le Régitre cotté Paris, en consequence du payement des droits
reglés par les Tarif & Arrest du Conseil, du 20e de Novembre
de l'an 1696. en foi dequoi, le présent Brévet a été délivré
par Nous CHARLES D'HOZIER, Conseiller du ROI, &
Garde de l'Armorial Géneral de France, &c. A Paris le
25e du mois d'Avril de l'an 1698. d'Hozier

Ein Ausschnitt aus dem Wappenfries im Wappensaal zu Lauf zeigt die Wappen großer böhmischer Herrengeschlechter, unter anderem das Wappen der Herren von Sternberg. Aus Rücksicht auf deren Stern mußte Johann Wolfgang von Goethe, als er in den Reichsadelsstand erhoben wurde, zu dem von ihm gewünschten Morgenstern ein Beizeichen hinzufügen lassen.

Im Schweizerischen Landesmuseum in Zürich sind die Dekkenbalken des Hauses »Zum Loch« originalgetreu nachgebaut worden.

pien, in denen dann lakonisch steht, daß sie aus einem alten Wappenbuch abgezeichnet und abgeschrieben seien – natürlich nicht immer fehlerlos. Erst in den letzten Jahrzehnten haben sich wissenschaftliche Untersuchungen nach archivalischen und bibliothekarischen Gesichtspunkten ernsthaft mit der Aufklärung bisher unbekannter Zusammenhänge befaßt, am nachdrücklichsten in England (in der Publikationsreihe »Aspilogia«, Band I und II), teils angeregt durch das Vorbild der Heraldiker v. Berchem, Galbreath und Hupp.

Dieses Dreigespann hatte übrigens Vorläufer, unter denen Karl Freiherr von Neuenstein zu nennen ist. Er gab in den Jahren 1892–1906 in Karlsruhe die Monatsschrift »Wappenkunde« heraus, die nur der Wiedergabe handgemalter Wappenbücher gewidmet war. Wesentliche Arbeiten hat der 1964 verstorbene Paul Adam für Frankreich geleistet; für die anderen Länder Europas bleibt noch viel zu tun.

Mit der Erfindung des Buchdrucks dringt im 15. Jahrhundert zunächst die vorgedruckte Schablone für Schild, Helm und Helmdecken in die Wappenbuchproduktion ein, die um die Mitte des 15. Jahrhunderts in hoher Blüte stand; dann hat der Kupferstich das Erbe angetreten. Darüber soll die Auswahlbibliographie im Anhang Aufschluß geben.

Mit dieser Entwicklung ist aber das Interesse am Sammeln von Wappen ohne Publikationsabsicht nicht erloschen; wir erwähnten schon die bis heute fortgeführten Wappenbücher von Ritterorden.

Eine großartige, aber auch letzte Anstrengung von amtlicher Seite war die Schaffung des »Armorial Général« durch ein Edikt Ludwigs XIV. vom Jahre 1696, mit dem der bisherige *Juge Général des Armes de France*, Charles d'Hozier, zum *Garde de l'Armorial Général* (Bewahrer des Allgemeinen Wappenbuchs) ernannt, aber gleichzeitig einem Verwaltungsbeauftragten, Adrien Vannier, unterstellt wurde. Die rein fiskalischen Motive und die sich dabei ergebenden Streitigkeiten haben zwar dem ganzen Unternehmen geschadet, doch insgesamt gesehen war das Ergebnis für die Heraldik von unschätzbarem Wert.

Zwei Seiten aus dem Wappenbuch der Stadt Como von 1593. Die Wappenschilde sind nach den Anfangsbuchstaben der Familiennamen alphabetisch geordnet. Die Figuren in den ersten drei Wappen sind Schachroche, also redende Bilder für die Namen der Familien De Rochis, De Rechis und Di Rechis.

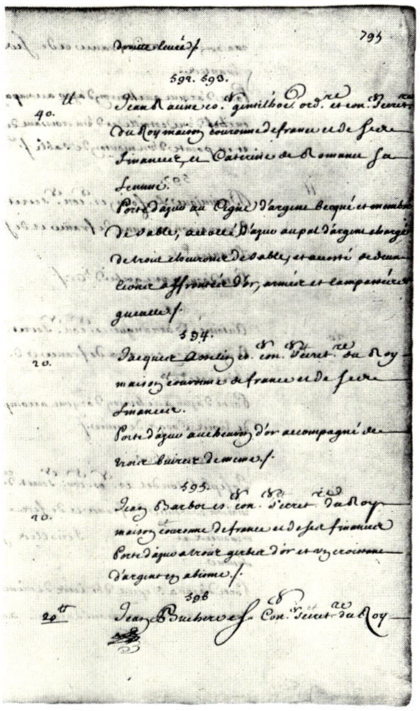

795
... couronnée
592. 593.
40. Jean Raune ec. gentilhomme ord. et con. secret. du Roy maison couronne de France et de ses finances, et Catherine de Romane sa femme.
Porte d'azur au cygne d'argent becqué et membré de sable, accolé d'azur au pal d'argent chargé de trois couronnes de sable, et accosté de deux lions affrontés d'or, armés et lampassés de gueules.
594.
20. Jacques ... ec. con. secret. du Roy maison couronne de France et de ses finances.
Porte d'azur au chevron d'or accompagné de trois ... de ...
595.
20. Jean Barbo ec. con. secret. du Roy maison couronne de France et de ses finances.
Porte d'azur à trois gerbes d'or et un croissant d'argent en abîme.
596
20 Jean ... ec. Con. secret. du Roy

Von den neunundsechzig in der Bibliothèque Nationale zu Paris vorhandenen Registerbänden des »Armorial Général« enthält die eine Hälfte Abbildungen und die andere fachgemäße Beschreibungen (Blasonierungen). Hier eine Musterseite.

Der einzige Staat, der ein amtliches Wappenregister seiner Adelsgeschlechter in Druck gegeben hat, war das kaiserliche Rußland; das Werk begann 1797 und erlahmte 1840 mit der Drucklegung des zehnten Bandes.
Das Wappen des Alexander Wassiljewitsch, Grafen Suworow-Rimnikskii *(links)*, das ihm am 11. April 1791 der russische Kaiser erteilt hatte, enthält den deutschen Reichsadler, den ihm der römisch-deutsche Kaiser Josef II. verliehen hatte. Als Suworow 1799 Fürst des Russischen Reichs wurde, wurde sein Wappen »gebessert«; der russische Reichsadler trat an die Stelle des römisch-deutschen.

Seit dem 14. Jahrhundert wird der graphischen Gestaltung von Wappenbriefen besondere Aufmerksamkeit gewidmet. Adelsverleihungen werden in aller Regel zusammen mit Wappenverleihungen in Adelspatenten ausgesprochen.

Grundsätzlich steht jedermann die Wahl eines eigenen Wappens frei; nicht jedermann macht davon Gebrauch, aber wer es tut, hat das Bedürfnis, die getroffene Wahl von einer autorisierten Stelle bestätigt zu sehen. Die Art und Weise dieser Bestätigung hängt von den politischen Verhältnissen ab. Monarchien sind an der Beachtung sozialer Schichtungen stärker interessiert als Republiken; Monarchien, die deswegen auch den Adel als Institution einzurichten oder aufrechtzuerhalten pflegen, haben daher meist auch eine zuständige Dienststelle für die Ausstellung von standesrechtlichen Bestätigungen. Fast immer hat ein solches Amt Urkunden über die rechtmäßige Führung eines Adelsnamens auszustellen oder für den Herrscher vorzubereiten. Die weitere Befugnis, auch an Nichtadelige Wappenbriefe auszustellen, ist hiermit nur ausnahmsweise verknüpft. In der Gegenwart werden Wappenbriefe meistens von Vereinen ausgestellt.

Die Adelsbriefe aus den letzten Jahrzehnten des 1918 untergegangenen Königreichs Preußen waren wie ein Buch gebunden. Die Deckel waren mit Leder überzogen, in dem der königliche Wappenadler eingeprägt und farbig ausgestaltet war. Die Ecken waren mit Silberbeschlägen verziert, und das große Staatssiegel von Preußen aus rotem Wachs hing in schützender Silberkapsel an einer silbernen Quastenschnur.

In England werden die Wappenbriefe wie eh und je auf ungefalteten Pergamentbogen als Patente, also als »offene Briefe« an jedermann, der sie zu sehen bekommt, ausgestellt. Der Leser wird darin von drei Mitgliedern des englischen Heroldsamtes über die Rechtsgrundlage des Heroldsamtes, den Antrag des Wappenbriefempfängers und die verliehenen Wappenzeichen unterrichtet. Außer den neuen Wappenzeichen, hier dem Wappen, der Standarte und den Badges der »Imperial Tobacco Limited«, ist am oberen Rand das Wappen der Königin zwischen den Wappen des Herzogs von Norfolk als *Earl Marshal* und *Hereditary Marshal of England* und dem des *College of Arms* eingemalt. Am rechten Rand die Amtswappen der drei beteiligten Wappenkönige (»Garter«, »Clarenceux« und »Norroy and Ulster«), die auf ihren unten im »Umbug« angehängten Wappensiegeln wiederkehren.

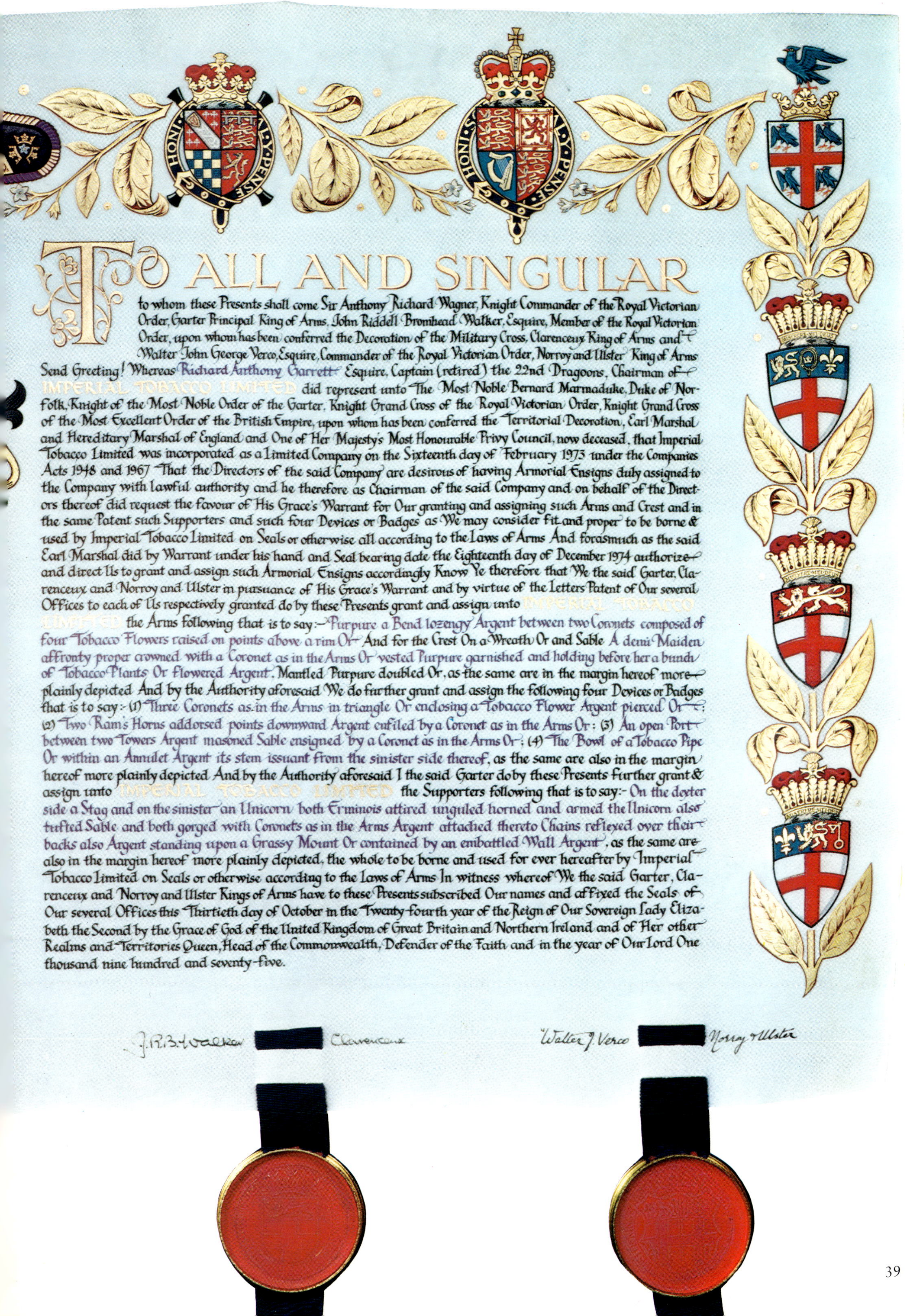
TO ALL AND SINGULAR to whom these Presents shall come Sir Anthony Richard Wagner, Knight Commander of the Royal Victorian Order, Garter Principal King of Arms, John Riddell Bromhead Walker, Esquire, Member of the Royal Victorian Order, upon whom has been conferred the Decoration of the Military Cross, Clarenceux King of Arms and Walter John George Verco, Esquire, Commander of the Royal Victorian Order, Norroy and Ulster King of Arms Send Greeting! Whereas Richard Anthony Garrett Esquire, Captain (retired) the 22nd Dragoons, Chairman of IMPERIAL TOBACCO LIMITED did represent unto The Most Noble Bernard Marmaduke, Duke of Norfolk, Knight of the Most Noble Order of the Garter, Knight Grand Cross of the Royal Victorian Order, Knight Grand Cross of the Most Excellent Order of the British Empire, upon whom has been conferred the Territorial Decoration, Earl Marshal and Hereditary Marshal of England and One of Her Majesty's Most Honourable Privy Council, now deceased, that Imperial Tobacco Limited was incorporated as a Limited Company on the Sixteenth day of February 1973 under the Companies Acts 1948 and 1967 That the Directors of the said Company are desirous of having Armorial Ensigns duly assigned to the Company with lawful authority and he therefore as Chairman of the said Company and on behalf of the Directors thereof did request the favour of His Grace's Warrant for Our granting and assigning such Arms and Crest and in the same Patent such Supporters and such four Devices or Badges as We may consider fit and proper to be borne & used by Imperial Tobacco Limited on Seals or otherwise all according to the Laws of Arms And forasmuch as the said Earl Marshal did by Warrant under his hand and Seal bearing date the Eighteenth day of December 1974 authorize and direct Us to grant and assign such Armorial Ensigns accordingly Know Ye therefore that We the said Garter, Clarenceux and Norroy and Ulster in pursuance of His Grace's Warrant and by virtue of the Letters Patent of Our several Offices to each of Us respectively granted do by these Presents grant and assign unto IMPERIAL TOBACCO LIMITED the Arms following that is to say:— Purpure a Bend lozengy Argent between two Coronets composed of four Tobacco Flowers raised on points above a rim Or And for the Crest On a Wreath Or and Sable A demi Maiden affronty proper crowned with a Coronet as in the Arms Or vested Purpure garnished and holding before her a bunch of Tobacco Plants Or flowered Argent, Mantled Purpure doubled Or, as the same are in the margin hereof more plainly depicted And by the Authority aforesaid We do further grant and assign the following four Devices or Badges that is to say:- (1) Three Coronets as in the Arms in triangle Or enclosing a Tobacco Flower Argent pierced Or; (2) Two Ram's Horns addorsed points downward Argent enfiled by a Coronet as in the Arms Or; (3) An open Port between two Towers Argent masoned Sable ensigned by a Coronet as in the Arms Or; (4) The Bowl of a Tobacco Pipe Or within an Annulet Argent its stem issuant from the sinister side thereof, as the same are also in the margin hereof more plainly depicted And by the Authority aforesaid I the said Garter do by these Presents further grant & assign unto IMPERIAL TOBACCO LIMITED the Supporters following that is to say:- On the dexter side a Stag and on the sinister an Unicorn both Erminois attired unguled horned and armed the Unicorn also tufted Sable and both gorged with Coronets as in the Arms Argent attached thereto Chains reflexed over their backs also Argent standing upon a Grassy Mount Or contained by an embattled Wall Argent, as the same are also in the margin hereof more plainly depicted, the whole to be borne and used for ever hereafter by Imperial Tobacco Limited on Seals or otherwise according to the Laws of Arms In witness whereof We the said Garter, Clarenceux and Norroy and Ulster Kings of Arms have to these Presents subscribed Our names and affixed the Seals of Our several Offices this Thirtieth day of October in the Twenty-fourth year of the Reign of Our Sovereign Lady Elizabeth the Second by the Grace of God of the United Kingdom of Great Britain and Northern Ireland and of Her other Realms and Territories Queen, Head of the Commonwealth, Defender of the Faith and in the year of Our Lord One thousand nine hundred and seventy-five.

J.R.B. Walker Clarenceux

Walter J. Verco Norroy & Ulster

Am 27. November 1975 um 12.40 Uhr betrat der Prinz von Spanien, Juan Carlos, den Sitzungssaal des Palacio de la Cortes, begleitet von seiner engsten Familie, Prinzessin Sophie von Griechenland und ihren drei Kindern. Nachdem er den Eid auf die Verfassung geleistet hatte, wurde er als Juan Carlos I. zum König von Spanien proklamiert. Eine förmliche Krönung fand nicht statt; die Königskrone lag neben Zepter und kleinem Kruzifix auf einem reichbestickten Kissen zu seinen Füßen. Zwei in braune, schlicht betreßte Tapperte gekleidete Herolde hielten sich im Hintergrund.

Die modernen Staatsformen, die grundsätzlich auf der Möglichkeit des Machtwechsels und der gegenseitigen Kontrolle der Machtinstrumente beruhen, sind der Ausbildung von prunkvollen Erscheinungsformen nicht förderlich. Prunkentfaltung bedarf, um überhaupt entstehen oder gar fortbestehen zu können, einer Stabilität, die nur Länder mit monarchischer oder mit direktdemokratischer Staatsform haben.

In monarchischen Ländern werden die Staatsoberhäupter von Jugend an auf ihre Aufgabe vorbereitet, eine Aufgabe, die ihnen oft bis ins hohe Alter verbleibt. In den direkten Demokratien wird das Volk als Gesamtheit zu fast allen wichtigen Entscheidungen aufgerufen. Dabei ergibt es sich, daß so extrem verschiedene Staaten wie Großbritannien und die Schweiz oder mit anderen Worten das Vereinigte Königreich und die Eidgenossenschaft eine in der übrigen Welt kaum noch vorkommende Farbigkeit bei dem Vollzug staatlicher Funktionen an den Tag legen.

Gelegenheiten, bei denen das gesamte *College of Arms* geschlossen, mit den Tapperten bekleidet, auftritt, bieten sich selten. Bei einem Anlaß wie der Krönung der Königin Elisabeth II. 1953 erschienen zwölf der *Officers of Arms* in der Westminster-Abtei. Auf unserem Bild auf der rechten Seite formieren einige von ihnen zusammen mit Prinzen und Herzögen das Spalier, das Winston Churchill, gebeugt, aber stolz in der Tracht der Hosenbandritter, durchschreitet.

Gut zu erkennen sind die fünf Herolde in seiner Nähe, vorne (mit Spitzbart) Hugh Standford London (1884–1959), ein bekannter heraldischer Autor, damals (seit 1953) Außerordentlicher Herold »Norfolk«, und neben ihm Dermot Morrah (geb. 1896), seit 1953 Außerordentlicher Herold »Arundel«.

Hinter den beiden eine Gruppe von drei Personen, in der Mitte – mit der Amtskrone auf dem Haupt – Sir Thomas Innes of Learney (1893–1972), seit 1945 Wappenkönig von Schottland unter dem Namen *Lyon King of Arms*, zu seiner

Die direkte Demokratie der Schweizer hat sich traditionelle Erscheinungsformen bewahrt. Die »Landsgemeinden«, souveräne Volksversammlungen, werden von »Weibeln« in den kantonalen oder kommunalen Farben geleitet. Der Landesweibel des Halbkantons Nidwalden – zwischen zwei Ortsweibeln – entscheidet über das Ergebnis einer Abstimmung. Ein Landesweibel *(ganz rechts)* ist an dem Weibelschild mit dem Standeswappen, dem Doppelschlüssel, kenntlich.

Die verfassungsmäßigen zivilen Organe, sofern sie sich zur Farbe im öffentlichen Auftreten bekennen, tun dies in Gestalt von Amtstrachten, die mit denen der mittelalterlichen Herolde identisch oder vergleichbar sind. Am ungebrochensten ist die Heroldstradition in Großbritannien. Die Herolde tragen wie eh und je Tapperte, die die Wappenfiguren Großbritanniens so wiedergeben, wie sie im Schilde des königlichen Wappens zusammengestellt sind.

Rechten Sir Anthony Richard Wagner (geb. 1908), damals Herold »Richmond«, seit 1961 Wappenkönig Hosenband, ein weltbekannter Heraldiker, auf der anderen Seite Richard Preston Graham-Vivian (geb. 1896), damals – seit 1947 – Herold »Windsor«, seit 1966 Herold »Norroy und Ulster«. Weiter hinten haben sich eingereiht: Archibald George Blomefiled Russell (1879–1955), damals – seit 1922 – Herold »Lancaster«, 1954 »Clarenceux«, und Aubrey

Bei der Krönung der derzeitigen Königin Elisabeth II. am 2. Juni 1953 haben die Herolde Großbritanniens mitgewirkt und in ihren farbenprächtigen und reichbestickten Tapperten zur Feierlichkeit beigetragen *(unten)*.

John Toppin (geb. 1881), damals Herold »York«, 1957–1966 Herold »Norroy and Ulster«, schließlich 1966 außerordentlicher Herold »Maltravers«.
In gewissem Umfang leben die Heroldstraditionen auch in Spanien noch weiter, wenn auch weniger demonstrativ. Die beiden Herolde, die am 27. November 1975 bei der Eidesleistung des neuen Königs von Spanien assistierten, hielten sich still im Hintergrund und waren auch ziemlich schlicht gekleidet. Ihre braunen Tapperte waren mit einfachen Tressen gesäumt und trugen auf der Brust nur in einem von einer ovalen Kartusche umrahmten gespaltenen Feld das Kastell von Kastilien und den Löwen von León, sodann die gleichen Figuren auf den Klappen der gestulpten Kappe. Bei früheren Gelegenheiten sah man aber städtische Herolde mit dem vollen Wappentappert von Spanien, auf welches das jeweilige Stadtwappen aufgelegt war.

In seiner kurzen Regierungszeit (20. Januar bis 11. Dezember 1936) mußte König Eduard VIII. das überlieferte Zeremoniell einhalten. Bei der Eröffnung der Parlamentssession sah er sich wie seine Vorgänger von den tappertgeschmückten Herolden umgeben. Nach dem Thronverzicht wurde ihm der Titel »Herzog von Windsor« erteilt.

Wenn sich britische Zeremonien in Schottland abspielen und Herolde daran beteiligt sind, dann demonstriert ihr Tappert, daß dortzulande der schottische Löwe – seit 1903 – vor dem englischen Leoparden rangiert. In einer Feierlichkeit des schottischen Andreas- oder Distelordens bietet sich Gelegenheit dazu.

Die Begriffe

Konservativ wie die Heraldik ihrem Wesen nach ist, bewahrt sie in ihrer Vorstellungswelt mittelalterliche Begriffe und folglich auch deren Benennungen. Unzweifelhaft spielt hierbei die Vorrangstellung, die die französische Sprache neben dem Lateinischen im Mittelalter unbestritten einnahm, eine entscheidende Rolle. Latein war die Sprache der Kirche, die mit der Heraldik nur wenig, und der Gelehrtenwelt, die mit der Heraldik überhaupt nichts im Sinne hatte. Französisch aber war die Sprache der Höfe und der Höflichkeit; und sie blieb es in der Heraldik bis in die Gegenwart. Ihre mittelalterlichen Eigentümlichkeiten leben auch im Englischen deutlich fort, im Deutschen sind sie aus philologischen Gründen aber manchmal nur mühsam nachzuvollziehen.
Auf den folgenden Seiten ist eine Auswahl solcher Wörter zusammengestellt, die einer Erläuterung bedürfen. Im Register am Schluß des Bandes finden sich weitere Hinweise auf Begriffe, die an anderer Stelle des Buches erklärt sind.

Wie wichtig regionale Hoheitszeichen sind, demonstriert der altägyptische »Fähnrich« aus der Zeit der 19. Dynastie (1320–1200 v. Chr.), der das Provinz-Feldzeichen vor sich in Paradestellung »bei Fuß« vorweist, durch seine feierliche Haltung. Für derartige Feldzeichen, die wie moderne Regimentsfahnen fungieren, ist der Sammelbegriff »Vexilloide« geprägt worden. Der eine Sonnenscheibe tragende Widderkopf darf wohl als das Sinnbild des Gottes Amun-Re, also als das Hoheitszeichen von Theben, gelten.

AAR: poetischer Name des Adlers.

ADEL: eine gesellschaftliche Oberklasse. Den Adelsgraden entsprechen besondere Kronen.

AHNENTAFEL: die tabellarische Übersicht über die Elternpaare, von denen eine Person abstammt.

AHNENWAPPEN: die Wappen der Vorfahren.

ALLIANZWAPPEN: zwei nebeneinandergestellte Wappen zur Darstellung einer Verbindung, ↑ Ehewappen.

AMPHIBISCH: ein alter Ausdruck für gewisse vom Wechsel zwischen Metall und Farben unabhängige Tinkturen.

AUSZEICHNUNG: ↑ Orden.

BADGE: allgemein für »Abzeichen« (S. 210 f.).

BALKEN: ein Heroldsbild (S. 89).

BALKENWEISE: im rechten Winkel zur Schildachse verlaufende Richtung.

BANDEROLEN: 1. sehr langgestreckte Fahnen;
2. schmale Schmuckbänder am Fahnenstock.

BANNER: 1. poetischer Ausdruck für Fahnen im allgemeinen; 2. im engeren Sinne ein Wappenbanner (S. 94); 3. eine hängende Fahne oder Flagge, ↑ Gonfanon und ↑ Oriflamme.

BANNERHERR: ein Edelmann, dessen militärische Gefolgschaft ausreichte, um ihn zur Führung eines Wappenbanners zu qualifizieren (S. 28).

BEIZEICHEN: kleine Figuren, mit denen ein Grundmuster abgewandelt werden kann (S. 98 f.).

BELEGT: eine Grundfläche wird von der aufgelegten Figur nicht überschritten.

BESTECKT: eine größere Figur kann mit mehreren kleinen besteckt sein.

BEUTELSTAND: eine mitteleuropäische Helmzier, von der Mitra kaum zu unterscheiden.

BILDDEVISE: ↑ Devise.

BLASONIERUNG: fachgerechte Wappenbeschreibung.

BÜFFELHÖRNER: zwei Stier- oder Kuhhörner, als Wappenbilder selten, als Helmzierden, wenigstens in Mitteleuropa, außerordentlich häufig.

BÜRGERKRONE: eine irreführende Bezeichnung für die ↑ Mauerkrone oder auch für einen Laubkranz.

BURGUNDERKREUZ: ein aus zwei gekreuzten Ästen gebildetes Schrägkreuz (S. 211).

BYZANTINER: Münze mit erkennbarem Gepräge.

DAMASZIERUNG: die künstlerische Musterung zur Belebung einer einfarbigen Partie.

DAMENSCHILD: ↑ Rautenschild.

DEICHSEL: ein Heroldsbild (S. 89).

DEVISE: (S. 208 f.).

DEXTER: heraldisch rechts.

DIADEM: (S. 166 f.).

DONNERKEIL: Attribut des Adlers als Sinnbild des Göttervaters Jupiter bzw. Zeus.

DOPPELHAKEN: ↑ Wolfsangel.

DOPPELSCHWANZ: eine Verdoppelung des Schwanzes, nur beim Löwen vorkommend und in der heraldischen Blütezeit für einige Wappen (z. B. Böhmen und Limburg) charakteristisch.

DRACHE: ein geflügeltes Ungeheuer, dem Lindwurm ähnlich.

DREIBERG: eine meist in der unteren Schildpartie untergebrachte und als Postament für das eigentliche Wappenbild dienende »gemeine Figur«.

DRUDENFUSS: ↑ Pentagramm.

Ehewappen: das Wappen eines Ehepaares, wie ein ↑ Allianzwappen.

Ehrenzeichen: ↑ Orden.

Eisenhutfeh: ↑ Pelzwerk, benannt nach der Umrißform des Eisenhutes, einer Helmart des 14. Jahrhunderts.

Erniedrigt: eine Wappenfigur steht tiefer als normal.

Erzherzog: eine österreichische Steigerung des Titels Herzog.

Fahne: im weitesten Sinne jedes Stück Stoff, das an einer seiner Kanten dauerhaft oder beweglich befestigt ist und eine symbolische Bedeutung kundtut; im engeren Sinn nur diejenigen Stoffstücke, die einer bestimmten Gruppe unter bestimmten Voraussetzungen übergeben wurden und somit nicht ohne weiteres durch ein gleichartiges Stück ersetzt werden dürfen, technisch daher meist mit der Stange dauerhaft verbunden.

Fallgatter: eine aus waagerechten und unten zugespitzten senkrechten Bohlen bestehende Durchgangssperre.

Farben: heraldische Farben (S. 86).

Federbusch: eine aus gebündelten Federn gebildete, sehr beliebte Helmzier.

Feh: ↑ Pelzwerk.

Feld: der Hintergrund eines Wappens, ↑ Platz.

Feldgeschrei: ↑ Schlachtruf.

Fensterraute: eine parallel zu ihrer Umrandung ausgebrochene ↑ Raute.

Schildtopographie (S. 88) entsprechend den Ziffern 3, 6, 9: linke Flanke.

Flitsch: die Federn am Schaft der Pfeile, die andersfarbig »beflitscht« sein können.

Flug: aus dem Französischen übernommene Bezeichnung für zwei zusammengehörige Flügel.

Flugbereit: die Flügel anhebende Vögel.

Freiherr: der Adelsgrad zwischen untituliertem Adel und Graf.

Freiviertel: ein Heroldsbild (S. 89).

Führen: die Führung eines Wappens besteht im Gebrauch des Wappens bei allen passenden Anlässen.

Fünfberg: zwei auf einen Dreiberg aufgesetzte Berge.

Fünfblatt: eine Figur in Gestalt einer Rose.

Fürst: ein höherer Adelsgrad, gegliedert in die (ehemals) regierenden und die nur titulierten Fürsten.

Fürstenhut: (S. 178).

Fürstenkrone: (S. 178).

Gabelkreuz: (S. 107).

Gartenlilie: eine naturalistisch dargestellte Schwertlilie (Iris).

Geadelt: eine bisher bürgerliche Familie ist mittels Verleihung durch einen Landesfürsten in den Adelsstand erhoben worden; sie erhält gleichzeitig ein Wappen.

Gefäss: der Griff der Blankwaffen.

Der voll gerüstete Ritter des 14. Jahrhunderts wiederholte die Bilder seines Schildes auch auf der Pferdedecke und seinem Banner.

Unten von links nach rechts drei Siegeltypen, sämtlich schwedisch:

Wappenschild als alleiniges Siegelbild: Karl Ulfsson, 1373. Original 24 mm ∅.

Reitersiegel des vollgerüsteten Herzogs Bengt Birgersson, 1282, Original 77 mm ∅.

Fischschwanz: der Körperteil, der einem Lebewesen statt seines normalen Unterkörpers erteilt werden kann: die so entstehenden »Ungeheuer« heißen dann Seeeinhorn, Seelöwe usw.

Flagge: eine ↑ Fahne, die, weil ohne weiteres durch ein gleichartiges Stück Stoff ersetzbar, normalerweise mit dem Stock nur lose verbunden ist.

Flanken: die seitlichen Drittel eines Schildes; in der

Gefeht: ↑ Pelzwerk (S. 86).

Gefranst: eine Stoffpartie ist mit Fransen in abweichender Farbe besetzt. Dieser Umstand ist zu ↑ melden.

Gefugt: Mauern sind normalerweise schwarz gefugt.

Gefüllt: Heroldsbilder, die in der Regel gewisse Partien freilassen, können gefüllt werden.

Majestäts- oder Thronsiegel König Johanns III. von Schweden, 1571. Original 110 mm ∅. Neben dem König die beiden Wappen von Schweden, die man damals als Wappen der Königreiche der Schweden (Kronen) und der Goten (Löwe) bezeichnete.

Beim Tjost von St. Ingilbert *(rechts)* sollen drei Franzosen in mehreren Waffengängen gegen sechsunddreißig ausländische Partner angetreten sein.

Die Turnierregeln waren sehr differenziert und die dabei verwendeten Waffen entsprechend vielfältig. Die Lanzenenden waren entweder gefährlich spitz oder nur auf empfindlichen Stoß ausgerichtet. Die letzte Form *(links)* hieß Krönlein, die Lanze daher Krönleinlanze.

Gefüttert: Innenseite eines Stofftuchs, z.B. bei Wappenmänteln oder Helmdecken.

Gegenhermelin: (S. 87).

Gegensiegel: zur Vervollständigung der Rechtswirkung eines großen, meist also fürstlichen Siegels kann auf der Rückseite die Eindrückung eines kleineren, des Gegensiegels erforderlich sein. Dieses wird auch Rücksiegel genannt; ↗ Sekretsiegel, ↗ Münzsiegel.

Gegrifft: Schwerter, deren ↗ Gefäß eine eigene Farbe hat.

Gekreuzt: zwei stabförmige Gegenstände in Schräglage, die sich in der Mitte des Feldes kreuzen.

Gekrückt: Schäfte oder Kreuzarme, die in Form eines »T« enden, wie das Krückenkreuz; ↗ Krücke.

Gelegt: Die Lage ↗ gemeiner Figuren wird in bezug auf die Placierung im Felde bezeichnet, ↗ gestellt.

Gelöwt: (S. 108).

Gemauert: ↗ gefugt.

Gemein: normal, ohne Besonderheiten; besonders im Zusammenhang mit »Figuren« und »Kreuz«.

Genealogie: die Wissenschaft von den verwandtschaftlichen Zusammenhängen.

Gerautet: Mit ↗ Rauten gemustert.

Gesenkt: zuweilen gebraucht für »gestürzt« oder »erniedrigt«.

Gespalten: (S. 89 und 92).

Geständert: ein Feld ist durch radial verlaufende Linien in mindestens sechs, meist acht Dreiecke (Ständer) aufgeteilt.

Gestellt: Die Stellung ↗ gemeiner Figuren wird in bezug auf die Placierung untereinander bezeichnet. Die Claricorde im Wappen Gronfoilde sind »2:1« gestellt, die Strümpfe im Wappen Byllyngedon sind pfahlweise »gelegt« und balkenweise, d.h. hier nebeneinander »gestellt« (S. 136).

Gestückt: Ausdruck für Schildränder, die in etwa zwölf kleine Rechtecke (in den Schildecken meist je zwei Dreiecke) unterteilt sind.

Gestümmelt: Vögel, besonders Adler *(Alérion)* und ↗ Merletten, ohne Schnabel und Beine.

Gestürzt: Wappenbilder, die um 180° gegenüber der normalen Lage gedreht sind.

Geteilt: (S. 88).

Geviert quadriert: (S. 89).

Geweckt: gerautet.

Gezungt: fast alle Wappentiere sind in abweichender Farbe gezungt. In der britischen Heraldik gibt es hierfür Farbregeln.

Ghibellinische Zinnen: an der Oberkante schwalbenschwanzförmig eingekerbte Mauerzinnen.

Gleve: eine ↗ oberhalbe Lilie, auch eine Lanze mit lilienförmigem Speereisen.

Glevenrad: eine Figur, die aus – meist acht – radial angeordneten ↗ Lilienszeptern besteht.

Gonfalone: eine große italienische Prozessionsfahne, im Schnitt wie ein ↗ Gonfanon.

Gonfanon: eine meist kleine, in mehreren Lätzen endende Fahne. Gonfanons, wörtlich: *guntfano* = Kriegstuch, waren früher als die Wappen üblich.

Göpel: eine gestürzte ↗ Deichsel.

Grabmal: Grabmäler gehören zu den wichtigsten Quellen der Wappenkunde; ↗ Ahnenwappen.

In einer englischen Miniatur des 14. Jahrhunderts wird der Heilige Georg, der Landespatron seit etwa 1348, wie ein Ritterschaftspate dargestellt, wie er dem König den englischen Wappenschild überreicht. Heiliger wie König sind in gleicher Weise mit Ringelpanzer und Wappenhemd bekleidet. Sie tragen die damals modernen Schulterplättchen, sogenannte *Ailettes*, die mit den Wappenzeichen auf den Hemden genau übereinstimmen.

Bei einem regulären Kolbenturnier kam es darauf an, dem Gegner die Helmzier vom Helm zu schlagen; bei einer Abart genügte es, mit dem Kolben wacker auf das Dach des Bügelhelms einzudreschen.

GRAF: der nächste Adelsgrad über »Freiherr«.

GREIF: ein Fabelwesen, dessen Oberkörper einem Adler ähnelt, das aber spitze Ohren hat; der Unterkörper ist der eines Löwen (S. 114).

GROSSFÜRST: eine in Osteuropa entstandene Bezeichnung für Fürsten, die über größere Territorien herrschen. In westeuropäischen Sprachen wird dieser Titel wie »Großherzog« übersetzt.

HALSGEKRÖNT: Tieren, besonders oft Schwänen, ist eine Laubkrone um den Hals gelegt; halsgekrönt ist auch das Einhorn von Schottland.

HALSKLEINOD: eine an einer Kette um den Hals eines Bügelhelms (S. 146) gelegte Medaille oder Münze.

HAMAIDE: drei abgeledigte, das heißt nicht an den Rand stoßende Balken.

HARPYIE: humanistisch für den ↗ Jungfrauenadler.

HAUPT: 1. mögliche Kurzform für ↗ Schildhaupt; 2. ↗ Hauptschild.

HAUPTPFAHL: eine Wappenfigur, bestehend aus Pfahl und Schildhaupt.

HAUPTSCHILD: der größte von mehreren konzentrisch aufeinandergelegten Wappenschilden heißt Haupt- oder Rückenschild; ↗ Mittelschild.

HEIDENHUT: ein gestulpter Spitzhut, dessen Spitze nach hinten gebogen ist.

HEIDENKRONE: eine Krone, bestehend aus einem mit dreieckigen Zacken besetzten Stirnreif.

HEROLD: die lautstarke Verkündung von Botschaften durch Herolde verführte dazu, auch die nur als Ausrufer fungierenden Personen des griechischen Altertums (κηρυκες) und der Bibel (Aramäisch כָּרוֹזָא: Korauso) als »Herolde« oder gar als »Ehrenherolde«

Da die Turniere nicht nur eine Sportveranstaltung waren, sondern übungshalber auch echte Gefechtssituationen zu simulieren hatten, ging es beim »Gedränge« sehr tumultuarisch zu. So bedeutende Künstler wie Lucas Cranach d. Ä. und andere griffen gern das bunte Bild eines solchen Getümmels auf, um es mit Detailtreue auf den Holzstock bringen zu lassen. Die große Zeit dieser Turniere war, als Cranach lebte, fast abgelaufen.

Die Koggen des 15. Jahrhunderts, schwere Segelschiffe, waren mit nur einem Segel ausgerüstet, dessen Fläche oft mit dem Wappen oder einem anderen Abzeichen des Königs oder seines Stellvertreters, des Admirals, bedeckt war.

zu übersetzen. Die weniger wortgewaltigen Boten der griechischen Sprache (αγγελοι) sind hingegen zu »Engeln« aufgerückt. Von der Heraldik losgelöst, verbindet sich der Begriff »Herold« heute mit dem Gedanken der Bekanntmachung und der Werbung, so ist der »New York Herald« eine Zeitung, und »Schuh-Herold« ein Wirtschaftsunternehmen. Im Englischen bedeutet *to herald* bekanntmachen.

HERSEHEND: Tiere, die den Beschauer anzusehen scheinen, auch »im Visier«.

HERZSCHILD: der ↗ Mittelschild oder auch der Mittelschild eines Mittelschildes.

HERZOG: ein höherer Adelsgrad, wörtlich »Heerführer« bedeutend. Herzöge bilden unten den Fürsten eine ranghöhere Stufe.

HEXAGRAMM: eine aus zwei verschränkten Dreiecken, davon das eine »gestürzt«, gebildete Figur, auch Salomonssiegel oder Davidstern genannt.

HIEFHORN: Jagdhorn.

HIRSCHGEWEIH: die Hirschstangen sind vor allem in Deutschland als Helmzierden sehr beliebt.

Im Mittelländischen Meer konnte sich die Schiffahrt nicht auf die Beständigkeit des Windes verlassen. Immer größere Ruderschiffe, sogenannte Galeeren, wurden gebaut und immer reicher mit Flaggen und Wappen ausgerüstet. Die »Polizei des Mittelmeeres«, als die der Malteserorden betrachtet wurde, ging in dieser Beziehung beispielhaft voran. Die Wappenflagge seines Großmeisters wechselt an jeder Bordwand mehr als ein Dutzendmal mit der Ordensflagge den Platz.

HOCHKREUZ: ein Kreuz, dessen Querarme oberhalb der Mitte angebracht sind (S. 107, Fig. 17).

INNENBORD: ein Schildrand, der vom Rande des Schildes um seine eigene Breite absteht (S. 89).

JUNGFRAUENADLER: ein Adler, dessen Kopf und Oberkörper durch einen Frauenleib ersetzt ist; ↗ Harpyie.

KAISER: der oberste Adelsgrad (S. 166 ff.).

KEIL: schmale gestürzte Spitze.

KIRCHENFAHNE: in einem Wappenschild sieht eine Kirchenfahne wie ein ↗ Gonfanon aus.

KLAUFLÜGEL: eine Tierpranke oder ein Adlerfang, unmittelbar an einen Flügel angesetzt.

KLEESTENGEL: Spange auf einem Adlerflügel, die oben in einem Kleeblatt endet.

KNOTEN: aus Kordeln gelegte Knoten verschiedener Gestalt sind als Badges in England sehr beliebt; eine Figur etwa in Form der Ziffer 8 gilt als Liebesknoten, weil dieser Knoten sich schließt, wenn man an den Enden der Kordel zieht.

KÖNIG: der üblichste Adelsgrad für einen Monarchen, der über ein selbständiges Land herrscht.

KREUZSTABSTANDARTE: Standarte in Gestalt des Vexillums (S. 106).

KRÜCKE: eine Figur in Gestalt des Buchstaben »T«.

KRÜCKENKREUZ: Kreuz, dessen Arme in Krücken enden (S. 107).

KRUMMSTAB: Abzeichen der Äbte und Bischöfe, abgeleitet vom Hirtenstab.

KURFÜRST: (S. 182 f.).

LATEINISCHES KREUZ: ↗ Hochkreuz (S. 107).

LÄTZE: die nach unten hängenden Teile des Turnierkragens.

LEISTE: schmaler Balken.

LEU: poetischer Name des Löwen.

LIEBESKNOTEN: ↗ Knoten.

LILIENHASPEL: ↗ Glevenrad.

LILIENSZEPTER: ein verzierter, oben in einer stilisierten Lilie endender Stab.

LINDWURM: ein drachenförmiges Ungeheuer, das meist ohne Flügel, aber mit vier Beinen dargestellt wird.

LOTHRINGISCHES KREUZ: vom ↗ Patriarchenkreuz (S. 107) nicht grundsätzlich unterschieden.

LUNEL: eine Gruppe von vier mit den Hörnern einander zugewandten Halbmonden.

MALTESERKREUZ: ein schwebendes Kreuz, dessen Arme gegen die Mitte schmaler werden und außen schwalbenschwanzförmig enden (S. 107).

MASKE: über den Helm gezogene Tier- oder Menschenmasken sind besonders originelle Helmzierden.

MAUERKRONE: eine Krone aus Mauerwerk, oben gezinnt (S. 246).

MAUERANKER: eiserne Klammer zur Festigung von Mauerwänden, als Wappenfigur nicht selten.

MELDEN: in einer Wappenbeschreibung (↗ Blasonierung) muß alles gemeldet werden, was zur einwandfreien Darstellung gehört.

MERKURHUT: geflügelter Hut, ein Attribut des Gottes Merkur oder Hermes (S. 10).

Wappenbanner, von manchen Königen einem französischen Modell mit der *Oriflamme* nachgebildet.

Die Königskrone ist durch das Kleeblattkreuz von St. Mauritius auf dem Scheitelpunkt als savoyisch spezifiziert.

Die Kuppel des Wappenzeltes ist mit den Gliedern des Annunziatenordens verziert.

Der Wappenmantel, der mit der Kuppel, aus der er herausfällt, das Wappenzelt bildet, ist seitlich mit Kordeln hochgebunden.

Auf dem Schild ruhen drei Helme, von denen die äußeren zu den deutschen Anspruchswappen gehören. Auf dem mittleren Helm die den königlichen Rang ausdrückende Königskrone mit dem Kleeblattkreuz, darüber die Helmzier von Savoyen, eine geflügelte Löwenmaske, die wie auf die Zeltstange gespießt wirkt.

Als Schildhalter dienen zwei hersehende Löwen, die ihre Begründung in den fünf Löwen des Wappenschildes finden.

Der Wappenschild besteht aus vier Hauptquartieren (1. Königreich Zypern, 2. Herzogtum Sachsen, wegen der angeblichen Abstammung von Herzog Widukind, 3. die Landschaften Chablais und Aosta, 4. die Gebiete Genevois und Monferrat). Das Wappen von Savoyen bildet den Herzschild.

Um den Schild läuft die Kette des Annunziatenordens *(Ordine Sovrano della Santissima Annunziata,* Oberster oder Souveräner Orden der Allerheiligsten Verkündigung), dessen Großmeister der Herzog von Savoyen ist.

Als Postament dient hier ein naturalistisch aufgefaßter Boden, in dessen Grund die alles tragende Zeltstange gerammt ist.

MERKURSTAB: ein von zwei Schlangen umwundenes, oben in zwei Flügeln endendes Szepter und Attribut des Gottes Merkur.

MERLETTE: gestümmelte Amsel (oder Ente), in den Niederlanden häufige Wappenfigur, in England Beizeichen eines vierten Sohnes.

MITTELSCHILD: ein kleiner Schild in der Mitte eines größeren; der Mittelschild auf einem Mittelschild heißt Herzschild.

MONOGRAMM: ein aus verschiedenen Buchstaben gebildetes Zeichen wie z. B. das Monogramm Karls des Großen (S. 203).

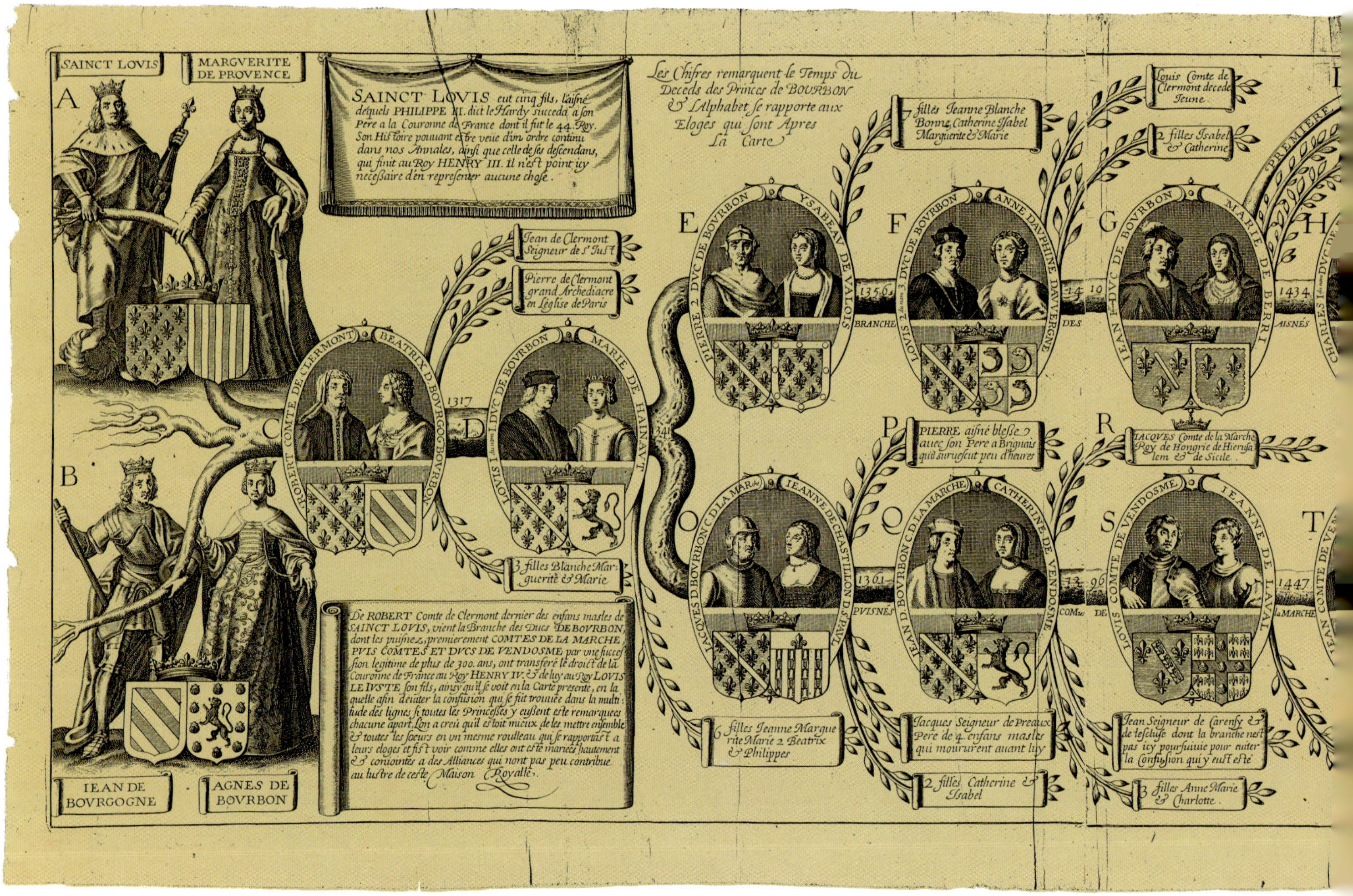

Der Ausschnitt aus dem Stammbaum des französischen Königshauses soll die Verbindung zwischen dem Stifter der Linie Bourbon und König Ludwig XIII. illustrieren.

In der oberen Bildreihe stehen Porträts der Herzöge von Bourbon mit ihren Gemahlinnen. Dieser Hauptast bricht brüsk ab und kann durch Nebenzweige nur vorübergehend ersetzt werden.
Nach der Ermordung König Heinrichs III. 1589 mußte man in der Genealogie sieben Generationen zurückgreifen, um den nächstberechtigten Thronanwärter einzusetzen. Das war ein in den Pyrenäen lebender Edelmann, der Herzog von Vendôme, der als seiner Mutter Erbe bereits König von Navarra geworden war: Heinrich IV.

Morgenstern: Streitkolben, dessen Schlagende mit Eisennägeln gespickt ist.

Mühleisen: eine dem ↗ Maueranker ähnliche Figur, aber mit einem Loch in der Mitte, für die Achse des Mühlrades.

Mühleisenkreuz: ein Kreuz, das aus zwei gekreuzten Mühleisen zu bestehen scheint (S. 107, Figur 32).

Münzsiegel: Siegel mit zwei gleich großen Seiten.

Nabelstelle: die Stelle zwischen Schildmitte und Schildfuß (S. 88).

Nesselblatt: ein Heroldsbild (S. 134).

Neungeschacht: ein in neun Schachfelder aufgeteiltes Feld.

Nimbus: Heiligenschein; Figuren mit Heiligenschein sind »nimbiert«.

Oberhalb: in Wappenbeschreibungen kann das Wort »oberhalb« als Adjektiv behandelt und folglich dekliniert werden.

Oberwappen: Sammelbegriff für alle Wappenbestandteile oberhalb des Schildes, also insbesondere Helme, Helmzierden und Kronen.

Offen: ↗ Flüge, bei denen sich die beiden Flügel nicht teilweise abdecken.

Ombrello: ein kirchliches Hoheitszeichen (S. 206, 236).

Orange: seltene Wappenfarbe (S. 86).

Orden: (S. 214 ff.).

Oriflamme: 1. die Reichsfahne Frankreichs; 2. an einem Querstab hängende lange, gezipfelte Fahne, z. B. S. 47.

Ort: ein in der Mitte des oberen Schildrandes anstoßendes Viereck.

Ortband: der metallene Beschlag der Spitze der Schwertscheide, fast nie vom ↗ Seeblatt zu unterscheiden.

Panther: ein Fabeltier (S. 115).

Parierbügel, Parierstange: Die Querstange am Schwertgriff, zum Parieren eines Schlages.

Passionskreuz: ↗ Hochkreuz (S. 107, Fig. 17).

Patriarchenkreuz: Kreuz mit zwei Querarmen (S. 107, Fig. 19).

Pegasus: ein Fabelwesen, das seit dem Humanismus als Sinnbild der Dichtkunst auch in die Heraldik Eingang fand (S. 116).

Pelzwerk: Sammelbezeichnung für die in der Heraldik vorkommenden stilisierten Wiedergaben von Pelzen; Pelzwerk ist ↗ amphibisch.

Pentagramm, auch Pentalpha: fünfzackige Variante des Salomonssiegels, ↗ Hexagramm.

Pfahl: (S. 89).

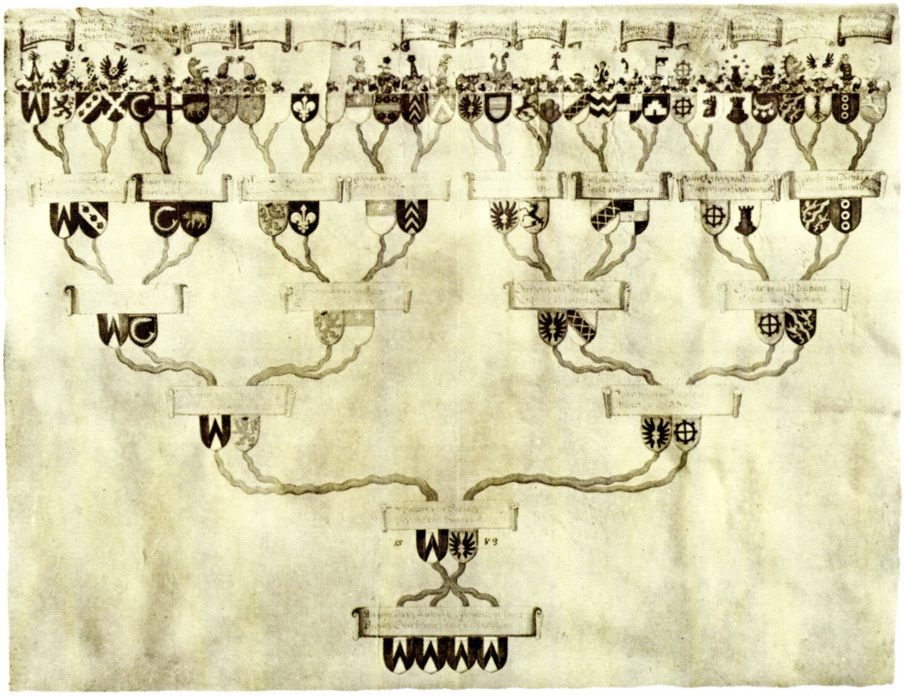

Ahnentafel von vier Geschwistern des bernischen Adelgeschlechts von Erlach. Sie zeigt deutlich, daß sich die Anzahl der Personen in einer Ahnentafel mit mathematischer Logik in jeder höheren Generation verdoppelt. Eine in so früher Zeit aufgestellte Ahnentafel reicht in den seltensten Fällen bis zu den Ururgroßeltern; auch hier sind die Mütter eines Urgroßelternpaares nicht zu ermitteln gewesen und bleiben als Lücken offen.

PFLUG: seltene, aber schon in sehr alten Wappen vorkommende ↗ gemeine Figur.

PFLUGSCHAR: eine etwa wie ein Spatenblatt aussehende, in den Wappen von Familien bäuerlicher Herkunft extrem häufige ↗ gemeine Figur.

PHÖNIX: (S. 130).

PLATZ: die durch Teilungslinien innerhalb eines Schildes entstehenden Flächen.

POSTAMENT: (S. 202 f.).

PRACHTSTÜCKE: ↗ Prunkstücke.

PRINZ: nur in germanischen Sprachen existierende

Der römische Adler, den Napoleon I. 1804 zum Zeichen seines Kaiserreichs erkoren und 1815 verloren hatte, feierte unter seinem Neffen, Napoleon III., eine Auferstehung, die zwar wieder von Prunk begleitet war, aber auch nur 18 Jahre dauerte. Auf den Fahnenstangen thronte der Adler erneut, Lorbeer- und Eichenzweige schmückten wie einst das Kreuz des Ordens der Ehrenlegion.

Bezeichnung für nicht regierende Mitglieder fürstlicher Häuser.

Prunkstücke: (S. 186 ff.).

Quadriert: ↑ Geviert.

Quartier: 1. Wappenfeld, das kleiner als ein Viertel sein kann; 2. in einer Ahnentafel stellt jede aufgeführte Person ein »Quartier« dar.

Quergeteilt: ↑ geteilt (S. 88).

Rätselwappen: Wappen, bei denen die Ursache für einen Regelverstoß (vor allem gegen die Farbregel) zu enträtseln wäre.

Raute: ein meist auf der Spitze stehender Rhombus.

Rautenkranz: eine ↑ gemeine Figur in der Gestalt einer Blätterkrone, meist – als Wiedergabe der Pflanze Mauerraute – grün, als Beizeichen schräg über ein bestehendes Wappen gezogen.

Rautenschild: ein Schild in Form einer Raute, vorzugsweise in Westeuropa für Damenwappen.

Rechts: in Wappenbeschreibungen die vom Wappenträger aus rechte, für den Beschauer linke Seite; ↑ dexter.

Redend: Wappen, deren Bilder rebusartig auf den Namen des Wappenherrn anspielen.

Schaller(n): ↑ Salade.

Schattenfarbe: eine Figur in Schattenfarbe ist nur in Umrißlinien dargestellt.

Schildfuss: das untere Drittel des Schildes, die Plätze 7, 8, 9 (S. 88).

Schildhaupt: das obere Drittel des Schildes, die Plätze 1, 2, 3 (S. 88).

Schildrand (Bord): die Begrenzung des Schildes selbst oder ein Streifen parallel zum Rand des Schildes (S. 89).

Schindeln: kleine Figuren, rechteckig oder rautenförmig, meist in größerer Anzahl zur Bestreuung eines Schildfeldes verwendet.

Schirmbrett: eine frühe und in Mitteleuropa üblich gebliebene Helmzier (S. 152 f.).

Schlachtruf oder Kriegsgeschrei: (S. 203).

Schlüsselkreuze: Kreuze, so benannt wegen ihrer Ähnlichkeit mit einem Schlüsselbart (S. 107).

Schraffierung: (S. 86).

Schräg: ↑ schrägrechts.

Schragen: Andreaskreuz (S. 107).

Schräggitter: die normale Form eines Flechtwerkes.

Schrägkreuz: Andreaskreuz.

Schräglinks: das Gegenteil von schrägrechts.

Schrägrechts: mit »schräg« ist im Zweifel »schrägrechts« (S. 88) gemeint.

Schwebend: Figuren, die abweichend vom Normalen den Schildrand nicht berühren.

Vier Jahre nach der Errichtung des Kaiserreichs schuf Napoleon durch Dekret vom 1. März 1808 einen neuen Adel, dem auch eine neue Heraldik zugedacht war. Unter Beachtung der traditionellen Regeln war eine auf die Person des Begnadeten abgestellte Schematisierung vorgesehen. Den Rittern des Ordens der Ehrenlegion wurden die hier gezeigten Modelle für die Unterbringung des Ordenskreuzes im Schild angeboten, die auch für Stadtwappen in Betracht kamen. Aus der umfangreichen Liste der persönlichen Kennzeichen nur ein Beispiel (ganz rechts in der Reihe): das Freiviertel im Schild dient als Platz für das Personalabzeichen. Steht es rechts und ist blau mit goldener Figur, ist die Person ein Graf, steht es links und ist rot mit silberner Figur, ist die Person ein Baron. Präfekten und Bürgermeister *(Maires)* führen eine gezinnte, Unterpräfekten eine ungezinnte Mauer; bei Präfekten schwebt über der Mauer ein Eichenzweig, bei Unterpräfekten ein Ölzweig. Unser Bild kennzeichnet also den Rang eines *Baron Préfet.*

Regalienfeld: ein in einigen fürstlichen Wappen vorkommendes ganz rotes Feld, das an die rote Lehensfahne erinnert (S. 53 f.).

Reichsapfel: eine zu den Reichsinsignien gehörige, mit einem Kreuz besetzte Kugel, die von Christus beherrschte Welt bedeutend.

Sachsen: die Flügelknochen des Adlers.

Salade: französischer Name für eine Helmart, im Deutschen der oder die Schaller oder Schallern.

Schachroch: wie ein Lanzenkrönlein (S. 44) aussehende Figur, der Roch des Schachspiels (S. 37).

Schächerkreuz: schwebende ↑ Deichsel.

Sechsberg: ein ↑ Fünfberg mit einem aufgesetzten sechsten Berg.

Seeblatt: ein stilisiertes Seerosenblatt, vom ↑ Ortband schwer zu unterscheiden.

See-: Wortzusammensetzung für Lebewesen mit einem ↑ Fischschwanz.

Sekretsiegel: Siegel für verschlossene (sekrete) Briefe, auch als Rücksiegel oder ↑ Gegensiegel verwendbar.

Senestre: das Gegenteil von ↑ dexter.

Sirene: Frau mit Fischschwanz.

Spalt: Spaltungslinie, ↑ gespalten.

Sparren: (S. 89).

Spitze: eine durch zwei aus den unteren Schildecken kommende und bis zur Mitte der Oberkante reichende Linien gebildete Figur.

Springend: 1. die normale Stellung des Löwen und anderer Vierbeiner; 2. eine Reihenfolge, die wie eine Tischordnung in der Mitte beginnt und dann abwechselnd die Seitenplätze beziffert (S. 88).

Spruchband: (S. 203).

Stab: ein schmaler ↑ Pfahl.

Ständer: ↑ geständert.

Stammtafel: graphische Übersicht über alle zu einer Familie gehörenden Personen.

Turnierkragen: (S. 38).

Überdeckt: eine aufgelegte Figur ragt über die Ränder einer Grundfigur hinaus; ↑ Belegt.

Überhöht: über einer Figur schwebt eine andere.

Visier: 1. der bewegliche Teil eines Helmes; 2. »ins Visier gestellt« ↑ hersehend.

Wachsend: Figuren, die aus einer Begrenzung hervorzukommen scheinen.

Warteschild: ein leeres Schildchen innerhalb eines felderreichen fürstlichen Wappens, das zur Ausfüllung bereitgehalten wird.

Wecken: ↑ Rauten.

Welsche Zinnen: ↑ ghibellinische Zinnen.

Drei Wappen des berühmten Diplomaten und Staatsmannes Charles Maurice Talleyrand de Périgord, Prince de Bénévent (2.2.1754–17.5.1838). Einige Stationen seines bewegten Lebens finden heraldisch ihren Ausdruck. Von links nach rechts: Stammwappen Périgord;

Wappen als napoleonischer Fürst von Bénévent (Schildhaupt, Kaiseradler, Stammwappen, Eber von Bénévent, Kette der *Grand aigles* der Ehrenlegion, Wappenmantel mit Fürstenkrone;

Wappen als nach der Restauration der Bourbonen ernannter *Pair de France* (25.12.1815) und französischer Herzog (28.9.1817). (Stammwappen mit Mantel und Krone.)

Das Wappen wurde 1845 erneut vermehrt, da ein Neffe die Erbin des preußischen Herzogstitels von Sagan geehelicht hatte.

Szepter: ein stabförmiges Würdezeichen, oben mit einem Hoheitssymbol besetzt.

Tartsche: eine besondere Art des Schildes (S. 71 f.).

Tau: Antoniuskreuz (S. 107, Fig. 59).

Tinktur: heraldische Farbe (S. 86).

Tolosanerkreuz: das Kreuz aus dem Wappen von Toulouse (S. 107, Fig. 42).

Türkenbund: veralteter Ausdruck für den ↑ Wulst in der Helmzier, eigentlich: Turban.

Turnierhut: eine vor allem in England beliebte Helmzier, ein hermelingestulpter Hut mit verlängerter Nackenkrempe.

Widersehend: Tiere, insbesondere Schildhalter, die ihren Kopf über den Rücken wenden.

Wiedergekreuzt, Wiederkreuz: Kreuze, deren vier Arme gegen Ende noch einmal durchkreuzt sind (S. 107, Fig. 27).

Wolfsangel: 1. eine dem Jagdgerät entsprechende Figur, 2. eine Marke in Form eines Doppelhakens. Der Ausdruck »Doppelhaken« ist seiner Eindeutigkeit wegen vorzuziehen.

Wolkenförmig: eine Steigerung von wogenförmig (S. 89).

Wulst: (S. 163).

Zepter: ↑ Szepter.

Als Beispiel für das Zusammenwirken mehrerer Wappen in einem Schild bietet sich das Wappen des ehemaligen Königreiches Preußen an.

Das kleine Wappen *(unten links)* beruht auf dem Wappen, das 1701 für den neuen Königstitel geschaffen worden ist.

Das sogenannte mittlere Wappen *(unten rechts)* enthält die Wappen der elf Provinzen, in die das Königreich Preußen nach 1867 eingeteilt war, und das Familienwappen der regierenden Dynastie, säuberlich nach den feudalen Rangtiteln geordnet, die den einzelnen Provinzen zuerkannt waren.

Das große Wappen *(rechte Seite)* aber vereinigt darüber hinaus in zweiundfünfzig Feldern auch die Wappen der kleineren Territorien, Herzogtümer und Grafschaften, die der König von Preußen für würdig erachtet hatte, in seinem großen Titel vertreten zu sein.
Die Wilden Männer und andere Prunkstücke können bei allen Formen in bestimmtem Umfange ausgetauscht, aber auch ganz weggelassen werden.

Vielfalt und Formenreichtum der Heraldik beruhen nicht allein auf den unendlichen Möglichkeiten der Kombination geometrischer Muster, von den allereinfachsten bis zu höchst komplizierten, und einer Unzahl von Figuren aus allen Bereichen des Kosmos. Zusammensetzungen mehrerer, aus den unterschiedlichsten Formen gebildeter Wappen, die dem Ausdruck tatsächlicher oder vermeintlicher Rechtsverhältnisse dienen, sind nicht selten anschauliche Darstellungen großer historischer Zusammenhänge. Form und Farbe der äußeren Ornamente sind darüber hinaus oft von intensiver künstlerischer Wirkung.

Vollwappen

Ein Vollwappen oder vollständiges Wappen besteht aus dem heraldischen Schild, dem wappenmäßigen Helm und der auf dem Helm aufsitzenden Helmzier mit der Helmdecke. Höherer Rang oder bestimmte persönliche Vorrechte können zusätzlich durch »Prunkstücke« ausgedrückt werden.

Schild

Der Schild mit seinem Inhalt ist der Hauptbestandteil eines Wappens. Seine Form entsprach bis etwa 1500 der Gestalt echter Kampfschilde; seitdem herrschen graphische Gesichtspunkte vor.

Helm

Dem Helm ist die Entstehung der Heraldik zu verdanken, denn erst, als er so geschlossen wurde, daß das Gesicht verdeckt war, bedurfte es eines die Person kenntlich machenden Zeichens. Schon deswegen sollte man auf ihn nicht verzichten, wenn man ein Wappen gestaltet.

Helmzier

Auf dem Helm angebrachte, seine Wirkung nach oben und seitlich ausdehnende plastische Figuren, die in die Helmdecken übergehen sollen.

Schildhalter

Schildhalter sind Prunkstücke. Sie können Menschen- oder Tiergestalt haben. Besonders häufig sind sie bei staatlichen oder fürstlichen Wappen, auch bei höheren Adelsgraden. Sie stehen meist auf einem Postament.
Weitere Prunkstücke können Orden, Wahlsprüche, Wappenmäntel und -zelte, auch eroberte Fahnen und mancherlei Kriegsgerät sein.

GOTT MIT UNS

Mögliche Umrahmungsformen: Zweidimensionale Kennzeichen bedürfen eines Hintergrundes beliebiger Gestalt. Bei geometrischen Mustern bietet sich vor allem die Kreisform als ideale Umrahmung an. Schließlich setzte sich der »Schild« auch auf graphischer Basis durch.

Siegel des Seneschalls von Flandern, Hélier von Wavrin, mit dem Reichsadler. Um 1185

Emblem des Mamelucken Emir Toka Timu, Gouverneur von Rahaba. Ägypten, 1350

Heroldsrock mit Reichsadler

Porträt König Heinrichs I. von England (reg. 1100–1135). Dieser König hatte seinem Schwiegersohn Gottfried ein Schildchen mit mehreren kleinen Löwen umgehängt. Dies ist die erste bekannte Wappenverleihung der Geschichte. Gottfried mit dem ihm später beigelegten Beinamen »Plantagenet« führte die Löwen nachweislich; seine emaillierte Grabplatte

aus der Kathedrale von Le Mans existiert noch (↑ S. 62). Gottfried war der Vater Heinrichs II., des ersten Königs aus der neuen Dynastie des Hauses Plantagenet.

Wenn das Wappenwesen auch verhältnismäßig schnell Verbreitung gefunden hat, so ist es doch nicht von einem Tag auf den anderen entstanden. Sein Ursprung, der Kampf in Rüstungen, die Freund wie Feind unkenntlich machten, spiegelt sich ja bereits in dem Wort »Waffen« wider, das in allen west- und mitteleuropäischen Sprachen die Grundlage für das Wort »Wappen« oder Ableitungen davon lieferte. Es bestand also die Notwendigkeit, sich durch Farben und Formen erkennbar zu machen. Zwei Lösungen boten sich dafür an: entweder eine Fläche irgendwie geometrisch in wenigstens zwei Farbpartien aufzuteilen, oder eine bereits mit einem Erinnerungswert oder Sinngehalt verknüpfte Figur zum Kennzeichen zu erheben oder als solches, wenn schon genügend bekannt, beizubehalten. Im

Die beiden Schildträger *(rechts)* liefern die frühesten Zeugnisse für den Übergang eines Wappens an einen Nachkommen. Der Ritter mit dem schmaleren Schild ist Gottfried Plantagenet, die Abbildung ist der erwähnten Emailtafel von Le Mans entnommen, die um 1151 gefertigt worden ist. Der Ritter mit dem kürzeren Schild ist William Longespée. Die Übergabe des Wappens von Gottfried Plantagenet an ihn wäre nach den Begriffen heutiger Wappenrechtler etwas Unerhörtes. Er war nämlich Gottfrieds illegitimer Enkel als der Sohn von Gottfrieds Sohn, König Heinrich II., aus dessen später Liebschaft mit der schönen Rosamund Clifford. Sein Wappen ist nicht nur durch sein Grabmal nachgewiesen, sondern wurde in Farbe auch von Matthew Paris (↑ S. 19) festgehalten. Daß in seinem Schild sechs und nicht acht Löwen stehen, kann man schon seinem Grabmal entnehmen; Matthew Paris stimmt damit überein.

letzteren Fall ist die Wahl der Farben zweitrangig, für ein Wappen allerdings unentbehrlich.
Diese Lösungen sind von allen Völkern als die realisierbaren Möglichkeiten erkannt worden. Die Entwicklung von Wappen im korrekten Sinn der Heraldik aber war abhängig von der sozialen Ordnung der Feudalität. Dieses auf der Verpflichtung zur Heeresfolge beruhende System legte den Grund für die Auswahl derjenigen Geräte, die schließlich die Hauptelemente eines Vollwappens bildeten.
Allerdings gab es schon eine Vielfalt von Zeichen, die sozusagen jeder kannte. Eine rückwirkende Anwendung der sogenannten heraldischen Regeln, die man erst im 14. Jahrhundert niederzuschreiben begann, auf die heraldische Frühzeit ist untunlich; einer der kenntnisreichsten Wappenwissenschaftler, Gustav Adalbert Seyler, nannte diese Epoche wenig respektvoll, aber doch recht treffend den »Urbrei«, in dem aber immerhin schon »Trends«, ein Wort, das Seyler noch nicht kannte, erkennbar werden.
Die Feudalität, mit anderen Worten das System der Lehnsverhältnisse, beruht auf wechselseitigem Vertrauen innerhalb einer fest gefügten sozialen Hierarchie. Zur Dokumentation der sozialen Stellung gehören heute noch wie einst Statussymbole, seinerzeit das Gewand, das man tragen und mehr oder weniger kostbar auszieren durfte. Da der Untergebene von der Gnade des Übergeordneten abhängig war, mußte er, falls er deren teilhaftig war, danach trachten, erkennen zu lassen, daß er sich dieser Gnade zu Recht rühme. Er brauchte also eine »Bescheinigung«, eine Urkunde, deren Echtheit offensichtlich sein mußte. Solange man sich auf den Handschlag des Gleichgestellten verlassen konnte, also höchstens solange dieser lebte, was bei der geringen Lebenserwartung unserer Vorfahren nicht ohne Risiko war, genügten »Zeugen«, mit deren Namen die noch erhaltenen Urkunden über alle diese großen und kleinen Rechtsgeschäfte enden. Um ihr Zeugnis mit dauerhafter Wirkung auszustatten, brachten sie nicht etwa ihren Fingerabdruck, den nur ein Computer identifizieren kann, auf das Schriftstück, sondern fügten den Abdruck eines Stempels in einer sich erhärtenden Masse bei, die zwar leider nicht ewig haltbar ist, aber den Aussteller eines Schriftstückes doch um mehrere Generationen zu überdauern versprach. Um nun die soziale Stellung eines Siegelinhabers auszudrücken, bildeten sich Typen von Siegeln heraus, von denen einige dem sich entwickelnden Wappenwesen sehr förderlich waren, besonders bei der überwiegenden Mehrheit des Adels. Höhergestellte Personen zeigten sich in voller Figur, auch in Aktion als Kriegsmann oder Jäger; dabei waren heraldische Zeichen nur Nebensache, was die Erforschung der Frühgeschichte der Staatswappen heute sehr erschwert. Gerade die wichtigsten Wappenbilder, Kreuz, Lilie und Adler, auch der Lindwurm oder Drache, reichen in graue Vorzeit zurück. Daß sie zu Hoheitszeichen wurden, war folgerichtig, denn sie waren es eigentlich schon vor den Wappen.

Ion einer japani-
:hen Familie:
'idarimitsüdomoe
)reifach links-
rehende Wellen-
:hnecke)

Mon des Geschlechtes Tokugawa: *Aoi go mon* (Drei Malvenblätter im Kreise)

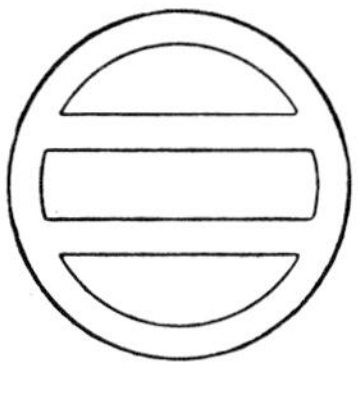

Eines der *Mon* der Minamoto: *Maru ni futatsubiki* (Zwei Balken im Ringe)

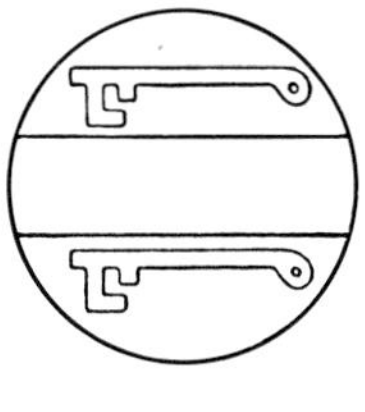

Emblem des ägyptischen Emirs Arkatây

Wappen von Ägypten, um 1500

Wappen des angeblichen Erbauers der Alhambra in Granada, Mohammed ibn Nasr (1231–1272)

Barocke Umrahmung eines Ovals, 1646 (Kloster Weihenstephan)

Wappen der Russischen Sozialistischen Föderativen Sowjetrepublik (1918)

Bei der Erforschung der Frühzeit des Wappenwesens oder gar seiner Vorgeschichte sind wir fast ausschließlich auf bildliche Quellen angewiesen, denn was sich langsam, geradezu unmerklich entwickelt, hält niemand schriftlich fest, es ist zu alltäglich. Das gilt damals wie heute.

Die bildlichen Quellen müssen wir auf ihren Wert prüfen. Er ist um so geringer, je weiter das geschilderte Ereignis von dem Zeitpunkt der Darstellung entfernt ist. Wenn also biblische Könige eine Krone tragen, dann bietet das Bild keine historisch wahre Aussage, sondern nur die Angleichung an das dem Bildner aus seiner Zeit Geläufige. So sind Bilder weit weniger verläßlich als solche Zeugnisse, die nur aus ihrer eigenen Zeit heraus sprechen: in allererster Linie die Siegel. Sie dienten der Beglaubigung, also mußten sie Vertrauen erwecken, indem sie, falls eine Person darauf dargestellt war, Übereinstimmung mit ihrem gewohnten Erscheinungsbild aufwiesen, wenigstens, was Ausrüstung, Gewandung und Haltung betraf, nicht so sehr die Gesichtszüge. Die porträtähnliche Wiedergabe von Gesichtszügen gelingt erst um die Mitte des 14. Jahrhunderts. Für die Kenntnis der Frühzeit sind daher die Reitersiegel von unschätzbarem Wert, denn sie bieten neben dem Reiter auch sein Roß als Vergleichsmaßstab, an dem man einigermaßen zuverlässig die Größenverhältnisse der Ausrüstung und der Waffen ablesen kann. Aus ihnen geht auch hervor, wie die Ausrüstungsstücke zusammengestellt wirken, so daß man, hieran orientiert, sich auch an die Beurteilung anderer Abbildungen wagen kann, etwa solcher Siegel, die die betreffende Person als bewaffnetes Standbild darstellen. Man gewinnt so verhältnismäßig sichere Daten für eine an schriftlichen Zeugnissen für unser Interessengebiet nicht sehr reiche Epoche. Davon ausgehend, kann man schließlich auch unscheinbar anmutende Zeichen auf Münzen, etwa den Unterschied zwischen Kreuz und Adler auf den Mastspitzen karolingischer Schiffe, deuten. Solche Grundlagen führen dann zur Interpretation mancher für die Frühzeit des Wappenwesens wichtigen Gepflogenheit, wie des Verhaltens der Kreuzfahrer nach der Eroberung fester Plätze.

Auf solche Fragen wird später zurückzukommen sein. Das Hauptaugenmerk ist zunächst auf den Schild zu richten, denn dieser entwickelte sich zum wesentlichen Träger des eigentlichen Wappens.

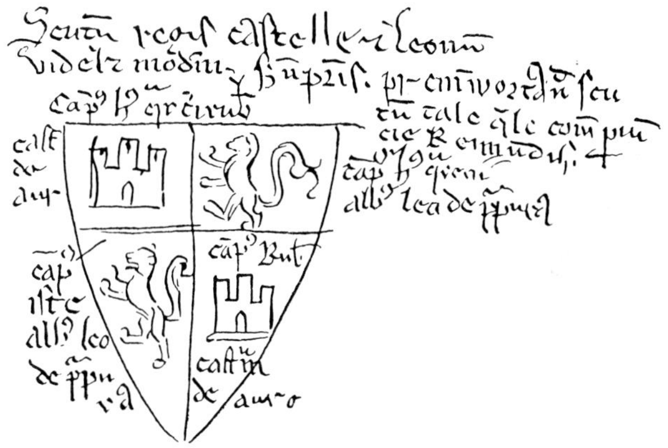

Die Könige von Kastilien und León führten schon in vorheraldischer Zeit redende Bilder, ein Kastell und einen Löwen, als Siegelbilder. König Ferdinand III. (König von Kastilien 1217 und von Leon 1230) verband sie in epochemachender Weise durch Quadrierung, was Matthew Paris in Skizzenform festhielt.

Die beiden Siegel König Richards I. von England mit dem Beinamen »Löwenherz«, die seinen beiden Regierungsepochen entsprechen, weichen nicht deutlich, aber in wesentlichen Einzelheiten voneinander ab. Nicht nur die Helme, sondern auch die Schilde unterscheiden sich. Richard ließ das ältere Siegel nach der verzögerten Rückkehr aus dem dritten Kreuzzug widerrufen und sich zum zweiten Mal 1194 (das erste Mal 1189) krönen. Mit dieser Maßnahme stimmt die Ingebrauchnahme eines neuen Siegels gut überein.

Wie stark die Schilde seinerzeit gewölbt waren, zeigt deutlich das Bildnis des Heiligen Michael vom Abrahamsteppich im Dom zu Halberstadt, 1165–1190.

Der Schild

Die gänzliche Gleichsetzung von Person und Wappen drückt sich in den schildförmigen Siegeln aus, die den Wappenschild in seiner jeweils zeitgenössischen Gestalt genau wiedergeben, aber mit einer den Siegelführer angebenden Inschrift auf dem umlaufenden Rand versehen. Hier: Siegel des Johann von Stegelitz.

Wer sich auf dem Schildwerk zum Meister
setzen will, daß er zuerst mit
seiner Hand vier neu Stück mache,
einen Stechsattel,... einen Stechschild,
das soll er tun in sechs Wochen,
das sollen die Meister beschauen, ob das
gut sei... und daß er auch das
malen könne, als es Herren, Ritter und
Knechte von ihm fordern.

Wiener Handwerksordnung, 1410

Der Schild ist zum wichtigsten Träger dessen geworden, was man anfänglich schlicht »Zeichen« nannte und erst später als heraldische Bilder ansah und dann in Heroldsstücke und gemeine Figuren unterteilte. Ehe es dazu kommen konnte, mußte aber der Schild als Schutz- und sogar als Trutzwaffe jahrhundertelang eine waffentechnisch bedingte Entwicklung durchlaufen.

konnten, als Angriffswaffe und wandten die beim Baumfällen gewonnene Erkenntnis, daß Holz dem Axtschlag beträchtlichen Widerstand entgegensetzt, an. Sie hielten Bretter vor sich, um eines Angreifers Axthieb abzuwehren. Dann war nur noch eine Vorrichtung zu entwickeln, um das Brett halten zu können und doch einen Arm für die Führung der Waffe freizuhaben.

Der Gott der Schmiede, Hephaistos, von den Römern Vulcanus geheißen, fertigt im Beisein der Göttin Athene (mit Helm und Lanze) und unter Mitwirkung von drei Zyklopen den Schild des Achilles, worum ihn dessen Mutter Thetis (rechts, neben dem bereits fertigen Brustharnisch) gebeten hat.

Kaum hatten die Menschen begriffen, daß sie auch Nachbarn, also Konkurrenten im Kampf um die Nahrungsgrundlage, begegnen konnten, ließen sie sich in Streit mit diesen ein, verwendeten ihr Werkzeug, mit dem sie Bäume fällen

Auffallenderweise sind alle in Europa aus Abbildungen bekannt gewordenen Schilde von der grauesten Vorzeit bis zu den Tagen Christi kreisrund. Daß und wie sie benützt wurden, zeigen römische Skulpturen mit in Dreivierteldrehung

Der Reiterschild von Seedorf, einem 1197 gestifteten Kloster am Vierwaldstätter See, befindet sich jetzt im Schweizerischen Landesmuseum in Zürich. Er wurde 1951 gründlich gereinigt und erneut wissenschaftlich untersucht. Der silberne Löwe im blauen Feld stellt das Wappen des Stifters dieses Klosters, Arnold von Brienz († 1225), dar. Der Schild von Seedorf ist offenbar der einzige erhalten gebliebene »Normannenschild«, dem man allerdings die obere Rundung hart am Scheitel des Löwen abgeschnitten hat, wodurch die um 1220 modisch gewordene Oberkantengestaltung erreicht werden konnte. Das von vorn auf die Rückseite geklappte, überstehende Stück Ledergrund ist noch vorhanden.

Wikingerschiff, 1881 in Gokstad entdeckt. Rekonstruktion der Smithsonian Institution.

Der Schild ist die primitivste aller Verteidigungswaffen, er schützt seinen Träger vor den Schlägen seiner Widersacher. Aber damit nicht genug, er soll den Gegner auch erschrecken: die griechische Sagenwelt ist voll von Berichten darüber. Am bekanntesten ist die Legende vom Medusenhaupt (↑ S. 70). Auch von kostbar und figurenreich verzierten Schilden ist aber in der Ilias die Rede; dazu gehört die Beschreibung des Schildes von Achilles (↑ S. 56). Bilderfeindliche Religionen verzichten nicht auf Verzierung; sie finden sie in geometrischen Ornamenten. Aber dann fehlen die Elemente, die die eigentliche Heraldik ausmachen.

dargestellten Kriegern. Die Gestalt des Schildes, seine Umrißform und die Vorwölbung hängen weitgehend von der Entwicklung der Waffentechnik ab, die sich jeweils der Waffentechnik eines Gegners anpassen mußte.

Für die hervorstechende Rolle, die der Schild im Wappenwesen einnehmen wird, ist auch der ideelle Wert von Bedeutung, den er schon im Altertum, jedenfalls bei den Germanen, besaß. Tacitus unterrichtet uns in seiner »Germania« (um 100 n. Chr.) von dieser hohen Wertschätzung, die sich in verschiedenen Feierlichkeiten manifestierte. Zu den Mannbarkeitsriten gehörte die Überreichung eines Schildes an den bisherigen Knaben. Eine durch Verlust des Schildes in der Schlacht dokumentierte Feigheit wurde durch Ausschluß von allen weltlichen und religiösen Feierlichkeiten geahndet. Die Redensart »jemand auf den Schild erheben«, die heute noch

dem 10. Jahrhundert vom Pferd bestimmt, dessen Einsatzfähigkeit in den erfolgreichen Reiterheeren der Hunnen und Mauren so deutlich erprobt war.

Als der Herzog der Normandie, Wilhelm, nachmals der »Eroberer« benannt, im Jahre 1066 nach England übersetzte – die letzte erfolgreiche kriegerische Kanalüberquerung der Geschichte überhaupt – bestand sein Heer aus Reitern, gegen die alle Standhaftigkeit der Angelsachsen nichts ausrichten konnte. Den durch den Bildbericht von der Schlacht bei Hastings auf dem berühmten Teppich von Bayeux und andere Szenen dieses Kunstwerks erstmals in der Wissenschaft bekanntgewordenen Schild nennt man daher auch weiterhin Normannenschild, obwohl ihn die Normannen nicht eingeführt, sondern bei ihren zahlreichen Gegnern im Süden Europas angetroffen und übernommen hatten.

Oben (von links nach rechts):
Gefechtsszene, axtschwingende und Rundschilde tragende Männer. Felsenritzzeichnung, Bohuslän, Schweden.

Kadmos, wie er den Drachen erlegt, um die Stadt Theben gründen zu können. Detail des Lakonischen Bechers.

Persische Miniatur, darstellend Chosro II. von Persien (591 n. Chr.).

Römischer Legionär, Skulptur von der Traianssäule, Rom.

Germanischer Krieger. Von der Wandung eines Weihekessels, 2. Jahrhundert n. Chr., Gündestrup, Dänemark.

üblich ist, geht auf die Sitte der Franken zurück, ihren König nach der Wahl auf einen Schild zu setzen und diesen hochzuheben. Dabei bekundeten die Anwesenden durch Schläge auf die Schilde ihren Beifall. Wenn Tacitus auch von bestimmten Farben spricht, ohne sie näher zu erläutern, so wird doch in der »Edda« (Mitte des 13. Jahrhunderts) berichtet, daß das Aufziehen eines roten Schildes am Mast eines Schiffes als Kriegserklärung galt.

Die ständische Ordnung des Mittelalters, wie sie etwa im »Sachsenspiegel« festgehalten worden ist, wird durch die Bezeichnung der Stände als »Heerschilde« ausgedrückt. Dieser Ausdruck weist auf die ganz auf Gewaltanwendung ausgerichtete Lebensführung im Europa des hohen Mittelalters hin. Die Kriegführung wurde seit

Seither muß jede Erörterung über die Entwicklung des Schildes zunächst klarstellen, ob es sich um den Schild eines Reiters oder eines Kämpfers zu Fuß handelt, oder ob dieser Unterschied auch einmal aus irgendeinem Grunde nebensächlich sein kann. Dies gilt in gewissem Sinn auch für Kampfschilde außereuropäischer Völker, bei denen zu unterscheiden ist zwischen kleinen, am Arm zu tragenden und großen, als Wände in den Boden zu rammenden Schilden.

Mit der Vervollständigung der ritterlichen Rüstung in Europa verliert der Schild seine waffentechnische Bedeutung, behält aber seine Funktion als Hauptbestandteil eines Wappens. Für seine Gestaltung treten um 1500 graphische Gesichtspunkte in den Vordergrund. Unabhängig davon aber wurden auch nach der Blütezeit

Das Wappenwesen entwickelte sich auf der Grundlage der dem Altertum unbekannten Gesellschaftsordnung von Rittertum und Lehnswesen.
Unten: Sir John de Creke, um 1330, dargestellt auf seinem Grabmal in der seinerzeit beliebten und kostbaren Technik der Bronzeauflage. Die Bronze dafür mußte man anfänglich in Flandern kaufen.

der Turniere um 1500 immer noch Schilde hergestellt. Es waren Meisterstücke des Kunsthandwerks, die bei Feierlichkeiten zur Ausrüstung von Personen ritterlichen Standes gehörten.
Völker, die von den Umwälzungen in der Kriegstechnik noch lange unberührt und von der Anwendung des Schießpulvers verschont geblieben waren, bekämpften sich bis zum Einbruch der Kolonialmächte weiterhin mit Lanze, Pfeil, Bogen und Schild. In den letzten Jahrzehnten ist mancher dieser Schilde zu staatlichen heraldischen Ehren aufgestiegen.
Bis hin zu den bürgerkriegsähnlichen Zuständen, zu denen die politischen Demonstrationen des 20. Jahrhunderts immer wieder ausarten, sind die Schilde des Mittelalters noch heute in Gebrauch. Neben die klassischen Werkstoffe wie Holz und Weidengeflecht trat Plastikmaterial, auch durchsichtiges; neben der klassischen Form des Rundschildes hat manche Polizei ganze Phalangen aus rechteckigen Platten mit kleinen Gucklöchern, die mittelalterlichen Sturmwände, wieder aufleben lassen.
War der Schild auch zu dem Ausrüstungsstück geworden, das als Erkennungszeichen diente, etwa durch seine Größe, Umrißform oder prunkvolle Verzierung, so konnte das bei einer größeren Ansammlung von Kriegern kaum mehr ausreichen, auch nicht, wenn zur Ausrüstung ein Fähnchen an der Lanze hinzukam. Die technischen Voraussetzungen für zusätzliche Figuren auf den Fahnentüchern aus beweglichem Stoff und auf den Schilden aus starrem Material erklären auch, warum in der Frühzeit eine Identität zwischen Fahnenbild einerseits und Schildinhalt andererseits nicht selbstverständlich war.

Japanische Setzschilde, hinter denen Bogenschützen abgedeckt knien. Auf den Schilden, sogenannten *Tate,* unter zwei schwarzen Querbalken ein schwarzes *Go-san-no-kri-Mon.* Ausschnitt aus einem Farbenholzschnitt des Malers Sadahida, die Partei des Daimio von Epchigo, Uesugi Kenschin, in der Schlacht am Fluß Saigawa 1554 darstellend.

Zwei Reitersiegel Herzog Rudolfs IV. von Österreich, 1360. Wenn der Reiter im Siegel nach rechts gewendet erscheinen soll, muß er nach links gewendet graviert werden. Der Graveur muß dann den Schild, um ihn sichtbar zu machen, in einer Zwangshaltung zeigen, damit nicht nur die uninteressante Innenseite zu sehen ist. Umgekehrt kann ein nach links reitender Ritter den Schild so vorführen, daß sich die gewohnte heraldische Kombination von schräggestelltem Schild und darüber sitzendem Helm mit Helmzier ergibt.

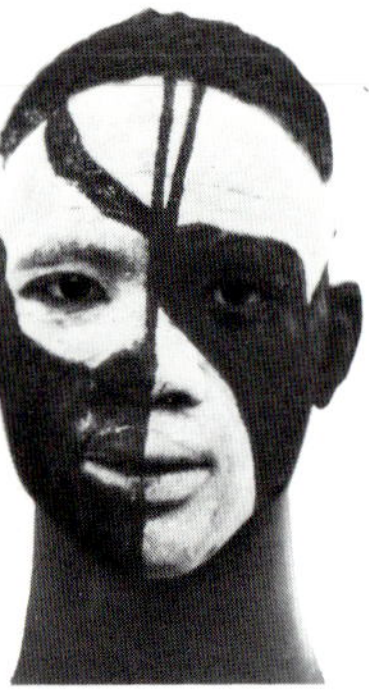

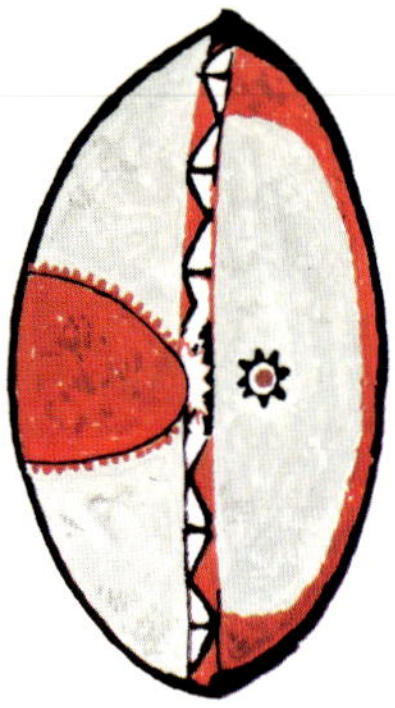

Das kriegerische Volk der Massai schmückt seine Kampfschilde mit graphischen Mustern *(unten)*. Sie dienen garadezu heraldisch der Identifikation des Trägers und wurden zum Vorbild nationaler Wappenschilde junger afrikanischer Staaten, z. B. Kenia *(links)*.

Das ornamentale Bedürfnis vieler Völker äußert sich in der Bemalung des ganzen Körpers oder nur des Gesichtes; als besonders phantasiereich sind die Nuba im Sudan entdeckt worden, wo die jungen Männer in der Erfindung täglich wechselnder Bemalung wetteifern. Dabei kommen auch Gestaltungen zustande, die den Musterungen von Kampfschilden ähneln.

Die Beschaffenheit des Schildes als Untergrund für eine Bemalung oder für Beschläge wurde durch die Versteifungsrippen und die Haltevorrichtungen bestimmt. Die Versteifungsrippen gingen im allgemeinen von der Schildmitte aus, die bei den frühesten Schilden ein großes Loch aufwies, um der Faust des Trägers Platz zu lassen; dieses Loch war mit einem massiven Buckel, dem *Umbo* (wörtlich: Nabel) abgedeckt. Eine weitere Verstärkung bot der Schildrand, der schwere Schläge auszuhalten hatte und so wichtig genommen wurde, daß man bei ihm Eide lei-

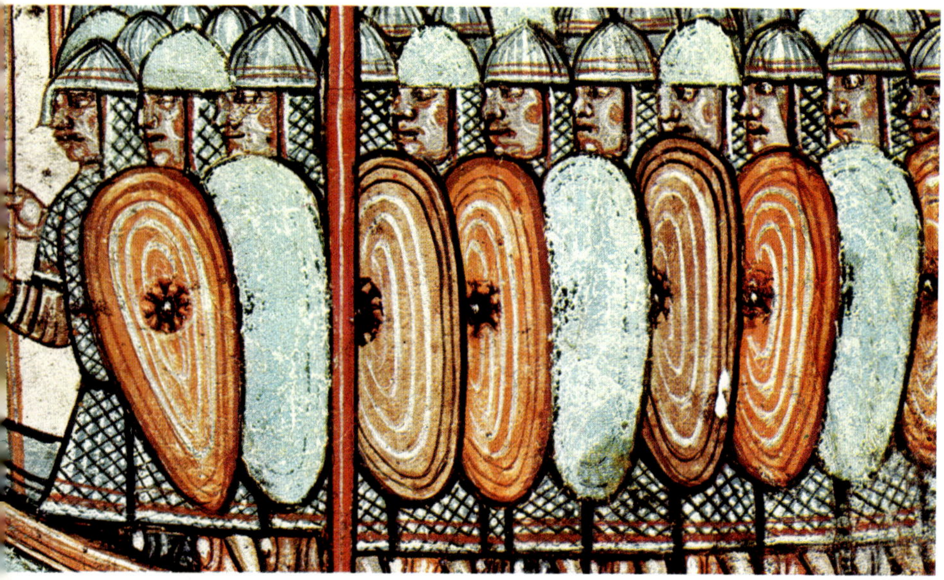

Normannische Krieger in ihrem Schiff aufgestellt. Die langen Schilde verfehlen ihre furchterregende Wirkung nicht. Bild von der Überfahrt über den Kanal zur Eroberung Englands.

stete. Von Originalschilden wissen wir, daß die Schrauben oder Nägel, mit denen die Schildfesseln und die Handgriffe aus Lederriemen an der Rückseite befestigt waren, durch das Holz durchgetrieben und vorne sichtbar waren – eine Aufforderung an den Verfertiger, die Enden kunstvoll zu verzieren, etwa mit aufgeschraubten Rosetten, wie sie beim Schild von Valère deutlich zu sehen sind (↑ S. 127). Leider hat sich kein Schild so unversehrt erhalten, daß man die genaue Lage der Handschlaufen leicht erkennen könnte. Aus den verschiedenen Rekonstruktionsversuchen geht aber hervor, daß die Anbringung nicht einheitlich war und auch auf zwei Möglichkeiten der Trageweise abgestellt sein konnte. Sicher ist, daß außer den Handschlaufen ein Nackenband, die Schildfessel, vorhanden

Aufmarsch der Polizei gegen Demonstranten mit strohgeflochtenen Rundschilden, Zürich 1973. Der einschüchternde Eindruck der »Phalanx« ist von Zeitumständen unabhängig, weil unmittelbar psychologisch wirkend.

Bei den Studentenunruhen im Mai 1968 hatten die Demonstranten das Théâtre de l'Odéon gestürmt und besetzt. Sie rüsteten sich zur Verteidigung mit Geräten aus dem Theaterfundus aus. Die Waffen zur »Entführung aus dem Serail« waren da gerade recht.

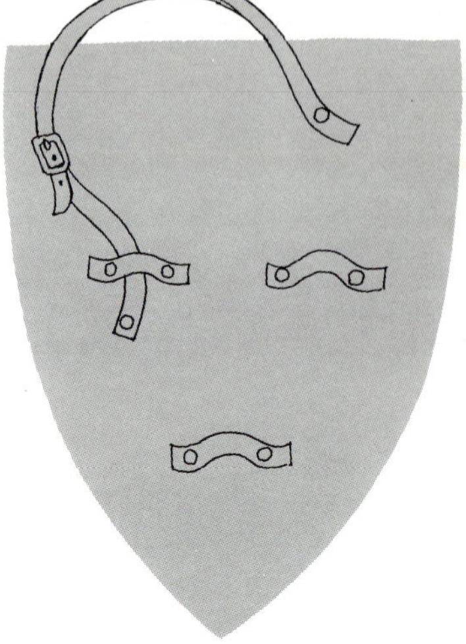

Standbild des Grafen Gottfried von Anjou, gen. Plantagenet († 1150). Er wurde von der Nachwelt mit dem Beinamen »Ginsterpflanze« belegt, weil er angeblich einen Ginsterzweig am Helm zu tragen pflegte. Auf seiner in farbigem Email ausgeführten Grabplatte aus der Kathedrale von Le Mans ist davon nichts zu erkennen. Sie bestätigt aber den Bericht von der kleinen Zeremonie bei seiner Eheschließung mit der einzigen überlebenden Tochter und Thronerbin des letzten englischen Königs aus dem Normannenstamm. Als sie Gottfried die Hand zu dem so folgenschweren Ehebund reichte, hängte ihr Vater, König Heinrich I., seinem neuen Schwiegersohn ein mit kleinen Löwen bemaltes Schild um den Hals. Wegen der realistischen Wiedergabe der schildverstärkenden Rippen und des *Umbo* läßt sich die Anzahl der Löwen schwer erkennen.

war, an dem der Schild während des Marsches auf dem Rücken getragen wurde. Im Gefecht war die zweite Hand für einen wuchtigen Schwertschlag frei. Aus den Gegenmuttern der Riemenbefestigung ließen sich ornamentale Anordnungen ableiten; so ist wohl das Kettennetz von Navarra zu erklären.

Die Verstärkungsrippen haben offensichtlich zur Grundlage für viele Wappen gedient, wozu die kreuzförmige Anordnung beigetragen haben mag. Das Kreuz war ja von jeher ein allgemeines, ideologisch sanktioniertes Symbol. War das Zeichen auf dem Schild erst einmal zum wichtigsten Erkennungsmerkmal geworden, dann war für seinen Träger auch die Übereinstimmung dieses Zeichens mit allen anderen erstrebenswert. Neben die einfachen Fahnen, deren Stoff geometrisch unterteilt war, traten die figurenreichen Banner, die den Wappeninhalt so wiedergeben, daß das Feld auf dem Schild dem rechteckigen Tuch der Fahne entspricht.

Bis ins 15. Jahrhundert scheute man sich noch, Wappenschilde mit mehr als vier Feldern zu führen. Nachdem aber die dekorative Wirkung der Wappen erkannt war, eroberten sie ihren Platz auch in der bildenden Kunst. Die Anordnung mehrerer Schilde im Umkreis um einen zentralen Schild, der sich möglichst auf vier Felder beschränkte, wurde immer beliebter und setzte sich besonders auf Grabmälern, wo man mit den Wappen hochgeborener Vorfahren prunken konnte, aber auch auf fürstlichen Siegeln und Erinnerungsblättern durch. Die Entwicklung der Wappen vom Kampfschild zu einem graphischen Rahmen in Schildform erlaubte, von der Erfordernis der leichten Erkennbarkeit abzusehen und alle darzustellenden Wappen auf einer schildförmigen Fläche zu vereinigen. Dafür bildeten sich bestimmte Regeln heraus. Der bunte Fleckenteppich, als der eine fürstliche Standarte der Gegenwart zunächst erscheint, erweist sich bei näherer Betrachtung als ein Spiegelbild sehr realer Zusammenhänge. Der Grundsatz der leichten Erkennbarkeit blieb aber für die einzelnen Felder so gültig, als ob sie noch auf Fernsicht berechnet sein müßten. Das heißt, in jedem Feld werden die heraldischen Farbregeln beachtet, mag es noch so klein sein. Seine Fläche nämlich wird von seiner rechtlichen Bedeutung bestimmt und nicht vom Umfang seines Inhalts.

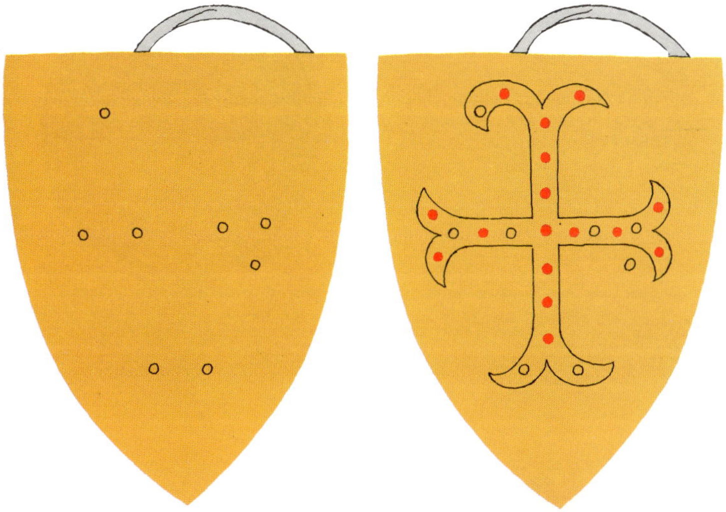

Die Lederriemen und -schlaufen, mit denen man den Schild um den Hals gehängt oder über den Unterarm geschoben trug und mit der Faust festhielt, waren mit durch das Brett getriebenen Schrauben befestigt, deren Enden auf der Vorderseite herauskamen und dort mit Schmuckplättchen abgedeckt oder zu einem ganzen Wappenbild ausgebaut werden konnten. Eine vollständige Beriemung hat sich bei keinem Originalschild erhalten. Die genaue Anordnung der Riemen kann nur durch Rekonstruktionen veranschaulicht werden.

1

2

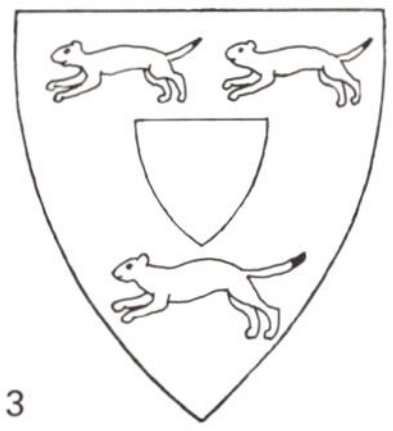

3

4

Die Versteifungsrippen der vorheraldischen Schilde sind bei der Schaffung von Wappen meist weggefallen, in manchen Fällen aber auch ein selbständiges oder zusätzliches Wappenbild geworden.

1 Kleve, Territorium
2 Kleve, Stadt
3 Wesel
4 Wappenschild in Padua, 1283

Die Standarte der Königin Mary von Großbritannien (1867–1953) läßt erkennen, welcher Figurenreichtum aus den einfachen Bildern erwachsen wird, teils durch Ausweitung der verfügbaren Bildermenge, teils durch Variierung von geometrischen Mustern, aber auch durch Kombination einzelner Wappenfelder, die, jedes für sich schlicht und übersichtlich, zusammen doch einen bunten Fleckenteppich zu ergeben scheinen, in dem jeder Fleck seine eigene Bedeutung hat. Welche das im einzelnen ist, erklären wir im

Anhang. Flaggentücher können von den in einem Kampfschild aus technischen Gründen vorgegebenen Maßen unabhängig werden. Diese Flagge ist doppelt so lang wie breit, fast alle Felder können daher das günstige quadratische Grundtuch aufweisen. Wappen von Königreichen treten zusammen nach ihrer Vereinigung, sie wiederholen sich im persönlichen Wappen eines Prinzen, dann mit Beizeichen, darin ein Hinweis auf den Schutzheiligen des Landes, dieses wird wiederholt im Wappen eines Nachkommen, und zwar unter Beibehaltung der Kennzeichen der erloschenen Dynastie. Daß die Prinzessin auch einen Großvater hatte, der eine nicht ganz standesgemäße Ehe ertrotzt hatte und deswegen auf die Thronfolge verzichten mußte, aber doch einen klangvollen traditionsbeladenen Herzogstitel erhielt, daran erinnert diese Flagge ebenfalls, aber auch an eine makabre Legende aus dem 13. Jahrhundert.

EINFLUSS DER KREUZZÜGE

Die Kreuzfahrer setzten heimatliche Bräuche fort. In der Art, wie sie ihre Urkunden bekräftigten, tritt das recht deutlich in Erscheinung. Nur in dem Typ der Bauwerke, die sie christianisiert hatten, und in den griechischen Inschriften der Siegel wird der östliche Einfluß sichtbar.

Siegel des Tempels am Grabe Christi

Siegel des Tempelritterordens

Siegel von Hugo Erzbischof von Nazareth

Siegel von Matthäus Bischof von Famagusta

Siegel Balduins II. von Flandern, des lateinischen Kaise[rs] von Konstantinop[el] († 1274)

Christus als Anführer der christlichen Ritterschaft *(rechts)*

Die tiefe Gläubigkeit der abendländischen Christenheit, gepaart mit Fernweh und Abenteuerlust, brachte kriegerische Unternehmungen zuwege, die wir unter dem Namen »Kreuzzüge« zusammenfassen. Die Ritter, die auszogen, das Heilige Grab Christi in Jerusalem und das umliegende Land den »Ungläubigen«, also dem Islam, zu entreißen, hefteten sich ein Kreuz aus Stoffstreifen auf die Schulter; sie »nahmen das Kreuz«. Das einem Papst durch einen Fürsten gegebene Versprechen, einen Kreuzzug zu unternehmen, konnte seinen Thron retten, der Bruch des Versprechens den Kirchenbann heraufbeschwören.

Der erste Kreuzzug, 1095 aufgerufen von Papst Urban II. auf dem Konzil von Clermont, brachte in den Jahren 1097 bis 1099 wichtige Erfolge; sie führten zur Gründung von Fürstentümern im Heiligen Lande, zu denen im letzten Jahr des Jahrhunderts das Königreich Jerusalem hinzutrat. In diesen neuen Fürstentümern war die feudale Lehnsauffassung noch stärker ausgeprägt, als es in Europa möglich war. Von den islamischen Gegnern lernte man aber viel in der Kunst militärischer Kommunikation. Bis zum zweiten Kreuzzug, der aus Anlaß der Rückeroberung Edessas durch die Türken 1144 schon mit weniger Begeisterung als der erste angetreten wurde, wertete man in Europa diese Erfahrungen aus. Das Wappenwesen hat sich nicht während der Kreuzzüge zu einem systematischen Geflecht von Erkennungszeichen entwickelt, sondern sich im vierten Jahrzehnt des 12. Jahrhunderts gebildet, als kein Kreuzzug stattfand, wohl aber die ritterlichen Lebensformen weiterbestanden und sich weiter ausprägten.

Die von den christlichen Königen und Fürsten des Abendlandes zu gemeinsamer Aktion angeführten Heeresmassen von jeweils mehreren hunderttausend Mann warfen ein bis dahin unbekanntes Problem auf: die Sprache, in der sich die Kreuzfahrer verständigen konnten. In Palä-

Versorgungsschiff für die Kreuzfahrer, gesichert durch Armbrüste. Links wird es von befreundeten Rittern erwartet, rechts lauern die Gegner.

Siegel Philipps I. von Flandern (* 1243), des Titularkaisers und Sohnes von Balduin II.

Siegel Katharinas, der Tochter Philipps und Gräfin von Valois (1274–1320)

Siegel des Kreuzfahrers Gottfried von Méry, 1238

Die betende Stellung des päpstlichen Reiterführers Marschall Hüglin von Schöneck in der Leonhardskirche in Basel bringt vollendet die demütige Gesinnung des christlichen Ritters zum Ausdruck.

stina sprachen die Kreuzfahrerfamilien – ausgenommen die bei ihrer Muttersprache verharrenden Italiener – eine Art Übersee-Französisch. Die Verkehrssprache der Einheimischen blieb aber Arabisch.

Vor dem Aufbruch zum dritten Kreuzzug vereinbarten am 13. Januar 1188 zu Gisors in Nordostfrankreich die Könige von Frankreich, Philipp II., und von England, Heinrich II., und Graf Philipp von Flandern bestimmte Farben für die Kreuze ihrer Mannen: Rot für die Franzosen, Weiß für die Engländer und Grün für die Flamen. Nach dem Tode König Heinrichs II. führte Richard I. mit dem Beinamen »Löwenherz« die englischen Teilnehmer am Kreuzzug. Jeder Kreuzfahrer konnte nun an der Farbe des Kreuzes seines Glaubensbruders erkennen, welche Sprache er sprach. Die so oft aufgeworfene Frage, welche Form für dieses oder jenes Kreuz die »richtige« sei, ist aber nicht schlüssig zu beantworten. Erst für die späteren Jahrhunderte ist sie zu klären. Die uns überlieferten Quellen lassen aber erkennen, daß gerade im 12. Jahrhundert viele Spielarten des Kreuzes mit unterschiedlicher Ausgestaltung und Anzahl der Kreuzarme existierten. Das Führen des Kreuzes blieb ja nicht auf die Stoffstreifen der Kreuzfahrer selbst

beschränkt, sondern erstreckte sich auf alle denkbaren Anwendungsbereiche.

Die Epoche der Kreuzzüge dauerte von 1096 bis 1291, also fast zwei Jahrhunderte, und ist nicht

Die mit den Bannern, Wimpeln und Wappen der Herzöge der Bretagne und von Bourbon, sowie den Bannern und Wappen ihrer Genossen geschmückten Herbergen der Turnierparteien nach dem Turnierbuch des Königs René.

Zum Turnier bricht Sir Geoffrey Lutrell (Dominus Galfridus Loutrell) aus Lincolnshire auf. Seine Damen wünschen ihm Glück und reichen ihm, nachdem er auf sein Roß gehoben worden ist, die letzten Ausrüstungsstücke, seine Gattin Agnes Sutton den Kübelhelm mit dem Schirmbrett und die Lanze mit dem Wimpel, die

Schwiegertochter Beatrice Scrope wird zuletzt den Schild heraufgeben. Alle Personen sind voll heraldisch eingekleidet. Bemerkenswert sind an der Rüstung die Schulterplättchen, sogenannte *Ailettes,* die eine Zeitlang Mode waren.

nur wegen der Zahl der eigentlichen Feldzüge ins Heilige Land von Bedeutung. Die machtpolitisch wenig erfolgreichen Anstrengungen haben das Abendland kulturell stark beeinflußt. Der ständige Kontakt der Mitteleuropäer mit einer ihnen zwar fremd bleibenden, aber doch auf sie einwirkenden Umwelt hatte weitreichende Folgen, obwohl die Fürstentümer der Kreuzfahrer nicht in der orientalischen Bevölkerung verankert waren, sondern, solange sie bestanden, eine Art Besatzungsregime bildeten. Ihr gemeinsames Zeichen war das Kreuz, für das man durch formale und farbliche Abwandlungen die nötigen Unterscheidungsmöglichkeiten schuf. Diese Regelung reicht bis in die Gegenwart hinein. Wenn die Flaggen der skandinavischen Staaten sämtlich ein Kreuz zeigen, so geht das unmittelbar auf die nationalen Kreuze der Kreuzfahrer zurück.

Besonders die Ritterorden erkannten die Notwendigkeit, ihre Zeichen durch Unterschiede, die sich nicht nur auf die Farbe beschränkten, voneinander abzugrenzen. Die Wappen der auf dem Boden Palästinas entstandenen Staaten beruhen aber kaum auf dem Kreuz, dem Bundeszeichen, sondern vielmehr auf den Familienwappen der Fürsten, die sich an ihre Spitze geschwungen hatten, so daß der sonst unverkennbar orientalische Einfluß auf die Lebensweise der Kreuzfahrer in ihrer Heraldik kaum spürbar wird. Er drückt sich mehr in der Entwicklung der Waffentechnik aus.

Die Kreuzzüge waren nicht die einzigen kriegerischen Unternehmungen des hohen Mittelalters. Kleinere Fehden und nachbarliche Streitigkeiten wurden von einer Gesellschaftsklasse, die auf die Wirkung ihrer Waffenkraft baute, mit Waffen ausgetragen, wozu es aber ständiger Prüfung und Übung bedurfte. Dabei waren Schaustellung und Prunkentfaltung nicht ohne Bedeutung, wie militärische Paraden bis auf den heutigen Tag beweisen. Dieser einem schaulustigen Publikum dargebotene Aufwand wurde im Mittelalter bei den Turnieren getrieben, die in literarischen Quellen zum ersten Mal im 13. Jahrhundert nachgewiesen sind. Dienten sie den Teilnehmern anfänglich nur dazu, ihre kämpferische Tüchtigkeit zu erproben, so entwickelten sich bald immer strengere Regeln, die sich schließlich so weit verfeinerten, daß der Kreis der turnierfähigen Personen stark eingeschränkt wurde. Ziel war es allerdings auch, aufsteigenden Geschlechtern den Zugang in die geschlossene Gesellschaft des alten Adels, dessen Mitglieder vier adelige Ahnen nachweisen konnten, zu versperren.

Ein Schmied *(rechts)* gibt einem fast fertigen, auf dem Amboß liegenden Topfhelm einen letzten Hammerschlag, während ihm seine Bedienerin die verdeckte Speiseschüssel und das Getränk im Deckelpokal bringt.
Dietmar der Sezzer *(ganz rechts)* stammte aus Sazze, heute Soß, einem Ort zwischen Baden bei Wien und Vößlau. Mit wuchtigem, beidhändig geführtem Schwertschlag spaltet er seines Gegners Haupt, der mit seinem Schlag zu spät kommt und versäumte, sich mit dem Schild zu decken. Man sieht die neutral gemalte Innenseite des Schildes.

Hinzu kam die Forderung, daß jemand aus dem Geschlecht, aus dem ein Mitglied turnieren wollte, in den letzten fünfzig Jahren an einem anderen Turnier teilgenommen hatte. Die Anwesenheit der Damen, um deren Gunst willen mancher in die Schranken ritt und die die Preise an die Gewinner verteilten, machte die Turniere zu einem festlichen gesellschaftlichen Ereignis, an dem die obersten sozialen Klassen, oft als Kämpfer, noch öfter als Zuschauer, teilnahmen. Die Bewährung in einem Turnier war für einen jungen Adeligen ein unabdingbares Erfordernis bei seinem Aufstieg über den Knappen zum

Ritter. Um Ritter zu werden, mußte man sogar an einem Feldzug teilgenommen haben, wozu es einer »Reise« gegen einen Feind bedurfte und folglich auch eines Feindes. Diese Regel hat manchen Friedensschluß verhindert. Bei den Turnieren hatte man nicht Feinde, sondern Standesgenossen als Gegner. Wer die »Gegner« sein sollten, bestimmte das Los bei der Einteilung (damals »Teilung«), die mit der Helmschau verbunden war. Dabei wurden die Teilnehmer auch genealogisch überprüft und oft zurückgewiesen. Die Liste der Abgewiesenen ist in den Turnierbüchern oft erstaunlich lang.

Das bei den Turnieren entfaltete Gepränge war naturgemäß ganz und gar heraldischer Art. Die Organisation lag in den Händen der Ausrufer, die man anfänglich noch *grôgiraere* oder ähnlich, eben »Ausschreier«, und später Herolde nannte (↗ S. 14). Die Herolde achteten auch auf die Einhaltung der heraldischen Regeln, wiesen Wappen, die gegen die Farbregel verstießen, zurück, verlangten Beweise für die Helmzierden mit Helmkrone, wofür ein kaiserliches Diplom genügen konnte. Die von diesen Organisatoren angelegten Listen sind gelegentlich auch mit Wappen illustriert (↗ S. 26f.) und bilden dann eine wertvolle Gruppe unter den Gelegenheitswappenrollen.

Im 15. Jahrhundert standen die Turniere in lebhafter Blüte, verfielen aber um die Mitte des Jahrhunderts sehr rasch. Versuche zur Wiederbelebung, denen Kaiser Maximilian I. den Beinamen »der letzte Ritter« verdankte, blieben ohne Dauerwirkung. Damit, daß ein deutscher Kaiser dem Turnierwesen so zugetan war, mag es zusammenhängen, daß die vielfachen Rüstungs-

Schwertleite. Ein König schlägt einen Knappen zum Ritter. Nachdem dieser eine Nacht in einer Kapelle gewacht und ein zeremonielles Bad genommen hat, wird er neu eingekleidet, Schild und Banner werden ihm überreicht. Ein leichter Schlag mit dem Schwert auf die Schulter soll der letzte sein, den er unerwidert hinnimmt. Wenn ihm sein eigenes Schwert umgegürtet wird, werden ihm auch die goldenen Sporen, das Zeichen des Ritters, angelegt.

Die Anwesenheit der Damen gab den wettstreitenden Turnierern erst den rechten Antrieb. Winkte ihnen doch vielleicht nicht nur Beifall, sondern Besseres: etwa ein hübsches »Schapel«, eine zeremoniell überreichte kostbare Agraffe, oder gar noch mehr.

teile, die man für alle möglichen Spielarten erfand, zumeist nur deutsche und keine französischen Namen haben, obwohl sonst die französische Sprache für die heraldische Terminologie in der ganzen Welt maßgebend war und ist.

Die weitere Entwicklung des Wappenwesens wurde durch die verschiedenen Abwandlungen der Turnierregeln nachhaltig beeinflußt: beim Kolbenturnier kam es nicht mehr darauf an, den Gegner mit der Lanze aus dem Sattel zu stoßen, sondern nur noch, ihm mit einem Kolben die Helmzier abzuschlagen (↗S. 144 f.).

Vor jedem Turnier sollte angesagt werden, welche Turnierarten zugelassen seien. Unter Kaiser Maximilian hatte man zahlreiche Spielarten ersonnen, darunter Gruppenkämpfe, bei denen ein

Medusenschild Kaiser Karls V.
Seit der Antike reizte es die Waffenschmiede und Bildhauer, den Schild der Athene darzustellen. Auch Künstler der Renaissance versuchten, das antike Thema ästhetisch aufzulösen. Medusa war so schön, daß sich Poseidon in sie verliebte und mit ihr im Tempel der Athene Chrysaor und Pegasus zeugte. Athene aber, darüber erzürnt, verwandelte die Haarpracht der Medusa in Schlangen und verfluchte sie, daß jeder bei ihrem Anblick zu Stein werde. Perseus mußte Medusa das Haupt abschlagen, das Athene auf ihren Schild heftete. Den Künstlern der Renaissance kam es hauptsächlich auf den Anschluß an die Antike und die Ästhetik an.

Die Absicht, einem Gegner Schaden zuzufügen, bleibt nicht unerwidert. Alle Fortschritte der Körperschutztechnik fordern Gegenmaßnahmen heraus; im Wappenwesen schlägt sich diese Wechselwirkung vor allem in den Formen der Schilde nieder.

Die Römer erkannten, wie wichtig es war, empfindliche Körperteile abzudecken, und daß man durch Aneinanderreihung von geradrandigen Schilden ganze Wände aufbauen konnte, ja sogar ganze Dächer, die sie *testudo* (Schildkröte) nannten und unter deren Schutz sie Befestigungen berennen konnten.

Rechts:
Wo die in der ganzen abendländischen Welt gefürchteten normannischen Seeräuber die Anregung zu der nach ihnen benannten Schildform, dem Normannenschild, fanden, ist nicht ausreichend erforscht. Sie haben ihn nicht erfunden, aber seine Anwendung verbreitet.

Die Schilde des griechischen Altertums waren kreisrund und deckten ihren Träger nur im Zweikampf ausreichend ab. Achilles mußte das büßen, ihn konnte ein Pfeil an der Ferse tödlich treffen.

heilloses Getümmel geherrscht haben dürfte, obwohl nur drei Arten vorgesehen waren: das Kolbenturnier mit Keule und Schwert in speziellen Halbharnischen, das eigentliche Turnier, ein feldmäßiger Kampf mit Lanze und Schwert in verstärkten Kürissen, das Fußturnier, ein Kampf zu Fuß mit Lanze und Schwert in Kürissen.

Für die Zweikämpfe, über die viele gemalte Turnierbücher berichten, waren die Abwandlungen wesentlich zahlreicher. Folgende Arten sind in solchen Büchern verzeichnet: Das Kampfrennen mit Lanze und Schwert in verstärkten Kürissen. Der Kampf zu Fuß mit allerlei Angriffswaffen in Kürissen oder speziellen »Kempfkürissen«.

Die Stechen mit stumpfen Lanzen in speziellen Halbharnischen (Stechzeugen), und zwar: Das Hohenzeuggestech in archaisierender Ausrüstung. Das Gestech im Beinharnisch mit Stechzeugen samt Beinzeug. Das Welschgestech in Stechzeugen italienischer Art samt Beinzeug, die Partner durch eine Planke getrennt. Das Deutsche Gestech im normalen Stechzeug. Das Krönlrennen eines Stechers gegen einen Renner.

Die Rennen mit scharfen Lanzen in speziellen

Halbharnischen (Rennzeugen), gewöhnlich ohne Armzeuge, und zwar: Das Feldrennen in Rennzeugen samt Arm- und Beinzeug und mit Mechanismus zum Abschnellen der getroffenen Tartsche. Das Geschiftrennen, Abart des Feldrennens, die Tartsche noch mit abspringenden Keilen versehen. Das Scheibenrennen, Abart des Feldrennens, an Stelle der Tartsche eine Scheibe mit abspringenden Keilen. Das Schildrennen in Rennzeugen mit Armen und Stechtartsche. Das Welschrennen in kompletten Spezialharnischen italienischer Art. Das Festanzogenrennen in Rennzeugen mit fest angeschraubter Tartsche. Das Schweifrennen in Rennzeugen mit Mechanismus zum Abschnellen der getroffenen Tartsche. Das Bundrennen, eine Abart des Schweifrennens mit Rollengestell an Stelle des Bartes.

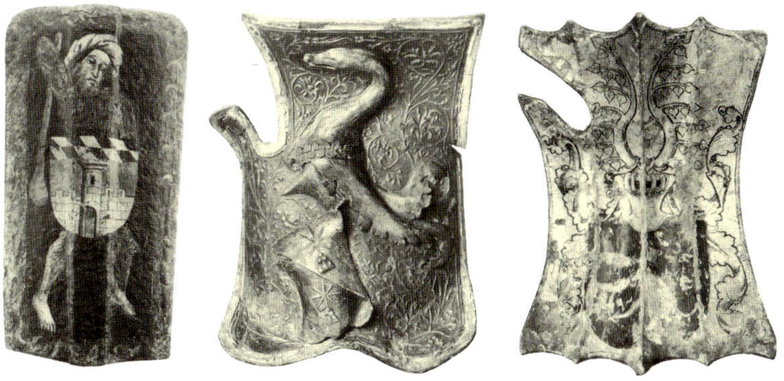

Oben (von links nach rechts): Eine der zehn bekannten Reitertartschen der Stadt Deggendorf, fast fünfundsiebzig Zentimeter hoch, etwas über fünfzig Zentimeter breit.

Reitertartsche des Sieneser Geschlechts Chigi.

Reitertartsche aus der Elisabethkirche in Marburg, durch drei Grate modelliert, mit dem hessischen Vollwappen bemalt.

Das Wulstrennen in Rennzeugen mit hoher Tartsche an Stelle von Helm und Bart. Das Pfannenrennen ohne Helm und Bart, mit angeschraubter Gittertartsche.
Schon die Vorbereitung eines Turniers, die Aufforderung an einen Gegner, der Aufbau des Geländes, der Schranken und der Tribünen bedurften großer Sorgfalt. Diese Aufgaben oblagen den Herolden und ihren Leuten. Die von ihnen entwickelten Sitten und Gebräuche sind mehrmals schriftlich niedergelegt worden, am anschaulichsten im Turnierbuch des Königs René (↗S. 13 f.).

Die Veränderungen der Waffentechnik ließen das Interesse an den Turnieren erlahmen. 1439 endete eine lange Reihe von Spielen mit dem Turnier zu Landshut, und ein 1479 auf Veranlassung der fränkischen Ritterschaft gestarteter Wiederbelebungsversuch schloß acht Jahre später mit dem letzten Kolbenturnier zu Worms ab. Dort hatte ein eifriger Kämpe, Siegmund von Gebsattel, noch sein fünftes Turnier innerhalb der Frist von knapp drei Jahren bestritten; er war in Stuttgart, Ingolstadt, Ansbach, Bamberg und Worms dabeigewesen. Beim ersten

Die Erkenntnis, daß der Krieger größere Entfernungen leichter zu Pferde bewältigt als zu Fuß, verwandelte die Rüstungstechnik. Wer sein eigenes Gewicht nicht ganz allein tragen muß, kann sich stärker mit Eisen belasten und so etwa die Beine in Harnisch stekken, den Schild dann aber verkleinern.

WIKINGERSCHILD,
REKONSTRUIERT

TOTENSCHILD DES GRAFEN
WALRAF III.
VON TIERSTEIN († 1402)

TOTENSCHILD DES FREIHERRN
PETER VON RARON, 1479

EISERNER, GEÄTZTER SCHILD,
VENEZIANISCH UM 1500

FLORENTINISCHER
RUNDSCHILD, UM 1550

Die geometrisch ideale Form des Kreises ist auch als Wappenschild immer gültig geblieben. In dieser Reihe sind Rundschilde aus vielen Epochen und vielen Kulturkreisen nebeneinandergestellt.

Mal wollte man ihn überhaupt nicht zulassen, mindestens zweimal war sein Turnierpferd ein geliehenes, und mehrfach lag er bei seinem Herrn mit im Quartier, ließ sich, jedenfalls in Worms, von ihm freihalten und zerhieb ihm im Turnier die Helmzier, dieser ihm aber auch die seine. Die Teilnahme an einem Turnier war natürlich auch mit hohen Kosten verbunden und nicht für jeden erschwinglich. Turniere waren um jene Zeit nicht nur zu kostspielig, sondern als Übung auch schon nutzlos. Wenn in den folgenden Jahrzehnten etwas wie Turniere abgehalten wurde, so nannte man diese Veranstaltungen ehrlicher auch Ritterspiele.

Die Kriegführung, bei der es um politischen Erfolg oder Mißerfolg ging, um Unabhängigkeit oder Unfreiheit, hatte sich grundlegend gewandelt, zumal die gegnerischen Parteien oft mit verschiedenen Taktiken vorgingen.

Beim Einfall der Normannen in England konnten die Streitrosse von der Masse der Fußkämpfer nicht aufgehalten werden. Die Reiter hatten entdeckt, welche Schlagkraft eine eingelegte Lanze haben konnte, wenn sie von einem mit seinem Pferd fest verbundenen Mann geführt wurde, anstatt als Speer geschleudert zu werden.

Bei Sempach hatte sich 1386 gezeigt, daß auch Fußtruppen, vom Zorn gegen ihre Unterdrücker angestachelt, ein durch Lanzenträger verstärktes Heer vernichten konnten; die schweizerischen Eidgenossen schüttelten damals die Herrschaft des Herzogs von Österreich und des ihm treu gebliebenen Landadels ab. Bei Tannenberg 1410 – die Polen nennen die Schlacht nach dem Befehlsstand ihres Königs die von Grunewald – wurden die nach ritterlicher Art die Schlacht anbietenden und in gewohnter Weise operierenden Deutschritter dank der modernen Strategie der vereinigten Polen und Litauer völlig aufgerieben.

Von Sempach und von Tannenberg sind reichhaltige Verzeichnisse eroberter, höchst interessanter Wappenbanner und anderer Fahnen überliefert. Nach der totalen Niederlage des Gegners war die Beute so groß, daß es sich lohnte, illustrierte Verzeichnisse anzulegen.

Inzwischen war das Schießpulver erfunden wor-

SCHILD IN DER ART DER
NORMANNENSCHILDE,
ENDE 11. JAHRHUNDERT

LANGGESTRECKTER DREIECK-
SCHILD MIT FAMILIENWAPPEN,
2. HÄLFTE 13. JAHRHUNDERT

PRUNKSCHILD DES LAND-
GRAFEN HEINRICH VON
THÜRINGEN,
ENDE 13. JAHRHUNDERT

SETZSCHILD DER STA
ERFURT

Unter dem Namen Tartsche oder Pavese kann man zahlreiche Spätformen der Kampfschilde verstehen, die sich mehr und mehr zu Prunkstücken entwickeln. Sie können zum zeremoniellen Gebrauch, zum Beispiel für Leichenfeiern, kostbar mit Damaszierung ausgeschmückt oder reich mit Vollwappen und ganzen Szenen bemalt sein.

EDÄCHTNISWAPPENSCHILD
UF KARL V., AUGSBURG,
558/1559

TURNIERSCHILD, ARABISCHES KUNSTHANDWERK AUS VENEDIG, UM 1600

ABESSINISCHER RUNDSCHILD, ENDE 17. JAHRHUNDERT

Wappen des Christoph Beham aus Nürnberg, unter dem er sich 1593 in ein Stammbuch einschreibt *(unten)*. Es spielt auf seinen Namen, der »Mann aus Böhmen« bedeutet, durch den Schild mit der deutlichen Mittelrippe an, der

demnach auch damals als typisch böhmisch angesehen wurde.

den, dessen Anwendung aber noch Schwierigkeiten bereitete. Die Rüstungstechnik mußte sich im 15. Jahrhundert zunächst nicht darauf, sondern auf die Durchschlagskraft der Armbrustbolzen einstellen, gegen die ein Ringelpanzer, so kunstvoll er auch als Erzeugnis der Waffenschmiede gewesen sein mag, wenig half. Auch der Schild konnte kaum etwas nützen, denn den Armbrustschützen entdeckte man nicht, weil er versteckt oder von einer Schildwand abgedeckt sein konnte. Der Kämpfer mußte also selbst wie ein Schild ausgerüstet und ganz in Eisen gehüllt war der Schild noch erforderlich, denn Einzelkämpfer, mit denen man sich zu messen hatte, gab es immer noch genug.

Die gegnerischen Massen wurden immer größer, bis schließlich die dauernde Besoldung geworbener Leute an die Stelle der vier Wochen lang ihrem Treueid folgenden Vasallen trat. Daraus wurden die stehenden Heere und schließlich die allgemeine Wehrpflicht neben dem Berufsheer.

Die Entwicklung desjenigen Schildes, der in der Heraldik fortlebt, geht ausschließlich auf die Erfordernisse des Zweikampfes mit Schwert oder

RTSCHE
S TADDEO DI BARTOLO,
LIENISCH, UM 1300

TARTSCHE DES KÖNIGS MATTHIAS CORVINUS VON UNGARN, WOHL TOTENSCHILD, 1490

BURGUNDISCHE PAVESE, 2. HÄLFTE 15. JAHRHUNDERT

SETZSCHILD HUSSITISCHEN TYPS, ENDE 15. JAHRHUNDERT

ROSSSTIRN MIT DEM AUFGELEGTEN WAPPEN KAISER FERDINANDS I., AUGSBURG 1558/1559

sein: es entstand der Plattenharnisch, der immer kunstvoller und dank geschickt konstruierter Gelenke, der sogenannten Kacheln, immer beweglicher, aber auch immer schwerer wurde. Die mangelnde Beweglichkeit hatte einst einen römisch-deutschen König, Wilhelm von Holland, das Leben gekostet, als er im Januar 1256 auf einem Kriegszug gegen die Friesen mit seinem Pferd im Sumpf versank. Ehe sich aber die Harnischfertigung so vervollkommnet hatte, daß man den Krieger ganz in Eisen kleiden konnte, Lanze zurück. Der Kampf mit dem Schwert, dessen Streich vornehmlich gegen das Haupt des Gegners geführt wurde, hat darüber hinaus die Gestaltung der Helme entscheidend beeinflußt, während die zu Pferde gehandhabte Lanze die ganze Körperabdeckung treffen sollte, in erster Linie die empfindlichen Knie. Die ältesten heraldischen Schilde, die Normannenschilde, decken die Knie recht gut ab. Sie wurden, wie wir gesehen haben, zu Fuß und zu Pferd gebraucht.

Der eigentliche heraldische Schild der klassischen Epoche, nach seiner Umrißform Dreiecksschild genannt, konnte nach der Erfindung der Kniekachel immer kleiner werden. Die Grundgestalt blieb dabei die gleiche. Seine elegante Form mag der Grund dafür sein, daß er allen Stilentwicklungen zum Trotz der eigentliche heraldische Schild geblieben ist und sich bis in die Gegenwart hinein erhalten hat, obwohl er mehrfigurigen Wappen nicht immer genug Platz bietet.

Ohne bekannte Begründung, aber sicher von der Technik der Lanzenführung beeinflußt, kommt um die Mitte des 14. Jahrhunderts eine neue Schildform auf, die man damals nicht Schild nennen wollte, sondern »Tartsche« nannte; man konnte Schild und Tartsche gleichzeitig besitzen. Das Kennzeichen der Tartsche, genauer zunächst der Reitertartsche, ist eine kräftige Einbuchtung des Oberrandes auf der rechten Seite des Trägers, eine Einbuchtung, die als Auflage für die Lanze eingerichtet war und daher auch ihren Namen hat: Speerruhe. Woher das Wort Tartsche kommt, muß angesichts zahlreicher Deutungsversuche als ungeklärt gelten. Es wird 1279 in der »Kronika von Sassen« erstmals erwähnt, und taucht dann hin und wieder auf, immer zur Unterscheidung vom Wappenschild (Dreiecksschild). Die älteste bildliche Darstellung einer Tartsche findet sich auf dem Grabmal eines 1343 gestorbenen Ritters Ekro vom Stern in Würzburg.

Wachestehender Ritter in der Auffassung des 14. Jahrhunderts, den kaiserlichen Schild in Ruhestellung über die Schulter gehängt, gerüstet mit dem »Dupsing« genannten tiefsitzenden Gürtel, die Linke auf den Knauf des langgestreckten Schwertgriffes gestützt. Mit der Rechten hält er die in den ungarischen Farben bewimpelte Lanze, deren Schaft unten einen Knauf aufweist, bis zu dem sie in den Boden gerammt werden kann. Das eng anliegende Wams zeigt keine Abzeichen, sondern ist am unteren Saum mit einer zarten Spitze verziert. Der Mann ist nicht zum Kampf, aber für einen Zwischenfall gewappnet. Auf dem Haupt trägt er die Beckenhaube und darunter die Brünne aus Stoff. Illustration aus einem böhmischen Schachbuch der 2. Hälfte des 14. Jahrhunderts.

Anfänglich unterschied sich eine Tartsche von einem Schild nur durch ihren Umriß, sie war heraldisch ebenso bemalt oder mit Flachreliefs verziert. Bald aber begann eine Entwicklung, die es beim bisherigen Schild nicht gegeben hatte. Die Fläche der Tartsche wurde mit dem Vollwappen bemalt und darüber hinaus mit der Darstellung ganzer Szenen geschmückt.

Abweichend vom bisherigen Schild, der eher konvex war, neigten die Reitertartschen zu einer mehr konkaven Wölbung, die durch Rippen noch verstärkt sein konnte.

Ähnlich entwickelten sich auch die Setztartschen, große Wände, die zu Schutzwällen nebeneinandergestellt werden konnten und hinter denen sich Fußkämpfer, insbesondere Armbrustschützen, aufhielten. Da diese Schutzwände vor allem von städtischen Verteidigungseinheiten verwendet wurden, finden sich gerade in Heimatmuseen ganze Sätze solcher »Pavesen«.

Gerade sie bilden wichtige Quellen für die Erforschung der richtigen Darstellung und Farbgebung von historischen Stadtwappen, z. B. von Deggendorf, Kuttenberg, Prag, Wimpfen, Zwickau, ja sogar für ganze Entwicklungen wie die Erfurter Schilde. Schweizerische Beispiele weisen auf die politische Einstellung für oder gegen die Häuser Burgund und Österreich hin.

Der blaue Setzschild der Armbrustschützen mit den Wappen des Römischen Königs aus dem Hause Österreich, des Georgenbundes und der Stadt Winterthur gibt einen Begriff davon, in welchem Maße Ornamentierung neben heraldischen Schmuck treten kann, wie stark aber auch Schmuckbedürfnis bei Gegenständen obwaltet, die zu lebensgefährlicher Benützung bestimmt sind. Die Wappen des Römischen Königs und des Georgenbundes gestatten eine ziemlich genaue Datierung. Denn der einköpfige Adler wurde von dem späteren Kaiser Friedrich III. nur so lange geführt, als er noch nicht zum Kaiser gekrönt war, also vor 1452. Dieser Kaiser ist auch der erste, der sein Hauswappen (Österreich) dem Adler auf die Brust legte; und er ist es auch, der in der angeblichen Erneuerung der Georgenritterschaft ein Werkzeug seiner mit der Reichspolitik vermischten Hauspolitik schuf. Die Stadt Winterthur war damals ein habsburgischer Parteigänger.

Der Kult des Liebeskummers, den die mittelalterlichen Liedersammlungen ausgiebig pflegen, beschränkt sich nicht nur auf Lippenbekenntnisse, sondern wird offen zur Schau getragen. Rüstungsstücke wie Pferdedecken, Helmzierden, aber auch Renntartschen, wie die nebenstehende, legen davon Zeugnis ab. Unser Bild gibt die Bemalung stark verzerrt wieder, weil die Seitenteile der Tartsche fast im rechten Winkel zurückgebogen sind. Auf der einen Seite die angehimmelte Dame in burgundischer Tracht, auf der anderen der liebeskranke, wohl eben zum Ritter geschlagene Jüngling kniend neben dem durch die Straußenfeder seine neue Ritterwürde andeutenden Turnierhelm. Im Hintergrund die Gestalt des Todes, dem der Jüngling sich bei Nichterfüllung ausliefern will. So ruft er – das Spruchband sagt es – aus: «Vous ou la mort» (Euch oder den Tod).

NIEDERLANDE
Hierher – Belgien inbegriffen – stammen besonders frühe Zeugnisse der Heraldik; ihre Strenge fand dort treue Beachtung.

ENGLAND
In der gotischen Zeit stimmt die Form der Wappenschilde weitgehend mit der Wirklichkeit überein. Die Renaissance fasste nur zögernd Fuß. Seit dem 18. Jahrhundert beherrschen Schemata das Bild.
Die Tartsche heißt in England »Turnierschild«. Sie wird heraldisch wie der übliche Schild behandelt, auch in Renaissanceformen.

FRANKREICH
Hier gewann die Tartsche keinen Boden, aber die Renaissance und die späteren Kunststile trieben lebhafte Blüten.

DEUTSCHLAND
Bis um 1500 stimmten im deutschen Sprachgebiet die Wappenschilde mit den Waffenschilden überein; der Humanismus brach italienischen Vorbildern in der Wappengraphik die Bahn.
Die Reitertartsche hat die deutsche Wappenkunst lebhaft beeinflußt; späte Formen dieser Schildart verschmelzen mit symmetrisch konzipierten Renaissancemodellen.

ITALIEN
Früher und stärker als in anderen europäischen Ländern gingen architektonische Elemente in die Wappenkunst ein. Für die letzte Schildform der Bildreihe haben die Italiener einen eigenen Namen: Samnitischer Schild. Tartschen in Form der Roßstirn blieben im wesentlichen auf Italien beschränkt.

SPANIEN
Die in der Literatur als spanischer Schild bezeichneten Halbrundschilde kommen in Spanien besonders früh vor.

UNGARN
Die Form der Schilde hängt sehr davon ab, ob der ausländische Einfluß mehr deutsch oder mehr italienisch ist.

POLEN
Die Formen der Schilde in der polnischen Heraldik werden ganz und gar von der deutschen Heraldik beeinflußt.

RUSSLAND
Die russische Heraldik ist nicht autochthon; die dortigen Schildformen sind im übrigen Europa kopiert worden.

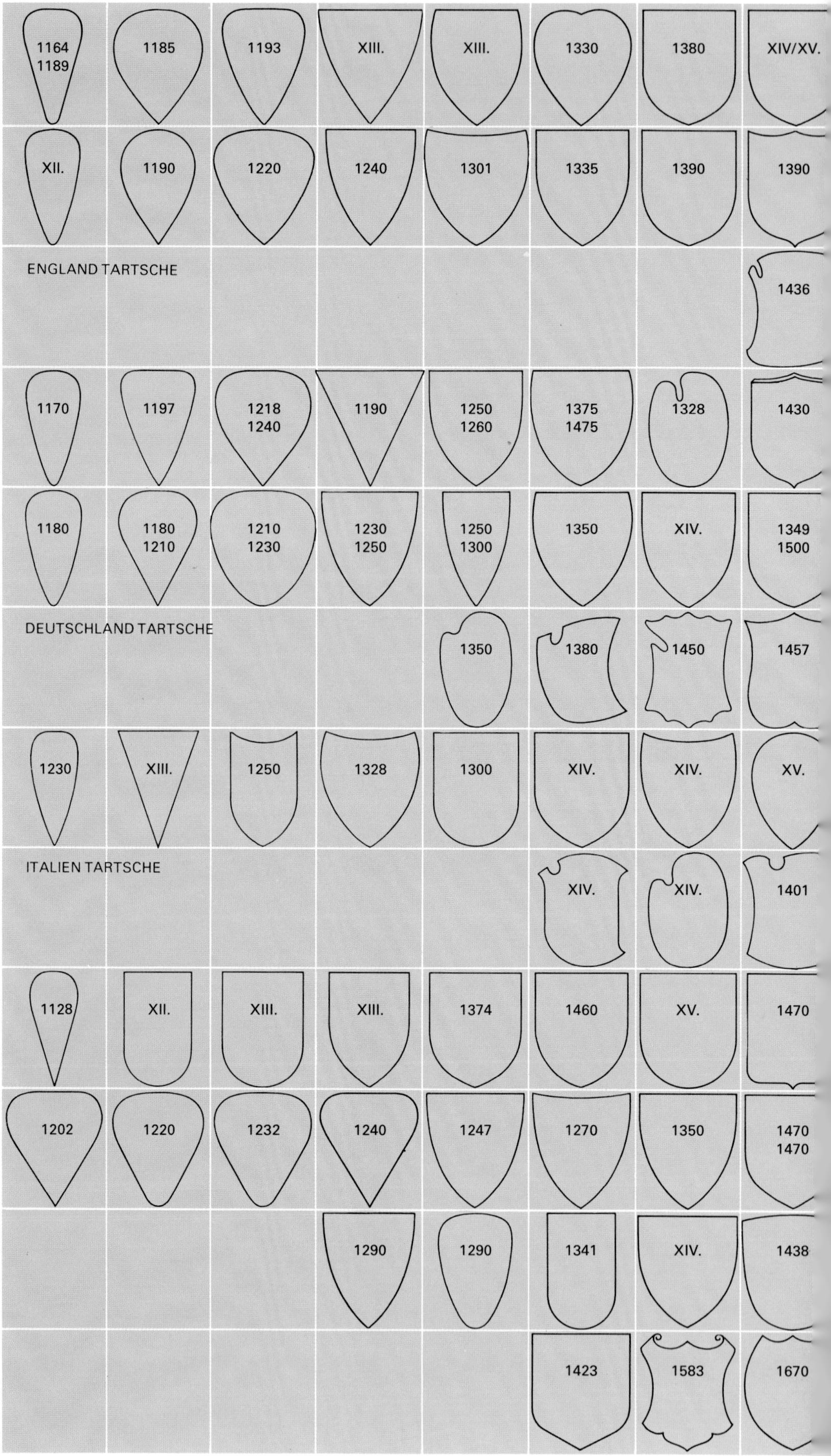

Arabische Ziffern stehen für gesicherte Belege,
römische Ziffern für Jahrhunderte.

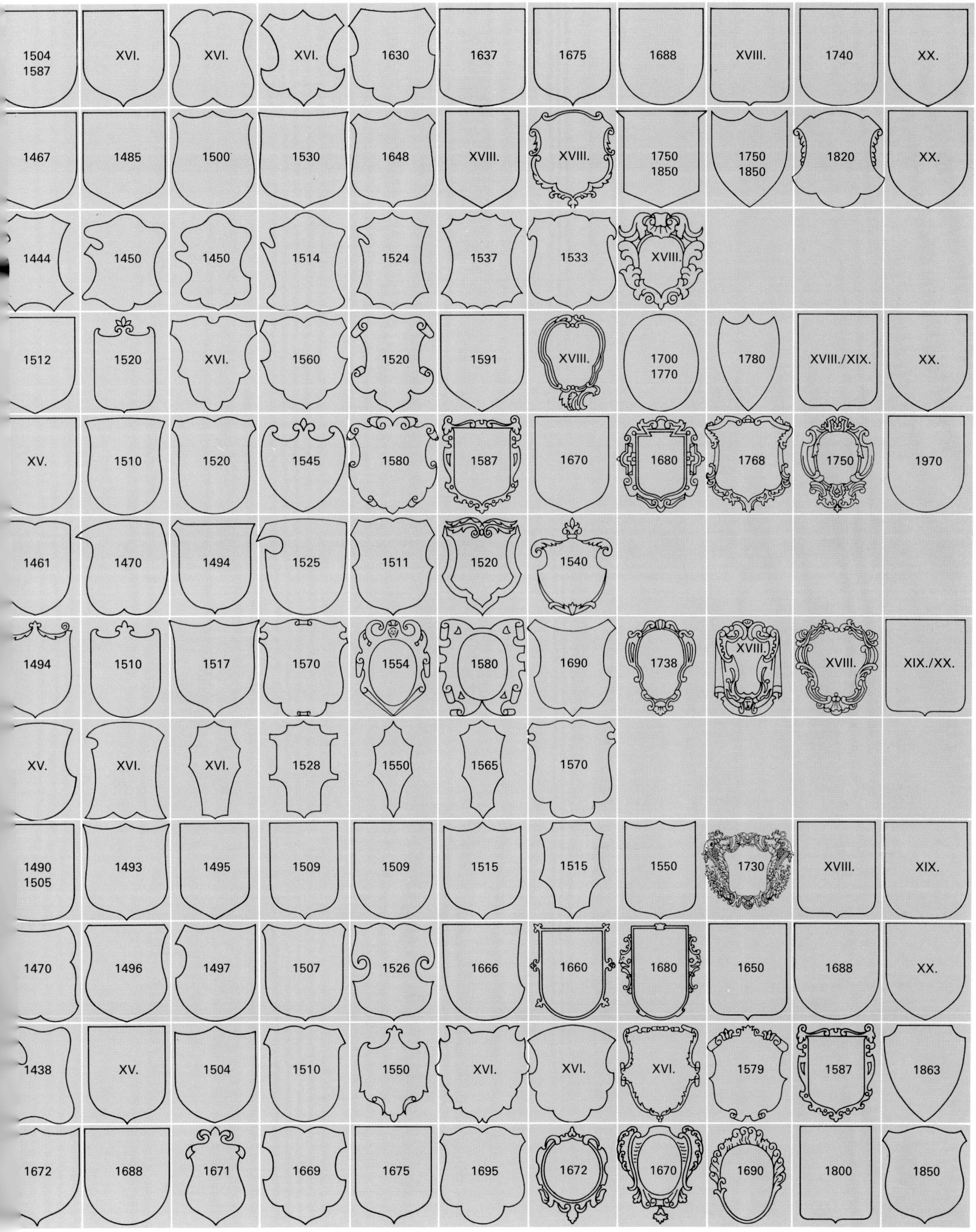

Das Zeichen

»Gott sagte zu Noah und seinen
Söhnen mit ihm:
Siehe, ich richte mit euch einen
Bund auf.
Und Gott sprach:
Das ist das Zeichen des Bundes.
Meinen Bogen habe ich gesetzt in die
Wolken;
der soll das Zeichen sein des Bundes
zwischen mir und der Erde.«

1. Mose 9, Verse 8, 12, 13.

Wenige Wörter haben so viele Bedeutungen wie das Wort »Zeichen«; dies gilt für alle Sprachen unseres Kulturkreises und weit darüber hinaus. Zeichen können kurzlebig oder dauerhaft, akustisch, optisch, zweidimensional oder dreidimensional sein. Zeichen sind die Verständigungsmittel der Menschen untereinander. Am beständigsten sind in oder auf festem Material angebrachte Objekte. Sie geben dem Menschen die Möglichkeit, seine eigene Vergänglichkeit zu überwinden und spätere Generationen an seinen Erfahrungen teilhaben zu lassen.

Zu den ältesten Zeichen gehören die Zahlen. Nicht nur durch überlieferbare Schriftzeichen und Ziffern, sondern auch mittels der Zeichensprache lassen sich Mengen mitteilen. Vom bildlichen Ausdruck ausgehend, führt die Entwicklung über die Ziffer schließlich zum sprachlich gebundenen und schriftlich fixierbaren Zahlwort.

Alle Schriften sind aus Bildern entstanden, auch die Keilschrift. Der Versuch, die schnellfließende und rasch verklingende menschliche Sprache irgendwie festzuhalten, schlägt sich zuallererst in Zeichen nieder, die aber niemals so schnell gefertigt werden können, wie der Redefluß strömt. So führt jede Entwicklung in die Richtung einer Art von Stenographie. Das Bestreben, Abbilder der Natur durch die Komposition verschiedener, die Umrißformen andeutender gerader Linien herzustellen, zwingt zu weitgehender Abstraktion. Die Keilschrift spiegelt außerdem die Eigentümlichkeit des Schreibmaterials. Der Eindruck eines Griffels in Lehm- oder Tontafeln, die nach Erhärtung archiviert werden konnten, ergab jene langgezogenen Dreiecke, die in einer drei Jahrtausende andauernden Entwicklung selbst zum Charakteristikum wurden, aber erst im frühen achtzehnten Jahrhundert die Erfindung der Bezeichnung »Keilschrift« veranlaßten. Die bis dahin fast vollkommen in Vergessenheit geratene und erst durch Ausgrabungen im Vorderen Orient wiederentdeckte Schrift eignete sich, nachdem sie sich weitgehend von ihrem Rebus-Charakter entfernt hatte, auch als Silben- und sogar als Buchstabenschrift zur Wiedergabe fremder Sprachen und innerhalb dieser sogar fremder Wörter. Wegen ihrer Umständlichkeit ist sie aber im letzten Jahrtausend vor Christus von dem flexibleren phönizisch-griechisch-römischen Alphabet vollkommen verdrängt worden. Während ihrer Blütezeit ist ihre Verwendung, wie die in großer Zahl gefundenen Siegel zeigen, von der einstigen Technik unabhängig gewor-

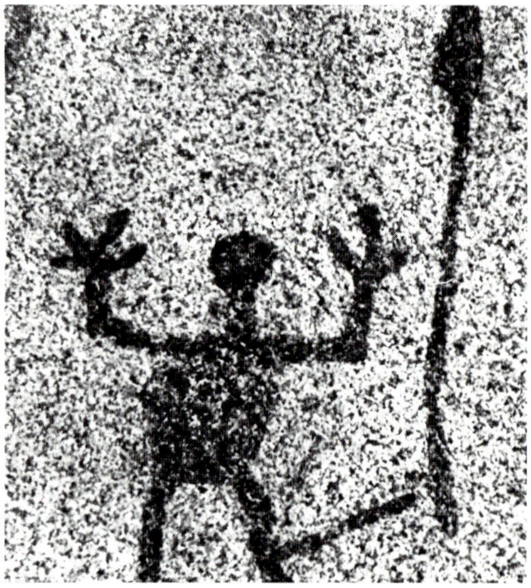

den, so daß sie auch in stärkster Verkleinerung die typische Keilform beibehält. Durch ihr graphisch eindrucksvolles Bild hatte die Keilschrift lange Zeit ihre Geltung als rituelle Schrift neben den Schnellschriften des Alltags bewahrt; ihre Schriftzeichen waren wirkliche Zeichen geblieben.

Unendlich groß ist die Zahl der Schriftsysteme, und selbst in neuester Zeit haben sich Laut- oder Buchstabenschriften noch nicht überall durchgesetzt.

Ausschnitt aus dem Abdruck eines kassitischen Karneol-Rollsiegels *(links)*, etwa sechsfache Vergrößerung des Originals (4,4 cm hoch) der Legende in Keilschrift. Mitte des 2. Jahrtausends v. Chr.

Linke Seite:
Totempfahl eingeborener Eskimos in Alaska, »Tlingit« (Volk), eine Stammesgemeinschaft, durch Adler und Biber symbolisierend.

Die flüchtigen Gesten eines Menschen können Dauerhaftigkeit gewinnen, wenn sie graphisch festgehalten werden, wie auf der Felszeichnung zu Vitlyke bei Tanum in Schweden, wo vier und drei Finger »sieben« bedeuten sollen.

Bemalter Schildüberzug der Kiowa-Indianer, einen Bären mit seiner Spur darstellend. Auch andere Schilde dieses Stammes, soweit bekannt ebenfalls rund, bevorzugen sandfarbene Töne, die sie sparsam mit bunten Farben beleben. Die Musterung besteht vorzugsweise aus abstrakten Ornamenten, die mit kleinen einheimischen Tieren kombiniert werden. Besonders der Rand der Schilde wird nach Möglichkeit mit herabhängenden Adlerfedern bestückt; ein ähnlicher Schild steht seit 1925 in der Staatsflagge von Oklahoma.

Im Kult des orientalischen Gottes Mithras ist dieser selbst kenntlich an der »phrygischen Mütze«, die er hier trägt, während er den Stier ersticht.

Die Buchstabenschrift setzt eine Übereinstimmung darüber voraus, wie die einzelnen Buchstaben phonetisch umzusetzen sind. Und wer eine Fremdsprache kennt, ja wer nur in seiner eigenen Sprache Fremdwörter erkennt und ihre »richtige« Aussprache berücksichtigen möchte, weiß, welche Schwierigkeiten allein ein so häufiger Buchstabe wie das »e« bereiten kann. Diese Schwierigkeiten werden noch dadurch vermehrt, daß alle Sprachen sich in ständiger Entwicklung befinden, daß sich Mundarten innerhalb eines Landes verwischen und die Sprachen gleichsprachiger Länder immer selbständiger werden,

Gastwirtschaften und Beherbergungsstätten zeigen ihre Dienstbereitschaft am deutlichsten durch an der Hauswand befestigte Tafeln, die bildlich den Namen des Hauses darstellen. Oft sind diese Zeichen Meisterwerke des Schmiedehandwerks. Hier: Schild des Gasthauses »Zum Hirschen« in Sursee, Kanton Luzern.

man denke nur an die Verschiedenheit des Deutschen in der Schweiz, in Österreich, in der Bundesrepublik, und dann nach so wenigen Jahren seit 1945 schon in der Deutschen Demokratischen Republik, aber auch an das Englisch Großbritanniens und Amerikas oder das Spanisch der Kastilianer und der Argentinier.

Zu Staatsvölkern gewordene Kolonialvölker schaffen sich Schriftsprachen, um ihre einer Schrift ermangelnde Eingeborenensprache fixieren zu können. Erst vor wenigen Jahren hat Somalia als letztes Land der Welt drei Fremdsprachen (Arabisch, Englisch, Italienisch) durch eine eigene Schriftsprache ersetzt. Hier wie in den meisten Fällen ist das lateinische Alphabet zugrundegelegt worden, wobei die Eigentümlichkeiten der betreffenden Sprache zu Lösungen führten, die nicht ohne weiteres verständlich sind, wie die besondere Bedeutung von verdoppelten Vokalen, angehängtem »e« oder »h«, diakritischen Zeichen wie Trema, Akzent,

Rechts:
Die Kaufmannschaften entwickelten einfache Zeichen, die, auf ihren Warenballen aufgedruckt, die Herkunft angeben und die Qualität garantieren sollten. Von den Hausmarken unterscheiden sie sich durch Bevorzugung der Buchstaben aus dem lateinischen Alphabet.

Die anerkannten Religionen, die weithin sichtbare Gebäude aufführen können, krönen diese mit den Symbolen des Ritus, der Islam mit dem Halbmond, das Christentum mit dem Kreuz, in seiner östlichen orthodoxen Richtung mit dessen dreiarmiger Variante, aber auch mit dem Hahn. Dieser bezieht sich auf Christi Voraussage im Garten Gethsemane, Petrus werde ihn dreimal verraten, noch ehe der Hahn am nächsten Morgen gekräht haben werde.

Cédille oder auch kopfstehendem »e«, umgedrehtem »a« und »i« mit und ohne Punkt. Alle diese Sonderzeichen verlangen eine bestimmte, die »richtige« Aussprache. Neben der lateinischen Schrift hat sich im Ausstrahlungsbereich des Russischen die kyrillische als Grundlage für zahlreiche neue Schriften durchgesetzt.

Die gegenläufige Tendenz, also die Bevorzugung der Bildersprache, wird jedoch immer stärker. Jedermann in jedem Lande kennt und erkennt die wortlosen Zeichen für »Herren« und »Damen«, für »Nichtraucher«, für Parkerlaubnis und Parkverbot, für Vorfahrtsgebot und -verbot. Manches muß man von Amts wegen lernen, ehe man einen Wagen lenken darf, was etwa die Hälfte der Menschen in zivilisierten Ländern tut, und sogar Analphabeten praktizieren. Der Vorteil der Bildersprache und -schrift liegt darin, daß die Kenntnis der gesprochenen Sprache unnötig wird und sich jedermann in der Fremde zurechtfinden kann. Um mit Menschen in Kontakt zu kommen, bedarf es aber der gesprochenen Sprache auch weiterhin.

Immer noch gibt es große Teile der Welt, in denen das Zeichen von der Buchstabenschrift nicht verdrängt werden kann: in dem chinesischen Riesenreich mit all seinen Ausstrahlungen. Mögen die aus vielen Pinselstrichen kombinierten »Charaktere« dem Fremden ein Buch mit sieben Siegeln sein, so interpretiert sie doch jeder Chinese auf die gleiche Weise, welchen Dialekt er auch spricht, und der kann von dem des Schreibers äußerst verschieden sein. Der Zusammenhalt des chinesischen Reiches und seines Kulturkreises wird von der komplizierten, aber eben doch gemeinsamen Schrift so stark gefördert, daß alle Bestrebungen, eine »Romanisierung« auch der chinesischen Sprache herbeizuführen, immer wieder vertagt worden sind, und dies nicht etwa nur, weil man sich nicht auf eine geeignete Transkriptionsgrundlage einigen konnte. Es ist hier nicht der Ort, darzulegen, wie im einzelnen aus Bildern für einen Gegenstand Ideogramme und Silbenschriften für gleichlautende Abstrakta werden; jeder Deutsche, der einmal das »Teekessel-Spiel« mitgemacht hat, hat das schon selbst praktiziert, wenn er auch über Tor (für Durchgang) und Tor (für Narr) nicht hinausgekommen sein mag.

Die Erhöhung der allgemeinen Verkehrsgeschwindigkeit erfordert schnell erfaßbare Anweisungen; für jedermann, sogar Analphabeten, verständliche Zeichen am Straßenrand sprechen Ge- und Verbote aus, zu deren Einschränkung nur manchmal die jeweilige Landessprache herangezogen werden muß. Gelegentlich führt bürokratischer Ausschilderungseifer zur Überfülle, die ein schnelles Erfassen unmöglich macht. Internationale Übereinkommen versuchen die allgemeine Verständlichkeit zu fördern.

Die Wirkung eines Zeichens beruht auf Gedankenassoziationen. Diese stellen sich gerade dann automatisch ein, wenn damit ein Wortspiel verbunden ist. In der Heraldik stehen daher die »redenden« Wappen bereits am Anfang der Entwicklung.

Zur Kennzeichnung des Eigentums dienen seit Urzeiten einfache graphische Zeichen; der Ackersmann kann so verhindern, daß der auf dem Felde stehengelassene Pflug als herrenlos betrachtet werden könnte. Den Haustieren werden bis in die Gegenwart derartige Zeichen auf einem hinteren Oberschenkel ins Fell gebrannt, Schafen schneidet man Kerben in die Ohren. In der Neuzeit trifft man Brandzeichen an, deren Formen dem modernen Leben entnommen sind, wie den Schaukelstuhl des texanischen Farmers, auch kombiniert mit einem Initial auf der Schaukelkufe.

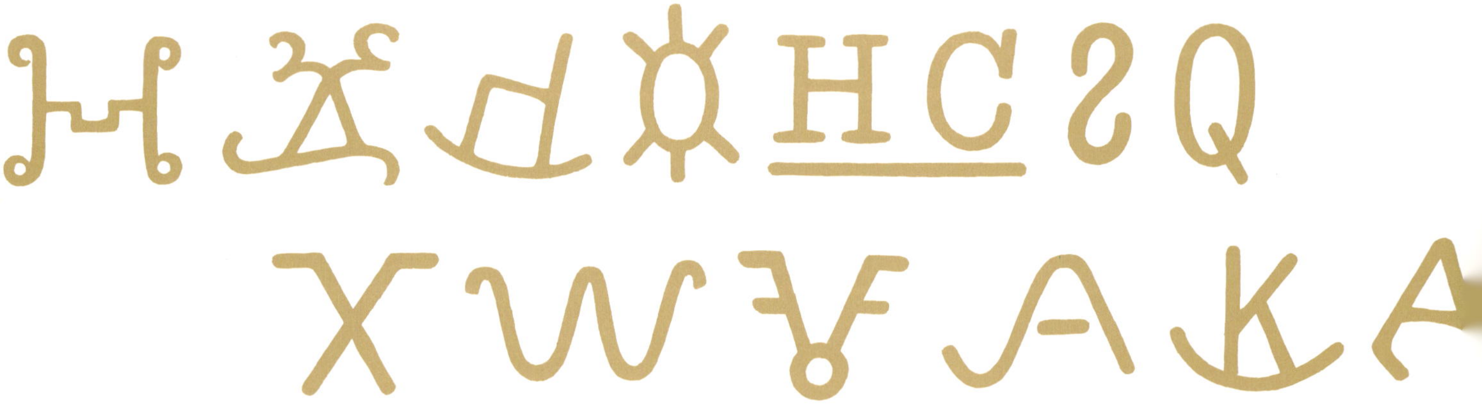

Mit der Erfindung des Papiers erhob sich gleichzeitig die Frage, wie man den Schöpfer – im wahrsten Sinn des Wortes – dieses anfänglich höchst kostbaren Fabrikats kenntlich machen könne. Aus feinen Drähten nachgebildete Hausmarken und Wappenbilder, in die Papiermasse gelegt, lassen den Bogen an jener Stelle etwas heller erscheinen, sie bilden die »Wasserzeichen«.

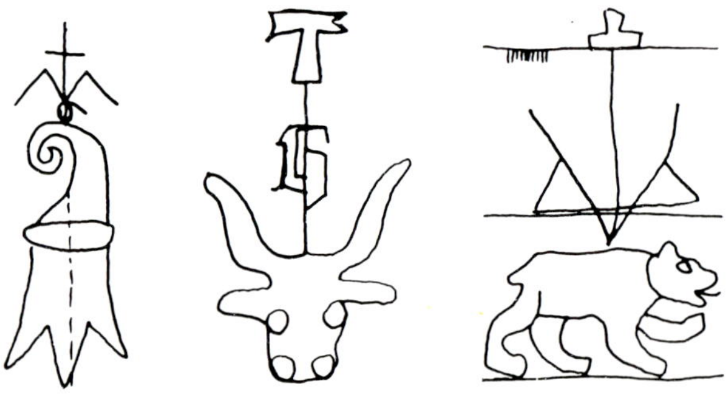

Die Bilderschriften, Keilschrift, ägyptische Hieroglyphen oder Chinesisch, sind alle aus graphischen Wiedergaben von Gegenständen hervorgegangen; dies gilt letztlich auch für das lateinische Alphabet und die anderen Schriftsysteme, bei denen der Sprung zur Buchstabenschrift aufgrund philologischer Regelbildung gelang. Hier kehrt sich die Entwicklung um, wenn die isolierten Buchstaben Namen bekommen oder behalten, wie Alpha und Beta, die das Wort »Alphabet« ergaben. Das *Futhark* der Germanen ist nach den ersten sechs Zeichen ihrer Runenschrift benannt. Auch die Germanen gaben den Buchstaben Namen, mit denen man sie unmißverständlich bezeichnen konnte, wie man es heute am Telephon versucht, wenn man »C wie Cäsar« sagt. Die Runen wurden außerdem auch zur Weissagung herangezogen und erlebten, nachdem sie lange nur noch Gelehrte interessiert hatten, im zwanzigsten Jahrhundert im Zuge germanischer Ideal- und Wahnvorstellungen eine neue Scheinblüte, die von wissenschaftlichen Scharlatanen eifrig gehegt wurde.

Diese Scheinblüte wurde durch die formale Ähnlichkeit mit den sogenannten »Hausmarken« gefördert, bei denen wenige Striche ausreichen, um eine Marke von der anderen zu unterscheiden. Die große Zahl von aus dem Mittelalter überlieferten Listen und Übersichten läßt erkennen, wie ganze Berufsgruppen, Steinmetzen, Fischer, Kaufleute und auch Dorfgemeinschaften solche Zeichen zur Kenntlichmachung ihrer Werkstücke, ihres Handwerkszeugs, ihrer Ackergeräte oder ihrer Waren vereinbarten, damit innerhalb eines bestimmten Gebietes Verwechslungen vermieden wurden.

Die großen Religionsgemeinschaften grenzen sich mit ihren Zeichen gegeneinander ab. Da das Christentum sich seit fast zwei Jahrtausenden mit einem Kreuz irgendeiner Form kennzeichnet, sind Kreuze im Gebiet des Islam unverwendbar; selbst eine so international bekannte Organisation wie das Rote Kreuz muß sich bei islamischen Völkern in eine Gesellschaft vom Roten Halbmond verwandeln, sogar in der grundsätzlich atheistischen Sowjetunion.

An die von den Germanen den Runen zugeschriebene Zauberkraft beim Losewerfen glauben heute noch gewisse Geheimgesellschaften, die auch in religiös relativ gefestigten Ländern, wie den christlichen, eine heimlich-unheimliche Rolle spielen.

Derartige Zeichen sind von einer Unterlage, auf der sie anzubringen wären, unabhängig; sie können einem Gläubigen am Himmel erscheinen und ihm einen Sieg voraussagen wie Kaiser Konstantin dem Großen. Sie können als Visionen weitreichende Entscheidungen herbeiführen, wie etwa die Stigmata, die Christus, nach der Legende, dem Papst Gregor I. gezeigt hat. Sie können aber auch einen konkreten Zweck erfüllen, etwa als Flaggen, die daher im Englischen schlicht Zeichen, nämlich *ensign* heißen, wenn sie wirklich Zeichenfunktion haben und nicht nur zeremoniellen oder dekorativen Zwecken dienen. Diese Funktion haben sie insbesondere auf See. In älterem Deutsch war »Zeichen« auch ein Synonym für Fahne.

Mit der Differenzierung aller Lebens- und Umgangsformen, kriegerischer wie friedlicher,

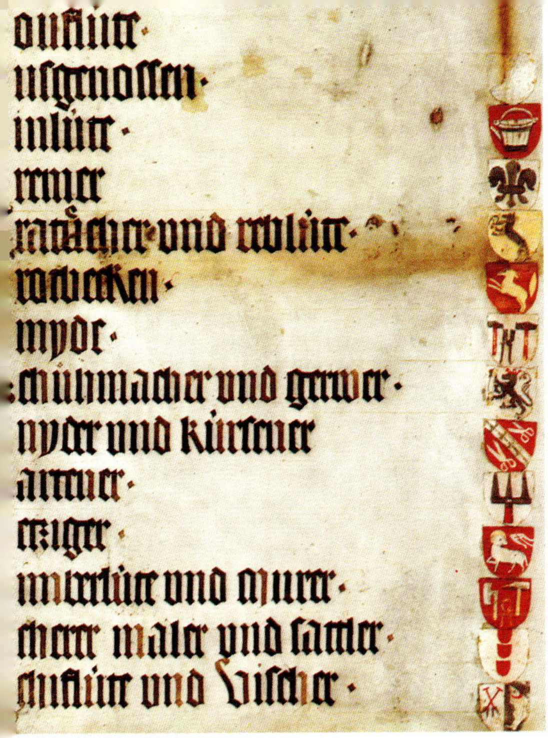

Die Gewerbetreibenden haben sich in fast allen mittelalterlichen Städten zu Zünften oder Innungen organisiert, die vor allem in England und der Schweiz korrekte Wappen annahmen oder erhielten *(links)*.

Das 1596 verliehene Wappen des John Shakespeare *(oben)*, auf den Namen bezüglich, der als »Schüttelspeer« gedeutet werden kann, was etymologisch wahrscheinlich nicht richtig wäre.

mußte auch die Sprache Unterscheidungswörter hervorbringen; so begeht man manche symbolische Handlung zum Zeichen eines definierten Verhaltens, wirft sich nieder zum Zeichen der Unterwerfung, kniet nieder zum Zeichen der Anbetung oder Verehrung, hebt die Hand zum

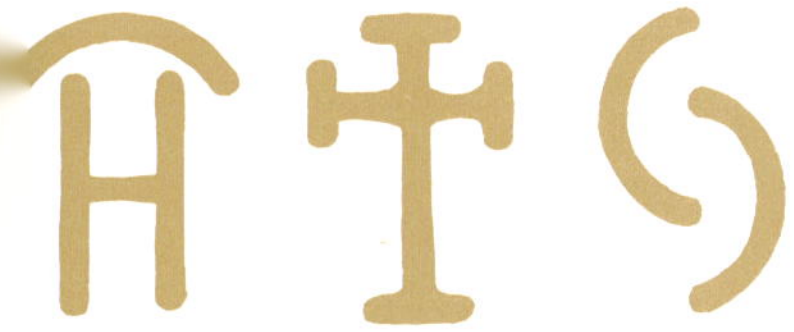

Zeichen des Segens und salbt einen König zum Zeichen der ihm gewährten Gnade Gottes; unzählig sind die Zeichen der Liebe, materielle wie immaterielle.

In zusammengesetzten Wörtern kann Zeichen den Zweck, aber auch die Methode angeben; ein paar Zeilen können ein Lebenszeichen sein, als Lesezeichen genügt ein leerer Papierstreifen, auf dem nichts zu lesen steht. Brandzeichen werden eingebrannt, Feuerzeichen aber durch Feuer, Lichtzeichen durch Licht signalisiert. *Signum* (Plural *signa*) hingegen, das lateinische Wort, hatte auch eine eingeschränkte Bedeutung, für deren Übersetzung erst im 16. Jahrhundert das Wort »Feldzeichen« angewandt wurde, das sonst – seit etwa 1525 – nur für Parteiabzeichen, wie etwa als Schärpen, gebräuchlich war.

Im gegenwärtigen Leben spielen Handelsmarken eine große Rolle. Ausgehend von den Hausmarken entwickeln sich formverwandte Eigentums- und Herkunftszeichen, wie Steinmetzzeichen, für die Lohnabrechnung. Kaufmannsmarken (↑ S. 80) dienen als Eigner- und Qualitätsmerkmale, die teilweise schon im 14. Jahrhundert amtlich registriert wurden, so daß etwa Eigentum aus havarierten Schiffen ohne Umstände reklamiert werden konnte. Diese Marken beruhen alle auf graphischer Basis und erstreben jedenfalls anfänglich größte Schlichtheit und leichteste Reproduzierbarkeit in verschiedenen Techniken, so daß sie, in Metall gestanzt, auf Säcke gestempelt und auf Papier gedruckt werden konnten.

Der Wolf von Passau und die Solinger Zwillinge auf Messerklingen hatten ebenso Weltruf wie die zu einem Dreizack vereinfachte Wappenlilie des Hauses Fugger, ein Firmenzeichen, wofür heute nach amerikanischem Vorbild die Bezeichnung »Logo« (abgekürzt aus Logogramm und Logotype) aufkommt. Das sind eigentlich aus dem vollen Firmennamen in markanter Weise zusammengesetzte Handelsmarken, die in der Werbebranche bereits als »Heraldik der Wirtschaft« ausgegeben werden.

Kein Gebiet aber ist von »Zeichen«, zwei- wie dreidimensionalen, so stark geprägt und so vielfältig ausgestaltet worden wie die Heraldik.

Die Heraldik unterscheidet bei den Hunderassen fast nur Bracken, Rüden und Windspiele. Kommt aber ein Wortspiel in Betracht, dann ist der Rüde der Grafen von Toggenburg als Dogge »entlarvt«.

Ein besonderes Merkmal der Heraldik ist der heraldische Stil, dessen formale Strenge aber doch so flexibel ist, daß sich deutliche nationale Eigentümlichkeiten entwickeln konnten. In der Blütezeit zwischen etwa 1100 und 1500 sind Verstöße gegen die heraldischen Regeln in allen Nationen höchst selten. Naturalismus ist in der Heraldik verpönt.

Vor der eigentlichen Heraldik gab es nur das Wissen von Zeichen, die allgemein als Erkennungsmerkmale dienen konnten. Im Rahmen dieser Funktion entwickelten sich bestimmte Gewohnheiten, alle von einer Darstellungsart geprägt, dem heraldischen Stil. Dieser wird ein hervorstechendes Merkmal der Heraldik. Man versteht darunter eine Darstellungsweise, die zwar ziemlich strengen Regeln unterliegt, innerhalb deren aber doch recht flexibel ist.
Die Strenge resultiert aus den Notwendigkeiten, denen die Heraldik überhaupt ihre Entstehung verdankt, nämlich dem Erfordernis der Erkennbarkeit aus größerer Entfernung und der raschen optischen Auffassung bei großer Geschwindigkeit. Beide Forderungen bestimmen bis in die Gegenwart die Schaffung von Nationalflaggen wie von Verkehrszeichen; die unmittelbare Wirkung wird zunächst vom Kontrast zwischen hellen und dunklen Farben herbeigeführt. Hinzu kommt aber, daß die Gegenüberstellung von Farbflächen nicht lange ausreicht, um die notwendigen Unterscheidungen zu gewährleisten, so daß auch Bilder herangezogen werden müssen, deren Wirkung auf ihrer Silhouette beruht. Hier tritt der heraldische Stil am deutlichsten zutage. Eine seiner Forderungen besteht darin, daß die Figuren den verfügbaren Platz so weit wie möglich ausfüllen sollen, wobei die Begabung der Wappenmaler sich besonders dann manifestiert, wenn sie nicht nur die Silhouette selbst, sondern auch die Gegenformen,

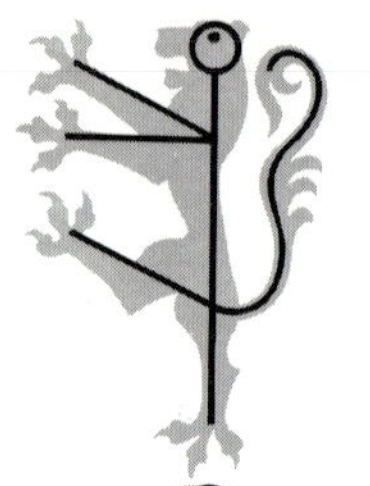

Die Stilisierung des Löwen erstrebt anfänglich weitgehende Symmetrie. Der Löwenkörper bildet gewissermaßen die Symmetrieachse. Der stark ausgebildete Schwanz ist das Gegengewicht zu den nach vorn gestreckten Beinen; das rechte Hinterbein ist hoch angehoben.

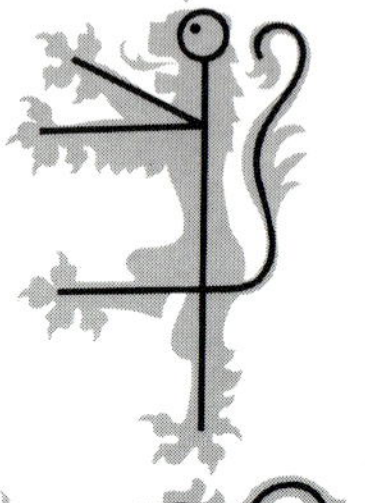

Mit der Verbreiterung der Schilde geht auch eine Veränderung in der Anordnung der Gliedmaßen des Löwen einher. Sie ist nur bei dem inneren (rechten) Hinterbein auffällig, das nun ziemlich waagerecht vorgestreckt wird.

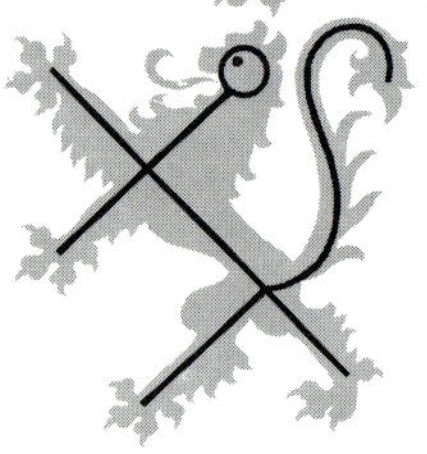

In der späten Gotik wird die Raumausfüllung wichtiger als die aufrechte Haltung des Löwen; so wird seine Achse immer schräger, bis sogar der Leib fast waagerecht verläuft. Der Schwanz wird normalerweise nach außen gekrümmt statt nach innen.

Wappen eines englischen Lords um 1390 von dem Kirchenstuhl, den er als Ritter des Ordens vom Hosenband einnahm. Typisch für englische Wappen dieser Zeit ist das Übergewicht des Helms mit seiner Helmzier und die gezaddelte und nach hinten abfallende Helmdecke, die in einer dicken Quaste endet.

Typisch für die polnische Heraldik ist zweierlei: 1. Die Mehrzahl der alten Wappen enthält strichförmige Figuren. 2. Mehrere Familien können das gleiche Wappen führen, ohne daß eine Verwandtschaft bekannt wäre.

Wappen eines mitteleuropäischen Adelsgeschlechts um 1400. Die Form des Schildes wird unten breiter, womit für manche Figuren und Kombinationen mehr Platz geschaffen wird. Die schlanken Rümpfe von Tieren (auch von Menschen) sind für die deutsche Heraldik typisch.

Wappen eines englischen Geschlechtes um 1550, das in seinen verschiedenen Linien das gleiche Wappen mit verschiedenen Farbstellungen führt. Der Helm hat mit dem aufrecht stehenden Schild keine Berührung.

In Italien hat sich die Tartsche am längsten als heraldischer Schild und Bestandteil eines Vollwappens erhalten, obwohl gerade in diesem Lande am deutlichsten zwischen Schild *(scudo)* und Tartsche *(targa)* unterschieden wurde.

Die angeblich »ältesten Wappen der Welt«, wie sie von Wappensammlung zu Wappensammlung fortgeschleppt und dem jeweiligen Zeitstil angepaßt wurden. Oben nach dem Konziliumbuch von Konstanz (1414–1418), unten im Wappenbüchlein des Virgil Solis, Nürnberg 1555. Virgil Solis vertauschte übrigens die Benennungen; er erkannte nicht, daß im Wappen des Abithay tatsächlich die hebräischen Buchstaben ABT stehen. Die Kunstgeschichte kann an den erdichteten Wappen nicht so achtlos vorbeigehen wie die Familienforschung.

Der Unterschied zwischen einer natürlichen Blüte und einer heraldischen gleichen Namens kann so groß werden, daß die Ableitung der heraldischen aus der natürlichen Lilie nicht unbezweifelt blieb.

die aus den Feldfarben gebildet werden, zu berücksichtigen verstehen, teils durch deren Umriß, teils durch deren Musterung. Gerade die dem Künstler vollkommen anheimgestellte Grundmusterung, die in einer »Blasonierung«, der fachlichen Beschreibung, normalerweise nicht zu erwähnen ist, bildet ein besonders belebendes Element des heraldischen Stils, mit dem seine Strenge oft höchst geschmackvoll aufgelockert wird. Aus diesem Grunde kann eine solche, »Damaszierung« genannte Musterung ein kunsthistorisch wichtiges Element der Stilkritik bilden.

Die für ein Wappenbild verfügbaren Felder können von sehr verschiedener Gestalt sein. Entwicklungsgeschichtlich ist aber immer von einem dreieckigen Grundfeld auszugehen, das ungefähr dem mittelalterlichen dreieckigen Reiterschild entspricht. Die nächste Grundform ist das Rechteck.

Die Anpassung der Wappenbilder an die Gestalt des Grundfeldes geht sehr weit, und gerade die allerhäufigsten Wappenbilder werden zu diesem Zweck in einer Weise verfremdet, die immer weitere Steigerungen zuläßt, wie die Bilder vom böhmischen Löwen (unten) und von den Adlern (↑ S. 112 ff.) zeigen. Zur Verfremdung gehört auch eines der Kennzeichen des heraldischen Stils, nämlich die abweichende Farbgebung der »Bewehrung«. Die Krallen des Löwen, die Fänge und der Schnabel des Adlers, aber auch die Stangen des Hirsches und die Hufe und Hörner anderer Tiere können abweichend koloriert werden, sogar nach bestimmten Farbregeln.

appen des Papstes Pius II., 58–1464. Das aus dem rmwillen der Renaissance raus erklärbare Streben ch Symmetrie schafft die genannten Roßstirnschil-. Auf diesen wirkt eine one gefälliger als ein Helm t Helmzier.

Wappen des Oberhauptes eines portugiesischen Geschlechtes um 1500. Die Auffassung, daß jedes Wappen eine bestimmte Person zu bezeichnen habe, hat sich in Portugal über das Ende des Mittelalters hinaus erhalten. Die Wappen der Familienoberhäupter *(Chefes)* werden als solche gekennzeichnet.

Wappen eines Conquistador, das Kaiser Karl V., als König von Spanien Karl I., 1546 verliehen hat. Die den Eroberern Südamerikas verliehenen Wappen kennzeichnen in Erfindung und graphischer Gestaltung den Verfall der vordem hochkultivierten spanischen Heraldik.

Das Wappen des Königreichs Böhmen in verschiedenen Stilarten, von links nach rechts *(unten):*

Die älteste sorgfältige Darstellung des Wappens von Böhmen in Farben vom Lüneburger Falttisch, 1328 (↑ S. 154). Der Kübelhelm mit dem seinerzeitigen gesteppten Überzug.

Schematische Zeichnung des gleichen Wappens aus der Wappenrolle von Zürich um 1340; der Kübelhelm wird in dieser Serienarbeit als nebensächlich behandelt.

Darstellung im flämischen Stil des Herolds Gelre (um 1380). Der Löwe ist stark ornamental, geradezu grotesk stilisiert. Hochaufragende Flügel als Helmzier; Helmdecke mit der Helmzier übereinstimmend. Das Kreuz auf der Helmkrone dürfte eine Anspielung auf die Kaiserkrone Karls IV., der auch König von Böhmen war, sein.

Verkleinerte Abbildung nach dem Wappenbuch des Konrad Grünenberg, Konstanz 1483. Dort nimmt das Wappen von Böhmen eine ganze der großen Seiten ein. Die Helmdecken werden reicher; im deutschen Stil werden die Löwen etwas weniger grotesk verzerrt, aber doch auch sehr zur Ausfüllung des Feldes ausgestattet.

Vergrößerte Abbildung nach dem Wappenbuch des Virgil Solis, 1555. Die Farbe der Helmdecken richtet sich nach denen des Schildes. Möglichst weitgehende Symmetrie wird angestrebt. Die Ordenskette ist die vom Goldenen Vlies. Der König von Böhmen war damals gleichzeitig Ritter dieses Ordens.

Bevor die heute üblichen Schraffierungen anstelle der Farben bei Schwarz-Weiß-Wiedergabe erdacht waren und sich in der Praxis durchgesetzt hatten, behandelte man gedruckte Wappenabbildungen, seien sie von Holzstöcken oder von Kupferplatten abgezogen, genauso wie Skizzen oder Vordrucke, in die man die Farben einmalen kann; man setzte kleine Buchstaben in oder, bei Raummangel, neben die betreffende Stelle, und zwar die Anfangsbuch-

staben entsprechend dem Namen der Farbe in der Terminologie oder der Umgangssprache des betreffenden Landes. Schwarz ließ man meist entweder im Holzstock stehen oder deutete es – bei Kupferstichen – durch eine sehr enge Strichlage an. Hieraus sind in der Folgezeit sehr viele Irrtümer erwachsen; englaufende Querstriche konnten beispielsweise für Blau statt für Schwarz gehalten werden.

Die Buchstaben sind im Deutschen so zu deuten:

G oder g: Gelb oder Golden
W oder w: Weiß oder Silbern
R oder r: Rot
B oder b: Blau
S oder s: Schwarz
Gr oder gr oder ♁: Grün
Br oder br: Purpurn (Braun)

Im Französischen und Englischen:

O = Or: Gold
A = Argent: Silber
G = Gueules oder Gules: Rot
B = Bleu oder Blue: Blau
S = Sable: Schwarz
V = Vert oder Verte: Grün
P = P(o)urpre: Purpurn
Pr = Propre: Naturfarben

Es gibt kein Wappen ohne Farben. Nur sind sie nicht immer zu erkennen. In der Gegenwart ist das kein Problem; wir haben ja entweder den Farbdruck oder die Schraffierungen, aber erst seit relativ kurzer Zeit. Viele frühe Wappendarstellungen auf Siegeln, Grabmälern, Waffen, Mobiliar und dergleichen sind ohne Farben überliefert. Für zahlreiche Wappen aus der Frühzeit kennen wir die Farben aber doch, dank dem Pflicht- oder Sammeleifer der Verfertiger von Wappenrollen. Selbst wenn es die ältesten Schriftsteller nicht ausdrücklich sagen würden, kann man bei der Betrachtung dieser Sammlungen sofort erkennen, daß es in der Heraldik ebenso wenige Farben geben darf wie bei den Zeichen für den modernen Straßenverkehr, nämlich sechs: Gelb, Weiß, Rot, Blau, Schwarz und selten Grün, noch seltener, aber hin und wieder auch Violett und Lila oder Purpur, eine dem Braun nahestehende Mischfarbe aus Rot und Blau.

Von der Zweckbestimmung der Wappen als Erkennungszeichen im kämpferischen Getümmel leiten sich auch die Grundregeln für die Gestaltung ab. In jedem Wappen muß wenigstens einmal Gold oder Silber vorkommen, beziehungsweise bei schlichter Ausführung Gelb oder Weiß. Die vollständige Gleichsetzung von Gold mit Gelb und von Silber mit Weiß verbietet daher, daß in einem korrekt aufgebauten Wappen Silber und Weiß als zwei verschiedene Farben erscheinen, und drückt sich auch darin aus, daß Gelb und Weiß die »Metalle« heißen, die mit den »Farben« abwechseln sollen. Die »Farben«, in der Reihenfolge ihres häufigsten Vorkommens aufgeführt, sind Rot, Blau, Schwarz und Grün. Sie können den Grund eines Schildes und die Farbe einer Figur bilden; dann sollen die übrigen Partien »Metall« aufweisen. Ebenso ist es korrekt, wenn ein Schildfeld in irgendeiner geometrischen Musterung teils aus Metall, teils aus Farbe besteht. Die Regel ist natürlich nicht in voller Strenge anwendbar, wenn ein Wappen, aus welchem Grunde auch immer, drei Farben aufweist, etwa bei »Halbgespalten und geteilt«, oder wenn die Figur eine Teilungslinie überdeckt, ohne »in verwechselten Farben« gehalten zu sein.

Da es nun, um bei dem Vergleich zu bleiben, viel mehr Wappen als Verkehrszeichen gibt, müssen auch weit mehr Variationen erdacht werden, um dem Ziel näherzukommen, daß möglichst kein Wappen einem anderen gleicht. Es ist übrigens bei aller Anstrengung ein Traumziel, das sich bestenfalls in regional beschränktem Rahmen erreichen läßt.

So ist auch eine gewisse Nachsicht am Platze, wenn Farbe an Farbe oder Metall an Metall grenzen, wie etwa bei der deutschen Bundesflagge, die oft als heraldisch fehlerhaft bezeich-

Planet: Sonne
Edelstein: Topas
Symbolik: Verstand, Ansehen, Tugend, Hoheit
Schraffierung: Pünktchen

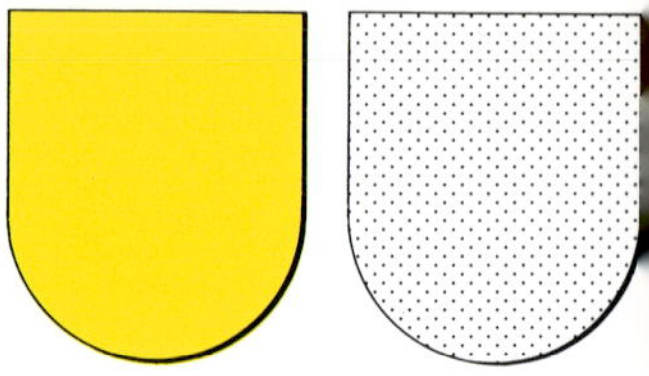

GOLD = GELB = OR

Planet: Mond
Edelstein: Perlen
Symbolik: Reinlichkeit, Weisheit, Unschuld, Keuschheit, Freude
Schraffierung: unterbleibt

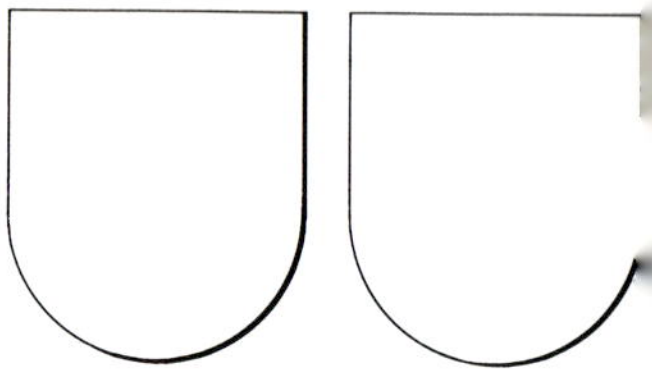

SILBER = WEISS = ARGENT

Planet: Mars
Edelstein: Rubin
Symbolik: Begierde, sich um das Vaterland verdient zu machen.
Schraffierung: Senkrechte Linien

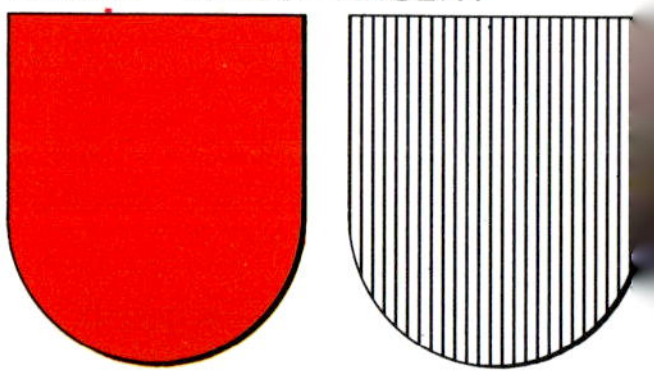

ROT = GUEULES = GULES

Planet: Jupiter
Edelstein: Saphir
Symbolik: Treue, Beständigkeit
Schraffierung: Waagerechte Linien

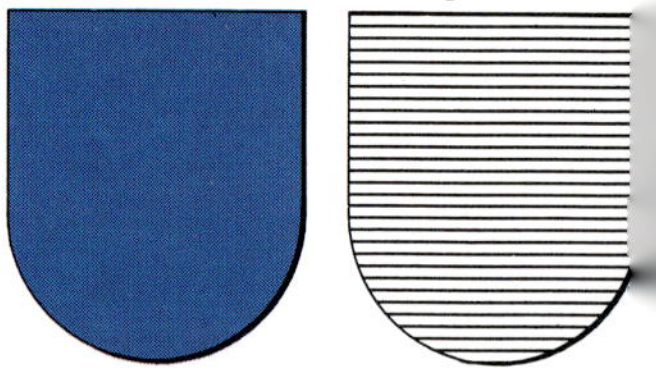

BLAU = AZUR = AZURE

Planet: Saturn
Edelstein: Diamant
Symbolik: Trauer
Schraffierung: Kombination der Linien für Rot und Blau oder schwarz gelassener Druck

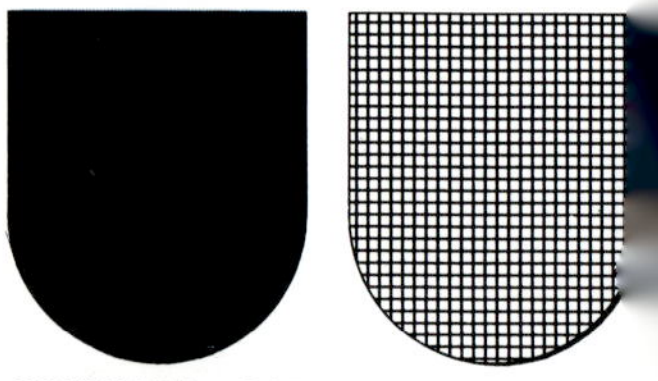

SCHWARZ = SABLE

Planet: Venus
Edelstein: Smaragd
Symbolik: Freiheit, Schönheit, Freude, Gesundheit, Hoffnung
Schraffierung: Schrägrechte Linien

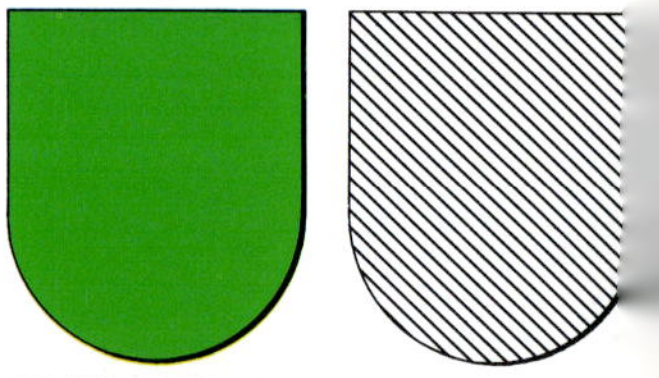

GRÜN = SINOPLE = VERT

Planet: Merkur
Edelstein: Amethyst
Symbolik: Landeshoheit
Schraffierung: Schräglinke Linien.

PURPUR = POURPRE = PURPLE

Keine Planetenbeziehung
Kein bestimmter Edelstein
Symbolik: unbestimmt
Schraffierung: Rot-Linien und Gold-Punkte kombiniert

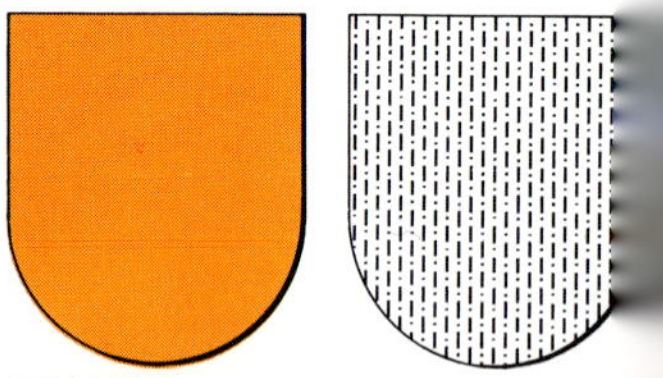

ORANGE

Statt Planet: Drachenhaupt
Edelstein: Hyazinth
Symbolik: Naturfarbe
Schraffierung: Kombination der Linien für Rot und Grün

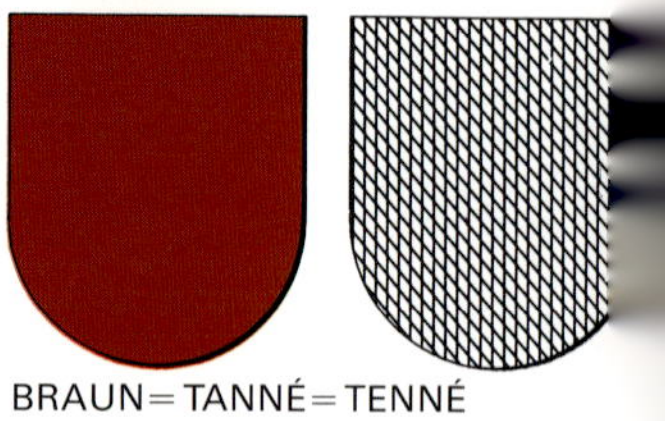

BRAUN = TANNÉ = TENNÉ

Die alten Herolde benannten die Farben auch nach Planeten und Edelsteinen. Die im späten 16. Jahrhundert erdachten Schraffierungen *(links)* zur Kennzeichnung der Farben setzten sich von 1638 an durch.

net wird, weil in ihr die schwarze und die rote Bahn nebeneinanderliegen und nicht durch das Gold getrennt werden. Für Fahnen und Flaggen treffen die heraldischen Regeln nur *cum grano salis* zu. Selbst in der Frühzeit kann man das beobachten: die in den Wappen seltene, ja geradezu verpönte Farbe Grün ist in Fahnen des hohen Mittelalters durchaus häufig. Dort kam es vorerst auf das Flattern und die dadurch erregte Aufmerksamkeit an und weniger auf die Farbe oder gar auf das Stoffmuster.

Eine Stoffmusterung ist auch in der eigentlichen Heraldik nicht von Bedeutung; bei mehr oder weniger prunkvoller Ausfertigung kann ein einfarbiger Grund gemustert, damasziert sein, was in einer Blasonierung nicht erwähnt werden darf, da die Musterung dem Belieben des ausführenden Künstlers überlassen bleibt. Die Damaszierung kann auch zur reizvollen Belebung flachplastischer Schilde dienen. Es gibt keine Regel dafür, ob mit einer Damaszierung Metall oder Farbe angedeutet werden soll, doch wenn es sie gäbe, bliebe manches mittelalterliche Siegel weniger stumm. Auch der Versuch, in Damaszierungen oder über ein Feld gestreuten Figürchen Farbaussagen zu erkennen, kann nicht als sinnvoll angesehen werden, wenn auch die Möglichkeit bleibt, daß ein einfallsreicher Siegelstecher ein derartiges System einmal in seiner Praxis angewandt haben könnte.

Von der Damaszierung zu unterscheiden sind aber die »Pelzwerke«, die strengen Regeln unterliegen, vor allem das Hermelin und das Feh. In der englischen Heraldik, die mit geradezu mathematisch-logischer Prägnanz Irrealitäten erdenkt, gibt es nicht nur mehrköpfige und mehrkörperliche Löwen und sonstige Ungeheuer, sondern auch Goldhermelin und Gegengoldhermelin, sogar mit eigenen Fachbezeichnungen. Goldhermelin ist deswegen so irreal, weil ja die schwarzen Hermelinschwänzchen gerade den weißen Pelz noch reiner erscheinen lassen sollen. Und beim Anblick von Gegenhermelin könnte man daran zweifeln, daß die Photographie und die Wirkungsmöglichkeiten des Photonegativs erst in der Neuzeit erfunden worden sind.

Im Mittelalter und in der frühen Neuzeit verband man mit den Farben Gefühlswerte, die zwar in der modernen Heraldik keine wesentliche Rolle mehr zu spielen scheinen, doch fällt auf, daß gewisse Farbstellungen von dieser und jener Volksgruppe bevorzugt oder gemieden werden: in Frankreich überwiegen Blau und Gold, während in Deutschland Schwarz-Gold recht beliebt ist. Im Volksglauben werden ja den Farben noch immer die gleichen Bedeutungen beigemessen: Rot steht für Liebe, Blau für Treue, Schwarz für Trauer, Grün für Hoffnung oder Freiheit.

Wenn ein Hauptelement der Heraldik die Farbe ist, so zwingt die aus optischen Gründen notwendige Beschränkung auf wenige Farben zu

STILISIERTE HERMELIN-SCHWÄNZCHEN

Die stilisierte Form des Hermelins geht darauf zurück, daß zur Befestigung eine Spange oder drei Stecknadeln dienten.

Das Feh entspricht der im Mittelalter üblichen Fütterung der Mäntel hochgestellter Personen, die sich den Erwerb der Felle vieler sibirischer Eichhörnchen leisten konnten. Gewöhnlich wurden die blauen Rücken- und weißen Bauchfelle so zusammengeschnitten, daß sie die Gestalt der »Eisenhüte« (↗ S. 144) bekamen. Es gibt aber auch viele andere Formen, neben dem Krückenfeh z. B. das Wolkenfeh und manche mehr.

Backsteine mit Wappen schweizerischer Geschlechter im Kloster St. Urban (Kanton Luzern), vermutlich kurz vor 1308 *(oben)*: Grafen von Froburg, von Aarberg, Freiherren von Bechburg oder Falkenstein, Balm, Grünenberg, Kien, Utzingen, sowie: v. Torberg, Iffental, Büttikon, Aarwangen, Eptingen, Ruda, Kienberg.

GESPALTEN — GETEILT — SCHRÄGRECHTS-GETEILT — SCHRÄGLINKS-GETEILT — GEVIERT, QUADRIERT — SCHRÄGGEV

Die Grundlage aller Blasonierungen ist eine einwandfreie Angabe, auf welche Weise der Wappenschild eingeteilt ist. Er kann entweder im ungeteilten Grunde eine Figur oder auch mehrere enthalten; dies sind Wappenbilder. Ist er mittels der »Schnitte« unterteilt, entstehen Heroldsstücke, die als Plätze für Figuren verfügbar werden. Durch Vervielfältigung der Schnitte entstehen entweder komplizierte Heroldsstücke oder auch Heroldsbilder.

SCHILDHAUPT — SCHILDFUSS

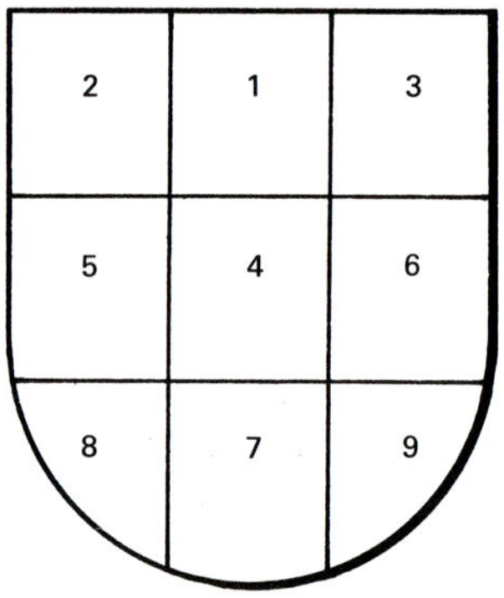

SCHILDTOPOGRAPHIE

Die Einteilung eines Wappenschildes schafft »Plätze«, sofern es sich nicht um eine Zusammenfügung einzelner Wappen handelt (wie Seite 90); dann spricht man von »Feldern«.
Die Bezifferung wird traditionell von der Hauptstelle ausgehend angegeben:
1–3 Schildhaupt
4–6 Balkenstelle
7–9 Schildfuß
2–8 rechte Flanke
3–9 linke Flanke
1–7 Pfahlstelle
1 Hauptstelle
4 Herzstelle
Eine Plazierung zwischen 4 und 7 trifft die Nabelstelle.
Die Bezifferung oben entspricht der »springenden« Reihenfolge.

Probe aus dem sogenannten Redinghovenschen Wappenbuch *(rechts)* in der Bayerischen Staatsbibliothek, München, benannt nach dem Entdecker, dem Jülich-Bergischen Archivar Johann Gottfried Redinghoven († 1704). Es entstand vor 1440 und enthält vor allem süddeutsche Wappen, hier als Beispiele für »Heroldsstücke«. Die gezeigte Seite ist eine der wenigen in diesem Wappenbuch, die Bügelhelme enthalten; auch gekrönte Helme sind dort selten.

Kombinationen. Unverwechselbare Eindrücke werden erzielt, indem eine »Farbe« im engeren Sinne immer neben eines der beiden »Metalle«, also Gelb oder Weiß, tritt. Ausnahmen hiervon werden als »Rätselwappen« abqualifiziert. Nur der König von Jerusalem wurde von der Strenge der Farbregel ausgenommen; er durfte ein goldenes Kreuz auf silbernem Grunde führen. Die Trennung der Farben und Metalle geschieht durch »Schnitte«; das Ergebnis sind Herolds- oder Ehrenstücke, eine etwas mühselige Übersetzung des französischen Ausdrucks *pièces honorables*.

Der Phantasie sind kaum Grenzen gesetzt, die Schnitte zu variieren und zu kombinieren. Eine Einschränkung besteht in der Farbregel, wonach Farbe und Metall abwechseln sollen. Strenge Anwendung findet diese Regel bei dem Verbot, Farbe auf Farbe und Metall auf Metall zu legen; das Nebeneinander ist zwar auch verpönt, aber manchmal nicht zu vermeiden, wenn etwa drei Felder aneinanderstoßen, wie beim Deichselschnitt oder bei der Querteilung einer Schildhälfte. Außer dem oben gezeigten Beispiel (»Halbgespalten und geteilt«) gilt das auch für »Geteilt und halbgespalten«, »Halbgeteilt und gespalten«, sowie »Gespalten und halbgeteilt«. Die meisten Heroldsstücke haben konventionelle Namen, unter denen sie mit einer gewissen mathematischen Logik klassifiziert werden; das gilt besonders für die mit mehreren einfachen geraden Linien bewirkten Teilungen. Die Verdoppelung einer Teilungslinie, sowohl bei »Teilung« im engeren Sinne, als auch bei Spaltung ergibt bei nur zwei Farben einen Balken, beziehungsweise einen Pfahl. Kommen aber drei Farben vor, bleibt es bei »Teilung« oder »Spaltung«. Die alten Heraldiker unterschieden das zwar, stellten es aber nicht immer eindrucksvoll dar. So sind die ersten sechs Schilde auf Seite 92 so zu beschreiben:

1 Berchtoldshofen: dreimal schwarz-silbern gespalten (Heroldsstücke);
2 Pack: in Silber zwei rote Pfähle (Heroldsbilder);
3 Trivulzio: fünfmal golden-grün gespalten (Heroldsstücke);
4 Steffen: in Gold drei rote Pfähle (Heroldsbilder);
5 Gotschen: siebenmal blau-silbern gespalten (Heroldsstücke);
6 Merode: in Gold vier rote Pfähle (Heroldsbilder).

Einen Eindruck der zahlreichen Kombinationsmöglichkeiten mögen die Tafeln aus älteren Werken auf den Seiten 92 und 93 geben. Dort findet man Zusammenstellungen von mehreren Heroldsbildern, wie den mit einem Sparren belegten silbernen Pfahl des Schweizer Geschlechts von Erlach (S. 49) und daneben den Pfahl mit den

ZWEIMAL GESPALTEN — ZWEIMAL GETEILT

PFAHL — BALKEN — GESCHACHT — NEUN-GESCHACHT — GESTÄNDERT — GERAUTET — KREUZ — SCHRÄGKREUZ, ANDREASKREUZ

SCHRÄGRECHTS-BALKEN — SCHRÄGLINKS-BALKEN — SPARREN — DEICHSEL-SCHNITT — FREIVIERTEL, OBERECK — SCHILDRAND — INNENBORD — HALBGESPALTEN UND GETEILT

DORNENSCHNITT
SCHUPPENSCHNITT
WELLENSCHNITT
WOLKENSCHNITT
GEZÄHNELT GESCHNITTEN
ZICKZACKSCHNITT
ZINNENSCHNITT
SCHWALBENSCHWANZ-SCHNITT
KRÜCKENSCHNITT
ASTSCHNITT
EISENHUTSCHNITT
FLAMMENSCHNITT
TANNENGIPFELSCHNITT
TANNENREISSCHNITT
KLEEBLATTSCHNITT
LILIEN- UND GEGEN-LILIENSCHNITT

drei Sparren für die Herren von Nidau. Diese waren ein Zweig der Grafen von Neuenburg in der Schweiz. Alle Linien dieses Hauses führen mit drei Sparren belegte oder sechsmal gesparrte Pfähle, die Sparren schwarz auf goldenem Pfahl im roten Felde oder silbern auf rotem Pfahl im goldenen Grund. So unterschieden sich die Vettern einschließlich der Herren von Badenweiler im Schwarzwald; die Erlach mit dem einzelnen Sparren aber waren Neuenburger Vasallen.
Heroldsbilder, die neben sich Platz lassen, besonders Kreuze oder Sparren, können von kleinen Bildern begleitet sein; davon wird gerne Gebrauch gemacht. Vor allem in der französischen Heraldik sind Sparren zwischen drei Sternen so häufig, daß sie schon nicht mehr zur Idendifizierung ausreichen.
Eine der wichtigsten, aber auch schwierigsten Aufgaben des wissenschaftlichen Heraldikers ist die Identifizierung unbeschrifteter Wappen. Die hierbei zugrundeliegenden Systeme gehen entweder von dem begleiteten oder belegten Heroldsbild oder -stück aus oder umgekehrt von den zusätzlichen kleinen Figuren.
Das erste Verfahren wird in dem seit 1898 gedruckt vorliegenden »Wappenschematismus« von Dielitz angewandt. Die zugehörige Bildersammlung befindet sich seit dem Zweiten Weltkrieg im Zentralarchiv der Deutschen Demokratischen Republik in Merseburg. Das umgekehrte Verfahren, bei dem von den kleinen Figuren ausgegangen wird, wendet das sechsbändige Werk des Comte Théodore de Renesse: *Dictionnaire des figures héraldiques* (Brüssel 1894 bis 1903) an, in dem die Wappen zunächst als komplette, dann als unkomplette, zuletzt als gevierte untergliedert sind.

Wappen der Lords Baltimore, zusammengesetzt aus den Familienwappen Calvert im ersten und vierten Quartier und Crossland im zweiten und dritten Quartier.
Die Quartiere dieses Wappens – es ist heute das von Maryland – deuten die vielfältigen Möglichkeiten an, die sich aus der Kombination von Teilungen und Heroldsbildern mit Verwechselung der Farben ergeben.

Die Linien zur Unterteilung des Feldes dürfen auch gebogen oder geknickt sein. Die mittels derartiger Linien erzielten »Schnitte« haben zum großen Teil konventionelle Namen. In der Gegenwart haben moderne Gebrauchsgraphiker, besonders in Finnland, aus der Flora abgeleitete Schnitte entwickelt.

Das Wappen *(links)* hat nur einen Monat länger als drei Jahre (1915 bis 1918) bestanden; es stellt das Endergebnis einer jahrhundertelangen Entwicklung dar. Als Kaiser Franz II. 1806 die römisch-deutsche Kaiserkrone niederlegte und das Heilige Römische Reich Deutscher Nation für aufgelöst erklärte, bewahrte er die äußeren Erscheinungsformen verflossener Herrlichkeit und übertrug sie, 1804 beginnend, auf einen Vielvölkerstaat, der nur zum kleinen Teil zum Römisch-Deutschen Reich gehört hatte.

Was für die einfachen Schilde gilt, ist ebenso auf zusammengesetzte anwendbar: die Teilungslinien werden auch bei komplizierten Wappen so benannt wie bei einfachen; statt »Plätze« zu trennen, können sie auch »Felder« bilden, die ihrerseits in »Plätze« zerfallen können.

In Staatswappen spiegeln sich politische Veränderungen und gar Zusammenbrüche deutlich wider. In Zeiten dauernder Erschütterungen ist mancher Staat dazu übergegangen, sich diesen Folgen territorialer Neuordnungen zu entziehen, indem man ein Einheitswappen annahm. So geschah es während Napoleons unruhiger Epoche in Baden, Bayern, Hessen und Sachsen, um nur die markantesten Fälle zu nennen.
Österreich hingegen hat politische Veränderungen lange sorgfältig nachvollzogen. Der Brustschild seines Doppeladlers schwoll im »großen« Wappen auf zweiundsechzig Felder an, im »mittleren« trugen die Schwungfedern Schildchen der Erblande, darunter auch Ungarn. Veränderungen von 1804, 1806, 1815, 1836 und 1867 kennzeichnen die Bemühung um wappenrechtliche Aktualität. Das am 10. Oktober 1915 festgestellte Wappen beendete zwölf Jahre dauernde Experimente. Es bestand ebenso lange wie das gleichzeitig geschaffene »gemeinsame Wappen« von Österreich und Ungarn.

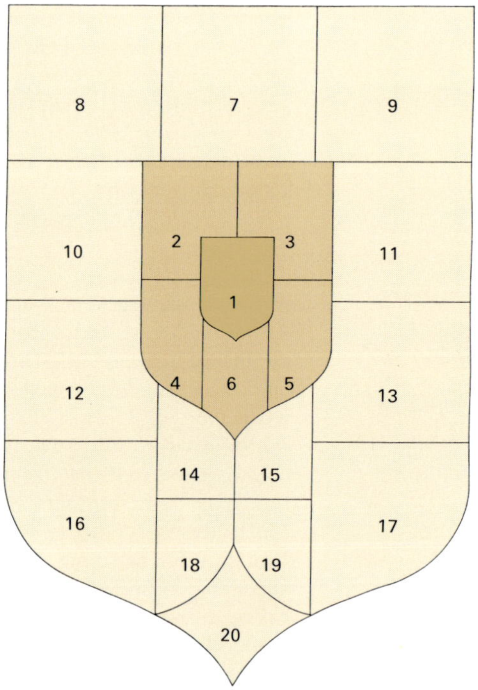

11

12

Die Wappen der »Kronländer«:

1 Erzherzogtum Österreich
2 Erzherzogtum Österreich unter der Enns
3 Erzherzogtum Österreich ob der Enns
4 Herzogtum Steiermark
5 Herzogtum Kärnten
6 Herzogtum Krain
Die »springende Reihenfolge« beginnt im Mittelschild außen, im Hauptschild in der Mitte.
7 Königreich Böhmen
8 Königreich Galizien
9 Königreich Dalmatien
10 Herzogtum Ober- und Niederschlesien
11 Herzogtum Salzburg
12 Markgrafschaft Mähren
13 Gefürstete Grafschaft Tirol
14 Land Vorarlberg
15 Markgrafschaft Istrien
16 Herzogtum Bukowina
17 Bosnien und Herzegowina
18/19 Gefürstete Grafschaft Görz und Gradiska
20 Reichsunmittelbare Stadt Triest

1

2

Im eigentlichen Stammland Österreichs rangen zwei Wappen lange um die Vorherrschaft, die schließlich dem sogenannten Bindenschild zugefallen ist, nicht etwa weil man in Österreich die Sage aus den Kreuzzügen glaubt, daß Herzog Leopold nach der Schlacht von Ptolemais 1191 den mit Blut bedeckten Wappenrock zu seinem Wappen gemacht habe. Das österreichische Banner kommt erstmals erst 1254 im Siegel seines Trägers, eines Grafen von Plain und Hardeck, vor.

Manche heraldischen Tiere werden mit kleinen Eigentümlichkeiten oder Beigaben unverwechselbar gemacht. Der Löwe von Böhmen hat immer einen Doppelschwanz, der Adler von Schlesien trägt auf der Brust einen Halbmond, der meist in der Höhlung mit einem Kreuzchen besetzt ist, oft auch in Kleeblätter ausläuft.

4

3

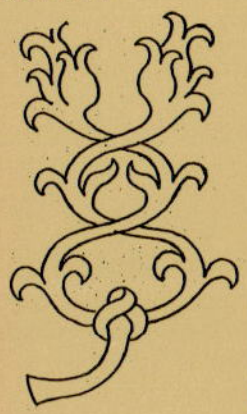

7

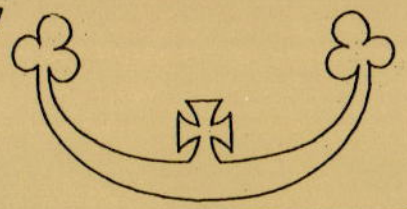

5

6

8

Als Österreich im Jahre 1772 Halicz mit dem Gebiet von Wladimir aus dem unter den Nachbarn aufgeteilten Königreich Polen herausschnitt, erklärte es dieses Gebiet zum Königreich Galizien und Lodomerien. Da ein echtes

altes Wappen nicht vorlag, wurden drei altheraldische Königskronen zum Wappen des neuen Königreichs erklärt.

10

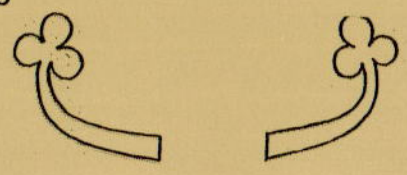

17

14

9

13

15

16

19

18

20

Die letzten drei Felder des »mittleren« Wappens von Österreich betreffen das Küstengebiet am Nordende der Adria und spiegeln für den Eingeweihten die bewegte Vergangenheit dieses Wetterwinkels der Geschichte wider.

Triest verzichtete, als Österreich 1918 zusammenbrach, auf den Doppeladler und auf den silbernen Streifen hinter dem Lilienzepter, das in Wirklichkeit die Lanze des heiligen Servius sein soll.

Probeseite aus einem der ersten großen deutschen heraldischen Lehrbücher, damals noch in lateinischer Sprache. Verfasser ist der auch als pietistischer Theologe bekanntgewordene Philipp Jakob Spener, ein 1635 geborener Elsässer aus Rappoltsweiler, der mit dem nur vier Jahre älteren damaligen Altmeister der Heraldik, Claude François Menestrier, in enger Verbindung stand und ihn auch in Lyon besucht hat. Menestrier führte ihn, der sich vorher intensiv mit Genealogie befaßt hatte, in das Wappenwesen ein. Spener verdanken wir ein zweibändiges »heraldisches Werk«, das in einen allgemeinen und einen besonderen Teil gegliedert ist. Der besondere Teil oder »Geschichte der Wappen« gibt eine damals sensationell wirkende Erklärung von mehreren hundert Wappen hochgestellter deutscher und ausländischer Geschlechter. Die nebenstehende Tafel aus dem allgemeinen Teil »Wappenlehre« verschafft einen Eindruck von Speners Systematik. Die Benennung der Figuren ist lateinisch und französisch angegeben. Die lateinischen Namen leiteten sich die Autoren aus der klassischen Sprache ab. Die französischen waren seit dem Mittelalter Gemeingut der Wappenkenner.

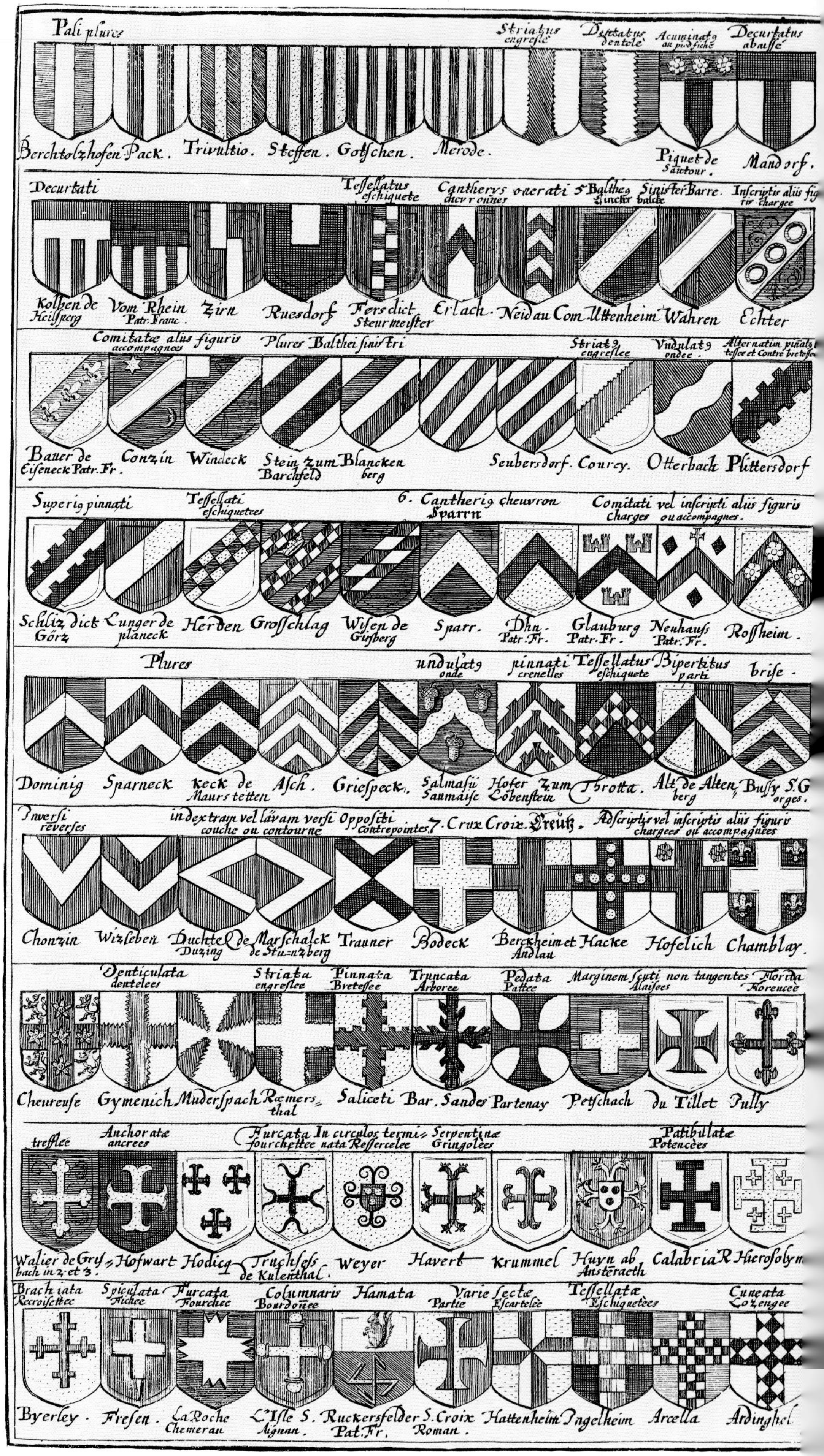

Rechte Seite:
Für die Wappenwissenschaft von unschätzbarem Wert ist die Arbeit eines Holländers, Jean-Baptiste Rietstap, der 116 000 Wappen aus den vor etwa hundert Jahren erreichbaren Wappenbüchern zusammengetragen und in perfekter französischer Kunstsprache zum Druck befördert hat. Seinem »Armorial général«, 1884 in Gouda erschienen, gab er einen mehrere Seiten und Bildtafeln umfassenden Vorspann bei, in dem die Fachausdrücke verbindlich erläutert und abgebildet und wenn irgend möglich mit Nachweis des Vorkommens dokumentiert sind. Seite 93 gibt eine dieser Tafeln wieder.

1 Giebelloser Sparren;
2 Kantensparren;
3 unterbrochener Sparren;
4 Zickzack-Querleiste;
5 Schrägbalken mit drei Sparren nach der Figur belegt;
6 Linkssparren;
7 Gestürzt-gesparrt.
8 Zwei zusammenstoßende Sparren;
9 Zwei verschränkte Sparren;
10 Drei verschränkte Sparren;
11 Gespalten und sparrengeteilt;
12 Zu 12 Plätzen gesparrt;
13 Mit einer Pfahlleiste verbundene Sparren;
14 Mittelspitze, überdeckt.
15 Durch Sparren geteilt;
16 Kreuz, in zwei Winkeln begleitet;
17 Schräggeviertes Kreuz;
18 Kreuz, von Sturzsparren überdeckt;
19 Zu neun Plätzen gestücktes Kreuz;
20 Nach der Figur geteiltes Kreuz;
21 Fehkreuz.
22 Kreuz, besteckt am Pfahl;
23 Unten zugespitztes Kreuz;
24 Bewinkeltes schwebendes Kreuz;
25 Gegittertes Kreuz aus Zwillingsarmen;
26 Dornenkreuz;
27 Gezähneltes Kreuz;
28 Astkreuz (geastetes Kreuz).
29 Ankerkreuz;
30 Gesäumtes blaues Tatzenkreuz;
31 eingerolltes Ankerkreuz;
32 Gabelkreuz;
33 Doppelschlangenkreuz;
34 Vierzackiger Stern, überdeckt;
35 Krückenkreuz.
36 Tatzenkreuz;
37 Vier Mandeln;
38 Schwebendes Tatzenkreuz;
39 Vier schwebende Tatzenkreuze;
40 Schlüsselkreuz;
41 Durchbrochenes Schlüsselkreuz;
42 Schwebende Krücke.
43 Schwebendes Doppelkreuz, der untere Querbalken abgewinkelt;
44 Mehrfach wiedergekrücktes Krückenkreuz;
45 Neun kreuzweise gestellte Kugeln;
46 Geschachtes Schrägkreuz;
47 Gestücktes Schrägkreuz;
48 Geständertes Schrägkreuz;
49 In zwei Reihen geschachter Schräglinksbalken, unterstützt.
50 Zwei Pfähle, überdeckt;
51 Ausgebogtes Schrägkreuz;
52 Neun schrägkreuzweise gestellte Würfel;
53 Deichsel;
54 Schwebende Deichsel;
55 Im Deichselschnitt geteilt;
56 Göpel.
57 Im Göpelschnitt geteilt;
58 Erniedrigte Spitze;
59 Spitze;
60 In golden-blau geteiltem Schilde eine Spitze in verwechselten Farben;
61 Eine Spitze in verwechselten Farben;
62 In Blau eine goldene eingebogene Spitze, belegt und begleitet;
63 Eine erniedrigte eingebogene Spitze, belegt mit einer Lilie.
64 In Rot drei silberne Balken, überdeckt von einem rechten und einem linken oberen Schrägeck;
65 In Rot auf grünem Hügel ein Geharnischter, begleitet von einem rechten und einem linken geschweiften oberen Schrägeck;
66 In Gold eine gestürzte rote Spitze, belegt mit einem silbernen Pfahl;
67 Gestürzte eingebogene Spitze;
68 In blau-silbern geteiltem Schilde eine anstoßende Raute in verwechselten Farben;
69 Keil;
70 Schrägspitze.

Die spanische Reichsfahne *(links)*, ein Wappenbanner, entspricht genau dem Schild des seinerzeitigen Königswappens um 1500, nur ein oberer Randstreifen ist noch angefügt, um einen Platz für die Königskrone zu schaffen. In Spanien ist die Methode, Wappen durch Quadrierung zu kombinieren, im 13. Jahrhundert erstmals angewandt worden; dort wurde sie auch mit Konsequenz weiterentwickelt. Wenn das quadrierte Wappen als Einheit empfunden wurde, blieb es bei erneuter Quadrierung zusammen. Zuerst war Kastilien (Kastell) mit León (Löwe) durch Quadrierung vereint worden, weswegen schließlich achtmal Kastilien in einer Diagonale vorkommt. Das zweite und das dritte Hauptquartier umschließen die Wappen der österreichisch-burgundischen Lande, deren Fürsten den Thron von Spanien bestiegen haben.

Zu Beginn der Neuzeit breitete sich in England die Sitte aus, in zahllosen Feldern die Wappen zusammenzustellen, die einem durch Heiraten von Vorfahren mit Erbtöchtern zugefallen waren. Dies trifft besonders bei walisischen Familien zu, die auf vielfachen Wegen von traditionellen vorheraldischen Ahnen abstammen. Diesen Vorfahren waren, meist im 16. Jahrhundert, nachträglich Wappen angedichtet worden. Unter den 323 Feldern des Wappenschildes der Lloyd of Stockton kommen viele Wappen vor, die walisischen Häuptlingen des 9. Jahrhunderts und noch älteren zugeschrieben werden; einunddreißig zwar nur je zweimal, eine aber fünfundfünfzigmal!

Wer sich mit Heraldik befaßt, muß lernen, wie man den Figurenreichtum, den sie bietet, geistig verarbeitet. Wenn nach der Bedeutung dieses oder jenes Wappenbildes gefragt wird, so kann dabei von Interesse sein, wen oder was das Wappen repräsentiert, aber auch, welchen Ursprung die einzelne Farbkombination oder Figur oder beides zusammen haben. Weil der Gedanke, der der Wahl eines bestimmten Wappenbildes zugrundelag, fast immer unbekannt geblieben ist, wartet oft die Phantasie mit möglichen Begründungen auf. Manche »Wappensage« bleibt sogar näher am Leben als eine mühsam erforschte Wahrheit.

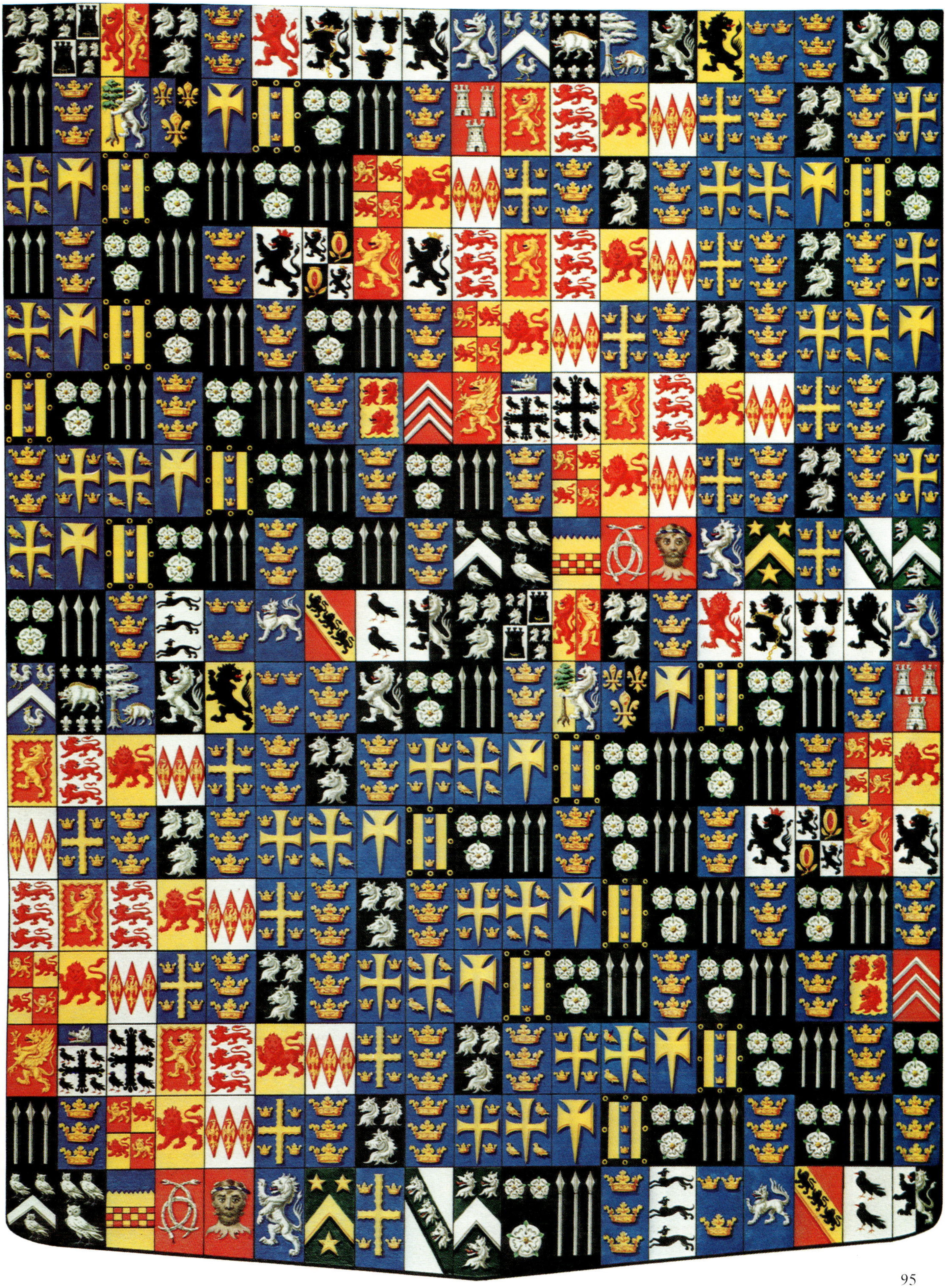

Das in Großbritannien regierende Königshaus geht auf Prinz Albert von Sachsen-Coburg und Gotha zurück, den Gemahl der Königin Victoria, die man mit gutem Grund die Großmutter Europas genannt hat. 1917 wurde der Name Sachsen-Coburg und Gotha in Windsor geändert. Unsere Übersicht enthält alle Personen, die im Mannesstamm von Königin Victoria abstammen; Männer werden meist zu Herzögen ernannt. Ihre Titel sind hier in Klammern angegeben.

VICTORIA
Königin von Großbritannien
1819–1901

VICTORIA Princess Royal 1840–1901 · EDUARD VII. König 1841–1910 · ALICE 1843–1878 · ALFRED (Edinburgh und Sachsen-Coburg) 1844–1900 · HELENE 1846–1923 · LOUISE 1848–1939 · ARTHUR (Connaught) 1850–1942 · LEOPOLD (Albany) 1853–1884

ALBERT (Clarence) 1864–1892 · GEORG V. König 1865–1936 · LOUISE Princess Royal 1867–1931 · VICTORIA 1868–1935 · MAUD 1869–1938 · ALFRED 1874–1899 · MARIE 1875–1938 · VICTORIA MELITA 1876–1936

EDUARD VIII. König bis 1936 (Windsor) · ALBERT (York) 1895–1952 · MARY Princess Royal 1897–1965 · HENRY (Gloucester) 1900 · GEORGE (Kent) 1902–1942

König als GEORG VI. seit 1936

Grundsätzlich erhalten britische Königskinder einen silbernen Turnierkragen mit drei Lätzen, auf denen bestimmte kleine Symbole in symmetrischer Anordnung eingefügt werden. Königsenkel erhalten fünf Lätze, von denen die inneren drei den drei Lätzen auf des Vaters Turnierkragen gleichen.

ELISABETH II. Königin 1926 · MARGARET ROSE 1930 · WILLIAM 1941–1972 · RICHARD 1944 · EDWARD (Kent) 1935 · ALEXANDRA 1936 · MICHAEL 1942

CHARLES Prince of Wales 1948 · ANNE 1950 · ANDREW 1960 · EDWARD 1964

Die Beiabzeichen für den 2. bis 10. Sohn (Halbmond, Sternchen, Merlette, Ring, Lilie, Rose, Mühleisenkreuz, Anker und Achtblatt) können auch aufeinandergelegt werden. Ein kompliziertes System, das immer mehr außer Gebrauch gerät.

Die Feststellung, wie die Turnierkragen jeweils gestaltet sein sollen, erfolgt stets durch königlichen Erlaß. Da die Prinzen von Sachsen-Coburg und Gotha 1893 aus dem britischen Königshaus ausgeschieden sind, wurden die von ihnen selbständig gewählten Turnierkragen aber in England nicht zur Kenntnis genommen.

Der ursprünglich das Wappenwesen bestimmende Gesichtspunkt, daß ein Wappen die Person eindeutig kennzeichnen muß, wobei auch die Zugehörigkeit zu einem bestimmten Geschlecht wichtig war, führte zu der Sitte, Beizeichen (franz. *Brisures*) zu schaffen, die unter Beibehaltung des Gesamteindrucks den Wappenschild geringfügig veränderten. Hier entwickelten sich gewisse Gewohnheiten. In manchen Gebieten dienten auch die Helmzierden zur Differenzierung der Personen und davon ausgehend ihrer Linie. Großbritannien ist das

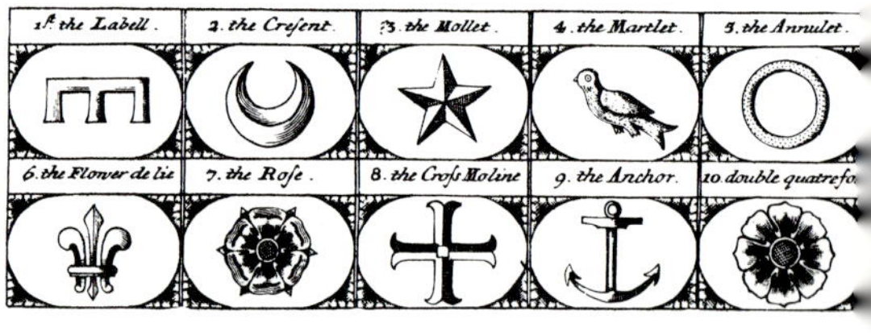

einzige Land der Welt, in dem das klassische Verfahren der Abänderung eines Stammwappens für Einzelpersonen noch üblich ist, am vollkommensten angewandt im Königshaus.

Vollständiges Wappen eines Prinzen aus dem bis 1837 in Großbritannien regierenden Hause Hannover, dessen Wappen im Mittelschild erscheint. Doppelte Turnierkragen kommen sehr selten vor; ein roter Turnierkragen mit einem silbernen Niedersachsenroß wurde 1835 dem Kronprinzen von Hannover und späteren König Georg V. zugewiesen.

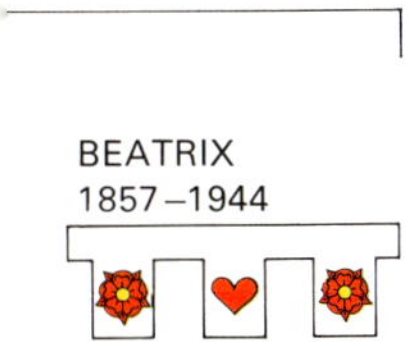

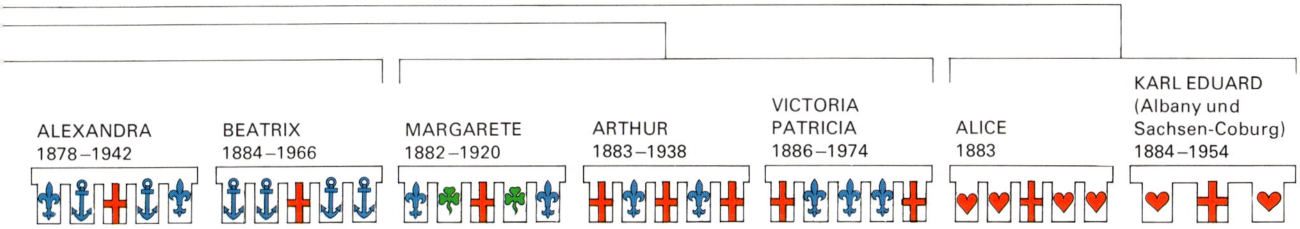

Das System eines speziellen Turnierkragens für jedes Familienmitglied geht in England ununterbrochen bis in die Zeit König Heinrichs III. (reg. 1216–1272) zurück, dessen Nachfolger als Prinz ein solches Beizeichen auf den Schild von England legte. Anfänglich lag in der Ausgestaltung dieser Beizeichen, für die es bis um 1700 keinen deutschen Fachausdruck gab, kein System; sie waren aber – wohl aus optischen Gründen – fast immer weiß und mit Figürchen belegt. Auf die Zahl der Lätze kam es nicht an.

Gegenwärtig werden bevorzugt rote Georgskreuze, rote oder Tudor-Rosen, blaue Lilien und blaue Anker gewählt. Hinzu kommen rote Herzen, rote britische Löwen und schottische Disteln, seltener irischer Klee. Die Reichskrone für einen abgedankten König, den Herzog von Windsor, ist so einmalig wie der ganze Anlaß.

Die Differenzierung der prinzlichen Wappen erstreckt sich auch auf die Schildhalter, denen die entsprechenden Turnierkragen auf die Schulter gelegt werden. Bei prinzlichen Wappen muß auch ein ausgeklügeltes System von Rangkronen beachtet werden, die den Generationenabstand von einem Souverän erkennen lassen.

Die englischen Prinzen haben bis zur förmlichen Verleihung eines Wappens durch königlichen Erlaß kein Wappen. Der Zeitpunkt der Verleihung ist nicht festgelegt. Die Königin und ihre Schwester Margaret Rose waren schon achtzehn und vierzehn, Prinzessin Anne erst zwölf, aber Prinz Andrew sogar nur drei Jahre alt, als ihre Wappen festgestellt wurden.

Das Beizeichensystem der englischen Heraldik im allgemeinen hat mit dem des Königshauses nur den silbernen Turnierkragen für einen ältesten Sohn gemeinsam, den auch er ablegt, wenn er durch den Tod seines Vaters Chef des Hauses wird.

Die vielfachen, nur allgemeinen Tendenzen folgenden Beizeichen in allen Linien des französischen Königshauses der Kapetinger sind auf den folgenden Seiten im Rahmen eines umfangreichen Stammbaums dargestellt.

Von den der Differenzierung der Angehörigen eines Geschlechts dienenden Beizeichen sind die Gnadenzeichen zu unterscheiden. In fast allen Ländern, vor allem in monarchisch regierten,

Unten Mitte:
Vier Beispiele von Gnadenzeichen aus Belgien, von links nach rechts: der Löwe aus dem Staatswappen, das Künstlerwappen auf den Landesfarben, die Flagge des ehemaligen Kongo-Staates und die Namensbuchstaben des Königs.

werden vielfach feierliche Anlässe benutzt, um verdienten Personen, aber auch Kommunen zusätzliche Zeichen zu verleihen, die meistens aus dem staatlichen Hoheitszeichen entwickelt und in einem Schildhaupt oder einem Freiviertel untergebracht werden.

Die mittelalterliche Sitte der Italiener, ihre Parteizugehörigkeit in Schildhäuptern auszudrücken (↑ S. 236 und 237, Wappen der Päpste Paul V., Innozenz X., Innozenz XI., Alexander VIII., Benedikt XV. und Pius XI.) wurde in der Ära des Faschismus auf fast alle Städte Italiens übertragen *(oben: Rom)*

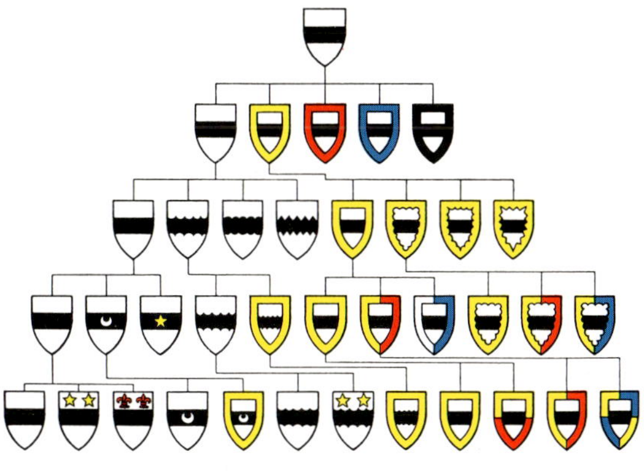

Das schottische Beizeichensystem spiegelt in seiner konsequenten Logik die Auffassungen der heraldischen Frühzeit. Es hat mit dem gegenwärtigen englischen nichts mehr gemeinsam.

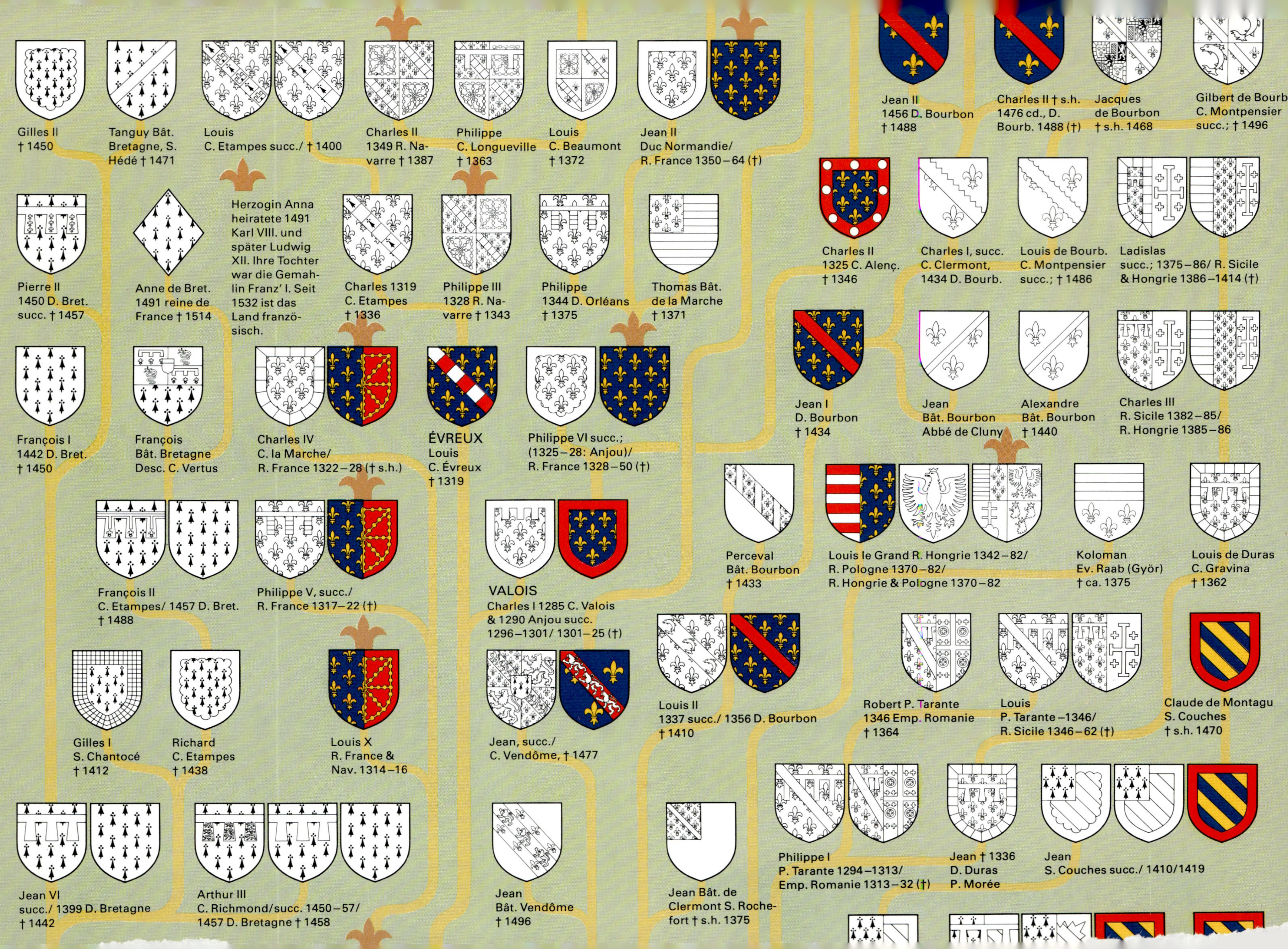
Gilles II
† 1450
Tanguy Bât.
Bretagne, S.
Hédé † 1471
Louis
C. Etampes succ./ † 1400
Charles II
1349 R. Na-
varre † 1387
Philippe
C. Longueville
† 1363
Louis
C. Beaumont
† 1372
Jean II
Duc Normandie/
R. France 1350–64 (†)
Jean II
1456 D. Bourbon
† 1488
Charles II † s.h.
1476 cd., D.
Bourb. 1488 (†)
Jacques
de Bourbon
† s.h. 1468
Gilbert de Bourb.
C. Montpensier
succ.; † 1496
Pierre II
1450 D. Bret.
succ. † 1457
Anne de Bret.
1491 reine de
France † 1514
Herzogin Anna
heiratete 1491
Karl VIII. und
später Ludwig
XII. Ihre Tochter
war die Gemah-
lin Franz' I. Seit
1532 ist das
Land franzö-
sisch.
Charles 1319
C. Etampes
† 1336
Philippe III
1328 R. Na-
varre † 1343
Philippe
1344 D. Orléans
† 1375
Thomas Bât.
de la Marche
† 1371
Charles II
1325 C. Alenç.
† 1346
Charles I, succ.
C. Clermont,
1434 D. Bourb.
Louis de Bourb.
C. Montpensier
succ.; † 1486
Ladislas
succ.; 1375–86/ R. Sicile
& Hongrie 1386–1414 (†)
François I
1442 D. Bret.
† 1450
François
Bât. Bretagne
Desc. C. Vertus
Charles IV
C. la Marche/
R. France 1322–28 († s.h.)
ÉVREUX
Louis
C. Évreux
† 1319
Philippe VI succ.;
(1325–28: Anjou)/
R. France 1328–50 (†)
Jean I
D. Bourbon
† 1434
Jean
Bât. Bourbon
Abbé de Cluny
Alexandre
Bât. Bourbon
† 1440
Charles III
R. Sicile 1382–85/
R. Hongrie 1385–86
Perceval
Bât. Bourbon
† 1433
Louis le Grand R. Hongrie 1342–82/
R. Pologne 1370–82/
R. Hongrie & Pologne 1370–82
Koloman
Ev. Raab (Györ)
† ca. 1375
Louis de Duras
C. Gravina
† 1362
François II
C. Etampes/ 1457 D. Bret.
† 1488
Philippe V, succ./
R. France 1317–22 (†)
VALOIS
Charles I 1285 C. Valois
& 1290 Anjou succ.
1296–1301/ 1301–25 (†)
Louis II
1337 succ./ 1356 D. Bourbon
† 1410
Robert P. Tarante
1346 Emp. Romanie
† 1364
Louis
P. Tarante –1346/
R. Sicile 1346–62 (†)
Claude de Montagu
S. Couches
† s.h. 1470
Gilles I
S. Chantocé
† 1412
Richard
C. Etampes
† 1438
Louis X
R. France &
Nav. 1314–16
Jean, succ./
C. Vendôme, † 1477
Philippe I
P. Tarante 1294–1313/
Emp. Romanie 1313–32 (†)
Jean † 1336
D. Duras
P. Morée
Jean
S. Couches succ./ 1410/1419
Jean VI
succ./ 1399 D. Bretagne
† 1442
Arthur III
C. Richmond/succ. 1450–57/
1457 D. Bretagne † 1458
Jean
Bât. Vendôme
† 1496
Jean Bât. de
Clermont S. Roche-
fort † s.h. 1375

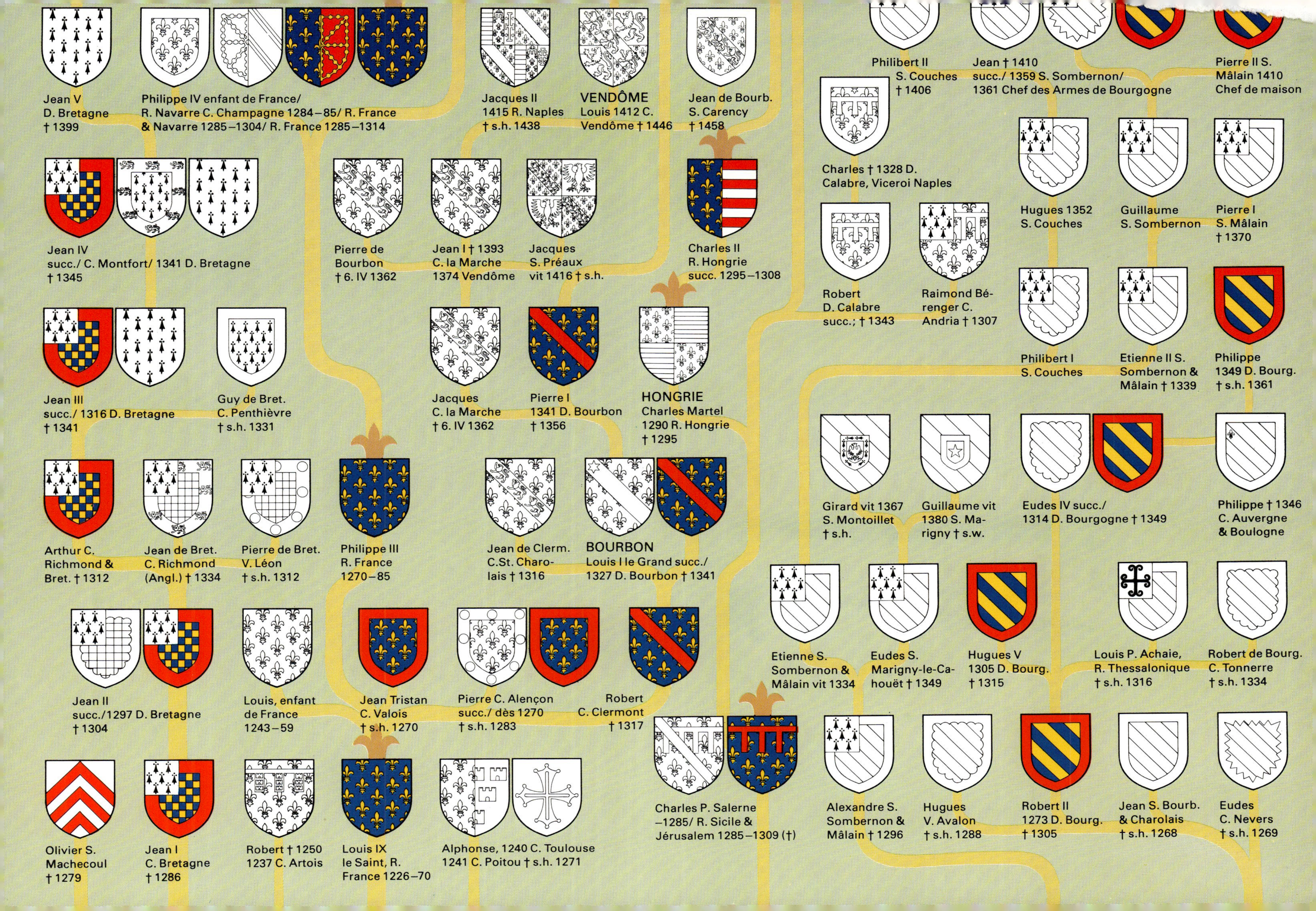
Jean V
D. Bretagne
† 1399
Philippe IV enfant de France/
R. Navarre C. Champagne 1284–85/ R. France
& Navarre 1285–1304/ R. France 1285–1314
Jacques II
1415 R. Naples
† s.h. 1438
VENDÔME
Louis 1412 C.
Vendôme † 1446
Jean de Bourb.
S. Carency
† 1458
Philibert II
S. Couches
† 1406
Jean † 1410
succ./ 1359 S. Sombernon/
1361 Chef des Armes de Bourgogne
Pierre II S.
Mâlain 1410
Chef de maison
Charles † 1328 D.
Calabre, Viceroi Naples
Jean IV
succ./ C. Montfort/ 1341 D. Bretagne
† 1345
Pierre de
Bourbon
† 6. IV 1362
Jean I † 1393
C. la Marche
1374 Vendôme
Jacques
S. Préaux
vit 1416 † s.h.
Charles II
R. Hongrie
succ. 1295–1308
Hugues 1352
S. Couches
Guillaume
S. Sombernon
Pierre I
S. Mâlain
† 1370
Robert
D. Calabre
succ.; † 1343
Raimond Bé-
renger C.
Andria † 1307
Jean III
succ./ 1316 D. Bretagne
† 1341
Guy de Bret.
C. Penthièvre
† s.h. 1331
Jacques
C. la Marche
† 6. IV 1362
Pierre I
1341 D. Bourbon
† 1356
HONGRIE
Charles Martel
1290 R. Hongrie
† 1295
Philibert I
S. Couches
Etienne II S.
Sombernon &
Mâlain † 1339
Philippe
1349 D. Bourg.
† s.h. 1361
Girard vit 1367
S. Montoillet
† s.h.
Guillaume vit
1380 S. Ma-
rigny † s.w.
Eudes IV succ./
1314 D. Bourgogne † 1349
Philippe † 1346
C. Auvergne
& Boulogne
Arthur C.
Richmond &
Bret. † 1312
Jean de Bret.
C. Richmond
(Angl.) † 1334
Pierre de Bret.
V. Léon
† s.h. 1312
Philippe III
R. France
1270–85
Jean de Clerm.
C.St. Charo-
lais † 1316
BOURBON
Louis I le Grand succ./
1327 D. Bourbon † 1341
Etienne S.
Sombernon &
Mâlain vit 1334
Eudes S.
Marigny-le-Ca-
houët † 1349
Hugues V
1305 D. Bourg.
† 1315
Louis P. Achaie,
R. Thessalonique
† s.h. 1316
Robert de Bourg.
C. Tonnerre
† s.h. 1334
Jean II
succ./1297 D. Bretagne
† 1304
Louis, enfant
de France
1243–59
Jean Tristan
C. Valois
† s.h. 1270
Pierre C. Alençon
succ./ dès 1270
† s.h. 1283
Robert
C. Clermont
† 1317
Olivier S.
Machecoul
† 1279
Jean I
C. Bretagne
† 1286
Robert † 1250
1237 C. Artois
Louis IX
le Saint, R.
France 1226–70
Alphonse, 1240 C. Toulouse
1241 C. Poitou † s.h. 1271
Charles P. Salerne
–1285/ R. Sicile &
Jérusalem 1285–1309 (†)
Alexandre S.
Sombernon &
Mâlain † 1296
Hugues
V. Avalon
† s.h. 1288
Robert II
1273 D. Bourg.
† 1305
Jean S. Bourb.
& Charolais
† s.h. 1268
Eudes
C. Nevers
† s.h. 1269

STAMMBAUM DER KAPETINGER

Die Dynastie der Kapetinger heißt nach dem Beinamen von Hugo Capet (Kapuze), aus dessen Nachkommen seit 888 die Könige von Frankreich hervorgegangen sind. Der gemeinsame Stammvater ist König Robert († 1031). An der Stammtafel lassen sich alle Formen der heraldischen Entwicklung ablesen: freie Wappenwahl ohne Rücksicht auf Verwandtschaft oder unter Verwendung gleicher Farben (Blau und Gelb), die Beifügung von Beizeichen, auch deren Verselbständigung (Bretagne), der Wechsel im Laufe eines Lebens, die mehr oder weniger enge Verbindung illegitimer Kinder mit ihrem Vater. In der Zeit Ludwigs XIV. wurde den Beizeichen besondere Beachtung geschenkt.

Die Linienchefs sind durch bunte Wappenschilde gekennzeichnet.

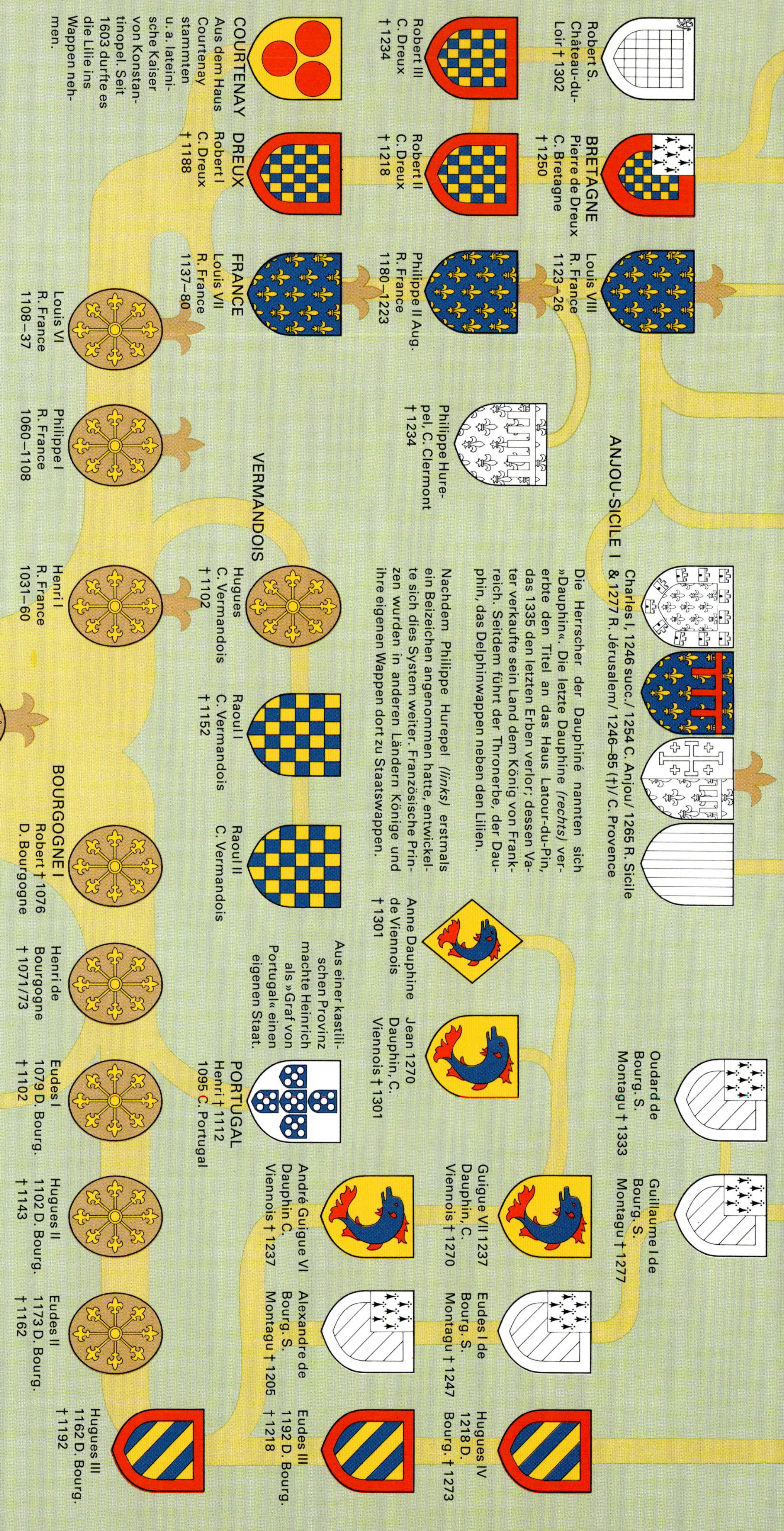

Abkürzungen

Weltliche

Emp. = Empereur (Kaiser)
R. = Roi de (König von)
Dph. = Dauphin
D. = Duc de (Herzog von)
P. = Prince de (Prinz von)
M. = Marquis de (Marquis von)
C. = Comte de (Graf von)
V. = Vicomte de
S. = Seigneur de (Herr zu)
B. = Baron de (Baron von)
Bât. = Bâtard de (Bastard von)

Geistliche:

Cd. = Cardinal de (Kardinal von)
Ae. = Archevêque de (Erzbischof von)
Ev. = Evêque de (Bischof von)
vit = lebt noch
succ. = armes du vivant du père Zu Lebzeiten des Vaters
† s.h. = mort sans héritiers gestorben ohne Erben

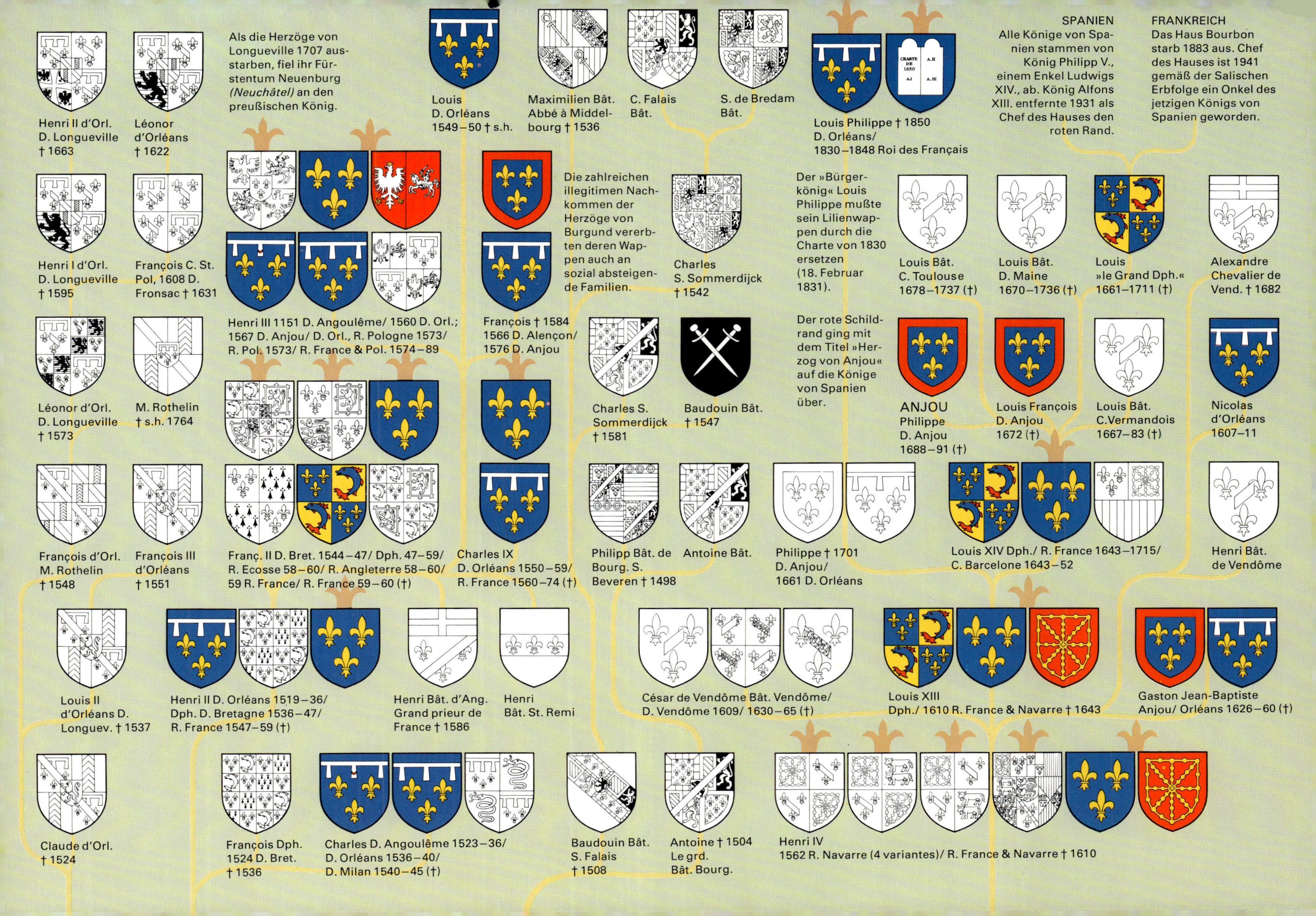
Henri II d'Orl.
D. Longueville
† 1663
Léonor
d'Orléans
† 1622
Als die Herzöge von Longueville 1707 ausstarben, fiel ihr Fürstentum Neuenburg (Neuchâtel) an den preußischen König.
Louis
D. Orléans
1549–50 † s.h.
Maximilien Bât.
Abbé à Middelbourg † 1536
C. Falais
Bât.
S. de Bredam
Bât.
Louis Philippe † 1850
D. Orléans/
1830–1848 Roi des Français
SPANIEN
Alle Könige von Spanien stammen von König Philipp V., einem Enkel Ludwigs XIV., ab. König Alfons XIII. entfernte 1931 als Chef des Hauses den roten Rand.
FRANKREICH
Das Haus Bourbon starb 1883 aus. Chef des Hauses ist 1941 gemäß der Salischen Erbfolge ein Onkel des jetzigen Königs von Spanien geworden.
Henri I d'Orl.
D. Longueville
† 1595
François C. St.
Pol, 1608 D.
Fronsac † 1631
Die zahlreichen illegitimen Nachkommen der Herzöge von Burgund vererbten deren Wappen auch an sozial absteigende Familien.
Charles
S. Sommerdijck
† 1542
Der »Bürgerkönig« Louis Philippe mußte sein Lilienwappen durch die Charte von 1830 ersetzen (18. Februar 1831).
Louis Bât.
C. Toulouse
1678–1737 (†)
Louis Bât.
D. Maine
1670–1736 (†)
Louis
»le Grand Dph.«
1661–1711 (†)
Alexandre
Chevalier de
Vend. † 1682
Henri III 1151 D. Angoulême/ 1560 D. Orl.;
1567 D. Anjou/ D. Orl., R. Pologne 1573/
R. Pol. 1573/ R. France & Pol. 1574–89
François † 1584
1566 D. Alençon/
1576 D. Anjou
Léonor d'Orl.
D. Longueville
† 1573
M. Rothelin
† s.h. 1764
Charles S.
Sommerdijck
† 1581
Baudouin Bât.
† 1547
Der rote Schildrand ging mit dem Titel »Herzog von Anjou« auf die Könige von Spanien über.
ANJOU
Philippe
D. Anjou
1688–91 (†)
Louis François
D. Anjou
1672 (†)
Louis Bât.
C. Vermandois
1667–83 (†)
Nicolas
d'Orléans
1607–11
François d'Orl.
M. Rothelin
† 1548
François III
d'Orléans
† 1551
Franç. II D. Bret. 1544–47/ Dph. 47–59/
R. Ecosse 58–60/ R. Angleterre 58–60/
59 R. France/ R. France 59–60 (†)
Charles IX
D. Orléans 1550–59/
R. France 1560–74 (†)
Philipp Bât. de
Bourg. S.
Beveren † 1498
Antoine Bât.
Philippe † 1701
D. Anjou/
1661 D. Orléans
Louis XIV Dph./ R. France 1643–1715/
C. Barcelone 1643–52
Henri Bât.
de Vendôme
Louis II
d'Orléans D.
Longuev. † 1537
Henri II D. Orléans 1519–36/
Dph. D. Bretagne 1536–47/
R. France 1547–59 (†)
Henri Bât. d'Ang.
Grand prieur de
France † 1586
Henri
Bât. St. Remi
César de Vendôme Bât. Vendôme/
D. Vendôme 1609/ 1630–65 (†)
Louis XIII
Dph./ 1610 R. France & Navarre † 1643
Gaston Jean-Baptiste
Anjou/ Orléans 1626–60 (†)
Claude d'Orl.
† 1524
François Dph.
1524 D. Bret.
† 1536
Charles D. Angoulême 1523–36/
D. Orléans 1536–40/
D. Milan 1540–45 (†)
Baudouin Bât.
S. Falais
† 1508
Antoine † 1504
Le grd.
Bât. Bourg.
Henri IV
1562 R. Navarre (4 variantes)/ R. France & Navarre † 1610

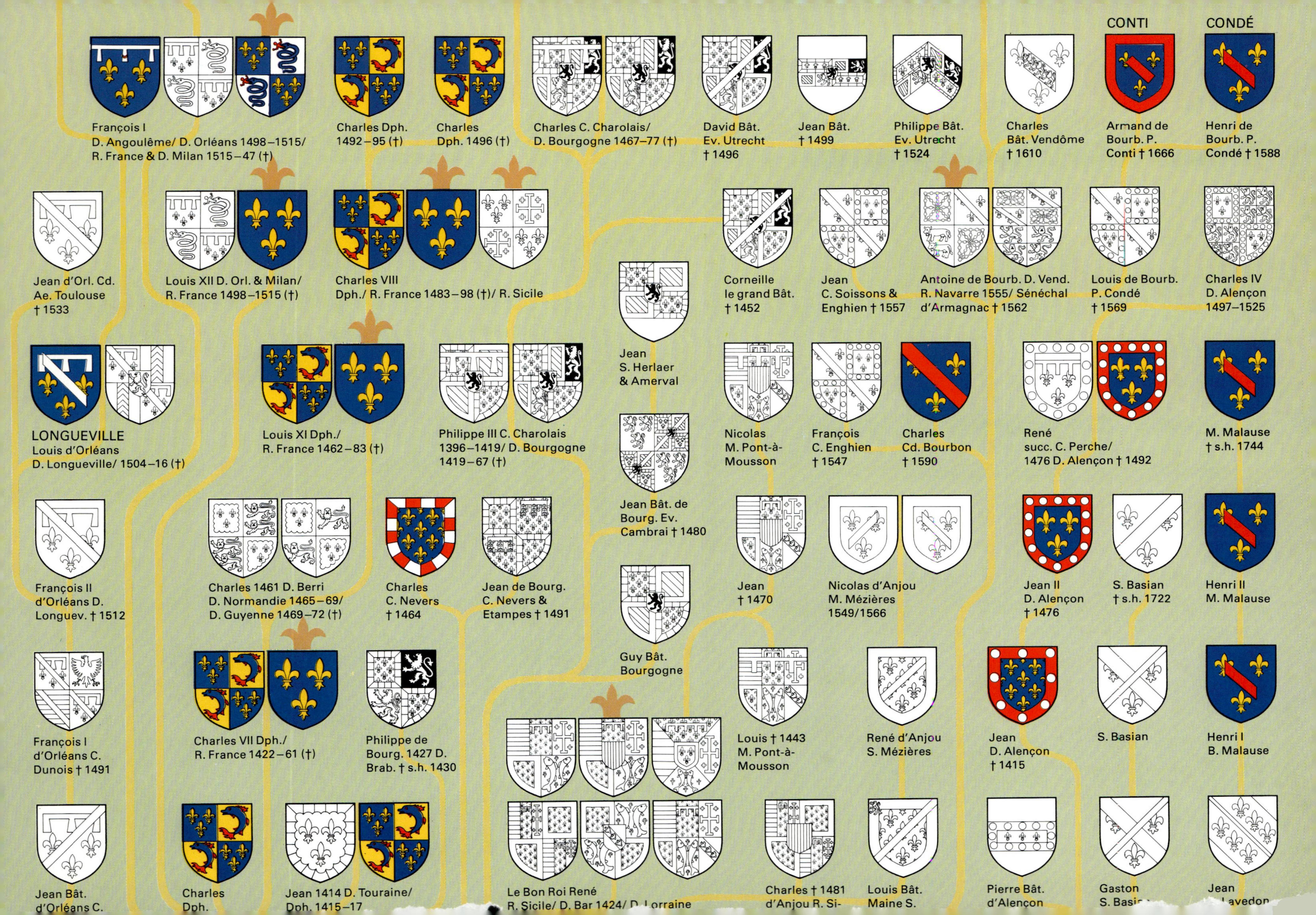

CONTI
CONDÉ
François I
D. Angoulême/ D. Orléans 1498–1515/
R. France & D. Milan 1515–47 (†)
Charles Dph.
1492–95 (†)
Charles
Dph. 1496 (†)
Charles C. Charolais/
D. Bourgogne 1467–77 (†)
David Bât.
Ev. Utrecht
† 1496
Jean Bât.
† 1499
Philippe Bât.
Ev. Utrecht
† 1524
Charles
Bât. Vendôme
† 1610
Armand de
Bourb. P.
Conti † 1666
Henri de
Bourb. P.
Condé † 1588
Jean d'Orl. Cd.
Ae. Toulouse
† 1533
Louis XII D. Orl. & Milan/
R. France 1498–1515 (†)
Charles VIII
Dph./ R. France 1483–98 (†)/ R. Sicile
Corneille
le grand Bât.
† 1452
Jean
C. Soissons &
Enghien † 1557
Antoine de Bourb. D. Vend.
R. Navarre 1555/ Sénéchal
d'Armagnac † 1562
Louis de Bourb.
P. Condé
† 1569
Charles IV
D. Alençon
1497–1525
Jean
S. Herlaer
& Amerval
LONGUEVILLE
Louis d'Orléans
D. Longueville/ 1504–16 (†)
Louis XI Dph./
R. France 1462–83 (†)
Philippe III C. Charolais
1396–1419/ D. Bourgogne
1419–67 (†)
Nicolas
M. Pont-à-
Mousson
François
C. Enghien
† 1547
Charles
Cd. Bourbon
† 1590
René
succ. C. Perche/
1476 D. Alençon † 1492
M. Malause
† s.h. 1744
Jean Bât. de
Bourg. Ev.
Cambrai † 1480
François II
d'Orléans D.
Longuev. † 1512
Charles 1461 D. Berri
D. Normandie 1465–69/
D. Guyenne 1469–72 (†)
Charles
C. Nevers
† 1464
Jean de Bourg.
C. Nevers &
Etampes † 1491
Jean
† 1470
Nicolas d'Anjou
M. Mézières
1549/1566
Jean II
D. Alençon
† 1476
S. Basian
† s.h. 1722
Henri II
M. Malause
Guy Bât.
Bourgogne
François I
d'Orléans C.
Dunois † 1491
Charles VII Dph./
R. France 1422–61 (†)
Philippe de
Bourg. 1427 D.
Brab. † s.h. 1430
Louis † 1443
M. Pont-à-
Mousson
René d'Anjou
S. Mézières
Jean
D. Alençon
† 1415
S. Basian
Henri I
B. Malause
Jean Bât.
d'Orléans C.
Charles
Dph.
Jean 1414 D. Touraine/
Dph. 1415–17
Le Bon Roi René
R. Sicile/ D. Bar 1424/ D. Lorraine
Charles † 1481
d'Anjou R. Si-
Louis Bât.
Maine S.
Pierre Bât.
d'Alençon
Gaston
S. Basi
Jean

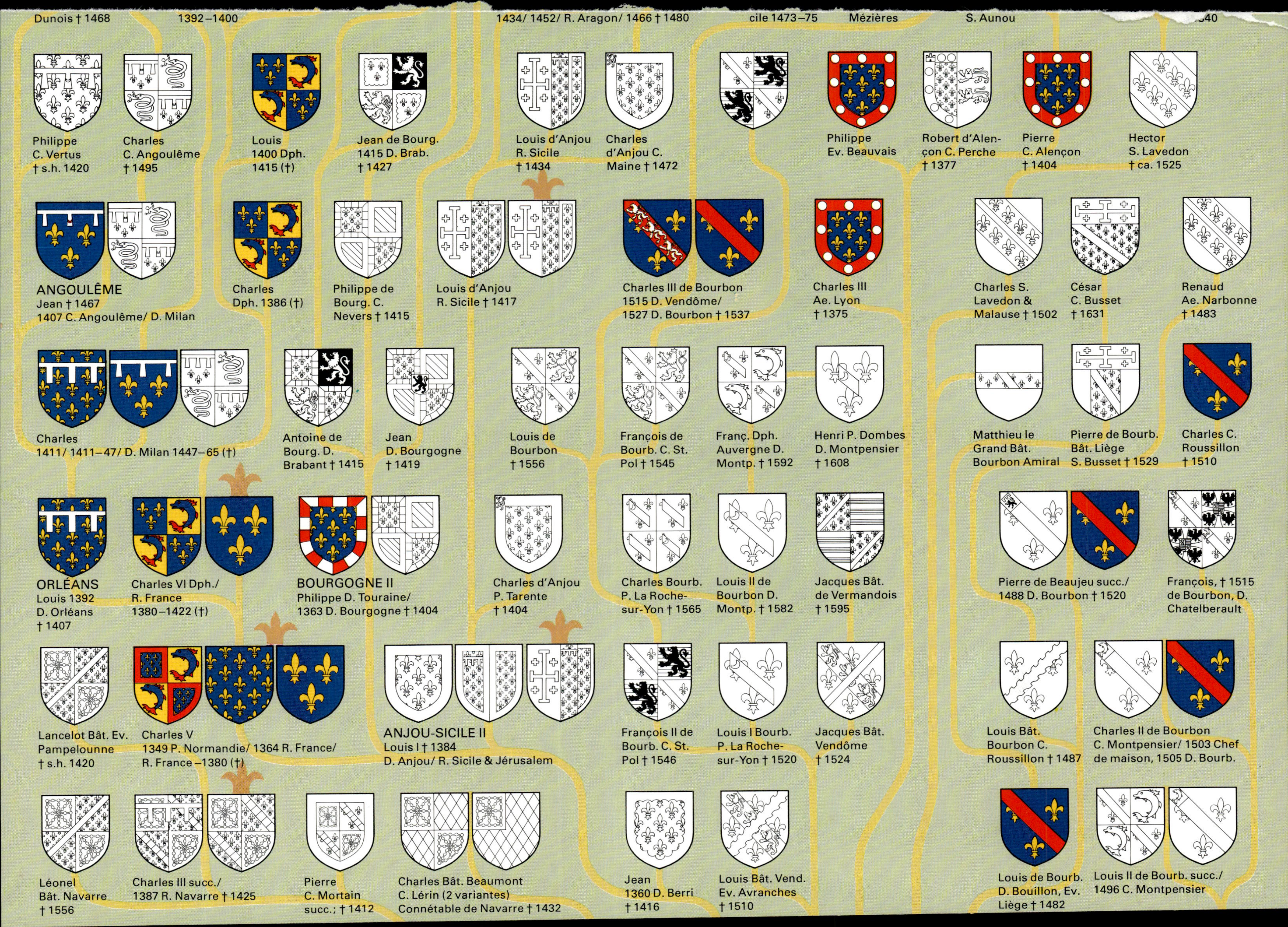
Dunois † 1468
1392–1400
1434/ 1452/ R. Aragon/ 1466 † 1480
cile 1473–75
Mézières
S. Aunou
Philippe C. Vertus † s.h. 1420
Charles C. Angoulême † 1495
Louis 1400 Dph. 1415 (†)
Jean de Bourg. 1415 D. Brab. † 1427
Louis d'Anjou R. Sicile † 1434
Charles d'Anjou C. Maine † 1472
Philippe Ev. Beauvais
Robert d'Alençon C. Perche † 1377
Pierre C. Alençon † 1404
Hector S. Lavedon † ca. 1525
ANGOULÊME
Jean † 1467
1407 C. Angoulême/ D. Milan
Charles Dph. 1386 (†)
Philippe de Bourg. C. Nevers † 1415
Louis d'Anjou R. Sicile † 1417
Charles III de Bourbon 1515 D. Vendôme/ 1527 D. Bourbon † 1537
Charles III Ae. Lyon † 1375
Charles S. Lavedon & Malause † 1502
César C. Busset † 1631
Renaud Ae. Narbonne † 1483
Charles 1411/ 1411–47/ D. Milan 1447–65 (†)
Antoine de Bourg. D. Brabant † 1415
Jean D. Bourgogne † 1419
Louis de Bourbon † 1556
François de Bourb. C. St. Pol † 1545
Franç. Dph. Auvergne D. Montp. † 1592
Henri P. Dombes D. Montpensier † 1608
Matthieu le Grand Bât. Bourbon Amiral
Pierre de Bourb. Bât. Liège S. Busset † 1529
Charles C. Roussillon † 1510
ORLÉANS
Louis 1392 D. Orléans † 1407
Charles VI Dph./ R. France 1380–1422 (†)
BOURGOGNE II
Philippe D. Touraine/ 1363 D. Bourgogne † 1404
Charles d'Anjou P. Tarente † 1404
Charles Bourb. P. La Roche-sur-Yon † 1565
Louis II de Bourbon D. Montp. † 1582
Jacques Bât. de Vermandois † 1595
Pierre de Beaujeu succ./ 1488 D. Bourbon † 1520
François, † 1515 de Bourbon, D. Chatelberault
Lancelot Bât. Ev. Pampelounne † s.h. 1420
Charles V 1349 P. Normandie/ 1364 R. France/ R. France – 1380 (†)
ANJOU-SICILE II
Louis I † 1384
D. Anjou/ R. Sicile & Jérusalem
François II de Bourb. C. St. Pol † 1546
Louis I Bourb. P. La Roche-sur-Yon † 1520
Jacques Bât. Vendôme † 1524
Louis Bât. Bourbon C. Roussillon † 1487
Charles II de Bourbon C. Montpensier/ 1503 Chef de maison, 1505 D. Bourb.
Léonel Bât. Navarre † 1556
Charles III succ./ 1387 R. Navarre † 1425
Pierre C. Mortain succ.; † 1412
Charles Bât. Beaumont C. Lérin (2 variantes) Connétable de Navarre † 1432
Jean 1360 D. Berri † 1416
Louis Bât. Vend. Ev. Avranches † 1510
Louis de Bourb. D. Bouillon, Ev. Liège † 1482
Louis II de Bourb. succ./ 1496 C. Montpensier

OSLO
GÖTEBORG
DUBLIN
KOPENHAGEN
LÜBECK
HAMBURG
LÜNEBURG
AMSTERDAM
LONDON
BERLIN
BRÜSSEL
DÜSSELDORF
NAMUR
MEISSEN
WEIMAR
FULDA
RENNES
PARIS
TRIER
PRAG
BASEL
MÜNCHEN
SALZBURG
BORDEAUX
LYON
TRIENT
MAILAND
VENEDIG
GENUA
MODENA
MARSEILLE
TOULON
FLORENZ
MADRID
BARCELONA
ROM
NEAPEL

DIE HÄUFIGSTEN ZEICHEN
IM EUROPÄISCHEN MITTELALTER

Die Hauptfiguren der Heraldik sind Kreuz, Adler, Löwe und Lilie.
Wie sie an den wichtigsten Punkten des spätmittelalterlichen Europa als Hoheitszeichen einzeln oder gruppenweise auftreten, veranschaulicht diese Karte, die sich auf die vier Symbole, dazu noch den Drachen und seine Vettern, beschränkt.
Die starke Zersplitterung Mitteleuropas durch das Anwachsen der Fürstenmacht gegenüber einem von Wahlen abhängigen Kaiser ist an den dichtgedrängten Wappenschilden der Fürsten abzulesen; die Lilien daneben weisen auf einen über ganz Frankreich herrschenden erblichen König hin, der seine Legitimität unmittelbar von Gott herleitete.

Im Mittelalter kann man das Abendland als mit der Christenheit identisch ansehen. Deren Abzeichen, das Kreuz, hat seinen geistlichen Charakter zwar nicht voll bewahrt, aber auch nicht ganz eingebüßt. War das weiße Kreuz im roten Felde das Kriegszeichen des heiligen Reiches, so erklärt sich vielleicht aus dieser missionarischen Bedeutung seine Funktion als Symbol der Könige von Dänemark und der Markgrafen von Savoyen. Daß die Kreuzfahrer sich an der westlichen Mittelmeerküste einschifften, schlug sich in den dortigen Kreuzwappen nieder.

Der Adler als das Sinnbild des alten römischen Reiches blieb nach seiner Wiederbelebung durch Karl den Großen das Symbol der weltlichen Herrschaft, an deren Spitze der Kaiser stand. Das galt auch später, nachdem der Doppeladler Kaiseremblem geworden war. Ein Kranz von Adlerwappen deutet darauf, daß das Reich sich gegen Osten ausdehnte und das Gewonnene durch Markgrafen sicherte.

Der Löwe wird als »König der Tiere« zum Widerpart des Königs in den Lüften und symbolisiert deutlich die partikularen Interessen der Landesfürsten.

Die Lilie, das Symbol der Heiligen Maria, ist in Frankreich zum Staatshoheitszeichen geworden, das nicht nur dank seiner schönen Gestalt, sondern auch machtpolitisch weite Verbreitung fand; durch französische Prinzen gelangte es bis nach Ungarn.

Der Drache und der ihm legendenbiologisch verwandte Greif müssen als das Symbol des Windes, in dem sie schweben, angesehen werden, und sind damit ein »redendes« Symbol der Wenden. Der Drache von Wales geht auf die orientalischen Truppen in Diensten der einstigen römischen Besatzungsmacht zurück.

Der auferstehende Christus mit der Kreuzesfahne in den Farben Weiß und Rot, die ihm in der Kunst als Siegeszeichen beigegeben wird.

Flagge des byzantinischen Kaisertums *(unten)* nach einer Hauptquelle für die Kenntnis der Flaggen des 14. Jahrhunderts, dem *Conoscimiento de todos los Reinos.*
Diese Flagge der Kaiser von Konstantinopel besteht aus der Kombination des Georgskreuzes (rot auf weißem Grund) mit dem Wappen des Herrschergeschlechts der Paläologen. Die vier Gegenstände in den Kreuzwinkeln gelten als Feuerstähle wie in der Emblematik des Ordens vom Goldenen Vlies oder als die griechischen Buchstaben »B«.
Für das Goldene Vlies könnte man anführen, daß die Abzeichen dieses 1430 gestifteten Ordens mit den von 1432 an deutlich verfolgten Plänen des Herzogs von Burgund, einen antitürkischen Kreuzzug anzutreten, zusammenhängen dürften. Dann wären die Feuerstähle eine Materialisation der Paläologen-Buchstaben, die zu lesen sind:
Βασιλευς Βασιλεων
Βασιλευων Βασιλευσιν
(König der Könige, herrschend über Könige).

Im Bereich der Christenheit kommt kein Wappenbild dem Kreuz an Würde gleich; ist es doch das erste gemeinsame Zeichen, unter dem sich das Abendland gruppierte, und zwar anfangs, als der erste Kreuzzug ausgerufen wurde, ohne daß einer bestimmten Farbe entscheidende Bedeutung beigemessen worden wäre. Nicht einmal die Gestalt desjenigen Kreuzes, zu dem die Christenheit vorher aufgeschaut hatte, ist genau bekanntgeworden.

Man kann auch nicht mit Sicherheit sagen, daß das berühmte Siegeszeichen, dem Kaiser Konstantin in die Schlacht an der Milvischen Brücke folgte, im eigentlichen Sinne ein Kreuz oder gar das Kreuz von Christi Marter gewesen sei. Seine amtliche Beschreibung, mit der die Soldaten des siegreichen Kaisers darüber unterrichtet wurden, welches Muster sie nunmehr auf ihre Schilde zu malen hätten, bietet eine technische Konstruktionsanweisung für Leute, denen das künftige Hoheitszeichen unbekannt war. Es bestand demnach auch nicht aus einem Kreuz, sondern aus zwei Buchstaben, von denen der eine wenigstens aus zwei gekreuzten Schäften besteht, wenn dies Kreuz auch schräg liegt und nicht das Bild des aufrechten Kreuzes wiedergibt. Dennoch ist in der Folgezeit die echte Kreuzform auch in die Gestaltung des Christusmonogramms eingedrungen. Immerhin steht fest, daß seit Konstantins Sieg über Maxentius 312 n. Chr. eine altrömische Tuchfahne, das *Labarum,* als Reichsstandarte galt und mit dem Christusmonogramm versehen war, sei es am Stangenende, sei es auf dem Tuch. Unzählige Münzen der Kaiser, die das Christentum als Staatsreligion anerkannten, beweisen das.

Erst beim Beginn des Wappenwesens bilden sich die verschiedenen Gestalten der Kreuze so heraus, daß man eine bestimmte Form oder Farbe einer bestimmten Gruppe oder Person zuschreiben kann. Die stets politischen Spannungen ausgesetzten Kreuzfahrerstaaten im Heiligen Land haben zur Ausbildung der Systematik innerhalb der Kreuzformen wenig beigetragen; hingegen liefern die Siegel der geistlichen Korporationen, die sich um das Heilige Grab scharten, aber an dem ritterlichen Schutz nur als Nutznießer interessiert waren, zahlreiche Spielarten des heraldischen Kreuzes. Hier ist zu erwähnen, daß die Kirche bereits an Stangen befestigte Kreuze benützte, ehe es Ritter gab, die sie auf ihre Schilde malten. So ergaben sich zwei Entwicklungslinien: die der plastischen Kreuze und die der flachen Kreuze.

Die plastischen Kreuze entwickelten mit dem Zeitstil einhergehende Formen, was sich vor allem an einer Facettierung der Arme, noch mehr aber an einer Verbreiterung der Armenden zeigt, die stark an ähnlich gestaltete Buchstaben erinnern. Hinzu kommt eine Vermehrung der Querarme, die mit hierarchischen Stufungen gekoppelt werden. Die flachen Kreuze reichen grundsätzlich bis an den Rand des Untergrundes, während die plastischen Kreuze, da ja freistehend, in der Ornamentierung der Armenden große Vielfalt entwickeln können, die auch bei flachen Kreuzen möglich ist.

Der historischen Malerei der Renaissance und des Barock kam es mehr auf die Wirkung als auf historische Treue an. In einem Gemälde aus Raffaels Schule *(links)* wird durch Ausrüstung des ganzen Heeres mit kreuzbesetzten Standarten neben dem Labarum den Ereignissen vorgegriffen: daß Konstantin seinen Gegner Maxentius unter dem Kreuzzeichen besiegen werde, war ihm vor dieser Schlacht an der Milvischen Brücke geweissagt worden.

1 Durchgehendes Kreuz
2 Fadenkreuz
3 Geteiltes Kreuz
4 Gespaltenes Kreuz
5 Geviertes Kreuz
6 Geständertes Kreuz
7 Zu 16 Plätzen geständertes Kreuz
8 Facettiertes Kreuz
9 Geschachtes Kreuz
10 Gegittertes Kreuz
11 Gesäumtes Kreuz
12 Innenbordiertes Kreuz
13 Ausgebrochenes Kreuz
14 Schräg- oder Andreas-Kreuz
15 Schwebendes Kreuz
16 Schwebendes Schrägkreuz
17 Lateinisches oder Hochkreuz
18 Doppelkreuz
19 Patriarchenkreuz
20 Dreifaches Kreuz
21 Russisches Kreuz
22 Tatzenkreuz
23 Getatztes Kreuz
24 Schwebendes Tatzenkreuz
25 Krückenkreuz
26 Jerusalemkreuz
27 Schwebendes Wiederkreuz
28 Stufenendiges Kreuz
29 Stufenkreuz
30 Ankerkreuz
31 Eingerolltes Ankerkreuz
32 Mühleisenkreuz
33 Johanniter- oder Malteserkreuz
34 Lilienkreuz
35 Iberisches Ordensritterkreuz
36 Doppelschlangenkreuz
37 Gabelkreuz
38 Endspitzkreuz
39 Kleeblatt- oder Mauritiuskreuz
40 Kugelkreuz
41 Beknopftes Schlüsselkreuz
42 Beknopftes, durchbrochenes Schlüsselkreuz (Tolosaner Kreuz)
43 Pfeilspitzkreuz
44 Fußspitztatzenkreuz
45 An den Enden einmal eingekerbtes Kreuz
46 Gezähntes Kreuz
47 Dornenkreuz
48 Lappenkreuz
49 Wechselzinnenkreuz
50 Gegenzinnenkreuz
51 Astkreuz
52 Gegenastkreuz
53 Knorrenkreuz
54 Wellenkreuz
55 Schräggelegtes schwebendes Swastika
56 Anstoßendes aufrechtes Swastika
57 Keulenswastika
58 Keltisches Kreuz
59 Tau- oder Antoniuskreuz
60 (Ägyptisches) Henkelkreuz

Gonfanon des waadtländischen Herrengeschlechtes de Blonay. Das aus dem späten 14. Jahrhundert stammende, noch in Familienbesitz befindliche Stück mißt fünfundvierzig mal siebenundzwanzig Zentimeter. Es stellt eine Verbindung des Wappens der Herzöge von Savoyen mit dem Familienwappen der Blonay dar, wofür nicht genealogische Gründe vorliegen. Der Gonfanon bezieht sich auf gemischte Rechtsverhältnisse, die sich aus den Verflechtungen der Interessen des Hauses Savoyen mit den Einkünften und den geistlichen Stiftungen des Hauses Blonay ergaben. In unserem Zusammenhang bietet das Stück Beispiele für die zulässige Variierung der Grundmusterung in leeren Flächen: das eine Kreuz ist mit Dreiecken, darin oberhalbe Lilien, damasziert, das andere mit Rauten, darin savoyische Mauritiuskreuze. Die Fußspitzwiederkreuzchen, die den Löwen des Stammwappens des Geschlechts de Blonay begleiten, sind wesentliche Bestandteile, die im Lauf der Jahrhunderte nur wenig Formveränderung erfahren haben.

Rechte Seite:
Banner von Frauenfeld, der Hauptstadt des schweizerischen Kantons Thurgau.
Die reizende Szene, wie die nachdenkliche Dame den davonstürmenden Löwen lässig an der Kette hält, ist seit dem 15. Jahrhundert die offizielle Fassung des Stadtwappens und Bannerbildes der Stadt Frauenfeld. Ursprünglich nämlich, und so noch auf dem ältesten Stadtsiegel aus dem 13. Jahrhundert zu sehen, standen der Löwe und die Dame – mit Blumensträußchen – voneinander abgekehrt. Seit sich die Frau aber umgewendet hat, verzichtet sie auf die Blümchen und nimmt die Gelegenheit wahr, den Leu zu fesseln. Ob dies nun der kiburgische oder der habsburgische ist, haben die Gelehrten noch nicht feststellen können, denn gerade in der entscheidenden Zeit wechselte Frauenfeld die Herrschaft und ging aus dem Besitz der Grafen von Kiburg in den der Grafen von Habsburg über. Wenn man sich nach der Farbe des Löwen richten möchte, dann ist es der habsburgische, denn dieser ist rot.

Die heraldische Stilisierung des Löwen hat ihre Wurzeln in seiner natürlichen Heimat. Perser und Griechen stellten

ihn vorzugsweise mit starker Mähne im Profil dar, den Leoparden aber weniger bemähnt und den Betrachter anschauend. Die volle Haarpracht des Löwenhauptes auf der Münze, einem Doppelsiglos, der griechischen Stadt Kyzikos in Nordwest-Kleinasien (394 v. Chr.) bestätigt das.

Wandbehang aus dem prunkvollen Troß Herzog Karls des Kühnen, den er 1476 in der Schlacht bei Grandson verlor. Sein Wappen wiederholt sich darauf mehrmals; es zeigt die Felder Neuburgund (Lilien) und Altburgund (schräg gestreift), dazu treffliche Beispiele heraldischer Löwen niederländischen Typs, den goldenen von Brabant, den schwarzen von Flandern und den doppelschwänzigen roten von Limburg.

Beispiele für die Stilisierung des heraldischen Löwen *(rechts)*: der Welfenlöwe, eine Steinplastik aus dem Kloster Steingaden (Bayern, 12. Jahrhundert); Siegel der Grafen von Gleichen (Thüringen) aus dem 14. Jahrhundert; Löwe von Böhmen mit dem charakteristischen Doppelschwanz vom Grabmal König Ottokars I. in Prag, 14. Jahrhundert.

Der Löwe ist unter allen heraldischen Tieren das am häufigsten verwendete. Die Häufigkeit ist so auffallend, daß eine französische Redensart lautet: *Qui n'a pas d'armes porte un lion* (Wer kein Wappen hat, führt einen Löwen). Das Vorkommen des Löwen ist unabhängig davon, ob er in den Ländern, wo er als Wappentier erscheint, auch zur einheimischen Fauna gehört. Seine Beliebtheit muß also nicht vom Augenschein kommen, sondern von der Meinung, die man von ihm hat. Er gilt als das Symbol für Kraft und Gewandtheit, in der Fabel kommt ihm der Name »Nobel« zu, er ist der König der Tiere, nicht aber der Vögel, denen selbst der Löwe nichts befehlen kann.
Aus dieser Antagonie der beiden Lebensbereiche mag auch die heraldische Antagonie zu erklären sein, die sich in den Adlern als Sinnbild der Kaisermacht und den Löwen als Sinnbild der landesherrlichen Gewalt ausdrückt, wie unsere Karte auf den Seiten 96 und 97 zeigt. Dieser Gedanke muß im Mittelalter unterschwellig stark wirksam gewesen sein, denn in dem auf der Äneas-Sage beruhenden Heldengedicht des Heinrich von Veldeke wird der Träger des Löwenwappens dem Träger des Adlerwappens entgegengestellt. Wenn man diesen als den historisch-geographischen Vorläufer der römischen Kaiser einstuft, dann ist der Löwenträger der Repräsentant der ungebärdigen Landesherren, denen die Kaiser immer mehr Konzessionen machen mußten, am deutlichsten – gerade in jener Epoche – gegenüber dem mächtigen Herzog von Bayern und Sachsen, Heinrich dem Löwen (1129–1195) aus dem Hause Welf. Dieser Herzog Heinrich hat zwar kein Wappen im technischen Sinne geführt, aber er siegelte mit

12

13

14

dem naturalistischen Bilde eines Löwen und stellte einen recht naturnahen monumentalen Bronzelöwen vor seiner Burg Dankwarderode in Braunschweig auf. Erst seine Nachkommen nahmen ein förmliches Wappen an, das sie vom englischen ableiteten. Wenn sich Heinrich der Löwe auf lateinisch *Henricus Leo* nannte, so ließ er zwei Übersetzungen ins Deutsche zu, nämlich »Heinrich der Löwe« und »Heinrich Welf«. Ein Welf oder Welp war ein junges Raubtier, das Wort ist heute für junge Hunde gebräuchlich.

1

2

3

4

5

Varianten des Löwen:
1 springend
2 schreitend hersehend
3 schreitend
4 springend hersehend
5 springend widersehend
6 abgerissenes Haupt
7 hersehendes Haupt
8 doppelschwänzig
9 mit gespaltenem Schwanz
10 mit verknotetem Schwanz
11 Schwanz untergeschlagen
12 gestümmelt
13 geschändet
14 in Teile zerlegt
15 mit Kette am Halsring
16 apportierend
17 hochspringend

6

7

In einer die ritterlichen Tugenden verehrenden Gesellschaft, die großartiges, aber auch grimmiges Auftreten, das für männlich und stark gehalten wurde, hochschätzte, war der Löwe gerade das richtige Wappentier, der König der Tiere. Er habe, erzählt Thomasin von Zerklaere in seinem großen Lehrgedicht »Der Wälsche Gast« (1216), eine Sitte, nämlich sich von einem

8

9

10

11

15

16

17

18

19

20

21

22

18 hockend, links gewendet
19 hockend
20 hockend mit durchgeschlagenem Schwanz
21 hockend, die rechte Vorderpranke erhoben
22 schreitend widersehend
23 vorderhalb, schreitend
24 Rumpf, abgeschnitten
25 oberhalb, halsgekrönt
26 oberhalb widersehend, mit Mauerkrone
27 gekrüpft
28 gekrüpft, mit erhobenen Vorderpranken
29 zwei schreitende Löwen
30 zwei abgewendete Löwen
31 zwei zugewendete Löwen

23

24

25

26

27

28

29

30

31

32 stehend
33 stehend mit abgestrecktem Schwanz
34 ruhend
35 schlafend
36 doppelkörperlich
37 dreikörperlich
38 zweiköpfig
39 hockend, umgewendet

32

33

34

35

Hunde begleiten zu lassen, welcher die Schläge zu ertragen habe, die eigentlich dem Löwen hätten zugedacht werden müssen, wenn er Unrecht getan habe. So, sagt unser Gewährsmann, solle es ein Herr machen.
In der Heraldik wird der Löwe normalerweise

36

37

38

39

Rechte Seite:
Das Wappen des Königreichs Belgien enthält im Schilde und auf den neun Fahnen so viele Löwen, daß der Name *Leo Belgicus* voll berechtigt erscheint.

Die Helmzierden zu den Wappen der Königreiche England und Schottland *(rechts)*.

40 geflügelt, stehend
41 Markuslöwe hockend
42 Markuslöwe der Ionischen Inseln
43 Seelöwe mit erhobenem Schwanz
44 Seelöwe mit untergeschlagenem Schwanz, stehend
45 Seelöwe mit untergeschlagenem Schwanz, aufrecht
46 Seelöwe mit Drachenschwanz
47 Chimäre

stark stilisiert dargestellt. Die alten deutschen Heraldiker nannten die Stellung »zum Grimmen geschickt«, die französischen *rampant* (vom lateinischen *rapere,* rauben, und nicht von *rampere,* schleichen, gebildet). Wenn also in einer Blasonierung nichts besonderes »gemeldet« wird, ist der Löwe als aufgerichtet zu vermuten. Weicht er von dieser Stellung ab, ist das anzugeben, wobei man die Wahl zwischen zwei Methoden hat. Man kann Körperhaltung und Kopfwendung einzeln angeben, aber auch die

40

41

42

43

44

45

46

47

48

49

50

48 Löwe mit Menschengesicht
49 Löwe mit Satyrgesicht
50 hersehende Chimäre

Ausschnitt aus einer venezianischen Flagge mit dem teils auf dem Land, teils auf dem Wasser stehenden Markuslöwen.

schon von den alten Griechen beobachtete Unterscheidung zwischen »Löwe« und »Leopard« gelten lassen. Dieser Unterschied bestand in der Antike. Die »Löwen« wurden meist stark bemähnt im Profil gezeigt, und die kaum behaarten Leoparden sahen zum Beschauer hin. In der französischen Urform klingen die Bezeichnungen weniger verwunderlich als in der deutschen Nachahmung, nämlich: Löwe = springender Löwe = *lion* = *lion rampant;* Leopard = schreitender hersehender Löwe = *léopard;* schreitender Löwe = leopardierter Löwe = *lion léopardé;* aufrechter hersehender Löwe = gelöwter Leopard = *léopard lionné.*
Der Leopard ist stets daran zu erkennen, daß er den Beschauer ansieht, er ist also immer »hersehend«.
Mit diesen Unterscheidungen ist es noch nicht getan. Jede Wappenfigur kann ja in allen sechs heraldischen Farben gehalten (»tingiert«)

L'UNION FAIT LA FORCE

Zu den in der Geschichte der Kunst dauerhaftesten Themen gehört die Alexanderfahrt, der Aufstieg des Mazedonierkönigs Alexander der Große in die Lüfte. Alexander wurde im Mittelalter zu den Neun Helden gerechnet und als solcher verehrt. Zwei mit Hilfe eines Köders genarrte Greifen erheben sich und tragen dabei ein Gestell mit sich, in dem Alexander Platz genommen hat.

werden; der Löwe liefert naturgemäß die meisten Beispiele. Tiere können alles in den Pranken, meist der erhobenen rechten, halten, was sich überhaupt halten läßt; natürlich ist das beim Löwen recht oft eine Waffe, etwa im Großherzogtum Hessen ein Schwert, oder ein Heiligenattribut, wie das Beil des heiligen Olaf von Norwegen, aber auch ein friedlicher Gegenstand, wie der Birnenzweig des Papstes Sixtus V. Wenn dem Löwen Flügel angesetzt werden, bezieht er sich fast immer auf den Evangelisten Markus, den Schutzpatron Venedigs. Alle vier Evangelisten haben ja ein geflügeltes Wesen als Symbol: Lukas den Stier, den deswegen die Maler verehren, Matthäus den Engel und Johannes den Adler, der in der spanischen Heraldik eine deutliche Rolle spielt.

Vom Markuslöwen wohl zu unterscheiden ist der Greif, ein Fabelwesen, dessen Oberkörper etwa der eines Adlers, dessen eigentlicher Leib mit den Hinterbeinen aber der eines Löwen ist. Der Greif ist seiner Natur nach schillernd als Sinnbild der Wollust und ihres Gegenteils, der Mäßigung, und auf dieser Grundlage wurde er zum Emblem eines mittelalterlichen Ordens des Königreichs Aragon, des Kannenordens. Auf dem Umweg über diese Sinnbildlichkeit wird er schließlich zum Schildhalter des Wappens des römisch-deutschen Kaisers (↗S. 90).

Die Wurzeln der heraldischen Bildersprache reichen weit ins vorchristliche Altertum zurück. Die Vorstellungswelt der Wappenschöpfer war von den Schilderungen der Tierwelt mitgeprägt, wie sie in den »Bestiarien« enthalten sind. Dies sind Naturkundebücher, die neben der Biologie auch die unbelebte Natur zu beschreiben versuchen, aber dabei hauptsächlich moralische Bezüge hervorheben. Alle Bestiarien gehen auf eine Urquelle, den sogenannten *Physiologus* (»Naturkundiger«), zurück, ein Manuskript, das um die Mitte des zweiten vorchristlichen Jahrhunderts in Alexandria entstanden sein dürfte und bereits damals in seinen achtundvierzig Abschnitten die Bezüge auf bestimmte Bibeltexte herstellt, wobei Warnungen vor Ketzerei mit Ermahnungen zur Enthaltsamkeit und Keuschheit überwiegen. Unzählige noch heute übliche Redensarten gehen auf diese Bücher zurück, die im Mittelalter fast so verbreitet waren wie die Bibel und in den populären Tierfabeln ihren Niederschlag fanden. Wer kennt nicht das Sinnbild der selbstzerstörerischen Elternliebe, den Pelikan, oder den aus der Asche aufsteigenden Phönix. In der Heraldik leben aber auch andere Tiere weiter, der Hirsch, der seinen Feind, die Schlange, in ihrer Höhle ertränkt und daher als Wappentier die Beute im Maul halten darf; der Fuchs, von dem behauptet wird, er täusche den von ihm zu fressenden Vögeln seinen eigenen Tod vor. Als soldatisches Fahnen-

Unten:
Zu den seltsamsten Fabelwesen, die der *Physiologus* behandelt, gehört der Basilisk, ein Riesenvogel, dessen Körper in einem Schlangenschwanz endet; nach vorne ist der Leib aber um einen Schwanenhals verlängert, auf dem ein Hahnenkopf sitzt.

Der Basilisk ist als Wappenbild zwar sehr selten, aber an einem Platz, wo er als »redende« Figur auftreten kann, außerordentlich beliebt. In der Stadt Basel dient der Basilisk allein oder auch paarweise als Schildhalter der Wappen mit dem »Baselstab« *(oben rechts)*.

Die Künstler des Mittelalters liebten es, menschliche Eigenschaften zu personifizieren und in ritterlicher Verkleidung mit den passenden Merkmalen auszurüsten, wozu sich die Heraldik als sehr dienlich erwies. Die »Demütigkeit« reitet auf einem im Text als »Panteltier« bezeichneten Fabelwesen; die Keuschheit »kommt geritten auf einem Einhorn«. Tiere führen sie auch im Banner, die Demut den Greifen und die Keuschheit einen Wolf, im Schilde stehen bei der Demut zwei Leitern, bei der Keuschheit ein Engel. Liebliche Pflanzen sind auf den Helm geflochten.

Mythische Reittiere, auf denen Götter weite Entfernungen überbrücken, kommen in allen Kulturkreisen vor. So wird berichtet, der Hindugott Wischnu sei auf dem »Garuda« geritten. Dieser fast menschengesichtige Vogel ist in der übrigen Welt als Hoheitszeichen von Thailand (Bild) und als Name der indonesischen Luftfahrtgesellschaft bekanntgeworden.

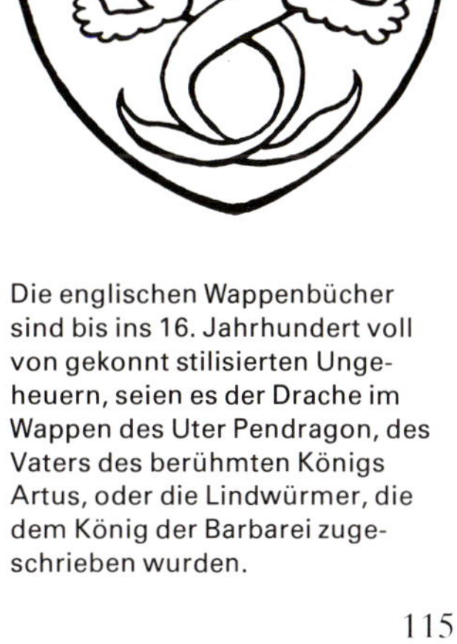

Die englischen Wappenbücher sind bis ins 16. Jahrhundert voll von gekonnt stilisierten Ungeheuern, seien es der Drache im Wappen des Uter Pendragon, des Vaters des berühmten Königs Artus, oder die Lindwürmer, die dem König der Barbarei zugeschrieben wurden.

Die nach der Jungfrau mit dem Einhorn benannte Serie von blumenübersäten Gobelins (um 1490) gehört zu den Prunkstücken des Cluny-Museums in Paris. Die Gruppe umfaßt heute nur noch sechs Stücke.

Man mag über Pedanterie und Versemessen eines trockenen Dichters spotten; aber Johann Christoph Gottsched (1700–1760) war sich doch, wie sein Wappen zeigt, seiner auf französische Vorbilder gestützten literarhistorischen Bedeutung bewußt. Sein Dichterroß, der Pegasus, erhebt sich in seinem Wappen über dem Werkzeug genauer Meßkunst, dem Zirkel.

bild wird er in allen Äußerungen seiner Listen als Prediger vor den Hühnern gezeigt, in manchen Wappen läuft er sogar indezent mit erhobener Rute einer nackten Dame zwischen die gespreizten Beine.

Man kann sich kaum vorstellen, zu welchen Assoziationen die Predigttechnik sich versteigen konnte. Wenn der Onager oder Wildesel im Rufe steht, elfmal in der Nacht sein Wasser zu lassen, so muß das dazu herhalten, auf die übriggeliebenen elf Apostel Christi überzuleiten. In der Heraldik ist der Onager bisher aber unbekannt geblieben, hingegen sind viele Fabeltiere zu Wappentieren, und besonders zu Schildhaltern (↑ S. 200) und Badges (↑ S. 210) geworden. Da die Zoologen für neuentdeckte Tierarten Namen aus den »Bestiarien« entlehnt haben, müssen wir nun unterscheiden zwischen heraldischen und natürlichen Antilopen, Panthern und anderen exotischen Tieren, umso mehr, als die einheimische Fauna überseeischer Gebiete immer mehr in deren staatlicher und kommunaler Heraldik Platz findet.

Unbestritten als Fabelwesen blieb das Einhorn; ob es ursprünglich mit dem ebenfalls einhörnigen Nashorn (Rhinozeros) identisch war, mag hier dahingestellt bleiben. In der Heraldik hat das Einhorn immer die Gestalt eines Pferdes oder mehr noch einer Ziege mit einem Horn auf der Stirn, das ganz gerade nach vorne ragt, zugespitzt und in sich gedreht ist. Die Sage, wonach es nur mit Hilfe einer Jungfrau gefangen werden darf, hat die bildende Kunst lebhaft angeregt und das Einhorn zu einem mehrfach deutbaren Sinnbild Christi, auch zum beliebten Wappenbild und Schildhalter gemacht.

Der Pegasus, das Flügelroß, findet erst mit dem

Siegel der Königin Maria Stuart von Schottland (1642–1587). Vor dem Zusammenschluß von Schottland und England wurde der schottische Wappenschild von zwei Einhörnern gehalten.

Klassische Beispiele von Einhörnern und Einhornrümpfen *(oben rechts)*, die den Kopf senken müssen, damit das lange Horn im Schilde Platz findet.

Humanismus Eingang in die Heraldik. Er kommt daher meist nur in den Wappen von Intellektuellen vor, die sich für Poeten halten. Vom Löwen weiß der *Physiologus* Erstaunliches zu berichten. Er beginnt seine Ausführungen »aller erst von dem Löwen, wie seine Dinge gelegen sind«; er läßt den Stammvater Israels, Jakob,

MON SEVL DESIR

Das bald zweieinhalbtausend Jahre alte Bronzestandbild der Kapitolinischen Wölfin *(oben)* steht in Rom im Palazzo dei Conservatori. Der Wolf aus dem Wappen des Bistums Passau *(oben rechts)* ist zum Wappen der gleichnamigen Stadt und vereinfacht zum Markenzeichen für hervorragende Stahlwaren geworden.

Die Wildheit des Ebers qualifizierte das Schwein zum Wappenbild; es ist eines der ältesten überhaupt bekannten. Dietrich von Schweinspoint begleitete 1194 Kaiser Heinrich VI. auf einem Feldzug gegen Tankred, den Normannenkönig von Sizilien.

Der Eber *(ganz rechts)* ist eines der Badges König Richards III. von England (1483–1485), das diesem skrupellosen Herrscher bei seinen Feinden die Spottnamen *The Boar* und *The Hog* (der Eber, der Keiler, auch die Sau) eintrug.

In den Siegeln der Stadt Berlin erscheint der brandenburgische Adler über dem Rücken des Bären *(oben)*; er wird später als Zeichen der Unterdrückung empfunden. In den Siegeln von Bern *(oben rechts)* schwebte über dem ursprünglich allein im Felde schreitenden Bären seit etwa 1319 der Reichsadler als Sinnbild der Reichsfreiheit, als welches er erst 1714 als unpassend empfunden wurde.

In den waldreichen Gebieten der Karpaten und Kareliens stellt der Bär in modernen Wappenentwürfen ein echtes Merkmal der Landesnatur dar.

seinen Sohn Juda den Welpen der Löwen nennen, eine Art Prophezeiung, denn noch Jahrtausende später kursiert der Spruch »*Vicit leo ex tribu Juda*« (Gesiegt hat der Löwe aus dem Stamme Juda). Wer der siegreiche Löwe aus dem Stamme Juda sei, bleibt der Interpretation überlassen; es könnte Jesus Christus sein, aber auch Haile Selassie, der Kaiser von Äthiopien.

Dem Löwen werden Eigenschaften zugeschrieben, die ihn vor allen anderen Wesen auszeichnen. Die Welpen kämen, sagt der *Physiologus*, tot zur Welt, und nach drei Tagen erscheine der Vater und blase sie an, wodurch sie zum Leben erweckt würden. Wohl gilt – und das mit Recht – der Löwe als das allerhäufigste Wappentier mit vier Beinen. Es gibt und gab jedoch manche Gegenden, wo der Löwe nicht als Symbol von Mut, Tapferkeit, Majestät und auch von Christus angesehen wurde. Dort traten andere Könige des Tierreichs in den Vordergrund, der Stier und der Bär der dichten Wälder vor allen anderen. Gerade Vierbeiner eignen sich oft besonders gut als »redende« Wappenbilder. Um ein Wappentier zu finden, brauchte man aber nicht immer auf den *Physiologus* zurückzugreifen; Augenschein und eigene Erlebnisse konnten auch genügende Motivierung liefern. Wer einen mit »Schwein« oder »Eber« gebildeten Namen hatte, griff gern zum Eber. Denn redende Wappen waren allezeit beliebt. Um sie zu erklären, muß man oft philologische oder auch dialektkundliche Studien treiben, dabei aber

Die Pranke des Bären eignet sich dank ihrer charakteristischen Gestalt vortrefflich als *pars pro toto.* Links ein Siegel des Graubündner Geschlechts von Planta, rechts das gültige Wappen des Landkreises Grafschaft Hoya in Niedersachsen, mit dem das mittelalterliche Wappen der Grafen von Hoya am Leben erhalten wird.

berücksichtigen, daß man einst auf etymologisch richtige Ableitungen keinen Wert legte. Derartige Gesichtspunkte sind zu modern. Wer also einen Namen mit »Bier« hatte, war ebenfalls legitimiert, sich eines Ebers als Namensretter zu bedienen.

Der Wolf eignet sich in allen Sprachen zur Verwendung in redenden Wappen, aber auch die Sage verherrlicht ihn, manchmal so sehr, daß er das echte Wappen zur Seite drängt, wie im Fall der Stadt Rom, die dem Mutterinstinkt einer Wölfin ihre Existenz verdanken soll. Da Wolf und Fuchs als Wappenbilder in ihrer Gestalt kaum auseinanderzuhalten sind, können oft nur Attribute aussagen, welches Tier gemeint ist. Reißt das Raubtier ein Lamm, darf man auf einen Wolf schießen, hat es eine Gans oder ein Huhn im Maul, kann man einen Fuchs vermuten.

Der Hund ist von diesen seinen Vettern ziemlich

Der Bär von Sankt Gallen bezieht sich auf die Legende des namengebenden Heiligen; der Heilige Gallus ließ sich von einem Bären bei der Beschaffung des Baumaterials für seine Einsiedelei helfen. Den Bären belohnte er mit dem Brot, das dieser auf dem Siegel der Stadt (ältester Abdruck vom 24. Mai 1312) vorweist *(unten).* Kaiser Friedrich III. verlieh der Stadt am 5. Juli 1475

einen goldenen Kragen um den Hals des Bären, wie auf der Reiterstandarte aus dem 17. Jahrhundert *(links)* zu erkennen ist, ein Kennzeichen, das die heraldischen Bären oft tragen, das aber nicht von der freiwilligen Hilfeleistung, sondern von der Dressur als Tanzbär herkommt.

Die Schweiz ist verhältnismäßig reich an Bärenwappen, die aber weniger auf die Landesnatur als auf andere Motive zurückgehen. Die Talschaft Ursern (heute Teil des Kantons Uri) führt seit etwa 1410 den Bären als lateinisch (*Ursus*= Bär) redendes Wappenbild, mit dem unterscheidenden silbernen Kreuz auf dem Rücken (↗ S. 20). Das reiche Damastmuster des Fahnenstoffs ist typisch für die kostbaren Schweizer Fahnen des frühen 16. Jahrhunderts.

In Nachahmung britischer Sitten schufen sich die indischen Fürsten europäisch konzipierte, aber einheimisch ausgestattete Wappen.

Der Elefant im Wappen der Grafen von Helfenstein ist ein »redendes« Wappenbild.

leicht zu unterscheiden, denn als Haustier ist er fast immer mit einem Halsband versehen. Man erkennt die Rüden an hochgestellten Ohren, die Bracken an den hängenden Schlappohren und die Windspiele an der Schlankheit des ganzen Körpers und des Kopfes. Die Hunde eignen sich sehr zu redenden Wappenbildern; dabei können auch andere Benennungen als die erwähnten Rassemerkmale zugrundeliegen, wie bei der Dogge von Toggenburg (↑S. 83).

Die Popularität des Bären hat viele Gründe. Seine Zähmbarkeit schlägt sich in allerlei Legenden nieder: mancher Heilige hat sich mit einem Bären angefreundet. Der heilige Korbinian ließ ihn sein Gepäck tragen, was man im Stadtwappen von Freising dokumentiert findet; Sankt Gallus stellte einen Bären als Lastenträger beim Hausbau an. Auch an phonetischen Anlehnungen an den Namen des Bären in dieser und jener Sprache fehlt es nicht. Die Städte Berlin, Bern, Bernburg und andere führen Bären im Schilde, den italienischen Fürsten Orsini dient er, der

machen; dies ist dann sachgemäß ein Ringkragen, den aber manche Körperschaft, wie Berlin 1872, als Symbol der Unterdrückung in einer Aufwallung von Bürgerinitiative entfernte.

Was für Eber, Bär und Wolf gilt, ist auch auf andere Tiere anwendbar, die dem Menschen unmittelbar ohne Rückgriff auf gelehrte Physiologen vertraut sind. Auch hier stehen die redenden Wappen im Vordergrund, der Kopf des Auerochsen von Uri, der Elefant von Helfenstein, verständlich, wenn man sich vor Augen hält, daß sein kostbarster Teil nicht Elefanten- sondern Elfenbein heißt. Zahlreich sind die deutschen Wappen, die wegen eines Namensteils mit »Herz« Hirsche oder Hirschstangen aufweisen. Die Heraldik nimmt keinen Anstoß daran, wenn aus einem Stier ein Ochse gemacht wird, sofern er nur als redendes Wappenbild brauchbar ist. Kühe sind durch Glocken am Hals und auffallend tingierte Euter gekennzeichnet. Dazu müssen sie aber in voller Gestalt auftreten; im Wappen der westfälischen Stadt Coesfeld genügt

Der Uristier *(oben)* blickt seinen Beschauer unverwandt an; daß er gebändigt ist, zeigt der Nasenring, der für ein Stierhaupt kennzeichnend ist.

Wie hoch der Stierkopf in Mecklenburg geachtet wurde, zeigt die Krone, die sein Haupt schon seit mindestens 1219 trug *(oben rechts)*. Die Linien des eingeborenen Fürstenhauses unterschieden sich durch Beifügung bzw. Weglassung des faltenreichen Halsfells.

orso, als Schildhalter, die Talschaft Ursern in der Schweiz dachte lateinisch, als sie den Bären zum Siegel- und später Wappenbild wählte. Der Bär ist graphisch nicht leicht zu bewältigen. Der Pelz soll klar, aber doch nicht naturalistisch wiedergegeben werden, und wer sich scheut, des Bären Männlichkeit drastisch rot zu malen, muß sich vor allem in der Schweiz den Spott gefallen lassen, er zeichne ja nur eine Bärin; um diese Frage ist tatsächlich 1579 ein Krieg zwischen Sankt Gallen und dem Kanton Appenzell entbrannt. Wie andere heraldische Tiere kann man den Bären auch durch ein Attribut kenntlich

der Kopf, dessen Natur durch das Kopfgeschirr verdeutlicht wird.

Je geringer die Körpergröße des Vierbeiners, desto mehr kommt er nur wegen der lautlichen Ähnlichkeit mit einem Namen in ein Wappen und nicht wie Eber, Bär und Büffel aufgrund der Herrschaft über die anderen Tiere des Waldes. Vergessen wir nicht das Pferd! Ohne Pferde wäre die ganze Geschichte des Mittelalters anders verlaufen, denn auf ihrem Rücken bewegten sich Tausende und Abertausende von Ort zu Ort mit kaum glaublichen Tagesleistungen. Das Rittertum verdankt schließlich seinen Namen in

Das Wappen der englischen Stadt Oxford ist vollkommen »redend«, es zeigt einen Ochsen in der Furt. Die deutsche Stadt Ochsenfurt macht es ähnlich, ihr Wappen hat aber keinen Helm mit Helmzier. Solch Wappenschmuck ist bei englischen Städten üblicher als bei deutschen.

Das 1905 verliehene Wappen der kanadischen Provinz Manitoba geht auf schon vorher gebrauchte Embleme zurück und besteht aus dem einheimischen Bison und dem englischen Georgskreuz.

Als sich die Verwaltungen der Stadt und des Kantons Schaffhausen trennten, behielt die Stadt das Haus, aus dem der Schafbock heraustritt, im Wappen, während der Kanton weiterhin das ganze Tier führt.

Das beherrschende Tier der südöstlichen Küste der Ostsee ist der Elch, daher das Wappentier der alten Landschaft Semgallen. Sein Kopf steht im Wappen der Stadt Mitau.

mehreren Sprachen dem Reiten. Pferde in Wappen aber nehmen darauf nicht sehr oft Bezug, vielmehr gehen sie auf vorheraldische Symbole zurück, man denke nur an das Niedersachsenroß, an die Pferde im Kreidegrund von Kent, oder an die Sage von Hengist und Horsa, den Angelsachsenfürsten, die England besiedelt haben sollen. Beim Pferd tritt aber die Vermischung von Siegel- und Wappenbild besonders deutlich hervor: der Reiter (sogenannter »Verfolger«) im Wappen von Litauen und der angebliche Heilige Georg im Wappen von Moskau sind eigentlich die Abbilder der Großfürsten selbst, wie sie auch sonst in Reitersiegeln anzutreffen sind. Hier jedoch sind sie aus den Siegeln in die Wappenschilde umgezogen, frühe Beispiele der heute noch alltäglichen Verwechslung. Was für den Reiter gilt, gilt auch für den Menschen als Wappenbild. Gerade in kommunalen Wappen finden sich viele menschliche Figuren, die als Schutzpatrone im Siegel gestanden hatten. Oft können sie von ihren Attributen vertreten werden. Wappen mit Heiligen sind am ehesten politischen Anfeindungen unterworfen. In der Zeit des Dritten Reiches wurde gegen die Wappen mit Heiligen und sogar mit deren altüberlieferten Attributen ein regelrechter Feldzug mittels Verwaltungsvorschriften geführt, mit dem Erfolg, daß noch lange nach dem Sturz dieses Regimes in amtlich aufgemachten Publikationen derartige »suspekte« Wappen eliminiert werden sollten. Ein Opfer wäre auf diese Weise beinahe der Schutzpatron von Mainz geworden, er sollte aus dem Wappen von Bingen verschwinden (↑ S. 121).

Vom Hirsch werden gerne – auch als Helmzier – die Stangen verwendet. Das bekannteste Beispiel ist das Wappen von Württemberg.

Die Markgrafschaft Niederlausitz führte schon im 14. Jahrhundert den artig schreitenden Stier im Schilde *(ganz links)*, für den die Wappenschöpfer späterer Jahrhunderte oft einen weißen Bauch vorzuschreiben liebten.

Der aufspringende Stier im Wappen der Stadt Turin *(links, Mitte)* ist ein Musterbeispiel für knappste Farbgebung in der Heraldik. Er ist auf italienisch »redend«, denn *toro* heißt der Stier, Torino heißt die Stadt in ihrer Heimatsprache. Daß die Gemeinde gräflichen Rang hat, zeigt die neunperlige Krone. Daneben mußte Genua auf seine früher geführte Königskrone verzichten.

Die beiden Kühe der Pyrenäen-Grafschaft Béarn *(links)*, frühzeitig von den Grafen von Foix geerbt und im gevierten Schild zusammengefügt, leben im Staatswappen von Andorra weiter und bedeuten dort die Fortsetzung der gräflichen Teiloberhoheit, die jetzt von der Französischen Republik ausgeübt wird.

Die einst kurmainzischen Städte Rüdesheim und Bingen führen fast die gleichen Wappen (hier Bingen) mit dem reitenden Heiligen Martin, der seinen Mantel mit dem Krüppel teilt.

Kein Vierbeiner ist zu gering, um als redendes Wappenbild dienen zu können; ob es nun der Igel von Iglau ist oder, wie hier, der Biber von Biberach an der Riß – und, historisch aufschlußreich, im Wappen der Stadt New York (↑ S. 248).

Das Urwappen des Königreiches Aragon bestand aus dem Christenkreuz, durch welches vier Maurenfürsten besiegt worden waren. Im spanischen Thronstreit nach 1700 setzte der Habsburger König Karl dieses Wappen auf die Rückseite seiner Goldbulle.

Der Beweggründe, ein Wappen mit Menschengestalten oder Körperteilen mehr oder weniger geschmackvoll zu schmücken, können viele sein. Gerade solche Wappen verleiten zu phantasievollen Erklärungen, manchmal sind sie sogar wahr, manchmal möglich, meistens jedoch nachträglich erdacht. Sie brauchen nicht immer die Köpfe besiegter Feinde zu tragen, wie derjenigen, an die das heutige Wappen von Sardinien erinnert, das eigentlich das von Aragonien ist; viel liebenswürdiger ist der Kopf der Dame des Herzens, um wieviel mehr, wenn er sogar das echte Familienwappen verdrängt wie bei dem Minnesänger Friedrich, einem Prinzen aus dem Hause

Menschliche Gestalten in örtlichen Wappen sind meist Schutzheilige, die man an ihren Attributen erkennen kann. In den Bannern des Schweizer Kantons Glarus erscheint der Heilige Fridolin als Pilger *(rechts)*, immer mit Heiligenschein und mit einem Buch unter dem Arm, meist mit Ranzen am Schulterriemen und dem Pilgerstab, den lange Zeit ein Abtstab verdrängt hatte.

In der Erfindung von Variationen überlieferter Wappenbilder war das Mittelalter unerschöpflich. Lustig sind der Löwe mit dem Kopf einer Jungfrau im Häubchen und der Hampelmann, der kleine Dubletten aus den Hüften hervorzaubert.

der Markgrafen Meißen. Vor der Betonung ethnischer Merkmale schreckte man zwar nicht zurück; ob allerdings, wie nachträglich gedeutet, der Mannesrumpf auf dem Helm dieser Markgrafen von Meißen ein Jude gewesen sei, dessen Nase man immer krummer werden ließ, mag zweifelhaft sein. Vielleicht war er nur der Stiefvater der geliebten Dame des Friedrich?

Ob Dame oder Mohr, ob heilig oder nicht, die mitteleuropäische Heraldik, und nicht nur die deutsche, sondern auch die niederländische und die italienische, liebte die menschlichen Figuren besonders als Helmzierden, während die Körperteile mehr in den Schilden überwiegen und zu gewagten, aber nicht selten optisch reizvollen Kombinationen verleiten. Ein Beispiel ist die antike Triquetra von Sizilien, das sind drei an den Oberschenkeln zusammengewachsene Beine, die eine »redende« Parallele im Stadtwappen von Füssen (es sind ja auch drei Füße) und eine wichtigere im Wappen der Könige der Insel Man – jetzt der Insel selbst – haben; hier wird wie bei Sizilien auf die Dreiecksgestalt der Insel angespielt, aber zur Erläuterung dient der Spruch: *Stabo quocumque jeceris* (Ich werde stehen, wohin man mich werfen mag). Ein einzelnes Bein ragte aus dem Helm des Königs der Insel Man, die Sohle gen Himmel (↗ S. 160). Als Schildhalter werden Menschen besonders oft verwendet.

Mit dem Nimbus um das Haupt des Mönchs im Stadtwappen von München *(unten links)*, das 1157 »bei den Mönchen« gegründet worden ist, ist nur ein auf den Namen der Stadt bezügliches Bild übertrieben heilig gestaltet.

Die mittelalterliche Heraldik schreckte vor der Darstellung des nackten Menschen keineswegs zurück, fand aber oft geschickte Lösungen zu dezenter Gestaltung *(unten links)*.

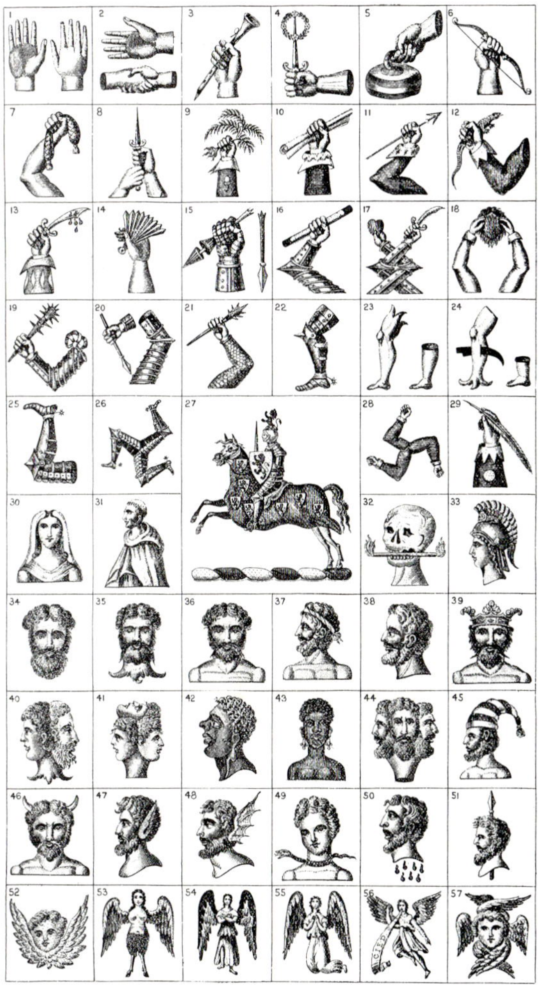

Besonders in England stellte man nach Figuren geordnete Sammlungen zusammen, die Muster für Wappenzeichner und Edelmetall-Graveure lieferten; hier ein englisches Beispiel um 1889 mit Körperteilen des Menschen und Phantasiewesen mit Menschengestalt.

Die Verbindung zwischen Erdenwelt und Himmel dachte man sich im Vorderen Orient in Form von geflügelten Vierbeinern, auch solchen mit menschlichen Zügen. Eine in Elfenbein geschnitzte geflügelte Sphinx aus Arsalam Basch im Museum von Aleppo (Syrien) vom Ende des 10. vorchristlichen Jahrhunderts stellt diesen Typ vollendet dar.

Auch unter den wirklich existierenden Flügelwesen gilt die hierarchische Ordnung der Herrschaft der Kräftigeren; die kräftigsten Vögel unterjochen nicht nur die kleineren und schwächeren, sie holen sie sich als Beute sogar vom Erdboden, wo sie auch die nur auf die Schnelligkeit ihrer Füße angewiesenen Tiere überraschen können und müssen. Je nach ihrer Beschaffenheit sind daher die größten Raubvögel, oder wie die Zoologen sie heute bezeichnen, die großen Greifvögel *(Accipitridae)* dazu prädestiniert, den Menschen gegenüber die Götterwelt zu repräsentieren. Was Wunder also, daß die Adler und

Altägyptische Hoheitsvögel, von oben nach unten:

Halsschmuck aus dem Grab des ägyptischen Herrschers Tutenchamon (12. Dynastie).

Brustschild aus einem Königsgrab von Byblos, das nicht nur mit dem Falken belegt ist, sondern auch auf beiden Seiten symmetrisch in Falkenköpfen endet.

Halsschmuck, bestehend aus dem Geier der Göttin Nechebit.

Der albanische Nationalheld und Fürst Georg Kastriota, genannt Skanderbeg, kämpfte bis zu seinem Tod (1468) gegen die türkische Unterdrückung und siegelte mit dem Doppeladler *(links)* des von den Türken bedrohten Oströmischen Reiches.

In Südamerika nimmt der Kondor die Rolle des Adlers als Hoheitsvogel ein. Er wird fast immer naturalistisch dargestellt und krönt die Wappen der gebirgigen nordwestlichen Republiken Kolumbien, Bolivien (Bilder), Ecuador und Panama. In einigen dieser Länder steht der Kondor als Hoheitszeichen ausdrücklich unter Naturschutz.

ihm verwandte Vögel unter allen Himmels- und Göttersymbolen die prominentesten und zahlreichsten sind.

Der sogenannte Jungfrauenadler von Nürnberg *(unten)* ist ursprünglich ein deutscher Reichsadler mit dem Königshaupt; seit dem 15. Jahrhundert wurde er mit zunehmender Hervorhebung weiblicher Merkmale gezeichnet.

Kein Kulturkreis, in dem überhaupt derartige Vögel vorkommen, ist davon ausgenommen. Anders als das nächsthäufige Wappentier, der Löwe, kommen Greifvögel unter allen Himmelsstrichen vor, so daß, ebenfalls anders als bei dem auf ein europäisch-mittelalterliches Grundschema zurückgehenden Wappenlöwen, diese hoheitlichen Vögel selbst bei starker Stilisierung eine gewisse Naturähnlichkeit beibehalten. Man kann anhand körperlicher Eigentümlichkeiten sogar Unterschiede zwischen Adler und Falke herausfinden oder auch absichtlich herausstellen, wie es in den letzten Jahren die Arabischen Republiken getan haben, als sie den Adler Saladins durch den Falken des Generals Khalid ibn al-Walid aus Mohammeds Koraisch-Stamm ersetzten.

Die symbolische Unterscheidung zwischen Adler, Falke und Geier hat eine alte Tradition, die bis in die Vorgeschichte zurückgeht. Die Hethiter kannten den Doppeladler als Hoheitszeichen, die alten Ägypter statteten ihre Könige mit nach Geier und Falken gebildeten Schmuckstücken aus, die geradezu heraldisch anmuten. Man fand solche in ägyptischen Königsgräbern. Sie hingen entweder an um den Nacken gelegten Ketten oder waren auf andere Art befestigte Brustplatten. Gemeinsam ist ihnen, daß sie in den Krallen kreisrunde Edelsteine halten, womit wohl die Erde oder das Weltall gemeint sein sollen; dies ist jedenfalls die Deutung, die aus der Gestaltung des provisorischen Hoheitszeichens der Republik Ägypten (1953) abzulesen ist.

Wie die alten Ägypter ihre Götter als mit Tierköpfen ausgestattete Menschen darzustellen liebten, also auch mit Adler- und Geierköpfen, so glaubten umgekehrt die balkanischen und griechischen Inselstämme an geflügelte Fabelwesen mit Tierkörpern und Menschengesichtern, die Harpyien; wenn aber eine solche Sagengestalt in der mitteleuropäischen Heraldik vorkommt, so handelt es sich um eine humanistische Interpretation von etwas ganz anderem.

Jedenfalls ist der sogenannte Jungfrauenadler in Nürnberg eigentlich ein deutscher Reichsadler mit Königshaupt, wie er auch seit einigen Jahrzehnten wieder gestaltet wird.

Der deutsche Königsadler geht seinerseits unmittelbar auf die Römer zurück. Als Karl der Große am Weihnachtstag im Jahre 800 mehr oder weniger überrascht zum Kaiser gekrönt wurde, zog er daraus eine zeichensetzende Folgerung. Er pflanzte einen imperialen Adler auf seine Kaiserpfalz in Aachen. Seine Nachfolger »heraldisierten« ihn so nachhaltig, daß er, nur vom Zeitgeschmack modisch beeinflußt, wenn auch mit Unterbrechungen, bis zur Stunde das

In den »Signa« der römischen Legionen, die wir heute mit einem modernen Wort »Feldzeichen« zu nennen pflegen, erscheint der naturalistische Adler des Jupiter entweder am oberen Ende der Stange oder auf einem Medaillon von Lorbeer umgeben *(links)*. Die Anlehnung des napoleonischen Kaisertums an die römische Antike drückt sich auch in den Bekrönungen der Fahnenstangen aus, wo der Adler die typisch römische Haltung einnimmt.

Der Minnesänger Reinmar von Zweter (heute Zeutern in Nordbaden) bildet die Sachsen, das heißt die Flügelknochen seines Wappenadlers, zu einem zweiten und dritten Haupt aus.

Unten, von links nach rechts:

Adler im Siegel des österreichischen Herzogs aus dem Hause Babenberg, Heinrich von Mödling († 1223); Abdruck von 1203.

Adler aus dem ältesten Siegel der Stadt Wien; Abdruck von 1239.

Adler, dem Edmund, ein Sohn des deutschen Königs Richard von Cornwallis (1256), zu seines Vaters Gedächtnis den Schild seines Familienwappens an der Schildfessel in den Schnabel hängt (1290).

Frankfurter Adler, Entwurf eines der fruchtbarsten und gewandtesten Wappenzeichner des 16. Jahrhunderts, Jost Amman.

Der schlesische Adler, wie ihn der Piastenherzog Bolko II. 1334 im Siegel führte, wobei auch der Halbmond hinzukommt.

Der sogenannte brennende Adler *(rechts)*, der bis zur Mitte des 13. Jahrhunderts das Wappenbild des Königreichs Böhmen war, vom Grab Ottokars I. († 1230) im St. Veitsdom in Prag aus dem 14. Jahrhundert.

Die Stadt Schongau bildete aus dem Reichsadler und dem bayerischen Rautenschild ein eigenes Stadtwappen *(rechts Mitte)*. In Wimpfen übernahm ein Schlüssel die Funktion des Unterscheidungszeichens *(ganz rechts)*.

Die beiden Kaiserreiche in Europa, das römisch-deutsche *(ganz rechts)* und das russische *(rechts)*, drückten den kaiserlichen Rang durch einen zweiten Kopf des Adlers aus.

Wappen Deutschlands auch als Republik geblieben ist. Eine dieser Unterbrechungen ist die seit dem 13. Jahrhundert allgemein verbreitete, aber erst 1401 von Kaiser Sigismund sanktionierte Auffassung, der Adler des Kaisers habe zwei Köpfe, der des künftigen Kaisers, der sich nur Deutscher oder auch Römischer König zu nennen hatte, begnüge sich mit einem Kopf, der den Hohenstaufen noch genügt hatte, obwohl auch sie dem oströmischen Kaisertum nacheiferten und es oft kopierten. Dort war ein zweiköpfiger Adler Staatsemblem geworden oder geblieben; wie es dazu kam, weiß man nicht genau, denn im Oströmischen Reich hatte die Heraldik in ihrer westeuropäischen Ausgestaltung nicht recht Fuß fassen können. Und als das byzantinische Kaiserreich 1453 seine letzte nennenswerte Bastion an die Türken verlor, da schmückten sich die Erben mit goldenen Doppeladlern auf rotem Grunde, seien es die genealogischen Erben wie die Markgrafen von Montferrat, sei es ein politischer Erbe, um nicht zu sagen Prätendent oder Usurpator, der Großfürst von Moskau, der seine Ansprüche allerdings auch mit einer Versippung begründete.

Die späteren russischen Kaiser, die diese Bezeichnung – anstelle von »Zar« – nur nach und nach im diplomatischen Verkehr, niemals aber in der Öffentlichkeit des Auslandes durchsetzen konnten, gingen um 1700 dazu über, ihren Doppeladler schwarz in goldenem Felde zu »tingieren«, um sich dem römisch-deutschen Kaiser in Wien anzugleichen.

Als nun gar noch ein dritter Kaiser auf dem Plan erschien, Napoleon, mußte er nach einer neuen Variante suchen. Er fand sie in der Wiederbelebung des antiken Rom mit seinem naturalistisch gestalteten Adler, den die alten Heraldiker wenig aristokratisch einen »Scherbvogel« nannten. Die von ihm gewählten Farben, Gold in blauem Felde, waren nicht etwa die bisherigen der Könige von Frankreich, sondern diejenigen, die er für die ursprünglichen der deutschen Kaiser hielt, von irrenden Gelehrten falsch unterrichtet. Der Doppeladler aber lebt heute noch fort in den Wappen jener Städte, denen ihn Kaiser Friedrich III. aus Dankbarkeit für geleistete Hilfe –

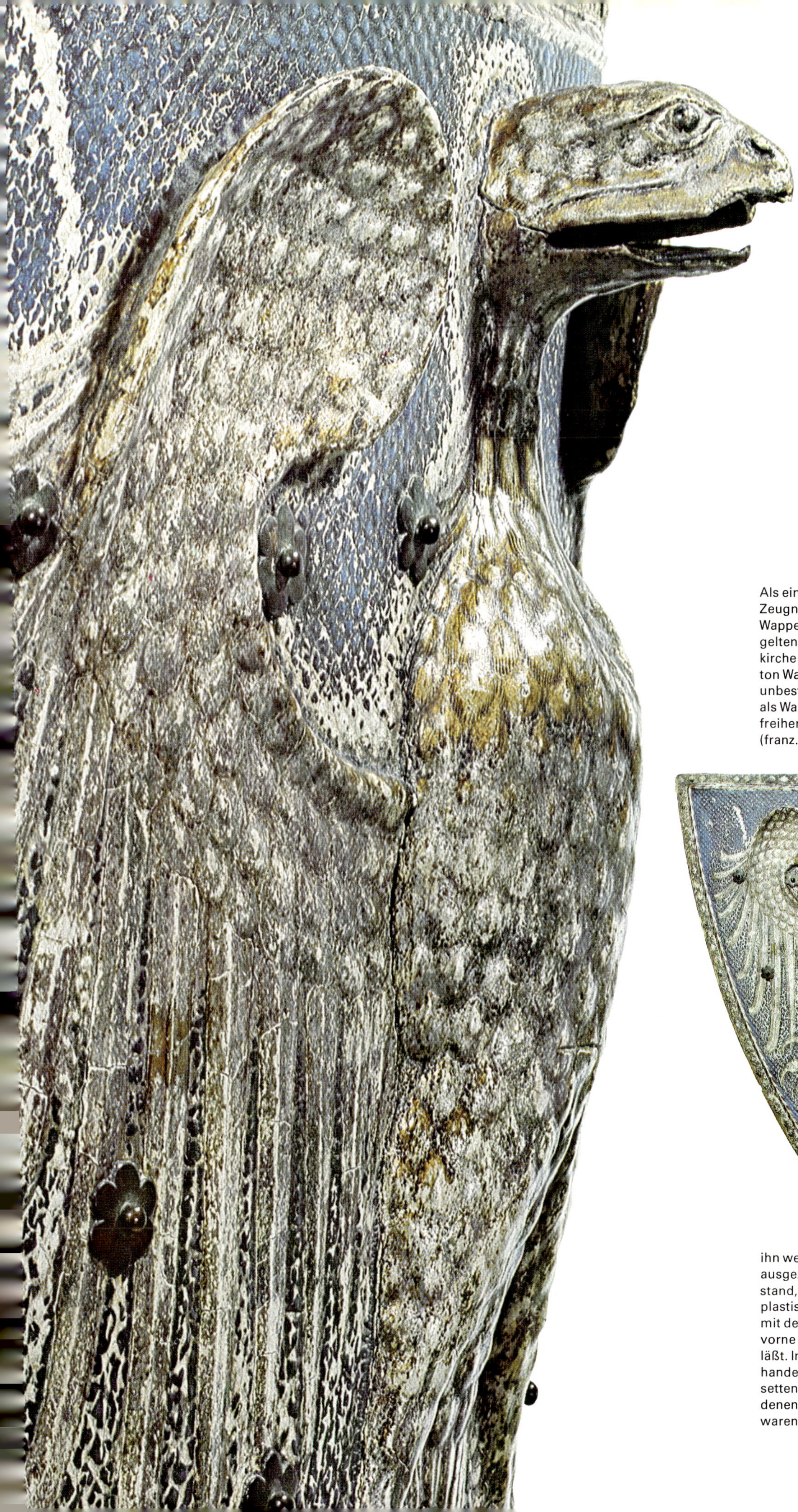

Als eines der eindruckvollsten Zeugnisse hochmittelalterlicher Wappenkunst darf der Adlerschild gelten, der aus der Liebfrauenkirche zu Valeria ob Sitten im Kanton Wallis stammt und zunächst unbestimmbar schien. Daß er sich als Wappen einer der Linien des freiherrlichen Hauses Raron (franz.: Rarogne) erwies, macht

ihn weniger interessant als sein ausgezeichneter Erhaltungszustand, der den Beschauer die vollplastische Ausformung des Leibes mit dem unüblicherweise nach vorne gereckten Kopf genießen läßt. Interessant ist auch das Vorhandensein der Gegenmutterrosetten von den Schrauben, mit denen die Schildfesseln befestigt waren.

Die Stilisierung des Adlers wird von der Symmetrie bestimmt, wobei nur der Kopf aus der Symmetrieachse heraustritt. Die Flügel können stets im rechten Winkel am Körper ansetzen und sich dann mit mehr oder weniger stark gekrümmten Sachsen, den Flügelknochen, nach außen ausbreiten.

statt materieller Entschädigung – verliehen hatte, und seit Karl V. auch in Toledo und Potosí (Bolivien), und sogar in einem volksrepublikanischen Staatswappen, nämlich dem Albaniens. Dort erinnert man sich noch gern an den Nationalhelden Skanderbeg, und die Bewohner nennen sich in ihrer eigenen Sprache »Adlersöhne«. Der Doppeladler hatte seit Napoleons Auftreten in Mitteleuropa zwar an Bedeutung verloren, aber ausgespielt hatte er nicht. Ein Schachzug des römisch-deutschen Kaisers Franz II. bewahrte ihn aber vor dem Verschwinden: er wurde als Symbol der Kaiserwürde an sich auch zum Wappen des aus den Ruinen des zerfallenden Reiches erstehenden Kaisertums Österreich erklärt. Da Franz II. doppelter Kaiser, nämlich »Erwählter Römischer« und »Erblicher von Österreich« war, legte man dem »römischen« Doppeladler einen österreichischen auf die Brust. Dieser hatte dann aber keine Heiligenscheine um die Häupter, weltlich wie er war. Die Heiligenscheine

freimachen können. So kommt es, daß die Städte Aachen, Deventer, Dortmund, Goslar und Oppenheim das gleiche Wappen wie die Bundesrepublik Deutschland führen. Andere ehemalige Reichsstädte fügten dem Adler noch ein weiteres Zeichen bei, meist einen kleinen Brustschild. Die Reichsfreiheit der Schweizer wandelte sich im Laufe waffenklirrender Zeitläufe in eine Freiheit vom Reich. Dessen Doppeladler aber blieb lange das Sinnbild der Unabhängigkeit an sich, auch noch nach 1648, als die Schweiz sich ganz von dem Reich trennte, das für die Eidgenossenschaft mehr als für andere Länder identisch war mit dem unmittelbar benachbarten und verhaßten Hause Österreich.

Für die Schweiz galt der dem Adler gern beigesellte Spruch *Sub umbra alarum tuarum protege nos* (Unter dem Schatten deiner Flügel beschütze uns) nur sehr bedingt. Diesen Spruch findet man besonders oft über dem wirklichkeitsfremden, aber weit verbreiteten Quaternionenadler, durch

Zu den Fernzielen der deutschen Kaiser gehörte es seit der Krönung Kaiser Friedrichs II. zum König in Jerusalem, die Stadt des Heiligen Grabes wiederzugewinnen. Der weitgereiste Konstanzer Bürger Konrad Grünenberg hielt 1483 in seinem inhaltsreichen Wappenbuch das künftige Reichswappen bereit, den Reichsadler mit drei statt zwei Köpfen, ein treffendes Beispiel verfehlter Ambitionen *(oben)*.

bekam er erst wieder, als Dollfuß 1934 in Österreich das Wort »Republik« unterdrückte und das Land in einen Bundesstaat verwandelte, der sich 1938 dem »Dritten Reich« anschließen mußte. Dieses wiederum hatte den einköpfigen deutschen Reichsadler auf gemischt-heraldisch-altrömische Weise verfremdet.

Der einköpfige Reichsadler hatte neben dem Doppeladler die Zeiten bis heute bei jenen Städten überdauert, die sich als »Reichsstädte« von der in Deutschland überhandnehmenden landesherrlichen Hoheit hatten freihalten oder

den die Reichseinheit dargestellt werden sollte, aber mehr des Reiches Zersplitterung ausgedrückt wurde. In vielen Museen findet man Glaspokale mit solchen Adlern, die auf jeder Schwungfeder die vier Vertreter eines Reichsstandes durch vier Schildchen vorstellen, also vier Grafen, vier Landgrafen, vier Markgrafen, vier Burggrafen bis hinunter zu den »Bauern«. Unter ihnen fällt Köln auf; der »Kölsche Bur« lebt noch im dortigen Karneval fort.

Ist der Adler ein Musterbeispiel für das Streben der Heraldik nach Symmetrie, so hat sich die

Wappenkunst seiner doch auch in naturalistischer Weise bemächtigt. Wenn der Adler als Sinnbild des nicht vor dem Sonnenkönig zurückweichenden Hohenzollernhauses dienen soll, schwebt er über einer Landschaft (↑ S. 210); die Sonne ist dann das Attribut, das den Vogel als Adler ausweist. In freier graphischer Gestaltung, auf Ordensurkunden zum Beispiel, wurden sogar die Doppeladler von Rußland und von Österreich wie normale Vögel fliegend dargestellt.

Als Ausweis für den Raubvogelcharakter können aber auch kleinere Lebewesen dienen, die nur der Adler schlagen kann. Nicht jeder Greifvogel soll ein Adler sein. Trägt er etwa eine Kappe auf dem Kopf und kleine Schellen an den Füßen, dann ist er als Falke erkennbar. Manche adlerartigen Vögel entlarven sich als redende Wappenzeichen, wenn man ihren heimatlichen Namen kennt, wofür der Würgefalke, Stocker genannt, beim Schaffhauser Geschlecht Stocker ein treffendes Beispiel bietet. Ritzt der adlerartige Vogel jedoch die Brust auf, dann soll es ein Pelikan sein, der seine Jungen nährt. Der heraldische Pelikan hat nicht, wie der lebende, einen Futtersack am Schnabel.

Da die Helmzierden, englisch *crests*, abweichend von den zweidimensionalen (flachen) Wappenbildern im Schild, dreidimensional (körperlich) zu denken sind, können Adler in dieser Funktion lebendiger und damit auch in ihrer Tätigkeit als Beuteschläger dargestellt werden. Das Bild ganz rechts zeigt keinen Adler, sondern einen Pelikan.

Die staatliche Zerrissenheit des mittelalterlichen Deutschen Reiches findet im Reichsadler mit den je vier Wappen der verschiedenen Reichsstände, den sogenannten Quaternionen, auf den Schwungfedern ihren Ausdruck *(links)*.

Zu den Reichsfreiheiten gehörte auch die den Friesen an der Nordseeküste angeblich von Kaiser Karl dem Großen verliehene Unabhängigkeit, die durch den halben Reichsadler in den Familienwappen ausgedrückt wird *(oben)*.

Die Zeit um 1800 bevorzugte eine Annäherung der Wappentiere an die Natur, im Kaiserreich Napoleons I. gefördert durch die Kopierung der römischen Adler *(rechts)*.

Von der konventionellen Heraldik glaubten sich 1782 die Schöpfer der Vereinigten Staaten von Amerika mit ihrem Adler freimachen zu können und zu sollen *(ganz rechts)*.

Nürnberg, eine Reichstadt, verfügte über zwei Wappenschilde. Das dort entwickelte Schema der drei Schilde, von denen der oberste mit dem Reichsadler die Reichsfreiheit bedeutete, dehnte sich auf die ähnlich konstituierten Schweizer Kantone aus, in denen der deutsche Adlerschild auch lange nach der endgültigen Trennung vom Reich 1648 weiterhin als Sinnbild der Unabhängigkeit galt *(oben)*.

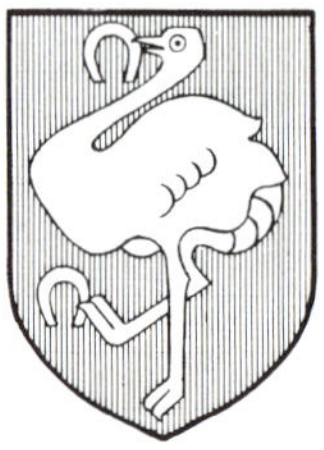

Das Hufeisen ist so markant, daß ein mittelalterlicher Wappenzeichner sich damit zufriedengeben und auf die Körpermerkmale des Vogels wenig Aufmerksamkeit oder gar Nachforschungseifer verschwenden mochte *(rechts)*. Anders die Graveure der Stadtsiegel von Leoben *(ganz rechts)*; hier ist der Vogel Strauß das Sinnbild einer durch Eisen zu wirtschaftlicher Stärke gelangten Stadt, darum auch zwei Hufeisen.

Eine strenge Stilisierung wie beim Adler läßt sich bei einigen anderen geflügelten Wesen anwenden, etwa bei den Insekten, die mit angelegten und besonders mit ausgebreiteten Flügeln sehr dekorativ wirken. Davon machte auch Napoleon I. noch im Exil auf Elba ausgiebig Gebrauch. Das römische Geschlecht der Barberini machte seinem Wappenbild alle Ehre: es sammelte den Honig ein, den ihm der schrankenlose Nepotismus des Papstes Urban VIII. (1623–1644) einbrachte. Thaddäus Barberini, zum Fürsten von Palestrina ernannt, und Oberkommandierender der päpstlichen Truppen, mußte vor der Kassenprüfung 1646 nach Frankreich fliehen, wo er 1647 starb.

Solider ist die Symbolik der Stelzvögel, die durch Beizeichen identifizierbar sind. Der Vogel Strauß verschlingt auch in Wirklichkeit allerlei Unverdauliches; diese Fähigkeit wird in der Fabel und folglich auch in der Heraldik durch die Beigabe eines eisernen Gegenstandes verdeutlicht. Dem Kranich pflegt man einen Stein in den erhobenen Fang zu geben, der den Wachestehenden wecken würde, falls er herunterfällt.

Der Phönix unterscheidet sich vom naturalistischen Adler durch Flammen, hier auf einer englischen Standarte aus dem 15. Jahrhundert.
Der Kranich der Landschaft Greyerz *(oben rechts)* ist ein französisch »redendes« Bild, denn er heißt in jener Sprache *grue* und die Landschaft Gruyère, bekannt durch ihren Käse.

Im Wappen der Mailänder Stadtherren aus dem Geschlecht der Visconti *(rechts)* verschlingt die Schlange den sündigen Menschen.

Im Siegel des Fürsten Milosch Obrenovitsch von Serbien (ermordet 1868) bedeutet die Schlange den Kampf gegen die Türken.

Rechte Seite:
Der Jesuitenpater Silvester Petra Sancta erachtete das Bienenwappen seines Gönners, des Thaddäus Barberini, für würdig, das Titelblatt seines 1638 erschienenen bahnbrechenden Werkes *»Tesserae Gentilitiae«* zu schmükken, umrahmt von personifizierten Darstellungen des glücklichen Zufalls und des Ruhmes.
Napoleon III., Kaiser der Franzosen, sah die von ihm vielfach verwendeten Bienen als Sinnbild der »werktätigen Klassen«.

PRÆSIDIVM
ET DVLCE
DECVS

Der Name der Stadt Florenz weist auf eine Blume hin, so kann auch ihr Wappenbild nur eine Blume sein.
Die Florentiner Lilie wird stets durch Staubfäden und auch durch weitere Aufgliederung ihrer Bestandteile bereichert.

Die heraldische Lilie ist wie der heraldische Adler symmetrisch aufgebaut; anders als bei ihm aber muß auch die Spitze des Mittelblattes nicht aus der Achse heraustreten. Wie beim Adler werden ihre Formen mit der Zeit immer schwellender, bis man in der Gegenwart wieder auf die Urform des 13. Jahrhunderts zurückgreift. In der Rokokozeit mußte die Lilie die Auswölbungen der Schilde berücksichtigen und mit ihrer Mittelachse der gekrümmten Achse des Schildes folgen.

Nur zwei Blumen sind im eigentlichen Sinn heraldisch: die Lilie und die Rose. Mehr als die Rose unterliegt die Lilie der strengen heraldischen Stilisierung, vielleicht deshalb, weil sie von dem Vorbild in der Natur recht weit entfernt dargestellt wird, und zwar so abweichend, daß es ernste Zweifel daran gibt, ob es sich wirklich um eine Schematisierung der Iris oder Schwertlilie handelt. Manches spricht dafür, wie der Name, der in allen Sprachen ursprünglich auf die Lilienblüte hinweist; dagegen aber spricht, daß alle heraldischen Lilien, welchen Stiles auch immer, den Querbund aufweisen, aus dem die drei oberen Blätter aufstreben, und aus dem sich ein vergleichsweise kleines dreiteiliges Ornament nach unten entwickelt. Das hat sogar zu der Theorie geführt, daß die heraldische Lilie in allergrauester Vorzeit einen gemeinsamen Vorfahren mit den Faschinen habe, mit denen man wasserführenden Boden hätte bewohnbar machen können. Dann ergäbe sich sogar eine entfernte Verwandtschaft mit dem faschistischen Rutenbündel! Wir können diese Überlegungen beiseite lassen, zumal wir wissen, daß die heraldische Lilie in heraldischer Zeit als Blume angesehen wurde. Kaiser Friedrich II., orakelgläubig wie er war – damals nichts Besonderes –, vermied es, in der Blumenstadt Florenz zu weilen, weil ihm der Tod in Blumen geweissagt worden war; er starb im Castel Fiorentino (»Florenzer Burg«) in Apulien 1250.

Die Lilie als Symbol der reinen Muttergottes war das Hauptemblem der Könige von Frankreich; heraldisiert, das heißt zu einem Wappenentwurf verwendet, hat sie vermutlich als erster König Ludwig VII. (reg. 1137–1180). Die sich seit dem 14. Jahrhundert durchsetzende Dreizahl hatte ursprünglich keine Bedeutung; sie war nur die Mindestmenge der Lilien in einem mit diesem Motiv besäten Schild, an dessen Rändern die Spitzen der benachbarten abgeschnitten hervorlugten. Aber noch im 14. Jahrhundert wurde die Dreizahl der Lilien auf die heilige Dreieinigkeit bezogen.

Die heraldische Rose leitet ihre Grundform von der Heckenrose ab und hat daher fünf Blätter; das hindert nicht, daß es auch Rosetten mit weniger und mit mehr Blättern gibt. Korrekter-

Dank ihrer Gestalt eignet sich die Wappenlilie hervorragend zur endlosen Wiederholung in versetzten Reihen. Hiervon wurde in Frankreich, dessen Könige in der Lilie ihr Hauptsymbol sahen, reichlich Gebrauch gemacht, auch noch zu einer Zeit, als im Wappen des Königreichs (seit dem 14. Jahrhundert) die Menge der Lilien auf die Dreizahl reduziert war. An Stoffbahnen mit dem Lilienmuster konnten weitere Streifen mit Livree-Farben angesetzt werden. Ein so dankbares Motiv wie die heraldische Lilie reizte auch zu kostbarer Ausstattung mit Edelsteinen *(links Mitte)*; daß die hier dargestellte Mantelschließe schon von Ludwig dem Heiligen getragen worden sei, ist wohl eine fromme Täuschung.

Abzeichen der konkurrierenden englischen Königshäuser York (weiße Rose) und Lancaster (rote Rose), aber auch für die wichtigsten roten Rosen in Deutschland, die von Lippe und der Herrschaft Altenburg. Darüber hinaus ist die Rose eines der beliebtesten Wappenbilder überhaupt in der ganzen Welt.
Das Motiv der von oben gesehenen Blüten ist aber keineswegs auf die heraldische Rose beschränkt; man begegnet ihm besonders häufig in den japanischen Familienzeichen oder *Mon*, zumal diese fast ausschließlich auf Kreisbasis aufbauen und damit ideale Voraussetzungen für Blumenmuster in Aufsicht bieten. Die grundsätz-

Die Rose kann in Deutschland unter anderem auf das Land Lippe bezogen werden, wo man zu markanten Unterscheidungsmerkmalen greifen mußte. Die alte Hansestadt Lemgo färbt die lippische Rose blau statt rot, sie steht zweimal im Stadtsiegel von etwa 1200; im Siegel der Neustadt von 1283–1365 wird der Blütenboden in der Mitte mit einem Männerkopf (Christus mit der Dornenkrone?) belegt.

weise sind diese dann als Vierblatt, Sechsblatt oder entsprechend zu bezeichnen. Von Fünfblatt kann man sprechen, wenn aus irgendeinem Grunde keine Rose gemeint sein kann oder soll; das wäre der Fall bei einer blauen Blüte, denn dann kann sie Hanf bedeuten, bei einer gelben als Mispelblüte. Generell aber ist eine fünfblättrige Rosette eine Rose und daher als rot oder weiß zu vermuten. Dies galt insbesondere für die

lich kreisförmige Gestalt zwingt zu starker Stilisierung und Abstraktion. Blüten werden mit dem Samenstand in der Mitte, aber auch beblättert im Aufriß verwertet, ganze Zweige eignen sich dazu, in Kreisform gebogen zu werden. Die außerordentliche graphische Begabung der japanischen Künstler wirkte sich auf die Sinnbilder dieser Nation so entscheidend aus, daß deren Gestaltung um 1900 nach ihrem Bekannt-

Unter den nebenheraldischen Abzeichen spielen die floralen Embleme in Großbritannien eine hervorragende Rolle. Der »Krieg der roten und weißen Rose« endete 1485 mit der Vereinigung beider in einer zweifarbigen, der Tudor-Rose. Die Distel ist das Badge Schottlands, das Kleeblatt das von Irland.

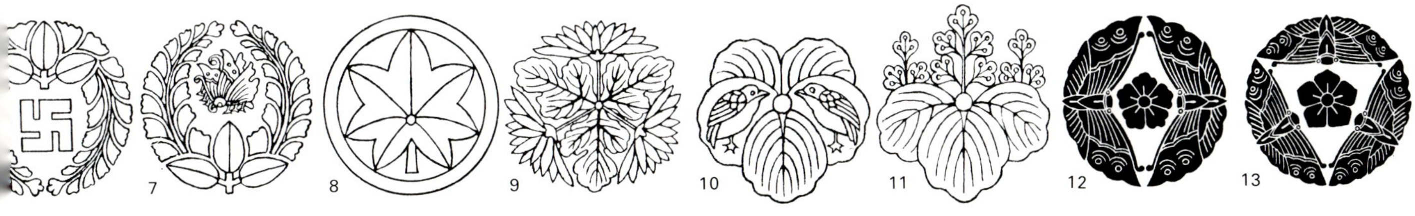

Banner eines japanischen Hochadeligen, auf dessen Grundtuch ein *Mon* gelegt ist. Hier ist der in der japanischen Ökologie so wichtige Bambus in Gestalt von dreimal »kreisförmig gelegtem Bambus im Ringe« *(Maru ni sasa no maru)* verwertet. Dies Bild wird von der Familie des 1884 zum Adelsgrad eines Vicomte eingestuften Fukuoka Takachika geführt.

werden in Europa viele Nachahmer fand und den Jugendstil mit beeinflußte.
Dem Europäer fällt es manchmal schwer, aus der strengen Stilisierung die Blütengattung herauszulesen, die gemeint ist, seien es Pflaumen-, Kirschen- oder Eibischblüten. Häufig erschweren fremdländische Namen wie »Rose von Scharon« für den Eibisch *(Hibiscus)* in Berichten das Verständnis.
Aus der britischen Sitte, nicht nur Blüten, sondern auch Pflanzen, wie den Lauch von Wales, als Badges zu führen, hat sich im anglophonen Bereich der Welt der Brauch entwickelt, National- oder Provinzialgewächse als Wappenbilder gesetzlich festzulegen.

Diese japanischen *Mon* zeigen:

1 Chrysantheme
2 Nelke
3 Pflaumenblüte
4 Chinesische Blume
5 drei Malvenblätter im Glyzinienkreis
6 Dreiblatt mit hängendem Glyzinienzweig und Swastika
7 wie 6, Zweig aufgerichtet, mit Schmetterling
8 Ahornblatt
9 drei beblätterte Chrysanthemenblüten
10 Efeublatt, mit Vögelchen
11 Paulownia Imperialis
12 und 13 Fünfblätter mit Schmetterlingen

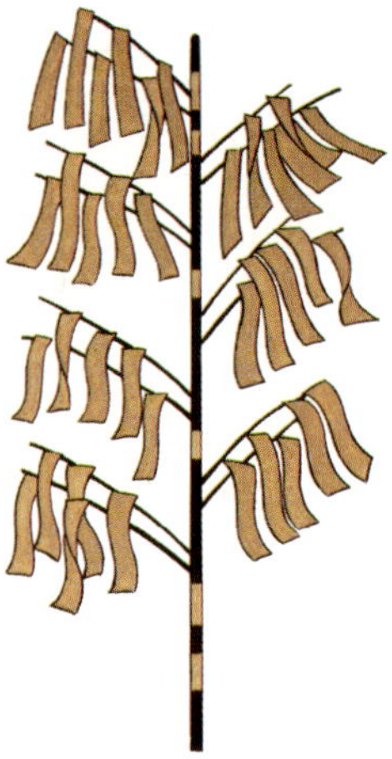

Für die wie Bäume wirkenden, mit allerlei flatterndem Zeug besteckten Gestelle haben die Japaner eigene Bezeichnungen: *»Matoi«* oder *»Umajiruschi«*. In der Vexillologie zählt man solche Zeichen zu den Vexilloiden; das ist ein für Derartiges vor wenigen Jahren neu geschaffenes Kunstwort.

Das Amt Entlebuch in der Schweiz bildete einst eine autonome Körperschaft und führte als solche ein eigenes Banner, darin das »redende« Bild, die Buche *(oben)*.
Die Eichhörnchen verdeutlichen noch das Bild der Schwarzwaldtanne auf einer Fahne, die die Schweizer 1499 im sogenannten Schwabenkrieg erobert haben *(oben Mitte)*.
Wie gefährlich es ist, sich nur auf eine Beschreibung zu verlassen, zeigt die als holsteinische bezeichnete Flagge mit dem gründlich mißverstandenen »Nesselblatt« *(ganz rechts)*.

Von der ganzen Vielfalt der Flora sind in der klassischen Zeit nur diejenigen Gewächse zu Wappenbildern geworden, die sich heraldisch stilisieren lassen, also solche, deren Silhouette sich hierzu eignet. Das ist in erster Linie bei der Rose und der Wappenlilie der Fall. Daneben spielen andere Blumen nur eine ganz untergeordnete Rolle; ihr Auftreten könnte sich aus den Umständen der Wahl bei der Wappenstiftung erklären lassen. Die zahlreichen Garten- und Feldblumen, mit denen die Buchmaler des Mittelalters die Ränder ihrer Bilder prunkvoll umrahmten, sind in der klassischen Heraldik fast unbekannt, werden hingegen bei modernen Wappenschöpfungen hin und wieder herangezogen, unter Umständen mit guter dekorativer Wirkung. Verwunderlich ist, daß ein in der Volkskunst häufiges Motiv, die aus einem Topf herauswachsenden tulpenartigen Blumen, schon sehr verbreitet war, ehe die Tulpe in Europa überhaupt bekannt wurde, was nicht vor 1551 der Fall war. Vielleicht handelt es sich hierbei um vereinfachte Gartenlilien.

Mehr noch als Blumen sind Blätter in der Heraldik vertreten, vor allem jene, die markante Umrißformen aufweisen, wie die von Klee, Seerosen, Linde, Eiche. Schon seltener sind Buchen- oder Weidenblätter als Einzelfiguren, doch zur Kennzeichnung der Gattung eines Baumes sind diese Blätter auch gut geeignet. Um diese Eignung nicht zu verwischen, werden die Bäume, wenn gut stilisiert, nur mit einigen typisch beblätterten Zweigen gezeichnet.

Mancher Baum ist auch an seinen Früchten identifizierbar, wie der Birnbaum. In neuerer Zeit gibt es immer wieder Bestrebungen, Getreidehalmen einen ideologisch begründeten Platz einzuräumen. Man muß aber zugeben, daß Ähren und besonders Garben zu den allerfrühesten Wappenbildern besonders fruchtbarer Landstriche gehören.

Wenig respektable Gewächse werden allerdings meistens nur dann gewählt, wenn sich ein redendes Wappen ergibt, wie es die vorletzte Zeile auf der Bildtafel der gegenüberliegenden Seite ausweist. Wir finden dort Seerosenblätter für Seebach, Mohnköpfe für Maenhaupt, Kohl (französisch *choux*) für Choux, eine Rübe für Ruber, Knoblauch für Knobloch, Erbsenschoten (französisch *pois*) für Le Pois.

Was unter »Nesselblatt« zu verstehen ist, zeigt die Auswahl von Nesselblatt-Wappen *(rechts)*. Der Name ist ein Kunstwort für eine Figur, die sich schon im hohen Mittelalter von ihrem Ursprung, nämlich ein gezackter Schildrand zu sein, freigemacht hat.
Im Laufe der Zeit wurde diese rätselhaft erscheinende Figur immer mehr deformiert; ihre Dreieckzipfel wurden sogar zu »Nägeln« vom Kreuze Christi!

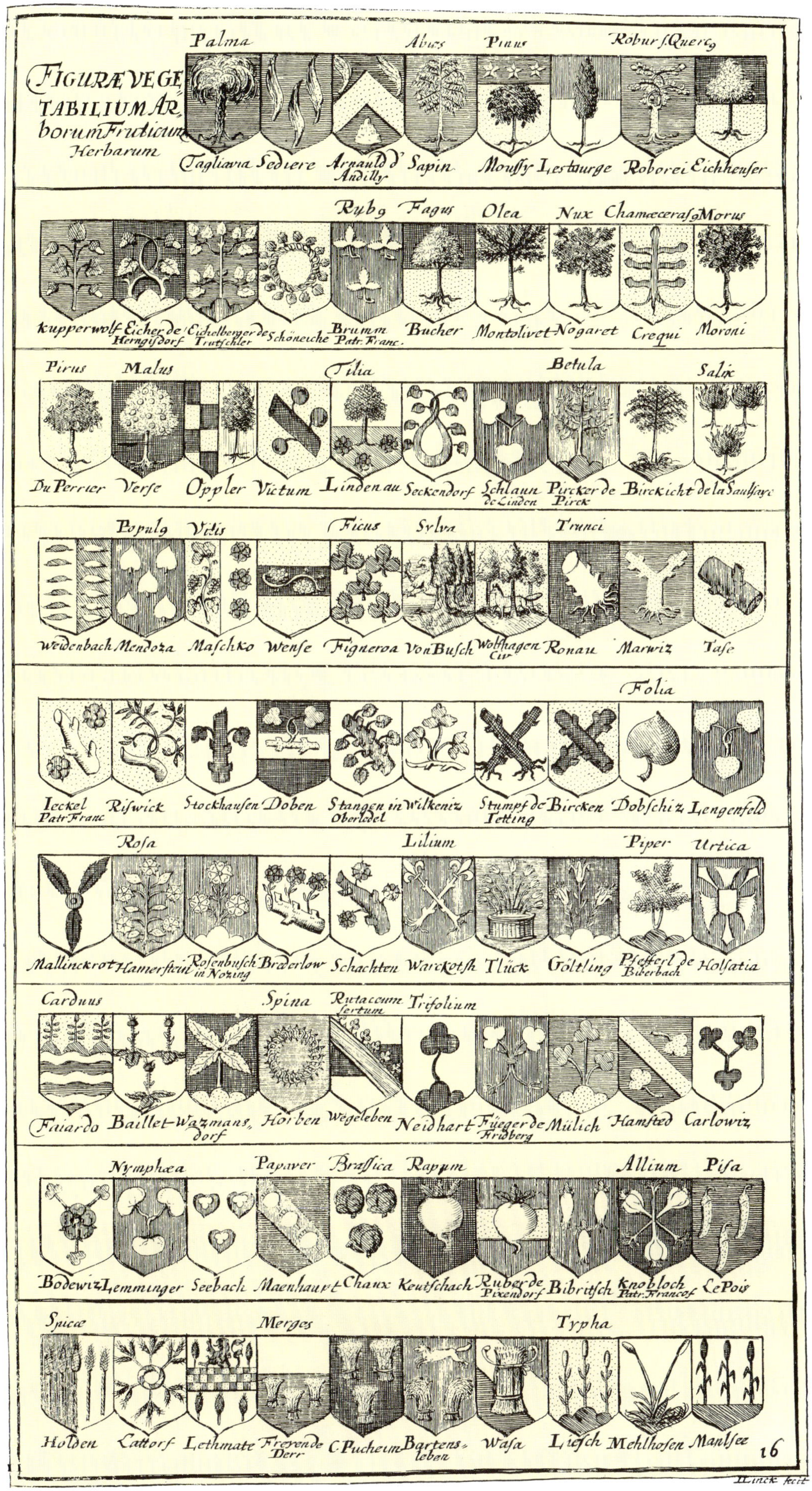

Mit dem Baum wird oft der Gedanke der Autonomie und Selbstbestimmung verbunden. Nicht nur die germanische Gerichtslinde ist dafür ein Beispiel, sondern auch die Fichte, die selbstbewußte Amerikaner nach 1686 in Neu-England neben das englische Georgskreuz setzten.

Die aus England stammende Gepflogenheit, regionale Parteinahme oder Zugehörigkeit durch pflanzliche Embleme auszudrükken, hat sich auch nach Übersee verpflanzt. In Kanada fand das Ahornblatt den Weg in Wappen und Flagge *(oben)*. Daß die Ahornblätter dort ausdrücklich »rot« und nicht, wie anfänglich, »naturfarben« sein sollen, wurde 1965 angeordnet, um Übereinstimmung mit der Farbe des einen Ahornblattes in der Flagge und besonders dessen in der Pranke des britischen Löwen auf dem Helm herzustellen. Sie waren im Gedenken an den kanadischen Blutzoll im Ersten Weltkrieg von Anfang an rot.

Seit dem 17. Jahrhundert machten sich immer mehr Veröffentlichungen die Vorteile des Kupferstichs zunutze, um Übersichten über thematisch zusammenfaßbare Gruppen darzubieten. Hier eine Tafel aus dem Lehrbuch des einflußreichen Wappenkenners Philipp Jakob Spener von 1690, der sich erfolgreich bemühte, für jedes Beispiel wenigstens eine Familie irgendwo in der Welt namhaft zu machen.

Die berühmte Wappenrolle von Zürich ist ein Beispiel dafür, daß die Wappen ferner Länder nicht immer richtig dargestellt werden; das ist heute noch so. So können die Wappen von Spanien und Portugal hier nur als Muster für zeichnerische Gestaltung der »Kastelle« von Kastilien und einer »Pforte« für Portugal dienen. Manche der zeitgenössischen Wappenbücher schreiben fremden Ländern oder Herrschern Wappen zu, die zwar frei erfunden sind, aber immerhin in der Sprache des Zeichners »redend« werden.

Bauwerke kommen zwar auch in Familienwappen vor, sind aber besonders charakteristisch für

Siegel von Städten (hier: Stadthagen) und daraus entwickelte Wappen, wo sie geradezu Porträtcharakter haben können. Zur weiteren Unterscheidung von ähnlichen Bildern setzt man dann das Hoheitszeichen des Landesherrn hinzu.

Das markenähnliche Zeichen der Fürsten von Litauen, das man auch das dreitürmige Tor nennt, verleitete den Konstanzer Wappensammler Konrad Grünenberg dazu, dem Reiter einen ungenau bebilderten Schild zu geben *(unten)*.

Für die von Menschenhand gefertigten Gegenstände gilt der gleiche Grundsatz wie für alle anderen Wappenbilder: kein Gegenstand ist zu wertvoll und keiner zu geringwertig, um als Wappenbild in Anspruch genommen werden zu können. Die Gegenstände sollten nur zweidimensional darstellbar sein, wobei eine gewisse Plastik oder Reliefwirkung durchaus zulässig ist. Man strebt daher unter Umständen nach einem Ausweg durch die *pars pro toto*-Methode, wie es die Bilder auf Seite 138 unten überzeugend zeigen. Wie überall gibt es auch hier Ausnahmen, so sind etwa Tische und Stühle kaum anders erkennbar zu zeichnen, als unter Zuhilfenahme der Technik der Perspektive. Die toten Gegenstände geben oft schwer oder gar nicht lösbare Rätsel auf. Das ist vor allem deshalb betrüblich, weil Wappen hervorragende Hilfsmittel bei der Identifizierung von Personen und bei der Datierung von Kunstgegenständen sein können, deren Wert durch genaue Angabe über Ort, Zeit, Auftraggeber und Künstler beträchtlich steigen kann. Aus diesem Grunde muß ein Wappenkenner sich eingehend mit den Gebrauchsgegenständen des Mittelalters befassen, vom Kriegswerkzeug bis zu den schlichtesten Gewerbezeichen.

Diese Gegenstände kann man unterteilen in solche, die im täglichen Leben gebraucht werden, und solche, die der Herstellung von Waren dienen. Es gibt mehrere im Druck veröffentlichte Klassifikationen, man muß aber feststellen, daß bisher noch keine ganz überzeugend ist. Keine kann daher als Norm vorgeschlagen werden, und bis zum Einsatz von Computern auf diesem Gebiet ist daher noch ein weiter Weg. Der Kuriosität halber sei auf das bekannteste Verzeichnis, das Figurenregister von Dielitz (1898) hingewiesen, das stark auf den Zweck der Objekte ausgerichtet ist. So gibt es dort eine Abteilung »Geräte aus dem Gebiete der geistigen Bedürfnisse«. Und da dieser preußische Offizier den Krieg hier subsummierte, hat er alle im Kriege verwendbaren Bauwerke dort eingeordnet, darunter auch das Kastell aus dem Wappen von Kastilien. Andere Verzeichnisse ziehen Nebensächlichkeiten heran und unterscheiden für den Identifikationszweck zwischen Schilden mit bestreutem und mit besätem Grundfeld, was man ja als zweierlei ansehen kann, aber in der Blütezeit der Heraldik nicht für wichtig hielt.

Unter den Gebrauchsgegenständen nehmen die Bestandteile der zivilen Kleidung einen breiten Raum ein, besonders auffällig die Formen der Ärmel und hierbei vor allem die mit der angeschnittenen Tasche, vielleicht für das Gebetbuch. Wieder sind die Engländer Meister in der graphischen Fortentwicklung der Silhouette dieser Ärmel, die bei den Franzosen wegen ihrer Deformierung *manche mal taillée*, in englischer Sprache einfach nur *maunche* heißen. Auch bei der

Die Zahl der Gebrauchsgegenstände, die in Wappen vorkommen, ist unermeßlich; grenzenlos scheint aber auch die Phantasie der mittelalterlichen Wappenschöpfer, besonders der englischen.

Drei Schwerter mit gemeinsamem »Pommel«; man braucht wohl kaum an ein Klappmesser zu denken, wenn man als Vorbild drei Fische mit einem Kopf, drei Hasen mit gemeinsamen Ohren und dergleichen kennt.

Daneben drei Musikinstrumente (Claricord oder Clarion), drei Löffel *(spoons)* als redendes Wappen eines Herrn Sponeley, und drei lange Strümpfe mit ihren Strapsen.

Die Familie des deutschen Malers Albrecht Dürer hieß ursprünglich Ajtó nach ihrem ungarischen Herkunftsort, übersetzte diesen Namen und schuf daraufhin ein »redendes« Wappen mit einer Tür *(links)*.

Die vier Wappen mit den Ärmeln, an denen Buchbeutel hängen, gehörten Burgmannen des Kurfürsten von Trier auf Burg Neuerburg und bezeichnen nicht etwa Verwandtschaft, sondern ein gemeinsames Vasallenverhältnis.

Identifizierung von Kleidungsstücken kann man redenden Wappen begegnen. Wer etwa eine offene Hose führen möchte, heißt auch mit Familiennamen entsprechend, wie der Holländer Abenbroek. Eßwerkzeuge sind ziemlich seltene Figuren, dagegen ist – wiederum in England – ein chirurgisches Instrument, der Aderlaßschnepper, öfter anzutreffen, und, da wir in England sind, natürlich »stilisiert«, so daß er wie die Ziffer 7 aussieht.

Mit der Ausbreitung des Wappenwesens über die ritterlichen Kreise hinaus nimmt die Zahl der Wappen mit Werkzeugen und Geräten zu, von der Landwirtschaft – dort finden sich vornehmlich die Pflugschar, aber auch ganze Pflüge – bis zum Handwerk. Dessen Werkzeuge kommen nicht nur in den Wappen der gewerbetreibenden Personen vor, sondern auch in den Wappen und Fahnen ihrer Innungen und Zünfte, bei diesen so oft in Verbindung mit den Ortswappen, daß sich nur wenige allgemeine Gewerbewappen herausbilden konnten, nämlich nur bei den Malern und den Schmieden.

Natürlich können mehrere Gebrauchsgegenstände verschiedener Herkunft in einem Schilde vereinigt sein. Der hier abgebildete Zunfttisch der Gerber von Solothurn liefert Beispiele dafür, wenn Pflugschar (Herkunft) und Gerbermesser (Beruf) zusammen erscheinen. Zu den schwierig zu erkennenden Figuren gehört die Dachziegelform, die oft in Wappen von Familien des Namens Ziegler oder ähnlich vorkommt. Auf dem Solothurner Gerbertisch erscheint sie zweimal. Nur für Kenner offenkundig sind die Seilerhaken, mit denen die Seile gedreht werden; auf dem Gerbertisch ist eine Familie mit einem solchen Haken viermal vertreten. Die aus Schäften bestehenden Werkzeuge haben mit den sogenannten Hausmarken eine gewisse Ähnlichkeit. Daß die Hausmarken ihrerseits auch eine formale

Zu den in der Heraldik oft vorkommenden modischen Accessoires gehören die Gürtelschnallen verschiedener Gestalt *(unten)* manchmal auch mit durch den Schild gestecktem Dorn.

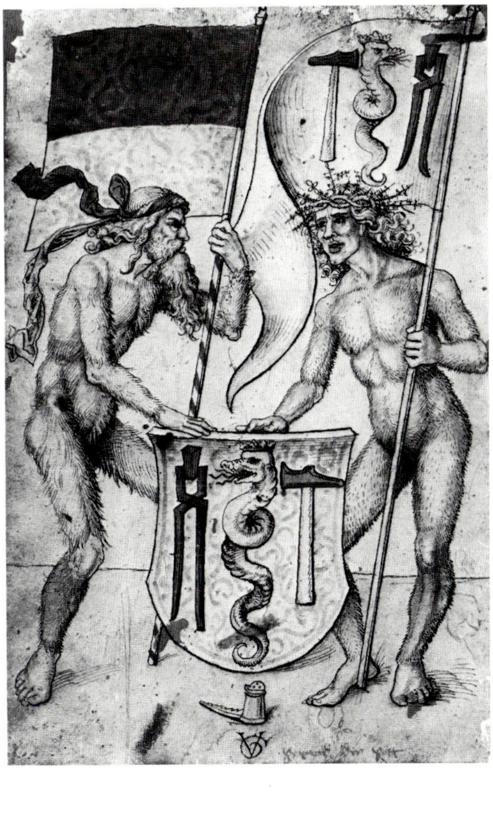

Gebrauchsgegenstände erscheinen naturgemäß besonders häufig in Wappen von Gewerbetreibenden und deren Vereinigungen; bei den Schmieden sind die Zange mit dem glühenden Eisenstück und der Hammer, dazu die feuerspeiende Schlange »Aspis« weit verbreitet *(links)*.

Das Schnappschloß *(fetterlock)* ist in der englischen Heraldik öfter anzutreffen, zumal es, einen Falken umschließend, das Badge des Stammvaters des Hauses York, Richard († 1460), war, der es angeblich deswegen »offen« führt, weil der Falke, der auf den Thron hoffte, nicht eingesperrt sein sollte. Sein Sohn, König Eduard IV. († 1483) und dessen Sohn Eduard V. († 1485) ließen das Schloß auch als Könige offen.

Die zahlreichen Formen, die ein Schlüsselbart haben kann, und von denen eine ja auch einem Kreuz (↗ S. 107) zu seinem Namen verholfen hat, erlauben nicht, einen Schlüssel einfach nach der Angabe »ein Schlüssel« in einer Beschreibung zu zeichnen. Das Wappen des fränkischen Geschlechts von Speth zum Beispiel ist nur dann richtig dargestellt, wenn die ganz primitive Form der Dietriche eingehalten wird *(links)*.

Ähnlichkeit mit den altgermanischen Runen haben, hat in den Jahren nach dem Ersten Weltkrieg zu abenteuerlichen Spekulationen über den auf die Runen zurückzuführenden Ursprung der Wappen überhaupt geführt. Die Übereinstimmung von Runen und Hausmarken besteht nur in der Fertigungstechnik, die von der Ritzung quer zur Maserung des Holzes bestimmt ist. Daher gibt es bei den Hausmarken keine gebogenen Linien, sondern nur Ansätze im Winkel. Hausmarken kommen in klassischen Wappen nicht vor, darum gibt es auch fast keine verliehenen Wappen mit einer Hausmarke. Gelegentlich werden, etwa bei einer Nobilitierung, aus den Hausmarken echte Heroldsbilder konstruiert. Dies dürfte eine Parallele in der Besonderheit der polnischen und litauischen Heraldik finden, in

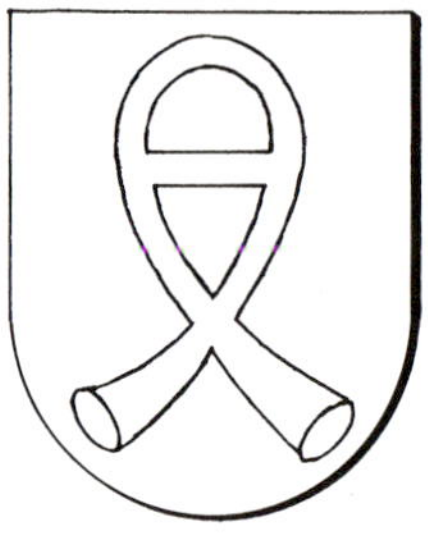

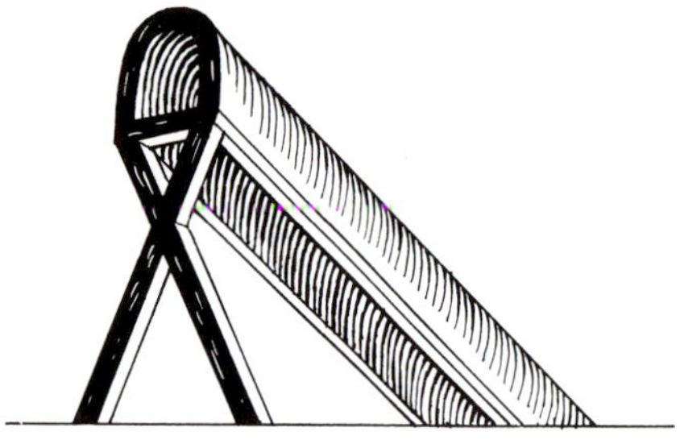

In den heraldischen Dokumenten, die uns überliefert sind, steckt noch manches Geheimnis. Viele alltägliche Gerätschaften sind noch unidentifiziert. Manchmal gelingt die Erklärung mit Hilfe des Berufes oder des Namens; wer hätte von vornherein gedacht, daß die beiden Figuren in den Wappenschilden die Stirnseite eines »Abstoßbaums« wären, auf dem die Felle von den Gerbern zur Säuberung aufgespannt wurden.

der schmale Gegenstände wie Hufeisen, Pfeile und dergleichen typisch sind. Wieweit hier ein Zusammenhang mit den *Tamga* heißenden tatarischen Hausmarken, die in Innerasien noch üblich sind – etwa auf der Stirnseite der Zelte –, besteht, ist bisher noch nicht ernstlich untersucht worden. Da solche Zeichen ähnlich wie Hausmarkentypen eigene Benennungen tragen, wurden sie in Westeuropa oft mißverstanden, wofür das Wappen von Litauen ein Beispiel liefert (↗ S. 136).

Der Tisch der Zunft »zu Gerbern« in Solothurn (begonnen 1594 und lange fortgeführt) gestattet einen Einblick in die Wappenführung und -wahl der Gewerbetreibenden. Neben den Werkzeugen der Gerber kommen auch Geräte ihrer Väter vor.

STADT MAASTRICHT — LAND WALDECK — GASTWIR ZEICHE

Wappen der Stadt Portsmouth (England), das auch von der gleichnamigen Stadt in dem amerikanischen Staat Rhode Island geführt wird.
In der für die englische Heraldik typischen Weise hat der Stern geflammte Strahlen.

Zu den Eindrücken, die den Menschen am tiefsten bewegen, gehört zweifellos der gestirnte Himmel. Das Bewußtsein, daß alles Leben von einem Gestirn gesteuert wird, gehört zu den ältesten Erfahrungen. Die Sonne, der Mond und die Sterne treten daher seit Urzeiten in der Symbolik auf, teils angebetet, teils einfach zur Belebung der Himmelsfläche. In unzähligen Stadtsiegeln schweben Sonne, Mond und Sterne über dem Gemäuer oder bei Hafenstädten über dem Schiff, das sich nach dem Leitstern orientiert.

Die Verehrung der Sonne ist nicht auf bestimmte Völker beschränkt, ihr Lauf ist zu allen Zeiten von allen Völkern beobachtet und zur Grundlage weitreichender Entscheidungen gemacht worden, wie es die Zeitmessung und der Kalender verdeutlichen. Die auf vielen Figuren beruhenden Kalenderübersichten kommen in der Heraldik nicht vor, gelegentlich aber die personifizierten Planeten. Auch Sternbilder sind in der alten Heraldik ungewöhnlich, dagegen in modernen Staatswappen und -flaggen nicht unbeliebt, wobei das Kreuz des Südens eindeutig die kurze Liste anführt.

Recht groß ist die Zahl der Herrschergeschlechter, die ihre Abstammung von der Sonne herleiten, wie der Tenno von Japan und die Könige der Inka-Reiche, oder die sich mit ihr vergleichen wie mancher indische Maharadscha, der König von Nepal, die Herren von Baux in der Provence oder der Sonnenkönig Ludwig XIV. Seine Art, die Sonne mit einem menschlichen Gesicht darzustellen, ist dem klassischen Altertum entlehnt, aber nicht von ihm erfunden, wie das viel ältere Wappen der Inka-Könige zeigt. Aber es ist wohl auf sein Sonnenbild zurückzuführen, wenn die Sonne des Mai (gemeint ist die, die am 25. Mai

Für die Gestaltung des Mondes hat die Heraldik mehrere Formen entwickelt. In diesem Allianzwappen führt der Ehemann zwei schmale Mondsicheln, die Frau aber ein volles Mondgesicht *(unten)*.

Das 1486 an die Schweizer verlorene Banner des Jean von Luxemburg, des burgundischen Gouverneurs von Douai aus jener Linie, die mit dem südfranzösischen Dynastengeschlecht von Baux verschwägert war. Die stolzen Herren von Baux verglichen sich mit der Sonne und führten diese daher im Wappen.

ICTORIA STRALIEN) 1910 | REPUBLIK KONGO 1960–1963 | KANTON WALLIS 1815 | SIZILIANISCHE MÜNZE | STADT HALLE/ SAALE | SULTAN VON BAGDAD | TRIESTINER MÜNZE | MONDSEE

1810 den Ausbruch des Aufstandes gegen Spanien beschien) in Argentinien auch mit einem Frauengesicht gezeichnet wird.
Die ungeheure Wirkung der Sonne wird in der Heraldik durch die abwechselnd geraden und geflammten Strahlen ausgedrückt; nur die ostasiatischen Nationen haben für die Sonne ganz strenge graphische Formen gefunden, die auch in der Benennung durchblicken lassen, daß die Farbe hier zur Symbolisierung mitwirkt; die japanische Sonne ist als »aufgehende« ganz rot und – geradezu naturgetreu – ohne Strahlen, während die chinesische den vollen Tag zugrundelegt und mit »Blauer Himmel und Weiße Sonne« (heute nur noch in Wappen und Flagge von Taiwan) auf die zwölf Tagesstunden anspielt. Hingegen bedeuten die acht dreiteiligen Strahlenbündel im Wappen und in der Flagge der Philippinen die acht ersten Aufstandsprovinzen. In heißen Ländern wird die Sonne ins Wappen genommen, vielleicht beschwörend, daß sie nicht versenge, was sie wachsen ließ, so auf den Bahamas, in der Elfenbeinküste und der Zentralafrikanischen Republik, in Mali, Niger, Uganda und Tschad. Nebenher muß die Sonne, vor allem, wenn nur ihre obere Hälfte zu sehen ist, die »aufgehende«, als Symbol der Freiheit und der damit verknüpften Hoffnung auf bessere Zukunft angesehen werden, wie es die naturalistische Darstellung im Wappen von Kuba erkennen läßt. Im Wappen von Marokko ist die Sonne aber eine untergehende, denn in der Landessprache heißt Marokko ja *Magrib*, Westen. Zur Zeitangabe dient die Sonne in Verbindung mit den Sternzeichen für die Monate März bis Juni 1845, wohlgemerkt die in Ekuador passenden. Ähnlich, aber in schlichter naturalistischer Darstellung, ist auch die Dämmerung zu bewerten, in der die zur Ausrufung der Republik führende Revolution in Panama ausbrach. Als Sonnen-

Sonne, Mond und Sterne machen dem Menschen seine zeitliche Vergänglichkeit bewußt; er fühlt sich von ihnen geleitet und regiert. Dem gibt er in Wappen und Münzen Ausdruck. Sterne benützt er aber auch ganz profan zum Abzählen; die Sonne soll meist »aufgehend« die bessere Zukunft symbolisieren.

Die englischen Musterbücher für Graveure führen alle kosmischen Körper vor. Die traditionelle Regel, wonach Helmzierden festen Kontakt mit dem Helm haben sollten, wird großzügig übergangen *(links)*.

Wenn die Vereinigten Staaten in ihrer Flagge die ursprünglich dreizehn und gegenwärtig fünfzig Staaten in Sternen ausdrücken und heute noch rätseln, wer diese Idee gehabt habe, so sei darauf hingewiesen, daß das Abzählsystem mittels Sternchen schon auf Truppenfahnen des Dreißigjährigen Krieges gang und gäbe war.

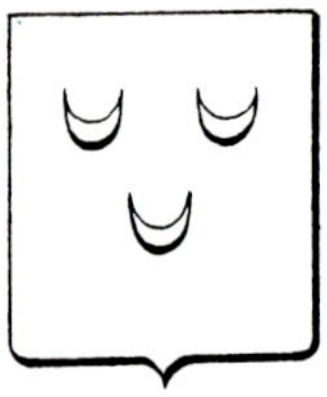

NIEDERLÄNDISCHES MÜNZBILD

KÖNIG v. FRANKREICH 1547

OSMANISCHES REICH

SAKANKPUR (INDIEN)

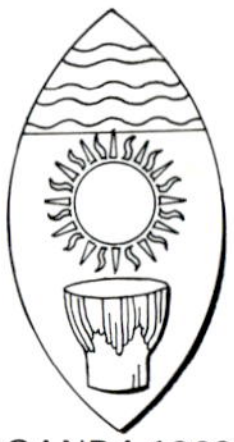

UGANDA 1962

REPUBLIK LETTLAND 1921

BRITISCH-KOLUMBIEN 1906

REPUBLIK CHINA 1928

Zum Ausdruck der Gottgleichheit der Herrschaftsgeschlechter werden oft die Gestirne herangezogen. Die Inka-Könige wählten dazu noch ihre mythische Gebirgsheimat.

strahlen muß man auch die Lichtstrahlen ansehen, die von der Freiheitsmütze in einigen mittelamerikanischen Staatswappen ausgehen.

Sonne und Mond in gleichgewichtiger Bewertung sollen bei Nepal bedeuten, daß das Reich so lange bestehen wird, wie diese Himmelskörper nicht heruntergefallen sind. Die Republik Ceylon hat, als sie ihren einheimischen Landesnamen Sri Lanka zum international allein gültigen Landesnamen erklärte, auch das Wappen mit religiösen Symbolen angereichert, unter denen Sonne und Mond nicht fehlen durften. Damit nähern wir uns astrologischen Gesichtspunkten, die in der klassischen Heraldik nicht erkennbar sind, wohl aber die Grundlage des iranischen Hoheitszeichens, der Sonne im Sternbild des Löwen, bilden.

Die Himmelskörper kommen also, wie aus dem Gesagten ersichtlich, öfter in Hoheitszeichen als in Familienwappen vor. Der Mond allerdings taucht in seinen verschiedenen Varianten selbst gewählt wird, ist oft unbekannt, nicht selten mag es an der unheimlichen Wirkung liegen, die der Mond auf die Menschen ausüben kann. Oft aber ist er eindeutig ein Sinnbild der Marienverehrung, denn die Himmelskönigin wird vorwiegend auf einer liegenden Mondsichel dargestellt. In einer Wappenbeschreibung muß die Lage des Mondes genau angegeben werden. Der Mond heißt in den französischen Beschreibungen nicht *lune,* sondern *croissant,* ein deutlicher Hinweis darauf, daß im allgemeinen eine Mondsichel dargestellt ist.

Sterne kommen auf Wappen und Flaggen häufig als Gruppe oder einzeln vor. Auch ist ein Stern diejenige der gemeinen Figuren, die als erste gewählt wird, wenn Beizeichen aus dem Bereich der Himmelskörper erscheinen sollen. Die einzelnen Nationen bevorzugen bestimmte Anzahlen von Zacken: die Mitteleuropäer geben dem Stern normalerweise sechs, die Romanen fünf Strahlen.

Die Hansestadt Stralsund führte eine Pfeilspitze (oder auch mehrere) als redendes Bild, weil »Strahl« in altdeutscher Sprache einen Pfeil bezeichnete. Als man das vergessen hatte, drängte sich eine Strahlensonne an deren Platz *(oben).*

König Ludwig XIV. von Frankreich, der Sonnenkönig, brüstete sich mit seiner »Bilddevise«, *(oben Mitte),* dem strahlenden Sonnengesicht, und dem Spruch *Nec Pluribus Impar* (auch mehreren gewachsen).

in nicht islamischen Ländern als ein beliebtes Motiv in Familienwappen, aber auch in der kommunalen Heraldik auf. Er kommt als zunehmender Mond in der Form der reinen Sichel, dann mit einem menschlichen Gesicht in der Sichel vor, wobei ihm Blumen zwischen die Lippen gesteckt sein können. Daß er als Vollmond – wie auf S. 140 gezeigt – ausgebildet ist, ist eine Seltenheit; häufiger sind Wiederholungen von Monden, meist zwei, die sich den Rücken kehren. In Spanien ist eine Kombination beliebt, bei der vier Monde sich mit den Hörnerspitzen berühren; dieses Bild hat sogar einen eigenen Namen: *lunel.* Warum der Mond als Wappenbild

Die Identität der Sonnenscheibe mit dem uralten Swastika wird auf japanischen Dokumenten besonders deutlich, wo sie nebeneinander erscheinen; anstelle des Swastika kann auch ein Kreuz im Kreise stehen.

Rechte Seite:
Unter der Vielfalt der auf japanischen Kriegsfahnen erscheinenden *Mon* fällt neben der häufigen Kreisform auch deren Ausfüllung durch eine Sonnenscheibe oder ihr Äquivalent, das Radkreuz, auf.

Der Helm

Der Helm ist die wichtigste aller Schutzwaffen, denn er bedeckt den verwundbarsten und unentbehrlichsten Körperteil. Wer einen Helm kunstgerecht schmiedet, verdient aufmerksamste Bedienung.

Und einen Helm, wohl geschlagen
von geschmeid'gem Stahle
der wonniglichen Male
viel manches man drauf fand,
wie's des Schmiedes Meisterhand
gestreuet hatte in den Glanz.

Aus dem deutschen Heldengedicht
»Biterolf und Dietleib« (um 1250)

Eine Kampfszene, von einem Zeitgenossen um 1330 geschildert, zeigt zwei Grundformen des Helmes, die man seinerzeit auch getrennt benannte. Der Eisenhut mit seiner breiten Krempe ließ das Gesicht frei. Der geschlossene Helm mit Klappvisier, unter dem es sehr heiß wird, konnte in Kampfpausen zum Luftschöpfen aufgeklappt werden.

Jedes Gerät aus starrem Material, das dazu bestimmt ist, den Kopf und insbesondere die Schädeldecke gegen Verletzungen von außen zu schützen, verdient die Bezeichnung »Helm«. Dabei ist es gleichgültig, ob es sich um Verletzungen durch gegnerische Willkür oder durch eigenes Mißgeschick handelt. Der gewünschte Schutz kommt im Namen zum Ausdruck: ein Sturzhelm soll Verletzungen bei einem Sturz verhüten oder wenigstens herabmindern. Mit Stürzen, für die diese Helme vorgesehen sind, rechnete man im Mittelalter, dem die Heraldik ihre Entstehung verdankt, zwar nicht, umgekehrt aber sind es die Helme jener Zeit, ohne die das ganze Wappenwesen vermutlich nicht aufgekommen wäre.

Helme, die an der Entstehung des Wappenwesens »schuld« sind, sind solche, die das Gesicht ganz oder doch so weit verdecken, daß man die Person nicht sicher identifizieren kann. Sie sollten vor allem Pfeile abhalten, die von irgendwoher angeschwirrt kamen. Solcher Schutz war im 11. Jahrhundert etwas Neues. In der Schlacht bei Hastings (1066) genügte es, wenn Herzog Harold den Helm lüftete, um zu erkennen zu geben, daß er unverletzt sei. Es war wohl gerade kein Bogenschütze in Schußweite.

Die englischen Bogen- und Armbrustschützen waren in den späteren Kriegen gefürchtete Gegner. Mögen sie nun ihre Kunst bei den Sarazenen gelernt haben oder nicht, man erkannte jedenfalls um 1200 die Notwendigkeit, das Gesicht besser zu schützen. Dabei gab man aber einen technischen Vorteil auf, anscheinend ohne sich dessen bewußt zu werden. Denn die vor dieser Zeit bekannten Helme liefen nach oben konisch zu und ließen manchen Schwertschlag abgleiten. Es muß an der damaligen Schmiedetechnik gelegen haben, daß diese sinnreiche Form der früheren Helme preisgegeben wurde. Der neue Helm ist oben ganz flach und sieht wie ein Topf aus, den man über den Kopf gestülpt hat. Für die Augen bleibt nur ein Schlitz offen, die Nasenpartie ist verstärkt und kann auch ornamental ausgeziert sein. Die Wangen wurden mit Platten abgedeckt, aber nicht mit den einst üblichen Ohrenklappen, sondern mit um das Kinn anliegenden Schalen. Unter einem solchen Helm war nur mühsam durch einige Luftlöcher auf der Wangenseite zu atmen. Einen Fortschritt bedeutete es dann schon, wenn die Vorderfront wie eine Schranktür geöffnet werden konnte. Dazu mußte man allerdings erst Scharniere fertigen

Technisch weniger weit entwickelte Helme trugen noch die waffentüchtigen Normannen. Für den Gang der Weltgeschichte entscheidend war im Jahre 1066, daß Herzog Wilhelm von der Normandie seinen Mannen, die ihn für tot hielten, beweisen konnte, daß er wohlauf sei; dazu mußte er aber den ganzen Helm hoch und in den Nacken schieben *(rechts)*. Die Kennzeichnung der Personen durch heraldische Embleme sollte bald Abhilfe schaffen und die Beurteilung der Lage erleichtern.

WIE ELEGANT SIEHT DOCH EIN HELM MIT SEINER ZIER AUS...

Der sogenannte Pranker Helm (um 1350) ist eines der wenigen so gut erhaltenen Stücke. Er stammt aus dem Stift Seckau in Österreich und befindet sich seit etwa hundert Jahren in der Staatlichen Waffensammlung zu Wien. Technisch bedeutet dieser Helm einen erheblichen Fortschritt, indem die fünf Eisenplatten, aus denen er gefügt ist, oben konisch

zusammenlaufen und einen Schwertschlag abgleiten lassen können. Die Verstärkungsplatte vor der linken Wange läßt darauf schließen, daß dieser Helm für ein Turnier mit Lanzen gedacht war, bei dem der Stoß des Gegners auf der linken Seite erwartet werden kann.
Diese Vermutung wird durch die echte Helmzier des steiermärkischen Geschlechts von Prank gestützt, da eine solche nicht in einem echten Gefecht, sondern nur beim Turnier getragen wurde. Ob die beiden Büffelhörner mit dem seitlichen Kamm immer auf diesem Helm befestigt waren, muß bezweifelt werden. Denn die 1409 Gramm schwere Helmzier stammt stilistisch vom Anfang des 15. Jahrhunderts, der 5357 Gramm schwere Helm aber noch aus der Mitte des 14. Jahrhunderts.

Die Reihe unten zeigt eine Auswahl verschiedener Helmformen in chronologischer Folge. Nicht alle dieser Helme haben in die Heraldik Eingang gefunden.

können. Die zeitgenössischen Dichter schilderten gern und ausführlich, wie breit die Verstärkungsbänder waren, vor allem die vergoldeten. Aber niemand äußert sich darüber, daß ein Schwertschlag auf das Dach des Topfhelmes verderbliche Folgen gehabt haben muß.
Es sollte noch ein Jahrhundert vergehen, bis man wieder zur konischen Hochwölbung des Schädeldaches gelangte und damit einen besseren Schutz gegen Schwertschläge erzielte. Das immer größere Gewicht der neuartigen Helme, die von

ITALISCH-GALLISCHER HELM

OSTGOTISCH-FRÄNKISCHER SPANGENHELM

»WENDELHELM«, UPPSALA

TOPFHELM, SPÄTFORM, AUS MADELN

VOLLWAPPEN DES »SCHWARZEN PRINZEN« († 1376) MIT KÜBELHELM

den Heraldikern »Kübelhelme« genannt werden, wurde dadurch erträglicher gemacht, daß der Helm seitlich nach unten verlängert war und auf den Schultern aufsaß, denen die Wucht des gegnerischen Schwertschlages weniger Schaden zufügt als dem Schädel. Die sich hieraus ergebenden großen Veränderungen in der Art der Helmzierden sind eine Folge davon und nicht etwa die Voraussetzung für die neue Helmform. Seltsamerweise hat sich in der Waffenkunde kein eigener Name für diese Helmform durchgesetzt, ja seine Notwendigkeit wurde und wird von prominenten Waffenkundlern bestritten, obwohl der Kübelhelm offensichtlich einen schmiedetechnischen Fortschritt bedeutet. Bald sollten noch weitere Verbesserungen folgen, die mit der Entwicklung der Kampfweise verbunden waren. Neben die Erfindung des Schießpulvers und die damit ermöglichte Bekämpfung des Gegners auf größere Entfernung trat die Entwertung des Pferdes als Transport- und als Einschüchterungsmittel angesichts der Schweizer Langspieße; dies erwies sich in der Schlacht bei Sempach 1386 zwischen Österreichern und Schweizern als schlachtentscheidend. So bilden sich zwei getrennte Entwicklungslinien heraus, eine rein kriegerische, auf Vernichtung des Gegners abzielende, und eine mehr sportliche, bei der der Sieg genügte. Der Kampfsport wurde in den weiterhin in überlieferter Form ablaufenden Turnieren ausgeübt; er ist für das Wappenwesen wichtiger geworden als die militärische Kriegführung. Die Kriegführung, in der mehr und mehr von der Lehensfolge abgesehen und stattdessen Söldner angeheuert wurden, schuf verhältnismäßig schlichte Ausrüstungsstücke wie den Eisenhut, der durch eine breite Krempe vor Schwertschlägen schützte und durch das freibleibende Gesicht Atemholen und allgemeine Beweglichkeit

Graf Friedrich von Cilli *(unten rechts)* vor den Mauern von Konstanz am 20. März 1415, mit eingelegter Krönleinlanze angetreten zum »Stechen« gegen Herzog Friedrich von Österreich. Sein Stechhelm trägt die Cillische Helmzier – eine Straußenfeder vor einem Hahnenfederbusch. Auf der Pferdedecke wiederholen zwei Wappenschilde die Zeichen der Renntartsche an seinem linken Arm.

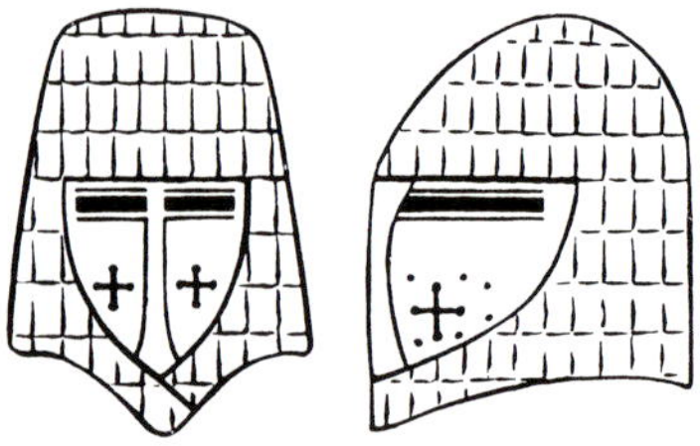

Während des ersten Drittels des 14. Jahrhunderts zog man in Nordeuropa eine gesteppte, wärmedämmende Kapuze über den Helm, wofür es auf dem Lüneburger Falttisch (↗ S. 154/155) farbige Belege gibt.

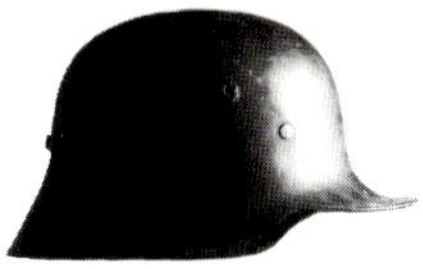

Die deutsche Schallern *(rechts)* ist ein Eisenhut mit verlängertem Nackenteil. Sie konnte zwar ein Klappvisier haben, aber kein Kinnstück, denn der »Bart« war ein einzelner Teil oder an der Rüstung des Oberkörpers angearbeitet.

erleichterte. Die Atmung scheint bei den Helmen ein großes Problem gewesen zu sein: Eine weitere Verbesserung des Kübelhelms bestand in dem hochklappbaren Visier, das leichter zu bedienen ist als die schranktürförmige Klappe. Dieses hochklappbare Visier geht auch mit der allgemeinen Kunstentwicklung in der Gotik einher, die zu spitzen Formen neigte. So entsteht für die sportlichen Turnierzwecke der Stechhelm, der nicht etwa so heißt, weil er vorne in eine stechende Spitze ausläuft, sondern weil er der

Im Grabenkampf des Ersten Weltkrieges wurde der besondere Schutz des Kopfes wieder so wichtig wie im Mittelalter. So ist die Behauptung, der deutsche Stahlhelm *(oben)* sei von der Schallern inspiriert, nicht von der Hand zu weisen.

KÜBELHELM, FRÜHFORM

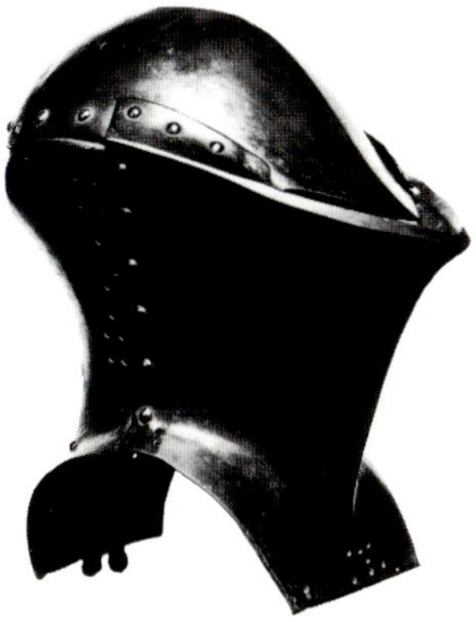

STECHHELM, FLORENTINER ARBEIT

KOLBENTURNIERHELM

GITTERHELM, SPÄTFORM

PRUNKHELM, 1558

angemessene Helm für das Stechen, das Turnier mit Lanzen, war, bei dem die Gegner einander vom Pferde zu stoßen trachteten. Um dieser Absicht zu begegnen, wurde die Verbindung zwischen dem Helm und der übrigen Rüstung immer stabiler. Noch in der Schilderung von dem mißglückten Ablenkungsmanöver des Herzogs Friedrich von Österreich, der am 20. März 1415 dem flüchtigen Papst Johannes einen heimlichen Abgang aus der Konzilstadt Konstanz sichern wollte, wird dem gerüsteten Herrn von seinem Diener eine wichtige Nachricht in den Helm geflüstert, nachdem die beiden Stechenspartner schon »verbunden« hatten, ohne aber schon stechen zu können. Daraus ergibt sich, daß man damals noch die Helme kurz vor dem Waffengang mit den Riemen und Schnüren festband, die die Minnelieder so oft besingen.
Um diese unverläßliche Verbindung zu verbessern, verlängerte man die Brustpartie der bisherigen Topfhelme so weit, daß der Stechhelm jetzt mit der Rüstung des Oberkörpers fest verschraubt werden konnte. Die so entstandene Gestalt der Helme ist auf Jahrhunderte hinaus das Standardmodell der heraldischen Helme geworden, wozu die Wappensammlungen des 15. Jahrhunderts stark beigetragen haben dürften. Nur zwei weitere Veränderungen haben sich in der Heraldik niedergeschlagen; die eine ohne Breitenwirkung, die andere von weitreichender wappenrechtlicher Bedeutung, mindestens im Gebiet des Römisch-Deutschen Reiches.
Die Befestigung des Helms mittels seines Bruststücks am Oberkörper kann nämlich auch dadurch ersetzt werden, daß die Unterpartie des Helms, der Bart, nicht mehr zum Helm gehört, sondern an der Rüstung als deren Verlängerung nach oben ausgearbeitet ist. Damit besteht der

Helm nur aus der oberen Partie; er hat dann auch einen eigenen Namen, der oder die Schaller, französisch *salade*. Auch dieser Name ist, wie die aller anderen Helmformen, der Ähnlichkeit mit einem Küchengeschirr zu verdanken; wir kennen ja in der Waffenkunde nicht nur Topf- und Kübelhelme, sondern auch Kessel- und Beckenhauben, die man unter die eigentlichen Kampfhelme zog. Auf Grabsteinen sieht

Zum Prunk der ritterlichen Beisetzungsfeierlichkeiten gehörte die Mitführung der Rüstungsteile; in heraldischer Zeit sind hierfür Prunkhelme benützt worden, die wohl auf Wiederverwendung eingerichtet waren. Der Prunkhelm vom Leichenzug Kaiser Karls V. († 1558) wurde mit einer Nachbildung der Kaiserkrone ausgestattet, da zum Kaiserwappen keine bestimmte Helmzier bestand.

Das Visier hochzuklappen, hatten echte Kämpfer wohl wenig Gelegenheit. Ein Artillerist des 14. Jahrhunderts konnte aber, weit vom Schuß, sich eher erlauben, bei seiner anstrengenden Tätigkeit einmal kräftig Luft zu holen.

Rechte Seite: Die restaurativen Tendenzen der Politik nach Napoleons Sturz gingen mit romantischer Verklärung der Vergangenheit einher. Selbst der preußische Uradel beteiligte sich an nostalgischen Hoffesten; berühmt war »der Zauber der weißen Rose«, ein Fest in Potsdam am 13. Juli 1829.

Der mit der Helmzier versehene Helm wurde zum Turnier erst im letzten Augenblick aufgesetzt. Der Knappe brachte diesen Helm seinem Ritter; mit der rechten Hand hielt er den bewimpelten Speer und lenkte sein Pferd, mit der linken hob er den Helm, allen sichtbar, in die Höhe.

man oft den Bestatteten mit der Beckenhaube, dem *bassinet,* bekleidet; neben oder hinter dem Haupt liegt dann der Kampf- oder Turnierhelm. Der Schaller oder Schallern ist als heraldischer Helm deswegen nicht brauchbar, weil er mangels eines Schulterstücks nicht auf einem Wappenschild ruhen kann; es gibt daher nur ganz wenige Beispiele, die eine *Salade* als heraldischen Helm benützen. In diesen Fällen muß ihr ein eigenes Bartstück untergestellt sein.

Die Abschaffung der gefährlichsten Turnierregeln, nämlich der Übergang vom Stechen mit Lanzen zum Kolbenturnier, bei dem es nur noch auf das Abschlagen der Helmzier ankam, brachte eine weitere Veränderung. Das Blickfeld wurde weiter geöffnet, nur einige vorgesetzte Spangen schützten das Gesicht. Die Verwendung dieser Helmform, des Spangen- oder Bügelhelms, als Wappenhelm wurde in Deutschland durch die Praxis der kaiserlichen Kanzlei auf den Adel als den Träger der Turniertradition beschränkt; an diesem Privileg hatten auch gewisse Personen Anteil, die als dem Adel gleichgestellt galten, zum Beispiel wer den Doktortitel der Rechtswissenschaft oder der Theologie erworben hatte. In den Ländern, die nicht der Jurisdiktion des deutschen Kaisers unterstanden, entwickelten sich andere Grundsätze, die auf einer noch adelsfreundlicheren Einstellung oder auf einer demokratischen Verfassung beruhten.

Die Kunstformen der Renaissance waren der Darstellung der Wappenhelme nicht förderlich; aus der Wappenkunst verschwanden sie aber nicht. Alle heraldischen Leitfäden behandeln sie ausführlich, und die Könige, die in der Führung von Wappenhelmen zurückhaltend gewesen waren, führten eigene Königshelme ein, entweder von vorne gesehen mit hochgeschlagenem Klappvisier oder ganz golden und auf dem Schädeldach mit der entsprechenden Rangkrone besetzt. Das galt für die Könige von Preußen (S. 53) und gilt noch für den König der Belgier (S. 113). Andere Könige drücken die Königswürde dadurch aus, daß ihr Spangenhelm ganz golden ist, so nicht nur Großbritannien, sondern auch – besonders verliehen – die Bahamas, Grenada, Guayana, Jamaika, Kanada, Trinidad und Tobago, bis 1975 auch Malta. Die Zahl der Bügel vor dem Gesicht abzuzählen und der Blickrichtung des Helmes eine Bedeutung zuzumessen, wird in manchen Leitfäden und Reglementen empfohlen. Es läßt sich aus der Blütezeit nicht begründen und wird gegenwärtig immer weniger berücksichtigt.

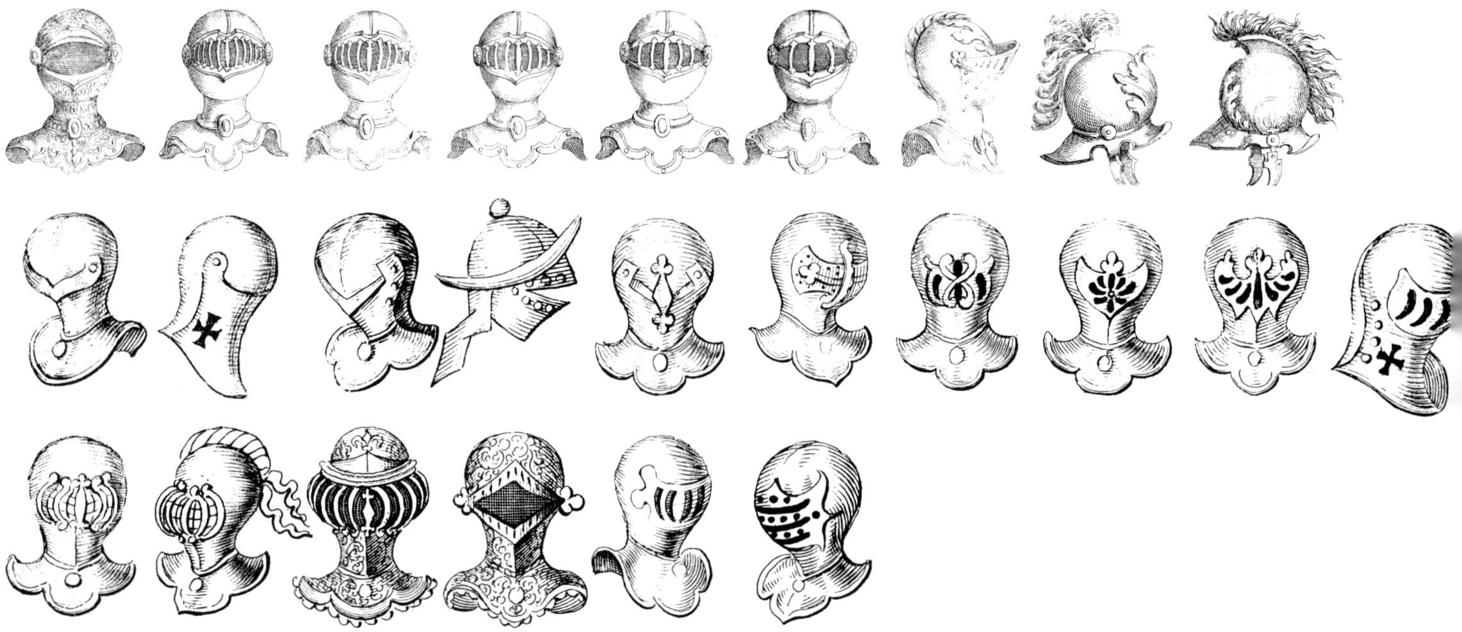

Die heraldischen Lehrbücher bemühen sich, die Helme nach Merkmalen zu klassifizieren, die in der Praxis nur wenig beachtet wurden und auch nur teilweise hätten beachtet werden können.

In der Blütezeit der Heraldik spielen die Helmzierden eine höchst dekorative Rolle. Um diese aber verstehen zu können, muß man sich klarmachen, was mit »Helmzier« jeweils gemeint ist, und vor allem, ob sie im kriegerischen Gefecht, beim Turnier oder bei einer Leichenfeier getragen wird.

Die sich ergebenden technischen Probleme sind vielfältig, schon im Hinblick auf das dem Träger zuzumutende Gewicht und die Verlagerung des Schwerpunktes des Kopfes nach oben.

Die konischen Helme des 12. Jahrhunderts waren echte Kampfhelme, bei denen es auf den Schutz gegen feindliche Schwertschläge ankam. Wenn sie aus mehreren Blechen zusammengenietet waren, ergaben sich Nähte, die man leicht bestecken konnte, sei es mit Roßhaar, Federn oder auch einer festeren Platte. Daß das so geschah, zeigen viele Siegel. Aber man konnte auch Zeichnungen auf die seitlichen Platten malen; ja man konnte auch das eine tun, ohne das andere zu lassen. Als Richard Löwenherz um 1195 sein zweites Großsiegel als König von England gravieren ließ, wurde er auf der Rückseite wiederum als Heerführer zu Pferde mit den auf die Normandie, Aquitanien und Anjou bezüglichen Titeln abgebildet, aber mit einem veränderten Wappenschild und, worauf es hier ankommt, mit einem anders als vorher konstruierten Helm. Dieser ist, wenn die vorhandenen Abdrücke richtig intepretiert sind, nicht mehr nur konisch, sondern schließt oben mit einem feder- oder roßhaarbesetzten Kamm ab, dessen Seitenfelder mit heraldischen Löwen bemalt sind. Sein Großvater Gottfried (Geoffrey) Plantagenet hatte sich noch mit einem auf der Kopfbedeckung seitlich

abgebildeten Löwen begnügt. Eine Helmzier im eigentlichen Sinn war das noch nicht.

Die Kampfbilder, die wir aus dem späten 12. Jahrhundert besitzen, etwa vom Sizilienfeldzug Kaiser Heinrichs VI., stimmen hiermit überein. Aber auch die fächerartigen Kämme finden

Die Leibgarden der römischen Kaiser, die Prätorianer, machten sich die dekorative Wirkung des Federkamms auf einem Helmwulst zunutze, ein Vorbild für alle Elite- oder Gardetruppen der stehenden Heere der Neuzeit.

Den waffentechnischen Nutzen der Ausstattung des Helmes durch Verstärkung der Scheitelnaht und deren Besteckung mit einem Kamm aus Roßhaaren oder Federn hatten auch die alten Griechen erfaßt und Anfang des 4. Jahrhunderts v. Chr. in den Perserkriegen angewandt. Wir kennen sogar den Namen dieses Kriegsfreiwilligen, der auszieht, seine Heimat gegen die Perser zu verteidigen: er hieß Chrysippos (Goldpferd).
Die Bronzestatuette rechts soll eine etruskische Minerva darstellen.

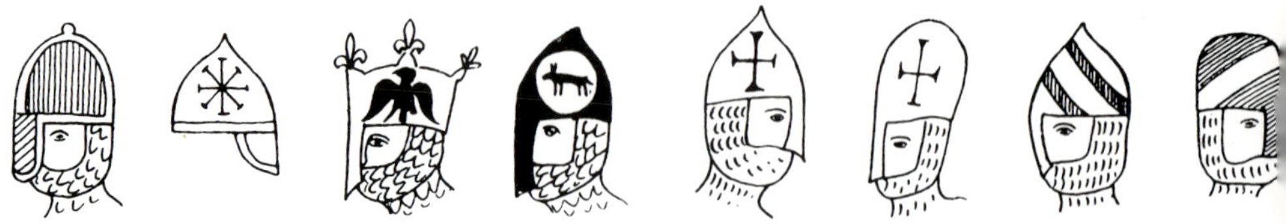

Bei den konisch zulaufenden Helmen ist die Kennzeichnung der Persönlichkeit fast nur durch seitliche Bemalung des Helmdaches möglich. Die Abbildungen oben zeigen früheste Beispiele wappenmäßiger Bemalung.

Nachahmung; man konnte sie vergrößern und mit mehr oder weniger reichen Mustern versehen, es aber auch bei einer ebenso schlichten Farbenteilung bewenden lassen, wie sie etwa der Wappenschild aufwies. Wegen der kammartigen Gestalt dieser primitiven Helmzierden heißen im Englischen alle Helmzierden *crest,* während in Deutschland nur eine aus diesen Kämmen entwickelte Helmzier eine auf den Ursprung hindeutende Bezeichnung trägt: »Schirmbrett«. Die Schirmbretter nehmen in der mitteleuropäischen Heraldik einen bedeutenden Raum ein. Sie

Bald nach dem Jahr 1200 kam eine neue Helmform auf, oben vollkommen flach. Sie warf gewisse Probleme bei der Anbringung der Helmzier auf, wobei dennoch Übereinstimmung mit den übrigen Wappenzeichen angestrebt wurde.

Die Helmzier hatte so starke kennzeichnende Wirkung, daß der mit ihr versehene Helm sogar statt des Schildes in den zur Beurkundung dienenden Siegeln erscheinen konnte.

können durch Rippen daran erinnern, daß sie einst fächerartig waren; sie können auch ihrerseits mit Federn besteckt sein, sogar so, daß ein Vogelflügel imitiert wird. Der Phantasie sind dabei kaum Grenzen gesetzt. Wie nachgeahmte Flügel sehen auch die fast nur in den Niederlanden vorkommenden *vol-bannerets* aus, das sind rechteckige, also fahnenförmige Schirmbretter, deren Oberkanten wie Schwungfedern ausgesägt oder ausgearbeitet sind (↑ S. 160, vorletzte und letzte Bildreihe).

Aufsetzen des Helms durch die Gemahlin vor dem Beginn des Wettkampfes (rechtes Siegel). Daß der Kämpfer auf dem Bild ganz rechts um die Minne der Dame wirbt, bezeugen die Lettern A (= *Amor*) auf seinem Wappenrock.

Die zunehmende Prunkentfaltung bei den Helmen geht mit der ritterlichen Lebensführung einher, die in den höfischen Turnieren ihren Höhepunkt fand. Die Zeitgenossen empfanden die Aufbauten auf den Helmen als kunstvolle Dekoration und nannten sie in Deutschland mit einem schmückenden Wort »Kleinod« oder »Zimier« nach dem französischen Wort *cimier,* das von *cime* (Gipfel) abgeleitet ist. Die bildlichen Darstellungen aus dem Mittelalter müssen in jedem Fall darauf überprüft werden, ob sie einen tatsächlichen oder einen idealen Zustand wiedergeben. Das gilt in gewissem Sinn bis heute: Zeremonielle Gewandung für bestimmte Personen, die nur theoretisch getragen werden könnte, wird bis in unsere Tage auf Repräsentationsbildern vollständig dargestellt.

Unter diesem Gesichtspunkt ist auch eine weitere frühe Bildquelle, der Berliner Codex der »Eneît«, der Aeneassage, zu bewerten. Anhand der Helmformen ist er auf etwa 1220 zu datieren; er zeigt auf Vernichtung des Gegners abzielende Kampfszenen, die zwar in der Sage einige Jahrtausende früher stattgefunden haben, sich aber in zeitgenössischer Aufmachung abzuspielen scheinen. Der höfische Charakter des Epos des Heinrich von Veldeke ist unter anderem auch daran zu erkennen, daß die kämpfenden Parteien mit turniermäßigen Helmzierden ausgerüstet sind, zum Teil auch mit symbolischen, wie der Kassette und dem Schleier einer jungfräulichen Königin. Auf den flachen Dächern der Helme konnte man ganze Figuren anbringen, auch Fahnen, Bäume oder Äste aufpflanzen oder seitlich paarweise in vorbereitete Ösen stecken, aber auch die alten Kämme oder Schirmbretter über den ganzen Helm führen. Für paarweise Anordnung von stock- oder röhrenförmigen Gestellen bot sich

Die zur Befestigung von Federschmuck dienenden Gestelle wurden oft spielerisch ausgestaltet. Am häufigsten ist die Wiederholung des Schildbildes auf dem Helm.

Die Wikinger wußten, warum sie ihre Helme so spitz machten; ein gegnerischer Schwertschlag ist fast wirkungslos. Die Nieten der zusammengesetzten Bleche boten Raum zu dekorativer Verzierung. Auch die Nasenschiene ist gemustert.

send« blasoniert wird, oder auch ohne die Vorderbeine oder Arme, was dann »Rumpf« genannt wird, obwohl der Kopf nicht fehlt. In den französischen Blasonierungen, die sonst als Modell für andersspachige dienen können, gibt es hierfür keine Kurzform, man muß die Umschreibung *»tête et col«* verwenden, nicht etwa das Wort *»torse«*.

Die Gestalt der Helmzier wirkt sich auf die graphische Darstellung aus. Der in Wirklichkeit getragene Helm konnte von allen Seiten betrachtet werden; die Übertragung auf das geduldige, aber eben auch unbewegte Papier erfordert die Überlegung, wie die günstigste Gesamtwirkung erzielt werden kann, wenn man davon ausgeht – und das soll man bis heute –, daß die Achse oder Richtung der Helmzier mit der des Helmes übereinzustimmen hat. Das galt schon für den Topfhelm und blieb so beim Kübelhelm. Beide Helme lassen sich im Profil wie in Vorderansicht leicht darstellen. Besteht die Helmzier nur aus einer einzelnen Figur, etwa einem Ast, ist es gleichgültig, welche Ansicht der Helm bietet, denn ein Ast kann von allen Seiten gleich gut wiedergegeben werden. Das gilt in noch stärkerem Maße für die auf einem Schaft aufgebauten Glockenspiele oder ähnlichen Automaten, die in späteren Jahrhunderten oft mißverstanden wurden. So ist aus einem Reif mit anhängenden Zaddeln oder Lappen ein Kamm geworden, für den man dann sogar nachträglich noch ein Stallmeisteramt erfand.

Mit der Zeit dehnte sich die Wappenkunst weiter aus auf eines der dankbarsten Elemente, die genügend Raum, wodurch – vor allem in Mitteleuropa – die altgermanischen Stierhörner (↑ S. 146) wieder auflebten (↑ S. 145 und 154/155). Die sich um 1300 durchsetzende Form des Kübelhelms erlaubte, aus dem nun wieder mehr konischen Helmdach stärker räumlich gebildete Helmzierden zu entwickeln, ohne die vorherigen Typen fallenlassen zu müssen. Modische Veränderungen kommen hinzu; aus flachen Hüten werden mit der Zeit Spitzhüte, daraus später Kegel und daraus wieder Köcher; erhalten bleibt dann, daß obenauf ein Pfauenfederbusch steht, wie überhaupt Pfauenfedern ein außerordentlich beliebtes Element in Helmzierden wurden, teils als ganzer, zum Rad geschlagener Schwanz, teils als Busch. Federn finden sich aber auch als Besatz an den Außenkanten von Helmzierden (↑ S. 154/155), nicht nur bei den gewohnten Stierhörnern, sondern – besonders in Süddeutschland und der Schweiz – auf einem besonderen Kamm am Rücken einer plastischen Tiergestalt. Solche Tiergestalten – auch menschliche Körper – werden immer beliebter und zwar vorzugsweise der Oberkörper, der dann als »wach-

Das Wappenbuch des Konrad Grünenberg ist reich an typischen Helmdecken-Gestaltungen, hier in einer Reihe von links nach rechts folgende Typen: parallel laufende Bänder; gezaddelter Stoff; ähnlicher Schnitt, aber mit der Metallseite nach außen, weil die Decke unmittelbar aus der Helmzier hervorgeht; Stoffbahnen mit dekorativem Faltenwurf.

An den beiden Schmalseiten des gotischen Falttisches von Lüneburg befinden sich die Wappen der höchsten Herrscher *(von links nach rechts)*: Der Kaiser mit der Helmzier Ludwigs des Bayern. Der König von Frankreich mit der Helmzier von Philipp Augustus. Der König von Böhmen. Der König von Dänemark. Der sagenhafte Priesterkönig Johannes oder König Sultan. Der König von Schweden. Vermutlich ein skandinavischer Reichsverweser oder Kanzler, gekennzeichnet durch den zwischen den halben Lilien hängenden Fingerring. Der König von Norwegen.

Helmdecke, die anfänglich nur den Helmnacken bedeckte, für die man aber immer mehr den flatternden Faltenwurf größerer Stoffpartien auch bei graphischen Darstellungen zu treffen trachtete. Von ihr zu unterscheiden sind jene gesteppten Kapuzen, die etwa im ersten Drittel des 14. Jahrhunderts in Nord- und Nordwesteuropa über die Helme gezogen wurden. Die Steppnähte und die

Im Rathaus von Lüneburg wurde 1928 zuunterst in einem Aktenstauraum ein Stapel Bretter freigelegt und damit der verschollene Falttisch gefunden, der einzige seiner Art in Deutschland. Ihn auf etwa 1330 zu datieren, gelang durch die Prüfung der Wappen am Rande. Die fünf Medaillons auf der Tischplatte stellen biblische Szenen dar.

Kanten sind auf zeitgenössischen Siegeln oft angedeutet, bisher aber kaum beachtet worden, da es nur eine einzige farbige Abbildungsgruppe solcher Kapuzen gibt, nämlich die Wappen auf dem gotischen Falttisch aus dem Rathaus von Lüneburg (um 1330). Die gemalten Wappenbücher wissen von solchen Kapuzen nichts.
Dieser Tisch liefert auch einen Beleg dafür, daß

Die Personifikation der Stärke hält einen der Helme der Visconti mit zierlicher Geste empor *(rechts)*. Die Helmdecke, als echtes Stoffstück aufgefaßt, ist modisch gezaddelt.

Wappen des Nils Erengislesson zu Hammersta nach seinem gemalten *Exlibris* 1409–1440. Der Helm – eine Übergangsform vom Kübelzum Stechhelm – trägt eine noch ganz als Tuchbahn empfundene Helmdecke, deren Farben zu denen in Schild und Helmzier keine Beziehung haben.

man Schild und Helm (mit seiner Helmzier) als zwei verschiedene Dinge betrachtete, weswegen kein Anstoß daran zu nehmen war, wenn sie einmal nebeneinander angeordnet wurden statt übereinander, wie es sich entsprechend dem gewohnten Erscheinungsbild eingebürgert hatte. Die Helmdecke, wie gesagt, anfänglich nur ein den Helmnacken bedeckendes farbiges Tuch, dürfte – das ist jedenfalls die allgemeine Auffassung – ihren Ursprung dem heißen Klima im Vorderen Orient verdanken. Ob ein Stück Tuch wirklich die ersehnte Kühlung verschaffte, muß bezweifelt werden, eher muß man annehmen, daß ein mechanischer Nackenschutz wie an modernen Feuerwehrhelmen angestrebt wurde. Wie dem auch sei, die moderne Regel, wonach die Helmdecke farblich mit dem Schildinhalt oder der Helmzier übereinstimmen soll, findet in der Blütezeit der praktischen Heraldik keine Stütze. Im Gegenteil: Eine so aufschlußreiche Materialsammlung wie das Wappenbuch des Herolds »Gelre« läßt alle Möglichkeiten zu; die Helmdecke wirkt wie ein Mäntelchen, ist etwas länger als der Helmnacken, die Kanten können

Die ornamentale Ausgestaltung der Helmdecken kann sich auch in kleinen Dessins auf einer Stoffseite oder sogar auf beiden Seiten auswirken, wobei die Motive aus der Helmzier (Würfel, *links*) oder aus den Schildbildern (Schindeln und »Waterbougets«, *rechts*) abgeleitet sind.

auch gezaddelt sein. Eine Innenseite wird nur selten durch Herumklappen bei seitlich stehenden Helmen (↗ Wappen von Frankreich, S. 35), etwas öfter durch Einblick zu beiden Seiten eines frontal stehenden Helmes sichtbar. Die Helmdecke wird trotz ihrer Knappheit hier schon als graphisches Element verwertet, eine

Möglichkeit, die bis dahin kaum wahrgenommen worden war. In der Wappenrolle von Zürich sind die Helmdecken fast nur Nackenkapuzen; aber als naturalistisch anzusehende Reitersiegel und andere Kleinkunsterzeugnisse lassen Bemühungen erkennen, das Flattern eines an der Schädeldecke des Helmes befestigten längeren Tuches wiederzugeben (↑ 2. Wappen von links, S. 86).
Solche realistischen Tendenzen setzen sich immer wieder durch. Man strebt danach, die Helmdecke in Ruhestellung aufgebunden abzubilden, wobei man die Wahl hat, ob man sie nach einer Seite weggehängt oder nach hinten frei abfallend auffassen will. Was heute als Regelfehler verpönt ist, ein frontal stehender Helm mit seitlich hochgeschürzter Helmdecke, war in der Blütezeit nichts Ungewöhnliches (↑ S. 150/151). Je mehr die Wappenführung sich von der Waffenpraxis auf die graphische Ebene verlagert, umso stärker gewinnen die Erscheinungsformen der Textilmode Einfluß auch auf die Helmdecken, die – von kurzen »Verirrungen« abgesehen – stets als aus Stoff aufgefaßt wurden. So gewinnt die Helmdecke eine graphische Funktion, die ihr nicht aus ihrem Ursprung, sondern aus den Kunstströmungen aller Epochen zufließt.
Vom Formalen abgesehen, ist die Helmdecke auch als farbiges Element zu bewerten. Die ältesten farbigen Beispiele zeigen so wenig Farbe wie ein Taschentuch, dann – so auch noch bei »Gelre« – irgendeine Farbe, aber auch schon farbliche Zusammenhänge mit der Helmzier, die in die Helmdecke übergeht. Manchmal dient die Helmdecke zur Wiedergabe eines aus irgendeinem Grunde vor der Vergessenheit zu bewahrenden Wappens; so erhielten sich das Fußspitzkreuz von Aragon oder das Wappen Bruce in Schottland. Sehr oft wird aber auch der ganze Schildinhalt auf der Helmdecke wiederholt, eine in Frankreich noch in den Wappenmänteln des 18. Jahrhunderts weiterlebende Kombination, nachdem das Führen von Helmzierden und damit

Das Allianzwappen der Grafen von Görz, denen einst fast ganz Tirol gehörte, bezieht sich nicht auf die im Text erwähnte Ehe, sondern darauf, daß zwei Brüder sich zu Spenden verpflichtet haben. Auch solche Wappen wenden sich höflichkeitshalber einander zu, wobei das heraldisch rechte »gespiegelt« werden soll, was hier geschehen ist. Wenn die Helmzier mit einem Pelz überzogen ist, liegt es nahe, daß die Helmdecke aus einer Verlängerung davon gebildet wird, wobei die modischen Lappen an den Kanten dem Zeitstil entsprechend geschnitten werden.

Das Vollwappen des Königreichs Aragon mit dem wachsenden Drachen in der Helmzier *(unten)* ist mit einer Helmdecke versehen, die der Übersteigerung der Spätgotik entsprechend lange spitzzulaufende Lappen an den Längsseiten erhält. An den Enden hängen Quasten.

Die prunkvollen Formen des Barock beeinflußten auch die Heraldik. Die Helmdecken sind oft überreich und kaum noch als echte Stoffbahnen erkennbar. Links oben das Wappen des Herzogs von York und späteren englischen Königs Jakob II. (1661).

DIE WAFFENTECHNIK BILDET DIE GRUNDLAGE DER WAPPENGRAPHIK

Das Erscheinungsbild des Reiters *(links, und rechte Seite)* zeigt genau die in Wappendarstellungen üblich gewordene Anordnung von schrägstehendem Schild und darauf aufsitzendem Helm.

Wenn Schild und Helm nach getaner »Arbeit« abgelegt wurden, hängte man sie an die Wand; sie beide ergaben in ihrer Zusammenstellung dann ein von der Lage ihrer Aufhängevorrichtungen bestimmtes Bild *(oben)*, das maßgeblich für die auch graphisch übliche Kombination von schrägliegendem Schild und darüber stehendem Helm wurde.
Einige weitverzweigte Geschlechter benützen unterschiedliche Helmzierden zur Kennzeichnung ihrer Linien. Am erfindungsreichsten waren zwei elsässische Geschlechter, die Herren von Müllenheim (*rechts*, mit 24 Variaten im sogenannten Siebmacherschen Wappenbuch) und die Zorn v. Bulach (gar mit 33 Versionen in diesem Buch).

auch die Helmdecken dort längst aus der Mode gekommen waren.
Mit dem Anwachsen des Nationalbewußtseins veränderte sich vielfach auch das soziale Gefüge und folglich auch seine sichtbare Erscheinungsform. Das machte sich in der Bewertung der Helmzier in auffälliger Weise bemerkbar.
In Italien, dem Lande, das als das Stammland der Renaissance betrachtet werden kann, waren bis um 1500 die Helmzierden außerordentlich eindrucksvoll entworfen und ausgeführt. Große Familien wetteiferten in der Erfindung verschiedener Helmzierden für verschiedene Anlässe; so führten die Visconti entweder die gleiche Schlange auf dem Helm, die sie auch im Schilde führten, oder gleichzeitig auch einen roten Baum (↗ S. 156). Die gotischen Formen gestatteten

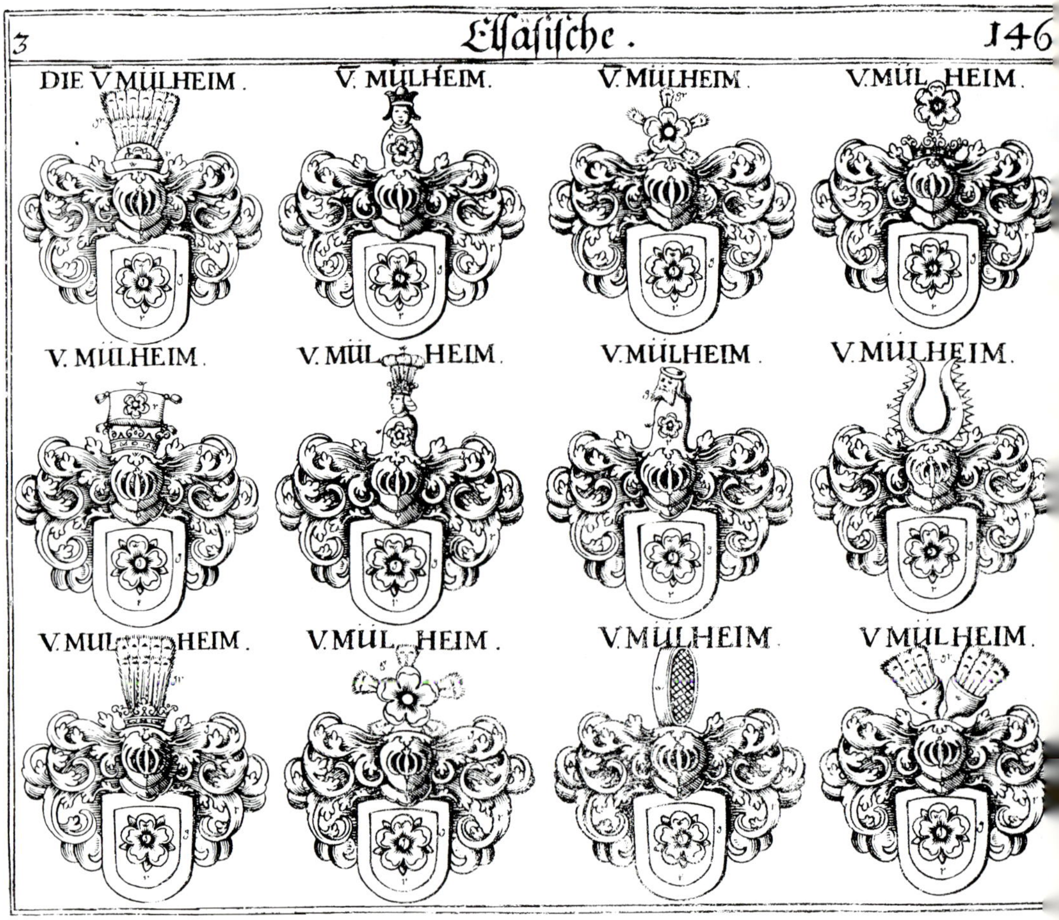

nicht nur die Führung von Helmen mit ihrer Zier ohne Beifügung des Schildes, sondern auch ein optisches Übergewicht, vor allem, wenn an die Stelle des Schildes eine Tartsche trat. Die architektonischen Formen der Renaissance eigneten sich dagegen kaum zur Fortentwicklung dieses Stils.
In Frankreich wurde mit den *cimiers* zwar nicht der gleiche graphische Aufwand getrieben wie in Italien, nicht der gleiche Kult wie in Deutschland, sie wurden auch nicht separat bewertet wie in England, man wandte aber doch – wenigstens im Königshause – restriktive Regeln an.
Die Söhne der Könige von Frankreich und die übrigen *princes des fleurs-de-lis* setzten kleine Federbüsche auf die Lilie der Helmzier, und die zahlreichen Bastarde der Könige von Frankreich und der Herzöge von Burgund hatten, selbst wenn sie legitimiert waren und ein Wappen führen durften, das dem ihres Vaters stark ähnelte, keinen Anspruch auf ihres Vaters Helm.
Die sich darin ausdrückende Wertschätzung des Helmes geht mit der Ritterzeit unter, auch in Deutschland. Doch bleibt der Helm mit seiner Helmzier wenigstens ein in einem Vollwappen wesentlicher Bestandteil. Im 14. Jahrhundert spielte er allerdings eine weit größere Rolle in der deutschen Heraldik als je in Frankreich, und auch eine bedeutendere als in England, wo die Heraldik eine ganz eigene Entwicklung einschlägt.
Seit etwa 1230 stand der Helm mit der Helmzier in Deutschland in so hohem Ansehen, daß er

Rechte Seite:
Der Minnesänger Wachsmut von Künzingen demonstriert, wie zweiteilige Helmzierden an den oben flachen Topfhelmen befestigt waren.

Rechte Seite:
Eine Helmschau. Ein für den Anlaß bestellter (freiberuflicher) Herold prüft die Helme der Teilnehmer, auf deren Halspartie der zugehörige Schild gemalt ist, um Verwechslungen zu vermeiden.

Ob der Minnesänger Wolfram von Eschenbach hier wirklich mit seinem wahren Wappen dargestellt ist, muß man bezweifeln; daß er etwa sein angebliches Familienwappen (Blumen in einem Henkeltopf) einer Dame zuliebe mit den Streitäxten vertauscht haben sollte, ist kaum glaublich – vielleicht war es gerade umgekehrt, und das Blumentopfwappen wäre ein Minnesymbol. Das Bild zeigt jedenfalls deutlich, wie stangenförmige Helmzierden bequem an der Seite der Topfhelme befestigt werden konnten. Schild, Helmzier und Fahne stimmen vollauf überein.

anstelle des Vollwappens als Siegelbild auftrat; bis dahin hatte man nur wenig Hemmungen gehabt, die Helmzier nach Gefallen zu verändern. Die rechtliche Bedeutung der Siegel steht außer Zweifel; das Bild darauf muß also dieser Bedeutung entsprechen. So gewinnt man Interesse daran, die Rechtmäßigkeit des Siegelbildes beweisen zu können, und dazu kann eine Kaufurkunde dienen. Wir kennen tatsächlich einige Urkunden über Helmkäufe und -verkäufe; zu den prominentesten gehört der Kauf der aus einem Brackenrumpf bestehenden Helmzier durch Friedrich von Hohenzollern, Burggrafen von Nürnberg, der am 10. April 1317 an den verhältnismäßig unbedeutenden Herrn Leutold von Regensberg 36 Mark Silber (das sind etwa 9 kg) bezahlt hat. Die so erworbene Berechtigung schlägt sich in einem 1354 belegten Helmsiegel nieder.

Die Wertschätzung des Helmes mit der Helmzier kommt am deutlichsten bei der Helmschau zum Ausdruck, die eine strenge Prüfung und Auslese darstellte. Gemäß dem Turnierbuch des Königs René mußten die Kandidaten sich anscheinend nur dem schönen Geschlecht gegenüber tadelfrei verhalten haben, in Deutschland aber, wo rauhere Sitten herrschten, kam es darauf wohl weniger an. Gefragt wurde dort nicht nach dem Benehmen, sondern nach der Herkunft, also der Abstammung von turnierfähigen Vorfahren. Und keineswegs jeder Kandidat bestand die Prüfung. Wen der Herold abgelehnt hatte, dessen

Eine Auswahl der typischsten Helmzierden der Blütezeit: Wachsende, »oberhalbe« Menschen, Rümpfe, also Oberkörper ohne Arme, Köpfe aller Rassen, Arme, Beine, Büffel- oder Stierhörner, Pfauenfederbusch, dreidimensionale Lilien, Tier- und Vogelkörper, besonders viele Flügel von allerlei Gestalt.

Helm warf ein Persevant buchstäblich heraus. Konrad Grünenberg sieht aber auch eine schonendere Behandlung vor, er schreibt: »In solcher Gestalt schaut man die Helm und welcher nicht Genoss ist, den heißt man sein Kleinod abtragen, damit er nicht geschmähet werde.«

Mit der hohen rechtlichen Einschätzung des Helmes in Deutschland hängt es auch zusammen, daß es – von geringen Ausnahmen abgesehen – nur hier für möglich gehalten wird, mehr als einen Helm auf einen Schild zu setzen. Es kommt nicht darauf an, so argumentiert man,

daß man nur einen Kopf hat, sondern darauf, daß jeder Helm ein Recht repräsentiert, das auch im Schilde vertreten ist. Hatte man sich im 15. Jahrhundert noch gescheut, alle seine Rechte in einem einzigen Schilde zusammen darzustellen, und lieber einen Kranz von Schildchen um einen verhältnismäßig sparsam unterteilten Schild grup-

Das Wappen der Herzöge von Mecklenburg vereinigt im 16. Jahrhundert auf seinen drei Helmen die typischsten deutschen Helmzierden; in der Mitte Schirmbrett, wiederholtes Schildbild und Pfauenstoß (Mecklenburg), rechts zwei Büffelhörner in den Wappenfarben (Schwerin), links ein Flug (= zwei Flügel) in den Wappenfarben (Rostock), alle aus einer Helmkrone hervorkommend, dazu besonders gut gezeichnete »Bügelhelme«. Das Werk eines der bekanntesten deutschen Künstler des frühen 16. Jahrhunderts, Lukas Cranach d. Ä.

piert (↗ S. 188), so nahm man bei den Helmen zunächst die Gelegenheit wahr, zwei Helmzierden auf einem einzigen Helm zu kombinieren, wenn das technisch möglich war. Da diesen Kombinationsmöglichkeiten Grenzen gesetzt sind, ist bei Geschlechtern höheren Ansehens, die Wert auf Prestige und Repräsentation legen mußten, oft genug zur Vermehrung der Helme gegriffen worden.

Die Rangfragen spielen bis in die Neuzeit hinein eine nicht zu unterschätzende Rolle. In der Heraldik kommt dies nicht nur in den Rangkronen, sondern auch in den Helmen zum Ausdruck, wenn auch auf nicht sehr deutliche Weise. Seit dem letzten Kolbenturnier 1487 in Worms gilt – wenigstens in Deutschland – eine auf jene Zeit zurückgehende, oft verletzte Regel, wonach der Kolbenturnier- oder Bügelhelm nur adeligen Familien zukomme, die Verwendung des Stechhelms aber jedermann freistehe. Wir finden in dem Wappenbuch des Herolds »Gelre« auch Frühformen von Stechhelmen, die mit einer einzigen Spange geschlossen sind, eine Helmform, die in Deutschland von »Patriziern« in Anspruch genommen wird. Im gleichen Werk ist auch der aus Stoffstreifen gedrehte Wulst auf dem Helm, mit dem die Befestigung der Helmzier verdeckt werden konnte, zu finden; er wurde niemals zu einem Standesprivileg.

Ebenfalls in »Gelres« Wappenbuch können wir beobachten, wie die Krone auf dem Helm Eingang in die Wappen von Familien findet, die noch vierzig Jahre zuvor nicht hätten wagen dürfen, an eine Helmkrone zu denken. Auf dem Lüneburger Falttisch von 1330 (S. 154/155) ist – der Wirklichkeit entsprechend – nur der Helm der Erzherzöge von Österreich mit einer Helmkrone verziert, die auf ihren königsgleichen Rang anspielt. Das scheint bald niemand mehr

Albrecht Dürer strebte auch bei Wappenzeichnungen Naturnähe an; seine Helmdecken sind stets so angelegt, daß man sie auseinanderblättern könnte. Im Wappen der Herren von Rog(g)endorf sind die Helmzierden des Wappens Rogendorf (mit Pfauenfedern besteckte Büffelhörner) und des Wappens Wildhausen (wachsender gekrönter Löwe) auf einem Helm vereinigt, eine gelegentlich mögliche Methode.

Sogar ein so anerkannter Künstler wie Albrecht Dürer wurde von seinen Auftraggebern durch Besserwisserei geärgert. Michael Behaim wollte, daß »die Läublein auf dem Helm«, womit er die Helmdecke meinte, nach oben geschlagen wurden. Dürer schrieb seine Weigerung mit selbstsicheren Worten auf die Rückseite des Holzstocks.

Auch Dürer quälte sich als junger Mann mit der Gestaltung der Helmdecken. Er versuchte, die Helmdecken tatsächlich als Laubwerk zu zeichnen *(unten links)*.

Ein spätbarockes Mitbringsel aus Italien *(unten)*. Wie weit hat sich die Wappenkunst von ihren Ursprüngen entfernt! Verdient sie noch den Namen Wappenkunst?

so verstanden zu haben, denn bei »Gelre« (um 1390) ist zwar fast allen Königen eine Helmkrone zugewiesen, aber auch weit geringeren Geschlechtern; es gibt sogar schon bunte – also nicht goldene – Kronen.

Bügelhelm und Helmkrone können daher in Deutschland als Adelsprivilegien angesehen werden, nicht so in den Nachbarländern, wo allerdings die Abneigung gegen den Helm Formen annimmt, die mit der klassischen Heraldik nicht mehr harmonieren. Helmzierden ohne Helm, aus einer überdimensionalen Krone hervorkommend, vielleicht sogar noch nach »links« schauend, verderben den heraldischen Stil. Die immer stärker verschlungenen Helmdecken werden zu Bewährungsproben für die Wappenkünstler.

Die von den europäischen Prinzen, zum Beispiel Herzog Bernhard Erich Freund von Sachsen-Meiningen, geführten Wappen stellten die englischen Heraldiker vor Probleme; sie schufen auf dem Kontinent unbekannte Rangkronen und setzten über sie die ererbten Helme.
Die Helme stehen in springender Reihenfolge, also 5, 3, 1, 2, 4, 6.

Damit wird die Aufmerksamkeit auf ihre Farbgebung gelenkt. In England galten bis 1890 rote, silbern »gefütterte« Helmdecken als normal; seitdem sollen die »Livreefarben« maßgebend sein, also das Metall und die Farbe, die in der Wappenbeschreibung als erste genannt werden. Diese Farbstellung gilt dann auch für den in England sehr beliebten Wulst. Die englischen Wappenbücher vom späten Mittelalter bis ins 19. Jahrhundert begnügten sich meist damit, den *crest* auf einem Wulst *(wreath)* ruhend oder stehend zu zeichnen, woraus sich die Mode ergab, den *crest* auch allein zu führen. Sie gilt heute als ziemlich überholt. Für das Königshaus gelten andere Farbregeln. Souverän und Thronfolger haben goldene, hermelingefütterte *mantlings,* während die übrigen Mitglieder des Königshauses die Helmdecken mit Silber füttern lassen. So bunte Helmdecken, wie sie in Deutschland und noch mehr in Ungarn üblich sind, kennt man in England nicht, denn die Rückbesinnung auf die klassischen Formen der Heraldik hat besonders dort Fuß gefaßt. Man-

ches Badge besteht aber weiterhin traditionsgemäß aus einem *Crest*, beispielsweise dem englischen und dann schottischen (↑ S. 118). Eine gewisse Abneigung gegen den als zu ritterlich oder gar kriegerisch betrachteten heraldischen Helm macht sich in manchen Bereichen, privaten wie öffentlichen, bemerkbar. So kommt es, daß große überseeische Besitzungen der Königin von Großbritannien von Anfang an keine Helme, sondern nur *Crests* zu ihrem Vollwappen erhielten, so z.B. Fidschi, Ghana, Nigeria, Australien und seine Teilstaaten, und daß Westaustralien erst vor kurzem mit britischer Genehmigung auf die Führung des förmlich verliehenen Helmes verzichtete, mit der Begründung, in Australien sei die Führung eines Wappenhelms nicht üblich. Umgekehrt haben Jamaika und Südafrika den Wappenhelm wieder in seine Rechte eingesetzt. Andere Länder haben Königshelme (↑ S. 148) oder Helme eines Esquire erhalten, von denen aus sich die Helmdecke voll entfalten kann.

Das Wappen des Markgrafen von Brandenburg-Ansbach enthält im Schilde einundzwanzig Felder, die man auch im Wappen der preußischen Vettern von der königlichen Linie findet; unten wurden die sechs Felder der Sayn'schen Erbschaft hinzugefügt. Die Zahl der immerhin in korrekter springender Reihenfolge 12, 10, 8, 6, 4, 2, 1, 3, 5, 7, 9, 11, 13 stehenden Helme stellt einen Rekord dar.

Die Krone

Wir versprechen redlich unter
unserem Treueid,
diese Krone des Königreichs Polen
heil und vollkommen
und unversehrt zu bewahren
und keine Gebiete oder Teile derselben
von ihr zu entfremden oder zu verringern,
sondern sie zu mehren und
wiederzuerlangen,
ganz wie wir durch unseren Schwur
bei unserer Krönung
verpflichtet sind und wurden.

Krönungsschwur König Ludwigs des Großen von Ungarn und Polen 1370, Text nach dem Privileg für Kaschau.

Porträt des Sagenkönigs Artus mit einem der ihm von der Nachwelt zugeschriebenen, aus drei Kronen gebildeten Wappen, das er auf Kleidung und Lanzenwimpel zeigt.

Welche soziale Ordnung der Mensch sich auch schaffen mag, sie gipfelt immer in einem obersten Repräsentanten, heiße er nun Häuptling, Vorsitzender des Ministerrats, Oberbefehlshaber, König, König der Könige oder Kaiser. Die menschliche Natur verlangt nach Gemeinsamkeiten im Denken und Handeln und nach Manifestation einer solchen Gemeinsamkeit; in jeder Gruppe bildet sich eine mehr oder weniger hervorragende Persönlichkeit heraus, und nur noch ein kleiner Schritt ist nötig, um diese Persönlichkeit mit irgendeinem Kennzeichen zu versehen, das ihre bevorrechtigte Stellung auch nach außen ausweist. Das Charisma, das solcher Person oft anhaftet, ist nicht immer rational erklärbar. Der oberste Priester und der oberste Führer einer Menschengruppe stehen sich damit verwechselbar nahe. Das Bewußtsein des Auserwähltseins kann so stark sein, daß allein das würdevolle Auftreten in der Öffentlichkeit, ja das »Bad in der Menge«, als ausreichendes Zeichen empfunden werden kann. Ganz schlichte, im Nacken verschlungene Bänder vor der Stirn genügten den machtvollen Königen des alten Vorderen Orients als Würdezeichen. Das griechische Wort *Diadem,* das wir heute für einen prunkvollen Kopfputz brauchen, bedeutet eigentlich nur »Zusammengebundenes«, von διαδεω, ich binde zusammen. Die über den Rücken hängenden Bandenden der vorderasiatischen Königsdiademe (↗ S. 168 oben) betonen den geistlichen Charakter des Königtums allenthalben noch zu Zeiten, da aus dem schlichten Stoffband goldene, edelsteinbesetzte Reifen geworden waren. Und dies war in der »heraldischen« Zeit längst der Fall.

Dem kulturellen Zusammenbruch Europas seit der Völkerwanderung war im 8. Jahrhundert eine Rückbesinnung auf die Werte der Antike gefolgt, eine Rückbesinnung, die es schwer hatte, auf Tatsachen aufzubauen, deren Kenntnis fast ganz verlorengegangen war. Immerhin: Einem Fürsten kam ein Stirnreif zu; welcher Gestalt er zu sein habe, blieb unbestimmt. In der Blütezeit der Heraldik, also im 13. bis 15. Jahrhundert, gibt es eine schematische Normalkrone, einen Stirnreif, auf dem vier Laubblätter montiert sind, eines über der Stirn, eines im Nacken und je eines über den Wangen. In heraldischer Darstellung sind dann ein Blatt ganz und zwei Blätter je zur Hälfte sichtbar. Manchmal sind die Zwischenräume durch kleine Zinken belebt. In der Bildniskunst genügt eine solche Krone, um einen König erkennbar zu machen, ja auch um Königtum als solches auszudrücken. Die Könige werden mit einer solchen Krone angetan dargestellt,

Rechte Seite:
Bildnis Kaiser Heinrichs VI., in »Majestät« mit allen Zeichen seiner Würde in der »Großen Heidelberger Liederhandschrift« dargestellt. Er sitzt auf dem Thron, mit der schlichten Laubkrone bedeckt, das Zepter und ein Schriftpergament in den Händen haltend, neben sich das Schwert und über sich die Zeichen des Reiches, den Schild mit dem Adler, der auf dem gekrönten Helm wiederholt wird.

Siegel *(oben)* der Königin Margarete von Dänemark († 1412), die durch die Kalmarer Union auch Königin von Schweden und Norwegen war; sie brachte das in einem Dreikronenwappen zum Ausdruck.

Darstellung eines Herolds aus dem 14. Jahrhundert *(oben rechts)* mit einem Dreikronenmantel, der ihn nicht etwa als schwedischen Herold, sondern nur als Herold schlechthin ausweist.

Münzen mit Herrscherporträts. Von links nach rechts: Ptolemaios V. Epiphanos (204–180 v. Chr.). König Tigranes von Armenien (84–69 v. Chr.). Tiberios III., Kaiser von Ostrom (698–705 n. Chr.). Julius Caesar (100–44 v. Chr.). Napoleon I., Kaiser der Franzosen (reg. 1804–1815). Napoleon III., Kaiser der Franzosen (reg. 1852–1870).

Ägyptisches Königspaar *(unten)* vom Thron des Königs Tutenchamun (18. Dynastie). Der Pharao trägt eine aus mehreren Kronen kombinierte Krone, die Gemahlin eine aus Falkenfedern und der Sonnenscheibe zusammengesetzte Krone.

Mit dem Henkelkreuz, dem altägyptischen Lebenssymbol, in der einen und Herrscherstäben in der anderen Hand tragen die Schutzgötter des Nillandes die entsprechenden Kronen *(oben rechts)*, Horus mit dem Falkenkopf die Krone des Gesamtreiches, Uto, die Göttin des Nildeltas, die rote Krone von Unterägypten.

selbst unter Umständen, die das effektive Tragen der Krone unmöglich machen, etwa zur Schlafenszeit. Eine Krone dieser Art ist so sehr zum Sinnbild der Königswürde geworden, daß viele Fürsten für neuerworbene Länder, die sie als Königreiche vereinnahmten, einfach eine Königskrone oder auch mehrere als Wappen benützten, wenn es zuvor noch keines gab. Das gilt im 14. Jahrhundert für die Kalmarer Union der drei skandinavischen Königreiche wie für Toledo und Murcia, aber auch für Irland (heute Wappen der Provinz Munster), für das von Polen abgetrennte Galizien und für die Kaiserdynastie der Kantakuzenos im Byzantinischen Reich.

Die Erhabenheit des Herrschers drückt sich auch in anderer Weise aus; er sitzt auf erhöht aufgestelltem oder mit Statussymbolen, seien es nur zusätzliche Rücken- oder Armlehnen, ausgestattetem Stuhl oder Sessel, kurz: einem Thron, von dem aus er auf seine Untertanen herabblickt, eine Stufe näher dem Himmel als das Volk, dem Himmel, dem er seine Legitimation verdankt. Die Formel »von Gottes Gnaden« war, als sie aufkam, eine echte Anerkennung Gottes als des Quells aller Ordnung; zum autokratischen Übermut geriet sie erst im Zeitalter absolutistischer Fürsten seit dem 16. Jahrhundert.

Alle vorchristlichen Herrscher leiteten die

Berechtigung zu ihrer Gewaltausübung von höheren Mächten ab; die Vereinigung beider Teile des alten Ägypten drückte man durch Verbindung der beiden Kronen aus, welche von den beiden Schutzgöttinnen zuvor auf ihren Häuptern getragen worden waren. Das Christentum verfuhr da nicht viel anders; nur trug die geistliche Autorität, sei es nun Christus oder der Papst, nicht die Krone, die er segnete. Wie die Kronen aussahen, die den geistlichen Segen empfingen, hing durchaus von den Landessitten ab; so ist der Typ der byzantinischen Krone, wie sie etwa König Roger von Sizilien 1139 empfing, ebenso eindeutig wie sein Zeremonialgewand.

Die Kronen der vorderasiatischen Könige ahmen die Strahlen der Sonne nach (↗ S. 168, erstes Bild am oberen Rande); im alten Ägypten stand, solange der Sonnenkult den Götzendienst verdrängt hatte, die Sonnenscheibe in den hohen Federgerüsten, die als Krone dienten.

Wie nahe sich Priestertum und Königtum stehen können, zeigen die Mützen kleinasiatischer Könige wie die Tiara des Königs Tigranes von Armenien.

Auch Oberster Kriegsherr und Kaiser können identisch sein. Wenn sich die Imperatoren des alten Rom, die ja wörtlich »Befehlshaber« hießen, mit einem schlichten, aber immer aus

Der östlich bestimmte Charakter der Normannenreiche in Unteritalien und Sizilien tritt nicht nur in der griechischen Inschrift und der Tracht des Königs Roger, sondern auch in der Konstruktion der Krone und ihrer Pendilien hervor *(links)*.

Die eine menschliche Gestalt gottähnlich erhöhenden Kopfbedekkungen sind in der ganzen Welt entwickelt worden. Oben ein Beispiel vom kambodschanischen Tempel zu Angkor Wat.

Die Buchmaler des 9. Jahrhunderts setzten dem biblischen König David eine Krone in der Gestalt auf, als ob er ein Zeitgenosse ihrer karolingischen Könige wäre.

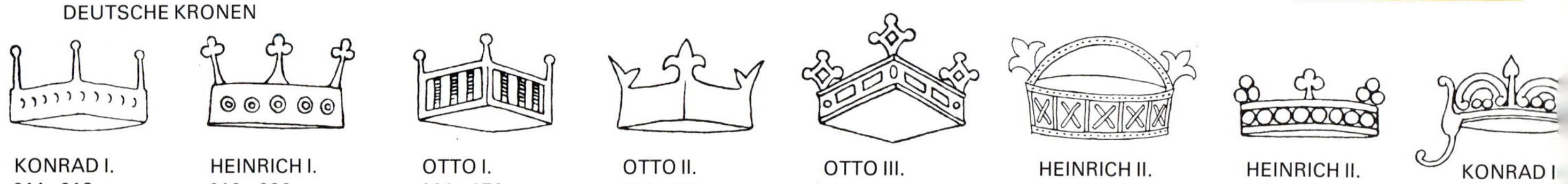

Bis zum 14. Jahrhundert kann man nicht von einer echten Entwicklung der königlichen Krone sprechen; die Typen sind zu verschieden. Eine deutsche und eine englische Übersicht, die aus Siegeln und Buchmalereien entnommen sind, mögen das verdeutlichen.

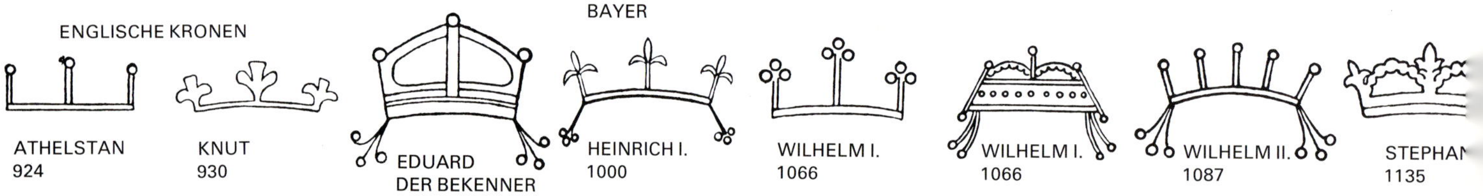

reinem Gold gefertigten Lorbeerkranz begnügten, so mag man darin eine Fortentwicklung sportlicher Siegerehrung sehen, die in einem natürlichen Lorbeerkranz bestanden hatte. Solche Schlichtheit aber genügte nicht, Julius Caesar vor dem Verdacht zu schützen, er strebe nach der verhaßten Königswürde. Sein Name und der Titel »Imperator« sind inzwischen Bezeichnungen für eine sogar dem Königsrang übergeordnete Würde geworden. Wer sich im 19. Jahrhundert Kaiser oder in der französischen Abwandlung des Imperator *Empereur* nannte, schmückte sein Haupt mit dem antiken Lorbeerkranz, nicht nur auf Münzen (↗ S. 169), sondern auch im zeremoniellen Auftritt. Napoleon I. hatte sich im Mai 1804 zum Kaiser ausrufen lassen; bei der im Dezember 1804 nachgeholten Krönung setzte er sich selbst einen goldenen Lorbeerkranz aufs Haupt.

Wenn er hiermit an das antike Rom anknüpfte, so war das folgerichtig, denn sein Kaisertum hatte sich aus der Republik in ähnlicher Weise entwickelt, wie im Rom der Cäsaren. Napoleons Kaisertum suchte nur in geringem Umfang Anschluß an die mittelalterliche Vergangenheit; nur die Symbolik Karls des Großen, die zudem ganz falsch interpretiert worden war, übernahm man. Es ist allerdings nicht leicht, sie richtig zu interpretieren, denn die Formen der königlichen und kaiserlichen Kronen waren seinerzeit und bis ins 13. Jahrhundert noch keineswegs schematisiert. Ein Blick auf zwei Entwicklungsreihen zeigt, daß das Wort »Entwicklung« hier kaum angebracht ist. Viel hängt bei der Beurteilung auch davon ab, wie verläßlich die bildliche Quelle ist. Da ist Siegeln und Münzen der Vorzug zu geben, denn sie sind als vom Kronenträger selbst »bestellt« zu vermuten, während Buchmalereien sich kaum nach der Wirklichkeit, sondern mehr nach den gewohnten Vorbildern richten. So kann es kommen, daß für Kaiser Heinrich II. auf den Münzen eine dem heraldischen Schema entsprechende Krone steht, eine Miniatur aber einen das Haupt überspannenden Bügel zeigt, an dem Christus die Krone faßt, die er dem Kaiser aufsetzt. Die gelegentlich an Kettchen über die Ohren des Kronenträgers hängenden Juwelen lassen orientalischen Einfluß erken-

Zeitgenössisches Bild vom Besuch Kaiser Karls IV. bei König Karl V. von Frankreich am 4. Januar 1378 in Paris. Angeblich soll der König von Frankreich seinen Oheim zwar mit allem Pomp empfangen und bewirtet, aber vermieden haben, ihn als den Ranghöheren zu behandeln. Die Bildnisse der beiden Herrscher heben aber einen Rangunterschied hervor, indem sie dem Kaiser eine Krone mit Bügel zuerkennen.

Porträt Kaiser Karls IV. mit der Kaiserkrone *(ganz links)*. Seit der Regierungszeit König Heinrichs VII. von England *(links)* hat sich die Grundform der englischen Königskrone nicht mehr wesentlich verändert.

nen und bedeuten sicherlich einen der vielen Versuche, es den oströmischen Kaisern gleichzutun, deren Vorbild aber immer weniger nachahmenswert wurde, denn mit der Macht schwand auch ihr Ansehen in der westlichen Welt. Dort überwiegt im 14. Jahrhundert eine rein heraldische Denkweise, der die Byzantiner nichts Gleichartiges an die Seite zu stellen hatten.

Im Okzident fanden die Rangstufen nun auch in der Form und der Ausstattung der Kronen ihren Ausdruck. Ein Bügel über der Schemakrone wird zum Kennzeichen des Kaisers, und bald wird auch die Heiligkeit des Reiches in der Krone ausgedrückt, indem eine bischöfliche Mitra in sie hineingesetzt wird, und zwar um neunzig Grad gedreht, damit der kaiserliche Kronenbügel zwi-

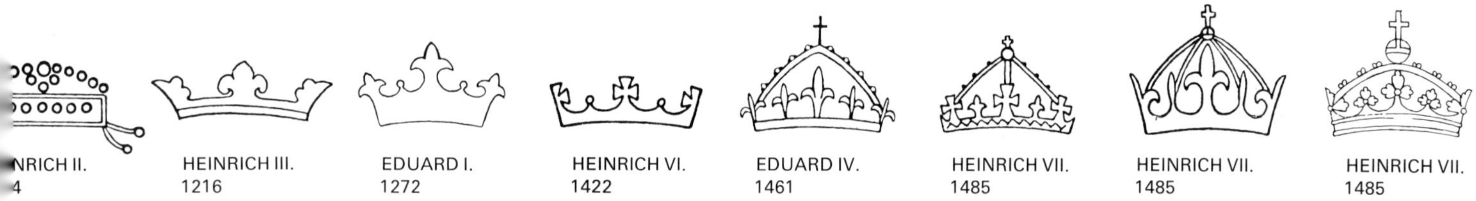

schen den Hörnern der Mitra durchlaufen kann. Lange Zeit war diese Kronenform sichtbar auf das Heilige Römische Reich Deutscher Nation beschränkt – vielleicht gab es eine auf Karl den Großen gestützte Parallele in Frankreich. Zum Schema der kaiserlichen Krone schlechthin wurde dieser Typ, als neben den Römisch-Deutschen Kaiser noch andere Kaiser traten, in erster Linie der Zar in Moskau.

Die Kaiserkrone ist vielleicht die erste Krone, die eine Typenentwicklung einleitet, wobei der geistliche Charakter der aus der Mitra gebildeten Schalen vergessen werden konnte. Im 19. Jahrhundert, als es nicht mehr nur einen einzigen Kaiser gab, wurden Kaiserkronen auf dem Papier entwickelt. Sie gingen von einer schematischen Königskrone aus, bei der die fünf sichtbaren der acht Bügel entweder vermehrt oder besonders ausgestaltet wurden, etwa als die Flügel anhebende Adler.

Die sich über dem Haupt des Gekrönten wölbenden Bügel wurden als das Sinnbild der Souveränität betrachtet und drangen immer weiter in das Schema der Rangkronen vor, das sich mit der Renaissance entwickelte. Man kann das an der Entwicklung der Kurhüte beobachten. Die deutschen Kurfürsten hatten eine wirklich getragene Amtstracht, zu der eine hermelingestulpte purpurrote Kappe gehörte. An sich war ein Kurfürst kein Souverän, mindestens nicht vor 1648, als der Westfälische Friede den deutschen Landesherren eine internationale Bewegungsfreiheit gewährte, die Fürsten im Ausland nicht besaßen.

Kaiser Friedrich III. widmete für sein Grabmal (er starb 1493) den Rangkronen besondere Aufmerksamkeit *(links)*. Der Typ einer kaiserlichen Krone erscheint auf dem Haupt des Kaisers und auf den Schilden des Reiches und des Heiligen Reiches. Weitere Rangkronen tragen die Schilde der Lombardei und von Altösterreich, während Laubkronen die Helme der restlichen Landeswappen zieren.

Nächste Seite:
Die »Neun Helden«: Die drei guten Heiden: Hektor, Julius Caesar, Alexander der Große; die drei guten Juden: Josua, David und Judas Maccabäus; die drei guten Christen: Artus, Karl der Große und Gottfried von Bouillon. Sie sind nicht nur durch Wappen oder Banner identifizierbar, sondern auch mit den ihnen gegebenenfalls zukommenden Rangkronen bedeckt, die Könige Alexander, David und Artus mit offenen, die »Kaiser« Caesar und Karl der Große mit geschlossenen Kronen; Gottfried von Bouillon, der die Königskrone von Jerusalem abgelehnt hatte, trägt nur das Kreuz dieses Königreichs, statt der königlichen aber eine Dornenkrone.

Das 1450 vermutlich von Stephan Lochner entworfene Stadtbanner von Köln mit den besonders prachtvoll gestalteten Kronen des Stadtwappens. Sie beziehen sich auf die der Legende nach im Kölner Dreikönigsschrein ruhenden Heiligen Drei Könige.

Seitdem werden auch Kurhüte mit Kronenbügeln geschlossen, und in Anlehnung daran entsteht der Fürstenhut (↗ S. 178), der grundsätzlich der Fürstenkrone gleichwertig ist. Die über das Haupt gespannten Bügel werden stets mit einer dichten Perlreihe besetzt und normalerweise mit einem Reichsapfel abgeschlossen.

Perlen sind neben den Laubblättern auf dem Stirnreif seit der Renaissance zum deutlichsten Rangmerkmal geworden. Anfänglich legte man sie unmittelbar auf den Stirnreif und bezog viele Perlen auf einen höheren Adelsgrad, also meist auf den Grafenstand, eine geringe Anzahl auf einen niedrigeren, wie die Baronie. Auch um den Stirnreif geschlungene Perlenketten werden Mode. Seit dem 18. Jahrhundert bildeten sich gewisse Regeln heraus.

Der Grad der Wertschätzung der Kronen als Einzelgegenstand war zu allen Zeiten äußerst unterschiedlich. Die Kronenforschung wird durch die schwankende Einstellung der Umwelt gegenüber einer Krone außerordentlich erschwert. Unter dem Gesichtspunkt der materiellen Existenz von Kronen können wir dreierlei unterscheiden:

1. Kronen, die mit einer einmaligen Funktion ihren Zweck erfüllt haben.
2. Kronen, mit denen eine mythische Vorstellung verbunden ist und die daher sorgfältig verwahrt und sogar heiliggehalten werden.
3. Kronen, die an sich dieser Gruppe zuzurechnen wären, aber aus gewissen Gründen untergegangen sind.

Zu den Kronen der ersten Gruppe sind alle diejenigen zu zählen, die zu dekorativen oder einmaligen zeremoniellen Zwecken geschaffen worden sind. Man findet sie gelegentlich als Grabbeigaben in Königsgräbern, oft in erstaunlich schlichter Ausführung, wie in den Kaisergräbern von Speyer.

Sind sie aber ins Grab mitgegebene Kostbarkeiten, die eine gekrönte Person zu Lebzeiten getragen oder hochgeschätzt hat, so können überraschende Kleinodien zutage treten, wie das sogenannte Kronenhäubchen der Kaiserin Kon-

Das Kronenhäubchen der Kaiserin Konstanze *(oben)*, der Gemahlin Kaiser Friedrichs II. Der »Kamelaukion« genannte Kronentyp ist vollkommen oströmisch, was auch in den gitterartigen seitlichen Behängen zum Ausdruck kommt.

KAISERKRONE VON ÖSTERREICH

STEPHANSKRONE VON UNGARN

KÖNIGSKRONE VON PREUSSEN

KÖNIGSKRONE VON BAYERN

KAISERKRONE VON RUSSLAND

Nachdem der Typ der kaiserlichen Krone voll ausgebildet war, sind alle deutschen Kaiserkronen in dieser Gestalt gefertigt worden. Eine dieser Kronen, die Kaiser Rudolf II. 1602 in seiner Prager Hofwerkstatt hat fertigen lassen und die gewöhnlich die »Hauskrone« heißt, wurde 1804 zur österreichischen Kaiserkrone erklärt *(oben)*. Mit dieser Krone waren die deutschen Kaiser nach der Eidesleistung in die Krönungskirche geritten.

Die Kroninsignien des Königreichs Schottland, Schwert, Zepter und Königskrone *(rechts)*. Die Krone ist der englischen im Aufbau sehr ähnlich, hat aber doppelt so viele Kreuzchen und Lilien auf dem Stirnreif.

Das Kopfreliquiar Karls des Großen *(links)* im Domschatz zu Aachen trägt ein kaiserliches Kennzeichen, den Bügel von der Stirn zum Nacken, und stimmt hierin mit der sogenannten Reichskrone überein, die erst von Kaiser Otto I. dem Großen 962 für seine Kaiserkrönung in Auftrag gegeben wurde. Ihre Konstruktion aus acht Platten deutet auf oströmischen Einfluß. Die Bebilderung von vier Platten nimmt auf die biblischen Könige Bezug. Das Kreuz auf der Stirnplatte stimmt mit allen deutschen Kronen überein, der Bügel aber ist erst von Kaiser Konrad II. (reg. 1024–1039), der seinen Namen in Perlen auslegen ließ, hinzugefügt worden.

stanze oder noch erstaunlicher die kastilische Königskrone, die man in Toledo fand. Da die Kronen über ihre Vergangenheit schweigen, kann es hier dahingestellt bleiben, wer sie einst getragen hat. Was das Kronenhäubchen der Konstanze betrifft, so sei erwähnt, daß es 1781 bei der zweiten Öffnung ihres Grabes im Dom von Palermo gefunden wurde. Es bleibt fraglich, ob Konstanze († 1222) sich an das byzantinische Hofzeremoniell zu halten gehabt hätte, wonach die seitlichen Behänge nur Männern zugestanden hätten – schließlich lebte sie ja weit entfernt von der erstarrten und überdies von den Lateinern überfremdeten Metropole. Man kann auch vermuten, daß ihr trauernder Gemahl, Kaiser Friedrich II., ihr seine eigene Krone ins Grab gelegt habe. Solche echten Stücke geben einen Begriff vom Niveau der Juwelier- und Goldschmiedekunst, die sich den Kronen in zunehmendem Maße zuwandte. Die Fortschritte in der Technik der Edelsteinbearbeitung wirkten sich auch auf die Gestaltung und Ausschmückung der Kronen aus. Auch hier mußte ein mehrhundertjähriger Kulturverfall überwunden werden, ehe man wieder so weit war wie im Altertum, als die »Diademe« genannten Stoffbänder mit Edelsteinen besetzt wurden. Immer reicher wurde die Verzierung mit Edelsteinen aller Farben, mit Gemmen und Kameen und mit Perlen, wovon die Bilder auf Seite 176 eine Vorstellung vermitteln. Daß diese Kronen noch vorhanden sind, verdanken sie weniger ihrer symbolischen Bedeutung als ihrer bestechenden Schönheit. Die Kronen, denen eine ihrer Bedeutung entsprechende Verehrung gezollt wird, müssen nicht unbedingt Meisterwerke der Goldschmiedekunst sein; ja sie können, wie die Stephanskrone von Ungarn, sogar roh zusammengehämmert sein. Aber ihre Verbindung mit einer hochverehrten Führungsgestalt macht sie zum Zentrum einer Staatsidee und somit unverletzlich. Die deutsche Reichskrone, von der die Mitwelt und bis ins 19. Jahrhundert auch die Nachwelt glaubte, Karl der Große habe sie getragen, wurde im Mittelalter von Verwahrungsort zu Verwahrungsort transportiert; wer sie besaß, war der legitime Herrscher. Die wenig seßhafte Lebensweise der deutschen Kaiser verhinderte bis 1424, daß diese Krone einen festen Aufenthalt hatte. Erst Kaiser Sigismund verfügte ihre dauernde Aufbewahrung in Nürnberg, von wo

T. EDUARDSKRONE
ON ENGLAND

REICHSKRONE VON
GROSSBRITANNIEN

HERALDISCHE KRONE
DES KÖNIGREICHS ITALIEN

KRONPRINZENKRONE
VON SCHWEDEN

STÄHLERNE KRONE
DES KÖNIGREICHS
RUMÄNIEN

Eine Miniatur von etwa 975 im Aachener Münsterschatz zeigt Kaiser Otto II. mit seinem Hofstaat. Er und seine Söhne dürfen kronenartige Kopfbedeckungen tragen; die Söhne sind durch rote Fähnchen als Herzöge gekennzeichnet.

Zu jeder römisch-deutschen Kaiserkrönung, die von 1562–1792 regelmäßig in Frankfurt am Main stattfand, mußten alle Reichskleinodien *(oben)* durch besondere Abgeordnete aus Nürnberg gebracht werden. Kaiser Sigismund hatte zwar den Irrfahrten ein Ende gemacht, als er die Verwahrung der Reichskleinodien in Nürnberg anordnete. Die Kaiserkrönungen fanden aber niemals in Nürnberg, sondern ursprünglich in Aachen und seit 1562 in Frankfurt statt. Frankfurt mußte sich bei jeder Krönung in Aachen entschuldigen und für die Ausnahmeerlaubnis eine Entschädigung leisten. Auf dem Bild steht neben der angeblichen Krone Karls des Großen eine der Schemakaiserkronen, die im Original nicht mehr existieren. Reichsapfel, Zepter, zwei Schwerter, Reliquiarien und Krönungsgewänder, können großenteils noch in Wien besichtigt werden.

sie jedesmal mit einer Sondergesandtschaft zur Kaiserkrönung gebracht werden mußte, die erst in Aachen und dann in Frankfurt stattfand. (In den napoleonischen Wirren wurde sie 1796 in Wien in Sicherheit gebracht, wo sie sich nach kurzer Unterbrechung von 1938 bis 1945 noch befindet.) Die Stephanskrone von Ungarn repräsentierte den ungarischen Staat schlechthin, und nur vier Schlüsselinhaber konnten ihr Behältnis gemeinsam öffnen. Ähnliches gilt für die Wenzelskrone auf der Prager Burg, die wohl die am sorgfältigsten wissenschaftlich untersuchte Krone ist. Diese drei Kronen sind teils mit Emailarbeiten, teils mit Edelsteinen besetzt, die Steine aber noch »gemugelt«, also ungeschliffen, gemäß der frühen Entstehungszeit.

War in der bildenden Kunst erst einmal das Bedürfnis nach Porträtähnlichkeit von Personen erwacht, so wirkte sich das auch auf die Kronen aus; sie wurden nicht mehr ohne Bezug auf die Person des Trägers gestaltet – auch die Stephans- und die Wenzelskrone sind ja nicht von den Königen, nach denen sie heißen, »bestellt« worden –, sondern sie bekamen individuelle Züge, wofür die deutsche Kaiserkrone ein eindrucksvolles frühes Beispiel bietet.

Der Typ der Kaiserkrone mit einem Bügel zwischen den Hörnern einer Mitra konnte im 14. und 15. Jahrhundert bereits als Norm gelten; es blieb einem kunstsinnigen Kaiser vorbehalten, ein Kunstwerk nach diesem Modell fertigen zu lassen, das sich auf seine Person selbst bezog. Kaiser Rudolf II. ließ 1602 in seiner weltberühmten Hofwerkstatt zu Prag eine Kaiserkrone herstellen, die auf den Außenseiten der

Die hier abgebildeten Kronen sind existierende Originale, allesamt bewundernswerte Meisterwerke der Goldschmiede- und Juwelierkunst.
Linke Reihe von oben nach unten:
Krone vom Kopfreliquiar Kaiser Heinrichs II., gefertigt 1260 in Bamberg (?).
Krone der Kaiserin Kunigunde, gefertigt um 1020, wohl in Metz.
Krone einer unbestimmten deutschen Fürstin, um 1350.
Rechte Reihe:
Krone einer englischen Prinzessin, wahrscheinlich Blanche von Lancaster, der Tochter König Heinrichs IV. († 1437). Sie dürfte die Krone 1402 anläßlich ihrer Heirat mit dem Kurfürsten Ludwig von der Pfalz mitgebracht haben.
Krone König Christians IV. von Dänemark, 1596.

König Karl I. von Spanien verfügte 1525, daß die mit Bügeln als Sinnbild der Souveränität geschlossene Krone dem König vorbehalten und die Laubkrone *(ganz rechts)* den Granden von Spanien zuzuweisen sei.

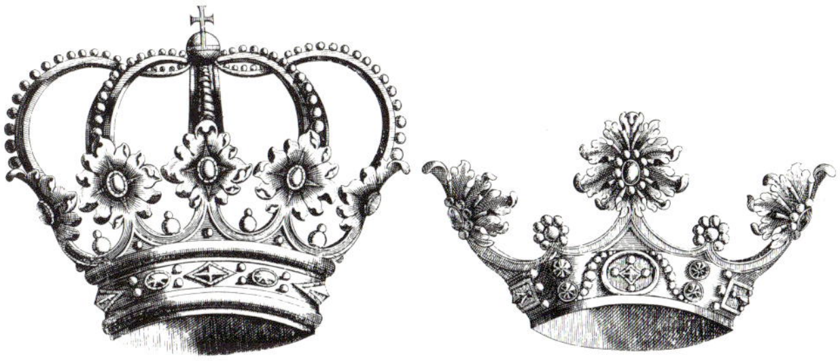

Mitra vier Szenen aus seinem kaiserlichen Lebensweg darstellt. Die Außenseiten der Mitra sind als Flachreliefs ausgearbeitet und stellen die drei Krönungen Rudolfs dar, als Kaiser, als König von Ungarn und als König von Böhmen, und schließlich den Kaiser als Besieger der Türken. Diese Krone existiert noch; ähnliche aber sind untergegangen; hierfür gibt es mancherlei Gründe.

Viele Kronen sind ganz einfach ihres Metallwertes wegen eingeschmolzen worden; das gilt vor allem für Kronen von gestürzten Monarchien. Groß sind daher die Verluste in Frankreich, wo nur wenige Kronen der Vernichtung entgangen sind, darunter die der Kaiserin Eugénie, weil sie aus Privatmitteln bezahlt worden war. König Friedrich der Große von Preußen (1712–1786) respektierte seine Krone nicht sehr; er schenkte seiner Gemahlin statt Liebe die Steine, die er aus der Königskrone brechen ließ.

Das Gewicht einer Krone ist sehr beträchtlich; man weiß, daß Königin Elisabeth II. von Großbritannien vor ihrer Krönung tagelang das Tragen eines solchen Würdezeichens vor dem Spiegel üben mußte. Manche Monarchen haben sich daher leichtere Ersatzkronen anfertigen lassen, die den offiziellen Kronen ihres Landes ähnlich waren; die britische Königin Victoria hatte an der Miniaturkrone sogar solches Gefallen gefunden, daß sie sie fast immer über ihrem Witwenschleier trug.

Die Krone, die Kaiser Rudolf II. 1602 hatte anfertigen lassen, hatte zunächst keine andere Aufgabe, als dem Kaiser zu ermöglichen, »unter der Krone« aufzutreten, so zum Beispiel vor der förmlichen Kaiserkrönung in Frankfurt, zu der er als bereits vereidigter Kaiser einritt. Das Gewicht dieser Krone veranlaßte die Fertigung einer leichteren und stilistisch modifizierten »substitutorischen« Kaiserkrone, die 1871 mangels symbolischen Wertes klaglos eingeschmolzen werden konnte. Sie war nicht einmal das einzige Duplikat, denn wenn eine Kaiserin mit ihrem Gemahl zusammen gekrönt werden sollte, brauchte man bereits eine zweite Krone. Besonders dringlich wurden neue Kronen gebraucht, als 1742 ein Kurfürst von Bayern Kaiser geworden war, aber in der Schatzkammer keine Kaiserkrone für sich und seine Kaiserin – die demonstrativ auch gekrönt werden sollte – besaß.

Krönungen sind einmalige Staatsakte im Leben eines Monarchen; mehrmalige Krönungen stellen immer Ausnahmen dar, etwa für Richard Löwenherz nach der Unterwerfung seines ungetreuen Bruders oder für die römisch-deutschen Kaiser, sofern sie auch Könige von Ungarn und von Böhmen waren. Im übrigen ist es nicht selbstverständlich, daß ein Herrscher gekrönt werden muß; die fränkischen Könige

Die emaillierten Plättchen der bei einer Graböffnung in Toledo gefundenen Krone sind durch Scharniere verbunden und mit echten Gemmen besetzt. Statt der sonst üblichen Laubblätter tragen sie das Wappenbild Kastiliens, die vom maurischen Baustil beeinflußten Kastelle.

Der Papst trägt die Tiara nicht nur zu seiner Krönung, sondern auch an den höchsten kirchlichen Feiertagen, wenn er als Kirchenfürst auftritt *(links)*. Für liturgische Zwecke genügt die bischöfliche Mitra *(rechts)*.

KÖNIG | FÜRST (KRONE) | FÜRST (HUT) | HERZOG | ERLAUCHTER GRAF | MARQUIS

FRANKREICH

Nur die Mitglieder des Königshauses können Lilien auf den Kronenreif setzen. Sprachlich kann kein Unterschied zwischen Fürst und Prinz gemacht werden.

DÄNEMARK

Ein Reglement von 1693 schuf Unterschiede in den Rangkronen, sogar für speziell auf einem Mittelschild anzubringende.

SCHWEDEN

Das schwedische System ist im Grunde das konservativste.

SPANIEN

Das spanische System ist konsequent aufgebaut.

ITALIEN

Die italienischen Vorschriften nehmen Rücksicht darauf, daß viele Geschlechter Rangtitel des Römisch-Deutschen Reiches haben.

DEUTSCHLAND

Die Kronen der Herzöge und der Fürsten unterscheiden sich in der Regel nicht. Grafen mit dem Titel »Erlaucht« sind eine Schöpfung der Restauration.

RUSSLAND

Die kaiserlich russische Heraldik orientierte sich an den deutschen Gepflogenheiten.

NIEDERLANDE

In den niederländischen Rangkronen kommen Einflüsse aller Nachbarstaaten zur Geltung.

BELGIEN BIS 1795

Zur Zeit der »Spanischen Niederlande« herrschte in Belgien eine recht strenge Adelsgesetzgebung.

BELGIEN SEIT 1838

Nach der Schaffung des Königreichs Belgien blieb manche niederländische Regel in Kraft.

ENGLAND

Das englische Rangkronensystem wird von allen Systemen am sorgfältigsten beachtet. Die Mützen in den *coronets* dürfen entfallen.

AF, NSERVATIV	GRAF, MODISCH	VICOMTE	FREIHERR (BARON), KONSERVATIV	FREIHERR (BARON), MODISCH	RITTER	UNTITULIERTER ADEL, KONSERVATIV	UNTITULIERTER ADEL, MODISCH

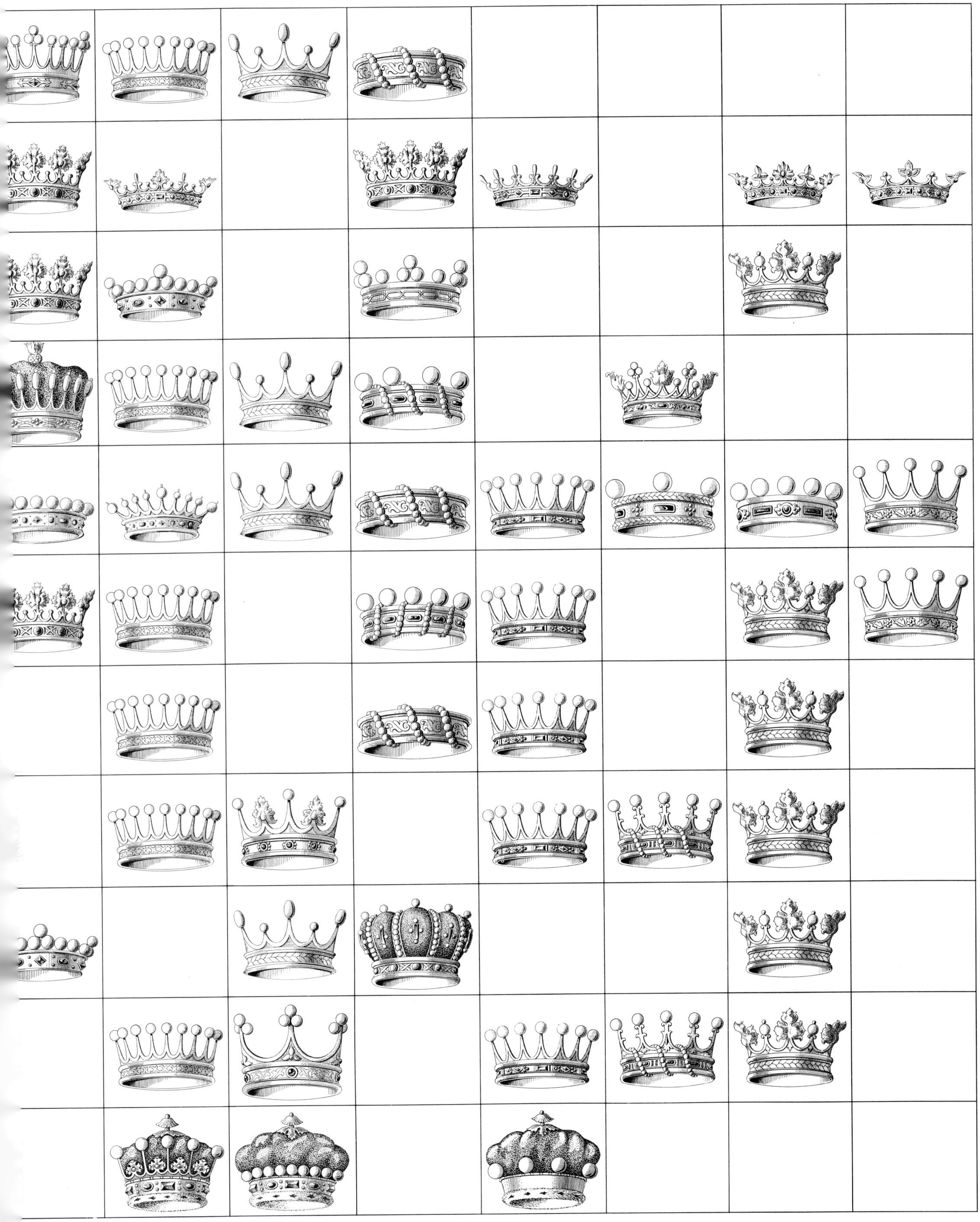

Die drei schlafenden Männer sind mit Kronen abgebildet, damit man sie als Könige erkennt. Es sind die Heiligen Drei Könige, denen der Engel im Traum erscheint, um sie zu wecken; er wird ihnen den Weg nach Bethlehem weisen.

wurden bis um 800 an den Händen gesalbt. Erst vom frühen 9. Jahrhundert an kennt man daher die Formel, mit der ein hoher Geistlicher die Krone übergab, und die im wesentlichen bis ins 18. Jahrhundert galt. Im Jahr 1764 lautete sie: »Accipe coronam Regni, quæ licet ab indignis, Episcoporum tamen manibus, capiti tuo imponitur, quamque sanctitatis gloriam & opus fortitudinis expresse significare intelligas, & per hanc te participem Ministerii nostri non ignores, ita ut, sicut nos in interioribus Pastores, Rectoresque animorum intelligamur, ita & tu in exterioribus verus Dei cultor strenuusque contra omnes adversitates Ecclesiæ Christi, Defensor assistas, Regnique â Deo tibi dati, & per officium nostræ Benedictionis, vice Apostolorum, omniumque Sanctorum suffragio tuo Regimini commissi, utilis Executor, Regnatorque proficuus semper appareas, ut inter gloriosos Athletas virtutum gemmis ornatus, & præmio æternæ felicitatis coronatus, cum Redemtore ac Salvatore Domino nostro JEsu Christo, cujus nomen vicemque gestare credens, sine fine glorieris. Qui vivit & imperat Deus, cum Deo Patre, in unitate Spiritus Sancti, per omnia sæcula sæculorum.«

In den sogenannten Krönungsdiarien lautet die Übersetzung ins Deutsche:

»Nehme hin die Reichskrone, welche dir, obwohl von unwürdigen, jedoch bischöflichen Händen auf das Haupt gesetzet wird, und wisse, daß sie ausdrücklich die Herrlichkeit der Heiligung und

Die Bilderchronik des Erzbischofs von Trier, Balduin von Luxemburg, eines Bruders des Kaisers Heinrichs VII., schildert zwei Krönungen, die erste, eine Königskrönung für das Herrscherpaar in Aachen am 6. Januar 1309 mit offenen Kronen *(oben)*, rechts eine Kaiserkrönung in Rom am 29. Juni 1312. Die Kaiserkrone ist durch einen Bügel geschlossen.

Unsere Krönungsbilder zeigen von links nach rechts: Spätmittelalterliches Phantasiebild von der Kaiserkrönung Karls des Großen in Rom 800. Krönung Richards II. von England 1377.
Die Krönung König Karls V. von Frankreich 1380.
Die Krönung ist aber nichtswürdig, wenn der Vertreter Gottes nicht echt ist *(ganz rechts)*.

ein Werk der Tapferkeit vorstelle, ja daß du dadurch auch unseres geistlichen Amts theilhaftig werdest, daß, gleichwie wir dem Inwendigen nach, Hirten und Regenten der Selen sind, also auch du in auswendigen Sachen ein wahrer Diener Gottes, und bei aller Widerwärtigkeit ein tapferer Beschützer der Kirche Christi und des, von GOtt verliehenen Reichs seyn sollest; auch durch das Amt unsers Segens, so wir anstatt der Apostel verrichten, mit Zustimmung aller Heiligen, allezeit geneigt verbleibest, zu ersprießlicher Handhabung des anvertrauten Regiments und zu nüzlicher Regierung; damit du unter den berühmten Kämpfern mit den Edelgesteinen der Tugend gezieret, und mit der Belohnung der ewigen Glückseligkeit gekrönet, mit unserm Erlöser und Seligmacher JEsu Christo, dessen Namen und Stelle du vertrittst, ohne End frolocken mögest, der da lebet und regieret, GOtt, mit dem Vater in Einigkeit des heiligen Geistes, von Ewigkeit zu Ewigkeit.«

Außer dem Aufsetzen der Krone gehören zu einer vollständigen Krönungszeremonie auch die Einkleidung mit den Zeremonialgewändern und die Übergabe der Herrschaftsinsignien wie Reichsapfel, Schwert und Szepter. Alle diese Gegenstände unterliegen bei der Feier einer Einsegnung durch eine qualifizierte Persönlichkeit, im Zweifel also einen Geistlichen, der Gottes Gnade herabflehen darf, der aber zur Zielscheibe des Spottes wird, wenn er selbst umstritten ist. So konnte es sich Napoleon I. erlauben, den zur Krönung nach Paris zitierten Papst zu überrumpeln, indem er den Lorbeerkranz, mit dem er hereingeschritten war, vom Altar, wo er ihn niedergelegt hatte, ergriff, dann die Damenkrone über sein Haupt hielt, als wolle er sie sich selbst aufsetzen, und schließlich seine Gemahlin damit krönte.

Es war eine der letzten Krönungen der Weltgeschichte; die konstitutionellen Monarchen führen den Titel »von Gottes Gnaden« nur noch aus Tradition und fügen ihm oft sogar hinzu »und durch des Volkes Willen«. So wurde auch die dramatische Königskrönung Wilhelms I. von

Napoleon I. *(unten)* kam 1804 dem Papst zuvor, indem er den Lorbeerkranz, wie geplant, selbst vom Altar nahm; danach setzte er seiner Gemahlin die Krone selbst aufs Haupt.

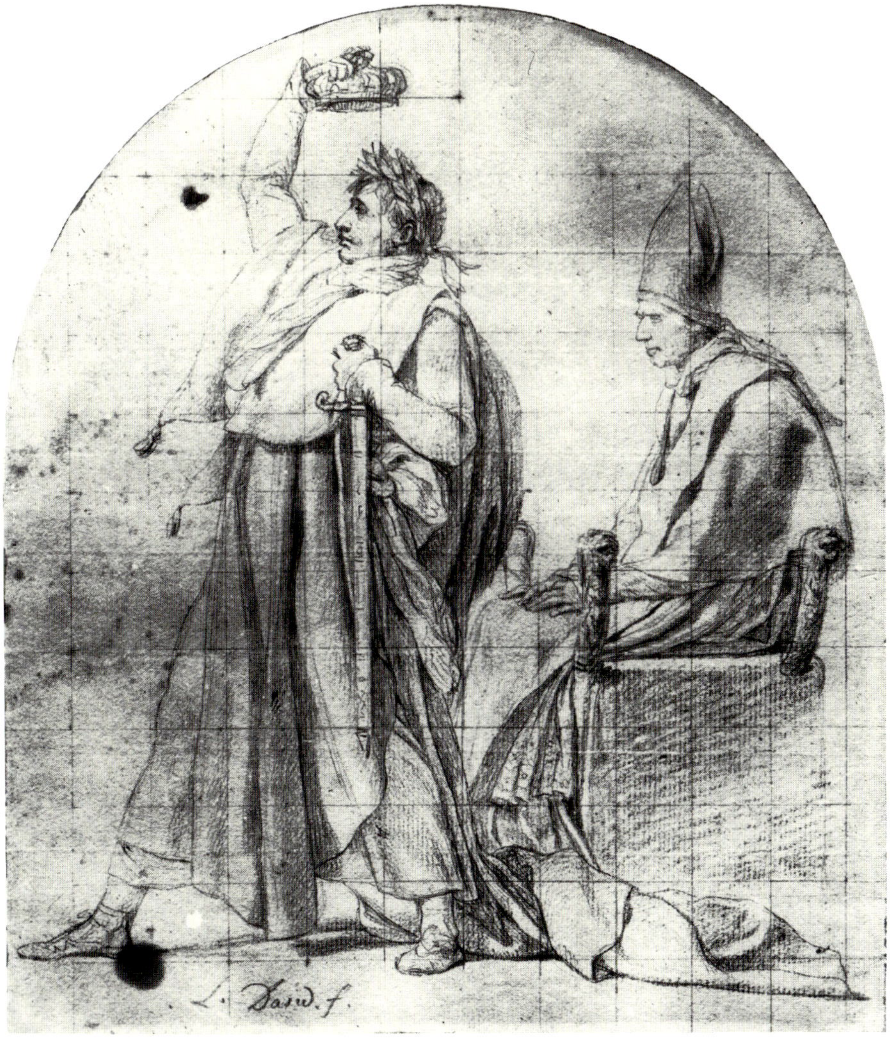

Am Morgen nach der letzten Übernachtung vor dem Einritt zum Konzil in Konstanz 1414 bedankte sich der – später umstrittene – Papst Johannes (XXIII.) beim Abt von Kreuzlingen durch Verleihung der Mitra mit den Bändern (den *Infuln*) und machte ihn damit zum infulierten Abt *(links)*.

Rechts die Porträts der acht damaligen Kurfürsten: dargestellt sind die Erzbischöfe von Mainz, Trier und Köln, die Herzöge von Bayern und Sachsen (Polen), der Markgraf von Brandenburg (Preußen), der Pfalzgraf bei Rhein und der Kurfürst von Hannover (Großbritannien).

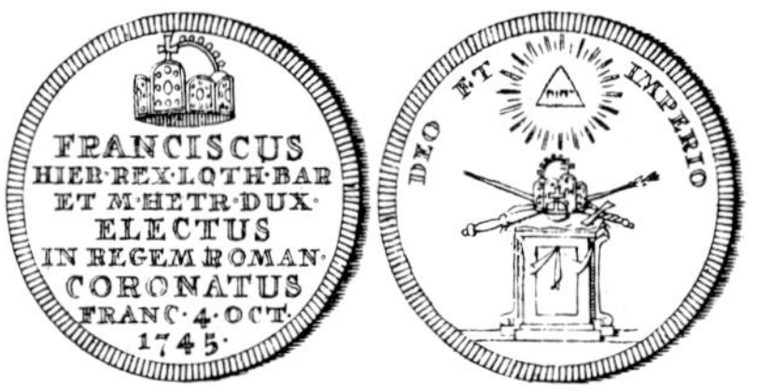

Zu den Gesten der Großzügigkeit, die ein Fürst seinem Volk schuldig war, gehörte das Ausstreuen von Münzen anläßlich von Volksfesten, namentlich Krönungsfeiern und Ähnlichem. Solche Münzen wurden besonders hierfür geprägt und tragen auf das Ereignis bezügliche Inschriften. Als der Gemahl der Kaisertochter und Königin von Ungarn, der berühmten Maria Theresia, 1745 zum Kaiser gekrönt wurde, rühmte er sich in der Inschrift in erster Linie, »König von Jerusalem« zu sein; dann erst folgen die herzoglichen Titel von Lothringen, Bar und der großherzogliche von Toskana. Auf der Rückseite wacht das strahlende Auge Gottes über die auf einem Altar aufgebauten Reichsinsignien, die »Gott und dem Reich« zu dienen versprechen.

An die Krönung schloß sich ein Volksfest an, bei dem es ziemlich ungebärdig zuging *(oben)*. Das Volk prügelte sich um die ausgestreuten Münzen und schonte die zu seiner Verpflegung aufgebauten Hütten nicht, während die Stadtsoldaten auf der anderen Seite des Platzes vor dem Frankfurter Rathaus, dem »Römer«, die Absperrung aufrechtzuerhalten glaubten.

Preußen am 18. Oktober 1861 in Königsberg bereits Zielscheibe heftiger Kritik der Zeitgenossen. Auf die Heraldik hat die Kronenentwicklung der Neuzeit weitreichenden Einfluß gewonnen. Die architektonischen Formen der Renaissance waren der Unterbringung von Helm und Helmzier wenig günstig, dagegen den symmetrisch wirkenden Kronen förderlich. So entstehen ganze

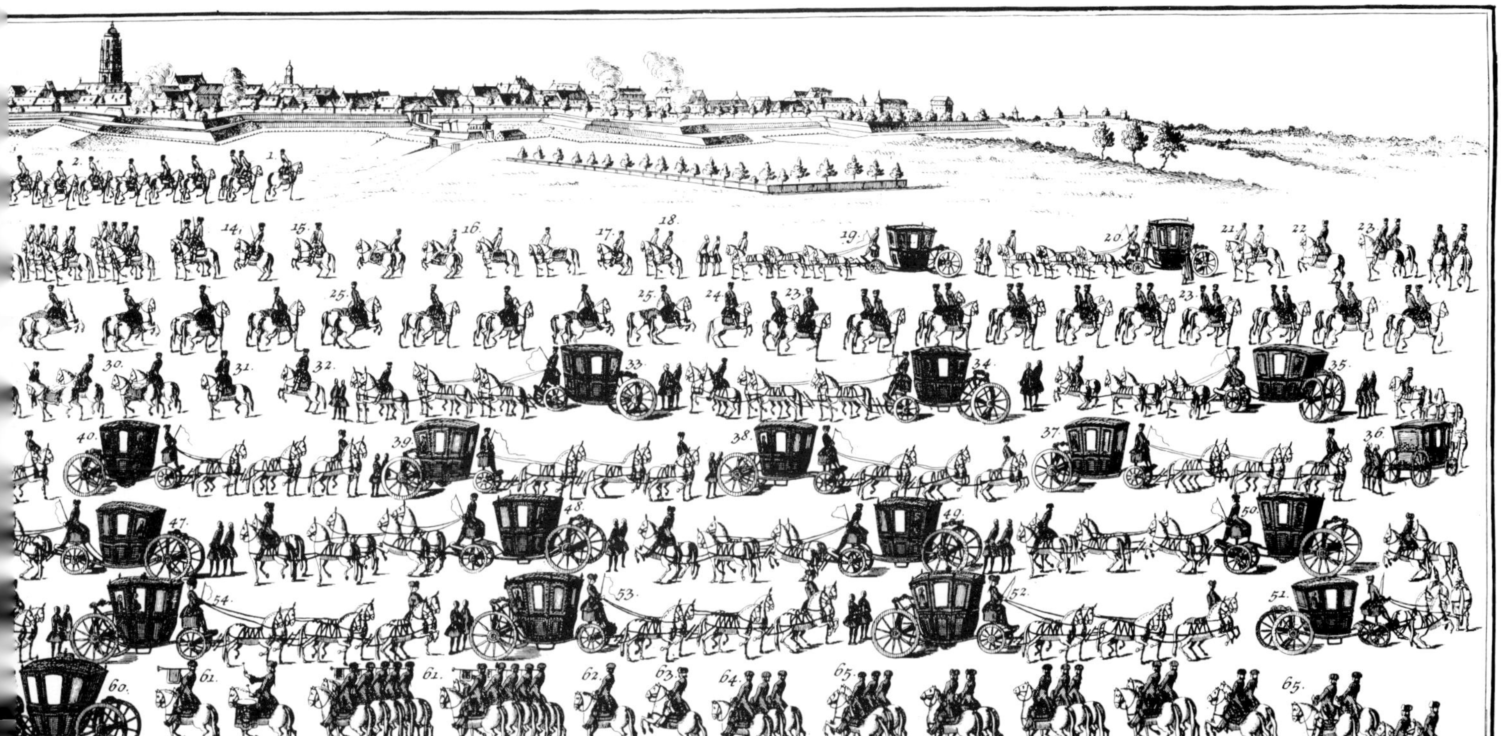

Systeme von Rangordnungen, die durch Form und Anzahl der Aufsätze auf dem Kronenreif zum Ausdruck kommen; die Kronen der Monarchien erscheinen auf ihren Wappenschilden, wobei Übereinstimmung mit der existierenden Krone meist angestrebt, aber erst im 19., dem photographischen Jahrhundert, voll erreicht wird.

Mit dem gleichen prunkvollen Aufwand wie der Kurfürst von Mainz zogen auch die übrigen Kurfürsten oder ihre Gesandten in Frankfurt am Main ein.

Rechte Seite:
Mit dieser Schaluppe wurde das frischvermählte Königspaar von Schweden nach der Trauung am 19. Juni 1976 abgeholt und über das Wasser zum königlichen Schloß gefahren. Am Bug leuchten die drei Kronen des Staatswappens unter der königlichen Krone. Am Heck weht die große Staatsflagge und am Bug die Standarte des Königs mit seinem Kommandowimpel. Diese beiden sind gekennzeichnet durch die kleinen weißen Rechtecke, in denen das vollständige Königswappen steht.

Großbritannien ist das einzige Land der Welt, in dem der Prunk der Monarchie noch immer zur Schau getragen wird, auch für Tausende und Abertausende Reisender aus dem Ausland. Die Bilder von der Krönung der jetzt regierenden Königin Elisabeth II.

machten nicht nur die Runde durch die Weltpresse, sondern sie erreichten durch das Fernsehen, das erstmals eine Königskrönung übertragen konnte, Millionen von Häusern.
Die Krönung fand am 2. Juni 1953 in der Westminster Abbey zu London statt, deren Mittelschiff mit den Wappenbannern der Ritter des »Höchst Ehrenwerten Ordens vom Bade« *(The Most Honourable Order of the Bath)* ausgeschmückt ist.

Prunk-stücke

»Auf den königlich französischen und dänischen Siegeln und dazugehörigen Silberkapseln werdet Ihr finden, wie selbige beiden Könige ihren Pavillon Royal eigentlich führen.«

Anweisung des preußischen Königs Friedrich I., 1701.

SCHILDHALTER

Kaum ein landesfürstliches Wappen verzichtet auf den pompösen Eindruck, den schildhaltende Bestien vermitteln; diese Tiere können dem Staatswappen entlehnt sein wie im Königreich Bayern *(links)* oder eine der Bilddevisen (↑ S. 210) sein, die von dem betreffenden Herrscher auch sonst gerne gezeigt werden, wie die Stachelschweine König Ludwigs XII. von Frankreich *(unten)*.

Die Wappen wuchsen bald über ihre Aufgabe hinaus, als kriegerische Kennzeichen zu wirken. Die bildende Kunst hatte sich ihrer sogar schon lange bemächtigt, ehe die Wappen nur noch graphisch darstellbar geworden waren.

Die Künstler des 12. Jahrhunderts orientierten sich an der Wirklichkeit. Der seinen Schild selbst tragende Ritter oder der Knappe, der die Ausrüstung schleppte, boten einen häufigen Anblick, dessen Prächtigkeit zur künstlerischen Fixierung ebenso herausforderte, wie seine offenbare Lebensgefährlichkeit zur Besinnung mahnte. Schon das allerälteste Wappen, das wir kennen, das des Geoffrey Plantagenet aus der Kathedrale von Le Mans bestätigt das. Es wird von seinem Inhaber selbst getragen und in farbenprächtiger Emailarbeit auf einer Grabplatte herausgestellt. Jede Selbstdarstellung eines Wappenherrn mit seinem Schild zeigt somit einen Schildträger, aber im technischen Sinne doch nur einen Vorläufer der Schildhalter. Diese haben sich im Laufe der Zeit zu einer Ergänzung des eigentlichen Wappens entwickelt, für die man bestimmte Grundsätze anwandte. Diese Grundsätze, die kaum je verbindlich formuliert worden sind, beruhen auf der sozialen Entwicklung, die – auch innerhalb der Oberschicht – viele gesellschaftliche Stufen hervorbrachte. Diese Stufen finden ihren Ausdruck zum Beispiel in den Bezeichnungen der Adelsgrade. Die oberen Adelsgrade haben in den meisten Ländern das Recht, aber nicht die Pflicht, bestimmte Schildhalter auszuwählen und sich – wo solches Verfahren überhaupt stattfinden kann – verleihen zu lassen. Auch hier bestätigt sich die verbreitete Meinung, daß nach der heraldischen Frühzeit eine Beurkundung der Wappenführung durch irgendeine Autorität als erwünscht angesehen wird. Diese Autorität können der Landesherr, die Landesregierung, aber auch eine ständische Organisation sein.

Die Ranggrenzen für Familien, die permanente Schildhalter führen, sind ziemlich schwankend; das gleiche gilt für Kommunen. In England wird im allgemeinen einer *City* das Recht auf Schildhalter zugestanden, einer *Town* hingegen kaum. *Counties* machen davon nur sparsamen Gebrauch, aber ehemalige Kolonien lassen sich fast ausnahmslos durch das Heroldsamt in London Schildhalter verleihen, die der einheimischen Fauna entnommen sind und meist auch noch eine landestypische Pflanze halten.

Der Jesuitenpater Silvester Petra Sancta, dem zu Unrecht die Erfindung der heraldischen Farbschaffierungen zugeschrieben wird, hat nur in seinem Standardwerk »Tesserae gentilitiae« für deren Verbreitung gewirkt, sich aber sonst folgenreiche Gedanken über Wappenfragen gemacht, darunter über die Prunkstücke, die zu den Wappenschilden hinzukommen können. Er dachte sich für den Kaiser einen zeltförmigen Hintergrund, vor dem der Doppeladler schweben würde, gestützt von zwei Herolden in österreichischen Tapperten und mit österreichischen Fahnen *(links)*. Das sind tatsächlich die Hauptelemente der fürstlichen Prunkstücke geworden.

Von den derzeit etwa 160 souveränen Staaten der Erde führen fast ein Drittel Wappen mit Schildhaltern im strengen Sinne, also in Zweiergruppen, wobei es immer mehr zur Gewohnheit wird, daß die beiden Schildhalter verschiedenen Tiergattungen angehören. Keine Tierart aber kann mit dem Löwen in Wettbewerb treten, der sogar dann als Schildhalter bevorzugt wird, wenn er im Schilde selbst nicht vorkommt, wie etwa in einer großen Anzahl niederländischer Stadtwappen, angefangen mit Amsterdam, aber auch bei Hamburg und Bremen. Wie der Löwe als Wappenbild in mehreren Erscheinungsformen vorkommt, so gibt es ihn auch als Schildhalter mit charakteristischen Kopfhaltungen, also widersehend, mit nach hinten gedrehtem Kopf, oder hersehend, den Beschauer ansehend. Aber die normale Haltung, bei der sich die beiden Löwen ansehen, ist natürlich am häufigsten. In einer korrekten Beschreibung muß die Kopfhaltung, wenn wider- oder hersehend, »gemeldet« werden. Man darf annehmen, daß das 1468 in Brügge verbreitete Erinnerungsblatt (↑ S. 188/189) viel dazu beigetragen hat, daß der heraldische Löwe ein so beliebter Schildhalter geworden ist. Er verleitet natürlich auch zu graphischen Spielereien, zum Beispiel wenn ein einziger Löwe den Schild hält, ihm der Helm auf den Kopf gestülpt ist und seine Pranken hinter dem Schild hervorschauen oder ihn von hinten packen; der Schwanzwedel darf dann unten heraushängen.

Bertrand du Guesclin *(rechts)*, mit dem Wappenrock der französischen Herolde abgebildet, hält seinen eigenen Schild an der Fessel, als ob er einem anderen gehören würde.

Aber ehe sich Regelmäßigkeiten herausbilden konnten, ist eine lange und ziemlich unübersichtliche Entwicklung abgelaufen, die schon im 13. Jahrhundert beginnt und für die die Wappenbücher kaum Dokumentation liefern. Diese muß man in graphischen Einzelblättern, hauptsäch-

In einem Werk wie der Schedelschen »Weltchronik« (1493) sind die Wappen zur Illustration verwendet und demgemäß wirksam dargeboten; die Wappenschilde der sogenannten Quaternionen (↑S. 128) werden von elegant tänzelnden oder aus Blüten hervorwachsenden Gestalten vorgeführt, in der oberen Reihe die vier Grafen: Schwarzburg, Kleve, Cilli und Savoyen, und unten die vier Landgrafen: Thüringen, Hessen, Leuchtenberg und (Unter-) Elsaß.

lich aber in Siegeln suchen. Aus Siegeln würde man wohl ein annähernd genaues Bild gewinnen, wenn man tatsächlich eine ausreichend große Anzahl durchprüfen könnte. Immerhin entsteht folgender Eindruck:

Die Darstellung der siegelführenden Person im Siegel ist älter als das Wappenwesen. Sobald ein Schild oder gar die vollständige wappenmäßige Ausrüstung zur Kennzeichnung der Person denkbar ist, werden auch der Schild oder die ganze Ausrüstung an passender Stelle im Siegel erscheinen, das seiner rechtlichen Bedeutung wegen alle Elemente enthalten dürfte, die seine Glaubwürdigkeit stützen. Dabei spielt zuweilen sogar archaisierende Gestaltung mit, wie bei den

askanischen Markgrafen von Brandenburg oder in Skandinavien.
Nicht nur regierende Fürsten, sondern auch hochgestellte Damen, die vielfach für ihre wegen des gefährlichen Lebens ihrer Väter zu Waisen gewordenen Kinder die Vormundschaft und

Die Schildhalter des Wappens von England wechseln unter König Heinrich VII. allmählich weniger oft. Während der letzten drei Tudorregierungen stand rechts der englische Löwe und links der walisische Drache der Tudors *(unten)*.

somit auch die Regierungsgeschäfte führen mußten, ließen sich daher in dieser oder ähnlicher Funktion auf ihren Siegeln so darstellen, daß sie als Schildhalter ihres Geburts- und ihres Ehewappens wirken; sie halten die Schilde empor oder heben den Helm über den Schild, dessen Fessel sie über die drei freien Finger hängen lassen können.
Es gibt auch Siegel von Herzoginnen, die sich von ihrem freistehenden Wappentier die Pfote reichen lassen.
Gemäß der Auffassung, daß das Wappen oder das Wappentier den Wappeneigner unmittelbar vertritt, muß man damit rechnen, daß auch nebenheraldische Lebewesen in den Siegeln

Bild links:
Von einem Druckblatt des Meisters W. A. konnten die Zuschauer der *Joyeuse Entrée,* mit der Marie von York am 2. Juli 1468 als Gemahlin Herzog Karls des Kühnen in Brügge einzog, sich an die prunkvolle Komposition erinnern lassen, die ihnen am Prinsenhof vor Augen geführt worden war. Die großen Löwen wurden zu Urvätern zahlreicher schildhaltender Löwenpaare.

Die Erweiterung des Vollwappens geschieht auf die natürlichste Weise durch einen Blick auf die Wirklichkeit, nämlich die Tatsache, daß jedes Wappen mindestens einer Person zugeordnet werden kann. In der Blütezeit der Heraldik trug man es tatsächlich, in der Gegenwart führt man es nur noch.

Obere Reihe von links nach rechts: Drei Siegel regierender Damen; sie halten das Wappen ihrer Herkunftsfamilie und das ihrer derzeitigen Stellung empor.

Die dem Wappen von Nassau entlehnte Löwenfigur wird von einer Dame gefesselt.

Die Pferde neben dem Wappen der Grafen von Arundel dienen zur Unterscheidung der Linien dieses Geschlechts.

Der Bracke in dem hohenzollernschen Siegel ist aus der Helmzier abgeleitet.

Schildhalter im wahren Sinne des Wortes, zwei an ihren faltenreichen Gewändern kenntliche Damen, finden sich bereits 1292 auf dem Siegel des Heinrich von Scharfeneck; sie flankieren den Schild und halten ihn mit ausgestreckten Armen, graziös seine Oberkante mit je einer edlen Blume schmückend.

erscheinen, also vor allem solche, die mit einer Bilddevise (Franz. *corps de devise,* engl. *badge)* identisch oder verwandt sind. Der im Siegelfelde neben dem Schild auszufüllende Raum eignet sich gut zur Aufnahme von kleinen Tierreliefs, die wohl nicht so sehr der Laune des Graveurs, sondern vielmehr den Absichten des Bestellers entspringen. Manche mögen rein ornamental sein, andere wieder auf Tatsachen beruhen. Das gilt natürlich ebenso und vielleicht noch deutlicher für solche Siegel, auf denen zum Wappenschild oder Vollwappen Figuren hinzukommen, die sichtlich nicht nur aufgrund des *Horror vacui* oder des Symmetriebedürfnisses gewählt worden sind.

Der *Horror vacui* spielt bei Siegelgravuren eine nicht zu unterschätzende Rolle, da sich eine ungraviert gebliebene Fläche im Siegellack oder Wachs schlecht abdrückt. Ein freibleibender Hintergrund kann ebenso wie ein Wappenfeld damasziert und mit Gitter- oder Rankenwerk ausgefüllt werden. Wenn stattdessen körperliche Figuren gewählt wurden, so kann man meist eine bestimmte Absicht unterstellen, zumal solche Siegel doch recht selten sind. Fast jedes Siegel, auf dem den Raum zwischen dem Schild und der Umrandung füllende Begleitfiguren vorkommen, verlangt daher eine eigene Betrachtung, um zu ergründen oder zu erraten, welche Motive zur Wahl der Begleitfigur geführt haben könnten.

Es handelt sich keineswegs immer nur um die Ausfüllung des Zwischenraumes zwischen dem Rand des Wappenschildes und der um das kreisrunde Siegel herumlaufenden Inschrift, sondern auch um kunstvolle Drei-, Vier- und Mehrpässe, deren Winkel und Spitzbögen mit Figürchen besetzt sind; das können die vier Evangelistensymbole sein (Katharina von Savoyen-Waadt, Gräfin von Namur, 1352), oder musizierende Melusinen wegen der Verwandtschaft mit dem zypriotischen Königshaus (Isabella von Chalon-Arlay, Herrin der Waadt, 1338) neben Adler und Löwen aus der savoyischen Heraldik.

Ohne eine chronologische Ordnung wagen zu wollen, seien hier einige typische sphragistische, also durch Siegel abzuleitende Gruppen betrachtet.

Die einfachste Methode, den Schild irgendwo dekorativ zu deponieren, besteht im Aufhängen an einem Haken, an der Wand oder an einem Baum, was technisch keinen Unterschied ausmacht. Damen, die keinen Helm mit Helmzier zu führen pflegten, ließen den somit allein zur Verfügung stehenden Schild gerne an einer Baumzacke oder der Astgabel einer Laubkrone aufhängen und dabei auch diese Unterbringung durch deutliche Darstellung der Schildfessel betonen. Königinnen und Königswitwen von England siegeln so, bereits Königin Eleonore (Alianora, Eleanor) zwischen 1189 und 1204, die gleichnamige Gemahlin Eduards I., eine Prinzessin von Kastilien und León, zwischen 1254 und 1290, und auch dessen zweite Gemahlin, eine Prinzessin von Frankreich, nach 1299. Aber auch Männer benützten den Baum in dieser Weise, so Thomas von Lancaster um 1300 und John Holland, Graf von Huntingdon und Herzog von Exeter (1400 enthauptet).

In Deutschland sind in Baumkronen sitzende Schilde geradezu typisch für alte Stadtwappen; bei manchen von ihnen ist der Schild mit seiner Fessel deutlich an einen Zweig gehängt, zum Beispiel der mecklenburgische Schild mit dem Stierkopf bei Neu-Buckow (13. Jahrhundert).

Der schon erwähnte Graf von Lancaster liefert zugleich ein Beispiel für eine wohlbedachte Auswahl der Begleitfiguren. Er und sein Bruder Heinrich (1281–1345) waren die einzigen Mitglieder des englischen Königshauses, die nicht den Löwen als Helmzier führten, sondern einen Drachen, der auf ihren Siegeln klein als Helmzier des Ritters oder des Vollwappens, dann aber groß und deutlich zu beiden Seiten des Schildes oder des Vollwappens erscheint. Es ist die damalige Helmzier des Wappens von Brabant, denn die Mutter des Brüderpaares war die Tochter der Mechtild von Brabant aus ihrer Ehe mit

Untere Reihe von links nach rechts:
Ein bequem sitzender Mann stützt Helm und Schild auf seine Beine.

Mit der Schildfessel kann der Schild in einer Baumkrone aufgehängt werden.

Schildhalter halten oft nicht den Schild, sondern den Helm als Vollwappen.

Auch einem als Badge geführten Tier hängt man den Schild gern um den Hals.

Graf Otto von Nassau erhebt sich über seiner Burg, und der Waldmensch kommt aus dem Harzgebirge.

Der Minnesänger »Winli« verspricht beim Rande seines Schildes seiner Mutter ritterliches Verhalten.

Menschliche Figuren eignen sich hervorragend zur Erweiterung der dekorativen Wirkung heraldischen Raumschmucks. Hierzu gehören die in der Mitte großer Räume an der Decke hängenden, als Kerzenständer dienenden Lüsterweibchen *(rechts)*, die mit dem vor den Leib gehaltenen Wappenschild bekanntgeben, wer hier der Hausherr ist.

Rechte Seite:
In historischen Ahnenreihen wirken die Vorfahren wie Schildhalter ihres eigenen Wappens. Auf den Glasgemälden des Stephansdoms in Wien aus dem 14. Jahrhundert wendet sich der Adler des jugendlich wirkenden Vaters Rudolf († 1291) dem seines bärtigen Sohnes Albrecht I. († 1308) höflich zu.

Wenn Engel an einem Grabmal eines hohen Geistlichen das Abbild des Verstorbenen bewachen, wie hier bei dem Kurfürsten und Erzbischof Theoderich von Köln, dann ist der Wappenschild seiner Diözese in ihren Händen die passendste Ergänzung.

olfus Rex Romanorum primus
Rex Albertus Romanorum prim

Auf dem figurenreichen Kuchenmodel wird das neuverliehene Wappen der süddeutschen Stadt Villingen *(rechts)* nicht nur von seinem Helm, der dem österreichischen Wappen entlehnt ist, überhöht, sondern auch von zwei Adlerschilden, dem des Kaisers Karl V. und seines Bruders, des Römischen Königs Ferdinand I. Als Schildhalter sind dementsprechend jene gewählt worden, die seinerzeit zum Wappen der Erzherzöge von Österreich gehörten. Ein Erzherzog von Österreich war es ja gewesen, der das neue Stadtwappen verliehen hatte.

Robert I., Grafen von Artois, einem Bruder des Heiligen Ludwig, des Königs von Frankreich. Als Schildhalter im technischen Sinne kann man diese Drachen aber nicht ansprechen; sie berühren den Schild zwar, tragen aber nichts zu seiner Stabilität bei, ebensowenig wie die Bären im Großsiegel von Berlin von 1280 und gar andere Begleitfiguren, die, weil unbelebt, zum Halten so gut oder so wenig geeignet sind wie die Straußenfedern des Schwarzen Prinzen (†1376), der Herzoge Eduard von Somerset (1406–1455), Heinrich von Lancaster (1399) und Thomas von Gloucester (um 1385) oder das Flammenschwert des Kardinals Louis de Bourbon von 1487 (↑ S. 211). Dennoch eignen sich die Bilddevisen und die ihnen nahe verwandten Badges, sofern sie von Lebewesen gebildet werden, die dem Schild nicht den Rücken drehen und ihn nicht nur berühren, hervorragend als Schildhalter, nachdem erst einmal deren dekorative Wirkung erkannt war. Daß dies spätestens um 1290 der Fall war, beweist das Siegel des Heinrich von Scharfeneck (↑ S. 190).

Die ersten echten Schildhalter waren menschliche Figuren und nicht Tiere; daraus läßt sich schließen, daß die Darstellung der Person des Wappenherrn selbst einen ikonographischen Vorläufer darstellt, der weit in die vorheraldische Zeit zurückgreift. Der Siegelführer kann – wie vielfach im römischen Kaisertum und während der Karolingerzeit – seinen Kopf allein abbilden. Bis ins 10. Jahrhundert durfte niemand außer dem König ein Schriftstück mit dem Siegel bekräftigen; dann beginnt die Reihe der bischöflichen Siegel, die fortschreitend von der Wiedergabe des Kopfes zu der der Büste und schließlich der ganzen Gestalt übergehen, wodurch die geistlichen Insignien immer stärker zur Geltung kommen.

Als ältestes Siegel eines nicht königlichen Fürsten gilt in Deutschland das Herzog Heinrichs VII. von Bayern, datiert 1045. Er erscheint in ganzer Gestalt mit spitzovalem Kampfschild und be-

Die riesigen wappenhaltenden Löwen pressen mit ihren Pranken den Helm auf den Schild: etwas Seltenes. Mit gewaltigen Zungen blecken sie einander an. Sie halten die Wappen von fürstlichen Eheleuten, und zwar Herzog Bogislaw XIII. von Pommern-Barth, der 1592 Clara von Braunschweig geheiratet hatte.

Rechte Seite:
Bügelhelme können Schildhaltern über den Kopf gestülpt werden; dann blicken sie durch die Bügel hindurch. Das ist bei manchem Wappen, wie Pommern und Brandenburg, sogar zur Regel geworden.

Aus der Landschaft, in die das Wappen des Jean de Malestroit *(rechts)* gestellt ist, eilten ein Wilder Mann und seine Gefährtin herbei, um, mit den Wappenbannern der Eheleute ausgerüstet, seinen Helm auf seinem Schild festzuhalten. Die Wilde Frau führt das Banner mit ihrem Ehewappen, korrekt seitenverkehrt gemalt, da sie die Stange in der Linken hält und das Tuch zum Wappen hinweht. Die Helmdecken sind übrigens den Wappenfeldern entsprechend gemustert.

wimpelter Lanze. Hundert Jahre später konnte auf dem Schild ein Wappen erscheinen, was nicht überall sofort geschah, wenn der Typus des gewohnten Siegels nicht verändert werden sollte (die Markgrafen von Brandenburg führten es noch 1200).

Die Darstellung des Fürsten mit seinem Schild – ob mit oder ohne Wappenbild – im Standsiegel war der eine Typus, neben dem das Reiter- und das Thronsiegel (↑ S. 43) die wichtigsten sind. Das fürstliche Standsiegel kommt zwar aus der Mode, aber noch 1393 erhebt sich Graf Otto von Nassau-Dillenburg über den Zinnen seiner Burg wie ein Roland dräuend mit dem erhobenen Schwert und den Wappenschild haltend. Liebenswürdiger erscheint die »Schöne Else« von Bayern im obersten Bogen des Dreipasses, in den ihr Siegelfeld aufgeteilt ist. Sie ist es, die den Schild hält, mit prächtiger Haartracht hervorgehoben, während die beiden Bracken aus der Helmzier ihres Gemahls, des Burggrafen von Nürnberg Friedrich I. von Hohenzollern, in den beiden anderen Bogenfeldern dem Wappenschild den Rücken zuwenden. Ganz deutlich als die Siegelführer selbst, die ihren Schild gemeinsam vor ihren Körper halten, erscheinen Brüder, vor allem solche, die ihrer Minderjährigkeit wegen noch keine Regelung über ihre endgültigen Erbschaftsverhältnisse getroffen haben, wie die Grafen Konrad und Berthold von Freiburg (im Breisgau) 1239.

Die in einem Siegel einem Wappen beigegebenen Tierfiguren können dreierlei Haltung einnehmen: als Paar abgewendet, als Paar zugewendet und dann meistens den Schild oder den Helm des Vollwappens tatsächlich haltend, oder einzeln, Schild, Helm und Fahne haltend. Die letzteren haben mit den schildtragenden Personen enge Beziehung, wenn man von dem Gedanken ausgeht, daß das Wappen seinen Inhaber rechtlich vertritt. Dann vertritt eines der belebten Wappenbilder den Siegelführer als Person. In dieser Weise sind mehrere Siegel der Grafen von Savoyen zu deuten.

Auf welches Tier die Wahl fällt, hängt weitgehend von der zuvor getroffenen Auswahl des Wappenbildes und vor allem der Helmzier, des Badges oder der Bilddevisen ab. Das gilt bereits für die von Begleitfiguren (1301) zu Helmträgern und dann zu echten Vollwappenhaltern aufsteigenden weißen hersehenden Löwen der englischen Grafen von March aus dem Hause Mortimer. So sind auch die auf Hirschen reitenden Wilden Männer im Siegel des Kämmerers von Frankreich, Louis de Bourbon, 1367 zu verstehen. Mancher Siegelführer hängt seinen Wappenhaltern einen Tappert auf den Rücken, wie Girard de Grammont 1336. Eines der allerältesten Beispiele für ein schildhaltendes Tier, das Siegel des Brabanters Gilles de Trazegnies von

Der »Marzocco« genannte, fast naturgetreue Löwe mit dem Wappen von Florenz unter der rechten Vorderpranke ist ein Meisterwerk des Donatello und war ursprünglich (etwa 1416) für die päpstlichen Räume im Kloster Maria Novella bestimmt.

SANS PLUS

Zwei braunschweigische Taler mit Wilden Männern *(rechts)*, der eine mit dem sich selbst verzehrenden Licht, der andere, von zwei Herzögen gemeinsam ausgegeben, mit zwei Harzmenschen.

Rechte Seite: Mustertafel für schildhaltende Wilde Männer und attraktive Damen. Diese Tafel steuerte Emil Doepler d. J. dem 1897 von Hugo Gerard Ströhl herausgegebenen »Heraldischen Atlas« bei.

1195, ist auch ein Beispiel für den Übergang eines solchen Einzelgängers in den Schild, und zwar in diesem Fall in »Schattenfarbe«, was wohl daran erinnert, daß der Löwe ursprünglich ein Schildhalter war; solche Einzelfiguren, die einen Schild um den Hals hängend tragen, sind an sich sonst nicht selten. Wir zitieren nur den Adler des Grafen von Cornwallis, der um 1290 an seinen Vater, den römisch-deutschen König Richard erinnern sollte (↗ S. 126). Im Hause Savoyen trägt der eine Fahne haltende Löwe manchmal, wie 1375 und 1383, den Helm auf dem Kopf, was später bei paarweise angeordneten Schildhaltern öfters vorkommt (↗ S. 195).

wappen durchgesetzt haben, wird ihre Auswahl nicht mehr von siegeltechnischen Gesichtspunkten bestimmt, sie können bei jeder Darstellungsart auftreten und dort einen umfangreichen Platz einnehmen. Und von etwa 1400 an scheut man sich, zuerst in England, nicht, zwei verschiedene Schildhalter, etwa einen Falken und eine »Antilope«, in das Wappenwesen einzuführen (wie für den nicht thronfolgefähigen Königsenkel John Beaufort, Herzog vom Somerset († 1444).

Die Methode, zwei verschiedene Schildhalter zu führen, förderte die sich bereits abzeichnende Tendenz, durch permanente Schildhalter verschiedene Linien eines Geschlechts zu unter-

Wappen des kunstsinnigen Königs von Ungarn, Matthias Hunyadi, gen. Corvinus, am Rathaus zu Görlitz, gehalten von einer Dame – Frieden und Kultur – und einem Ritter – Macht und Wehrkraft. Den Schild mit den Feldern von Ungarn, Böhmen, Niederlausitz und Schlesien trägt ein Löwe auf dem Rücken.

Seltene Darstellung des königlich-schwedischen Wappens mit Waldleuten als Schildhaltern *(rechts)*. Auch das Waldweib ist stark behaart, aber, da unbewaffnet, auf den Schutz durch den keulenbewehrten Mann angewiesen. Die übliche Bekränzung mit Laub ist stark reduziert.

Schildwächter zum Wappen des Frankfurter Patriziergeschlechts Holzhausen *(ganz rechts)*. Er ist konventionell auf dem Haupt und um die Lenden mit Laub bekränzt.

Unter Verzicht auf den sonst angestrebten symmetrischen Eindruck kann auch ein liegendes Tier einen Schild an der Schildfessel um den Hals tragen, wie es die Hindin tut, die der Graf von Kent Thomas Holland 1380 offenbar seinem Bruder König Richard II. von England zuliebe ins Siegel nahm; Richards Badge war ein Hirsch. Seit Schildhalter sich als Bestandteile der Voll-

scheiden, wie dies durch Löwen (1375), Greifen (1397) und Pferde (um 1400) für die englischen Grafen von Arundel belegt ist. Die Greifen entsprechen der Helmzier.

Markante Schildhalter eines bestimmten Wappen können auch in ein anderes Wappen übergehen, so sind z.B. die Wilden Männer von Preußen (↗ S. 52f.) beim Wappen der Herzöge von Pommern entlehnt. Bei den Grafen und Fürsten von Schwarzburg (Thüringen) beziehen sich die Waldleute Mann und Frau wohl ebenso auf den Bergbau wie die Wilden Männer aus dem Harz in Braunschweig. Daß sich dem wilden Mann eine wilde Frau beigesellt, ist auch sonst zu beobachten (↗ S. 196f., 198f.).

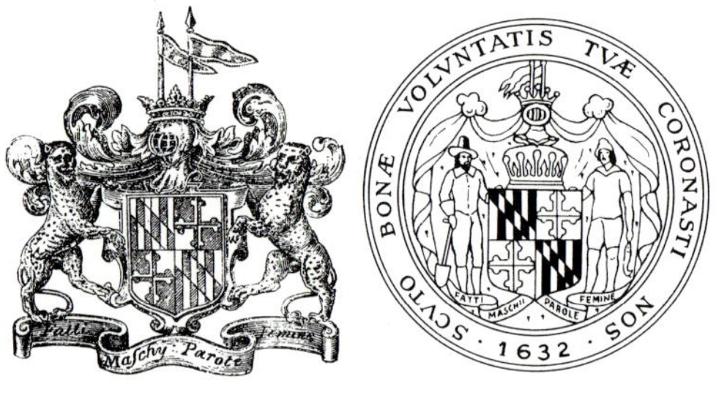

Der Kolonisator von Maryland, Lord Baltimore, hinterließ dem späteren Staat sein Wappen; doch wurden die feudalen Leoparden als Schildhalter durch Landeseinwohner, einen Ackersmann und einen Fischer, ersetzt. Der frauenverachtende italienische Spruch »Taten sind Männer-, Worte Frauensache« blieb aber bestehen.

1.
2.
3.
4.
E.D.S.

Menschen als Schildhalter
1 Ehepaar mit Allianzwappen
2 Pärchen beim Aushandeln des Liebeslohns als Begleitfigur
3 Diener mit den Schilden seiner Herrin
4 Die Herrin selbst mit der Fahne des Geschlechts
5 Die junge Braut
6 Nürnberger Dienerin mit den Vollwappen ihrer Herrschaft
7 Der Ritter mit dem Ordenszeichen am Hals ist der Herr selbst
8 und 9 Ureinwohner: ein Indio für einen Engländer und ein Waräger für einen Russen

Phantasiegestalten als Schildhalter
10 Neptun für einen Seelord
11 Melusine für die Könige von Neapel
12 Minerva mit Medusenschild
13 – 16 Engel eignen sich vorzugsweise für geistliche Wappen
17 Der deutsche doppelköpfige Reichsadler als Schildträger
18 Der Druckergreif als Verlegerzeichen

Flügelwesen und andere legendäre Tiere
19 Diese im Rokoko beliebte Gruppierung heißt *»en baroque«*
20 Ein englischer Basilisk
21 Der geflügelte Stier des Evangelisten Lukas mit dem Schild der Maler
22 – 23 Der geflügelte Hirsch ist französisch, der Drache walisisch
24 Ein um den Schild herumgelegter Drache erinnert an einen ungarischen Orden
25 Der die Säule tragende Löwe versinnbildlicht die Stärke Simsons
26 und 27 Einzelne Löwen lassen die Enden ihrer Extremitäten hinter dem Schild herausschauen; ein in den Schild beißender Löwenkopf ist einmalig

Schließlich ist jeder Vierbeiner als Schildhalter in irgendeiner Stellung geeignet, wie der Elefant (28) als Stütze bei einer Linie des Hauses Fugger
29 Das schildhaltende Tier kann auch hocken
30 und 31 In England liebt man es, die schildhaltenden Tiere zu mustern
32 und 33 Mit der Schildfessel in die Astgabelung eines Baumes gehängter Schild
34 – 36 Mit einem Kranz von Fähnchen erinnern die Spanier an ihre Siege über die Araber.

1

2

3

10

11

12

13

19

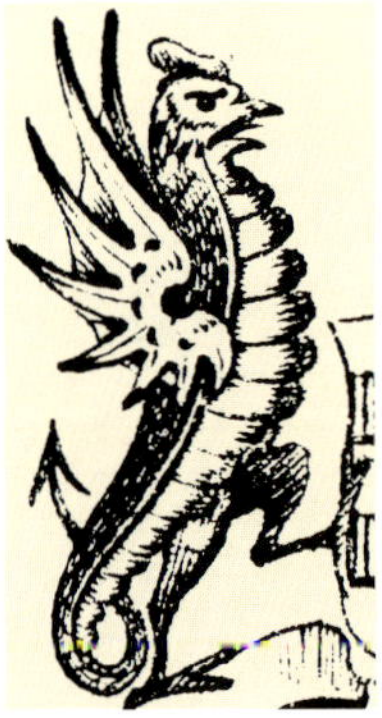
20

21

2

28

29

30

4

5

6

7

8

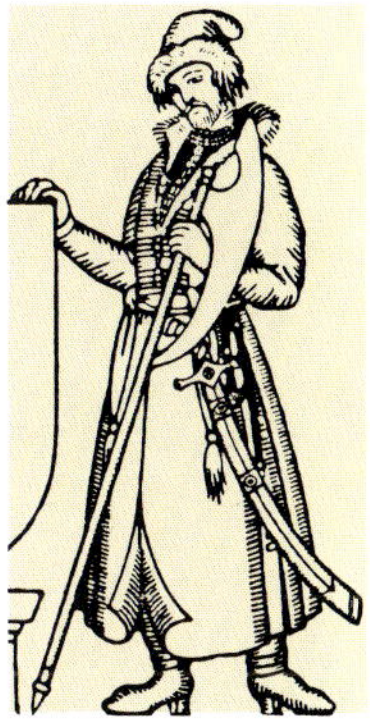
9

14

15

16

17

18

23

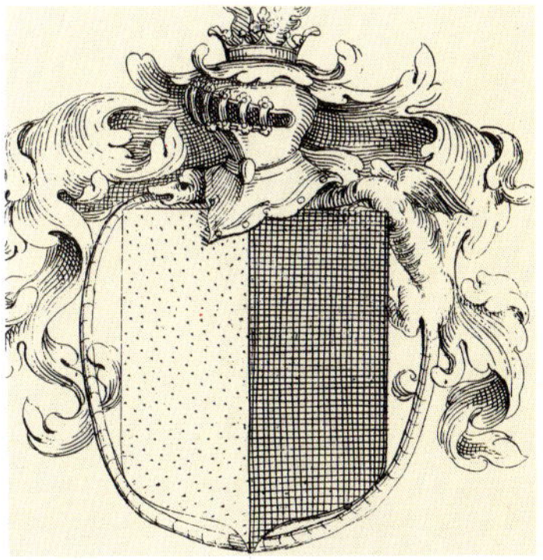
24

25

26

27

32

33

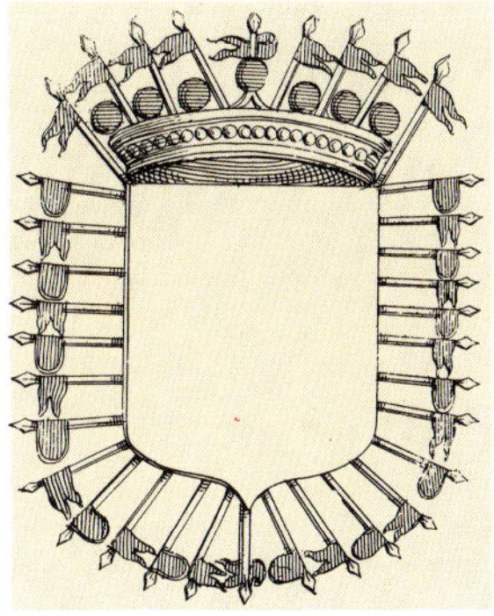
34

35

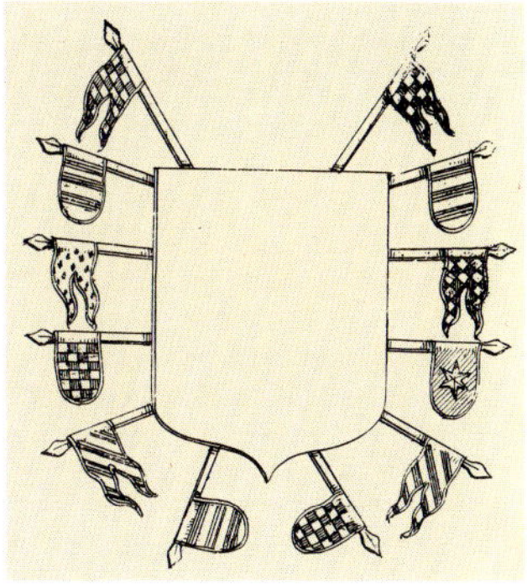
36

Einen Schild hält man stehend oder sitzend, etwa auf einem Thron oder dem Streitroß; die dabei eingenommene Haltung hat die Art der Zusammenstellung von Schild und Helm so entscheidend beeinflußt, daß die normale Stellung und Lage eines Schildes bis heute die schräge geblieben ist. Der Anblick des gerüsteten Kriegers war im Mittelalter so vertraut, daß ein liegend dargestellter Toter so gezeigt wurde, als stünde er. Zu seinen Füßen liegen von ihm niedergetretene Hunde oder Löwen, zu seinen Häupten umrahmt ihn ein Giebel oder gar ein vollplastischer Baldachin.
War erst einmal der Sprung von der Abbildung einer Person zu ihrer Verwendung als Schildhalter, der nicht durch die Umrahmung eines Siegels Halt fand, getan, so bot sich die Lösung an, eine Person nicht etwa nur auf den Boden zu stellen,

Rechts:
Zu der »Bilddevise« der Herzöge von Burgund – bestehend aus Astkreuz, Feuerstahl und funkensprühendem Feuerstein – fügte Karl der Kühne für seine Person den Spruch hinzu *»Je l'ay emprins«* (Ich hab's unternommen). Dieser stand auch auf allen seinen Fahnen.

In den letzten Jahrzehnten verwenden junge Staaten gern echte Landschaftsbilder als Postamente. Lesotho *(unten links)* den Thaba Bosiu; Tansania *(unten Mitte)* wählte den Kilimandscharo. Ob das 1575 verliehene Wappen der City of Southampton *(unten rechts)* das Vorbild lieferte?

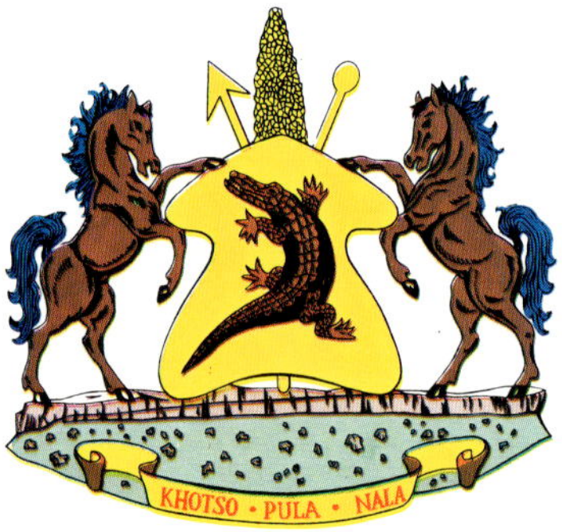

dessen Begrenzung bloß durch den verfügbaren Platz bestimmt wird, sondern ihn durch ein architektonisch aufgebautes Postament zu ersetzen, für das dann keine eigentlich heraldischen, sondern ornamentale Gesichtspunkte maßgeblich sind. In Wappenbeschreibungen werden daher solche Postamente höchstens erwähnt, nicht aber beschrieben, so daß ihre Gestaltung dem ausführenden Künstler überlassen bleibt. In Epochen überquellender Formen wie in der Renaissance, in Barock und Rokoko ist von diesen Möglichkeiten reichlicher, oft überreichlicher Gebrauch gemacht worden. Dies gilt vor allem für einzelne Gelegenheiten, bei denen die Heraldik nur eine der Komponenten bildet, wie bei Grabmälern, Titelblättern, *Exlibris* und dergleichen.
Daneben bestehen immer die Wappenbücher mit ihrem rein informativen Zweck, in denen die Ornamente nur knapp gehalten sind. Wenn hier die Schildhalter auf besonders gestalteten Sockeln stehen, dann kann das dazu dienen, den Prunk zu vergrößern, wie bei den preußischen Königen schon im 18. Jahrhundert. Sie schrieben ihren Wahlspruch »Gott mit uns« auf einen mit königlichen Adlern reich verzierten Sockel. Ihre Prinzen mußten mit einem simplen Brett zufrieden sein, auf dem die beiden schildhaltenden Wilden Männer das Gleichgewicht wahren,

Grabmal eines englischen Ritters, dem ein ruhender Löwe als Postament für seine Füße dient.

Das »Kurmainzer Landrecht« *(rechts)* wurde, wie die lateinischen Großbuchstaben ausrechnen lassen, im Jahre 1755 herausgegeben und mit dem Wappen des Erzbischofs und seiner vier Ahnen geschmückt. Es wird von den Windspielen seines Familienwappens gehalten.

Die des Schreibens unkundigen karolingischen Kaiser und Könige unterzeichneten ihre Urkunden, indem sie in das Monogramm einen letzten Strich einfügten, so auch Karl der Große.

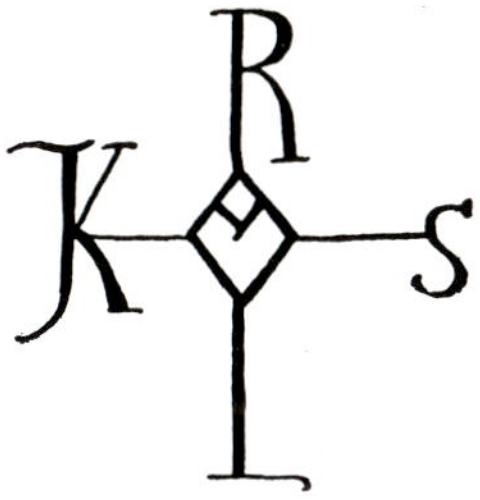

Das Wappen Georgs IV. als König von Großbritannien und Hannover (1820–1830) benützt den Wahlspruch zur Dekoration des rankenförmigen Gestells *(unten).*

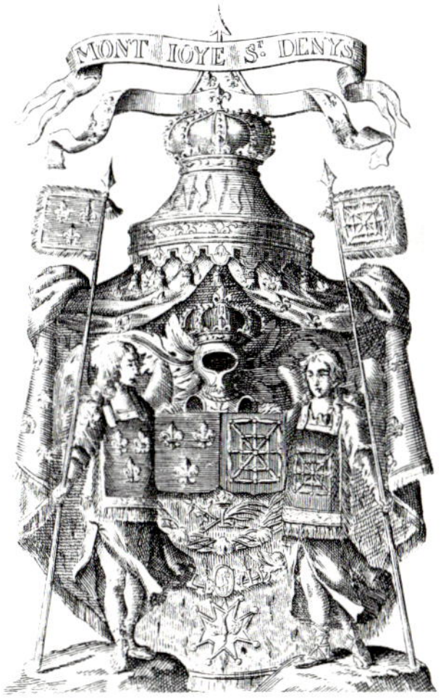

Das Königswappen von Frankreich, das Philippe Moreau 1609 erstmals aus allen verfügbaren Elementen komplettierte *(oben),* wurde in aller Welt als authentisch angesehen; nur die Könige selbst führten es nicht so. Ihr »Schlachtruf« war aber wirklich *»Montjoie St. Denis«;* er ist auch technisch korrekt zuoberst placiert.

während die dänischen Wilden Männer auf Felsen zu stehen scheinen. Darin ahmen sie die französischen Engel nach, die, als Herolde eingekleidet, sich ihrer Flügel nicht bedienen können, um schwebend den Schild zu halten wie die Engel von Ungarn oder die Drachen von Portugal. Bestimmte Wahlsprüche werden zum festen Bestandteil eines Wappens, wie in England das *Dieu et mon Droit* Heinrichs V. (reg. 1413 bis 1422) und seiner Nachfolger, das mindestens seit Heinrich VIII. (reg. 1509–1547) auch dem Wappen beigegeben wird. Dann erscheinen die Sprüche unterhalb des Wappens auf einem Spruchband, das flatternd als Gestell für Schildhalter eingerichtet ist, oder sie sind auf einem Sockel eingetragen. Die Sitte, Wahlsprüche zu führen wie heute ein Regierungsprogramm, war in den Fürstenhäusern des späten Mittelalters üblich; manche dieser Sprüche, wie das erwähnte *Dieu et mon Droit* (Gott und mein Recht) wurden von Nachfolgern beibehalten, die meisten aber blieben auf die Person bezogen, die sie gewählt hattte, wie das *Je l'ay emprins* (modern: *Je l'ai entrepris,* ich hab's unternommen) Karls des Kühnen († 1477), das er auf alle seine Fahnen setzen ließ. Als eigentlichen Wappenbestandteil kannte er ihn noch nicht; doch steht der Spruch auf dem Gedenkblatt von Brügge aus dem Jahr 1468 bereits auf dem Rahmen, ähnlich wie auf einem Sockel (↑ S. 189).
Zwar gelten Buchstaben in der Heraldik als verpönt, weil ja das Zeichen unerläutert für sich sprechen soll, aber auf die ornamentalen Möglichkeiten der Schriftgestaltung wird damit nicht verzichtet. Aus geschickt kombinierten Namensbuchstaben bildeten die Könige des Mittelalters ihre Monogramme, und kunstvoll gezeichnete Wörter wie die *Libertas* der italienischen Stadtstaaten (↑ S. 240) legen davon Zeugnis ab.

In den letzten Jahrhunderten haben die Wahlsprüche ungeachtet ihres persönlichen Charakters Eingang in die Familienheraldik gefunden, gefördert durch die Anfragen der Ordenskanzleien, die von den neuernannten Rittern mindestens seit dem 18. Jahrhundert neben der Ein-

sendung einer Wappenvorlage für das Ordensalbum auch die Bekanntgabe des Wahlspruches erbaten oder noch erbitten. In den modernen Staatswappen, besonders denen, die von der britischen Heraldik beeinflußt sind, gewinnen die Postamente einen zusätzlichen Aussagewert; das jüngste ist der Bergsee von Grenada, zwischen einem Gürteltier und einer Wildtaube. Von den Wahlsprüchen zu unterscheiden sind Schlachtrufe wie das französische *Montjoie St. Denis* oder *Flandre au lion* (Flandern zum Löwen). Diese sollten, falls überhaupt, oberhalb des Wappens erscheinen.

Im *Exlibris* des österreichischen Klosters Raigern dient die Schauseite des Sockels als Schrifttafel mit dem Namen des Bucheigners.

Das Kriegszelt *(rechts)* eines in Frankreich siegreichen englischen Königs ist an den roten Georgskreuzen auf der Umrandung des Zeltdaches kenntlich. Vor ihm kniet sein unterlegener Gegner.

Die Staatswappen einer neuzeitlichen Monarchie europäischer Prägung sind bei reicherer Ausgestaltung mit einem Wappenmantel oder einem Wappenzelt ausgerüstet. Ausnahmen bestätigen hier die Regel.
Das ist in der Form, wie wir sie verstehen, erst seit dem 17. Jahrhundert denkbar, denn zu Beginn jenes Jahrhunderts, genau 1609, hat ein Rechtsanwalt in Bordeaux, Philippe Moreau, die Idee gehabt, für sein »Tableau des armoiries de France« die Thronsiegel der Könige, auf denen sie damals der Wirklichkeit entsprechend dargestellt waren (↑ S. 43), als Vorlage für prunkvolle Wappen zu verwerten. Dazu ersetzte er – nicht unlogisch – die Person des Monarchen durch seinen Schild, der nunmehr unter einem Dach aus wallendem Stoff erschien. Das auf die Wappen angewandte Symbol der Souveränität, das Moreau über den Lilienschild von Frankreich wölbte, wurde zwar von den französischen Königen selbst nicht als Wappenbestandteil akzeptiert, fand aber dank lebhafter Verbreitung in vielerlei Druckwerken großen Anklang bei den Bewunderern französischer Sitte, insbesondere in Savoyen (↑ S. 47), in Dänemark und Preußen, wo ein Unterschied zwischen Wappenzelt (mit Kuppel) und Wappenmantel (ohne Kuppel) herausgearbeitet wurde. Die Kuppel des Wappenzeltes wurde zum Privileg des Staatsoberhauptes, während die Wappenmäntel den Prinzen und Prinzessinnen zugebilligt wurden. Gegenwärtig machen nur noch die Niederlande

Fürstliche Kriegsherren verzichteten auch im Felde nicht auf den gewohnten Komfort; im 14. Jahrhundert stellte sich ein französischer Buchmaler eine Verhandlung zwischen dem Kaiser von Byzanz und dem König von Jerusalem einerseits und dem Sultan andererseits so vor, wie sie zu seiner Zeit stattgefunden hätte, obwohl sie nur im 12. Jahrhundert möglich war. Auf den Stirnseiten der Zelte stehen die Wappenschilde ihrer Bewohner, auf die Dächer sind ihre Wappenfahnen gesteckt.

In seinem Standardwerk hat der Jesuitenpater Silvester Petra Sancta 1638 die Meinung vertreten, Herzögen und souveränen Fürsten stünde ein mantelförmiger Umhang zu, der wie die klassischen Helmdecken vom Schädeldach des Helmes herabfällt und ihnen durch die Mehrfarbigkeit gleichen würde. Er sieht für das Innenfutter nicht natürliches, sondern heraldisch stilisiertes Hermelin vor.
Aus einer Kuppel herabfallende, seitlich hochgeschürzte Vorhänge *(rechts)* billigt er nur den Monarchen, worunter er den Kaiser und die Könige versteht, zu.

Die historisch bedeutende Begegnung König Franz I. von Frankreich mit König Heinrich VIII. von England am 7. Juni 1520 in dem Feldlager der Goldstoffe *(Camp du Drap d'Or)* fand unter einem riesigen, innen mit französischen Lilien übersäten Zelt aus Goldbrokat statt.

Fürstliches Kriegszelt als denkbare Wappenfigur *(rechts)* in dem Werk »La science héroique« von Marc de Vulson de la Colombière, Paris 1669.

In der mitteleuropäischen Heraldik wird das Futter der Wappenmäntel fast immer naturalistisch wie beim echten Mantel oder Kragen *(links)* dargestellt, in den romanischen Nationen dagegen häufig in der heraldisch stilisierten Form, dann auf der Außenseite auch mit vollständiger Wiederholung des Schildinhalts. Da Damen keine Helme zu führen pflegen, findet man derartige Mäntel oft über ihren gekrönten Schild gebreitet.

Der während des Mittelalters – mindestens seit dem 12. Jahrhundert – über dem Papst getragene rot-gelb gestreifte Schirm stellte ein Würdezeichen dar, ähnlich wie der Thronhimmel oder Baldachin – tragbar oder fest –, dessen Überhang rundherum mit Fransen in bestimmten Farben besetzt war.

diesen Unterschied, nachdem das 1972 neu zusammengestellte Königswappen von Dänemark darauf verzichtet und einen Wappenmantel eingeführt hat, der einem Krönungsmantel und nicht, wie es der Entwicklung entsprochen hätte, einem Vorhang nachempfunden ist.
Denn nicht der Mantel, in dem Könige zur Krönung schreiten oder, wie heute noch in England, das Parlament eröffnen, ist das Vorbild hierfür, sondern der tragbare Schirm orientalischer Potentaten und – nach deren Muster – des Papstes, sowie der ortsfeste Thronhimmel weltlicher und geistlicher Herrscher, wie ihn Chroniken und Siegel zeigen. Die Fürsten des Mittelalters lebten bei Lustbarkeit und Feldzügen häufig in Zelten, und so entwickelte sich eine große Fertigkeit, solche Zelte in ausreichender Menge – auch für das zahlreiche Gefolge – und in Größe und Luxus standesgemäß abgestuft zu errichten.
Verhandlungen führte man im Zelt oder auch im Freien davor. Das Bild des vor seinem Zelt posierenden Fürsten ist das Vorbild für das Wappenzelt geworden, nachdem der heraldische Schriftsteller Silvester Petra Sancta 1638 die von Moreau und seinem Graveur L. Gaultier gefundenen Darstellungsmöglichkeiten begierig aufgegriffen hatte.
Echte Mäntel entwickelten sich daneben aus den Wappenröcken, die man selbst trug und seine Herolde als Überrock, Tappert genannt, tragen ließ.
Diese Mäntel sind dadurch gekennzeichnet, daß sie den vollen Inhalt des Wappenschildes enthalten, davon aber nur – und das spiegelverkehrt – die Partien erkennen lassen, die an den seitlichen Kanten des Mantels stehen. Die fürstlichen Wappenmäntel und -zelte sind im allgemeinen außen purpurn. Sie können mit kleinen Figuren belebt werden, wozu sich nicht nur Wappenbilder wie die französischen Lilien (diese auf blauem Mantel), das Kreuz von Savoyen, die preußischen Adler, die Löwen von Zähringen und die von Nassau sowie die schwedische Drei-Kronen-Gruppe eignen, sondern auch königliche Rangkronen und andere, nicht aus dem Wappenschild herzuleitende Abzeichen wie die napoleonischen Bienen. Man kann sie als Überbleibsel jener kulturgeschichtlich mit den eigentlichen Wappen fast gleichbedeutenden, seit dem 14. Jahrhundert vorkommenden Abzeichen ansehen, die man allgemein nach dem englischen Wort »Badges« nennt. Diese Abzeichen entziehen sich zwar einer Systematisierung, wie sie in der Wappenkunde möglich ist und auch geübt wird, gehören aber zu jenen Elementen der bildenden Kunst, die zur Orts- und Zeitbestimmung sehr hilfreich sein können. Das gilt nicht nur für die englischen »Badges«, sondern auch

1890 wurden zwei herzogliche Linien (Savoyen-Aosta und Savoyen-Genua) gestiftet. Die Krone der Herzöge ist aus der Königskrone abgeleitet; statt eines Wappenzeltes führen sie den Wappenmantel.

Das mit dem 1. Januar 1890 in Italien erlassene Reglement über die Wappen des Königshauses arbeitet Unterschiede gegenüber dem Staatswappen heraus. Nach der Einigung Italiens war zwar das Wappen des Herzogshauses von Savoyen zum Staatswappen des ganzen Königreiches erklärt worden, doch blieben zahlreiche Einzelfragen ungeregelt. Die Prunkstücke, die schon von den Herzögen von Savoyen geführt wurden, ehe sie Könige von Sardinien waren (↑ S. 47), sind 1890 als Rangabzeichen bestätigt worden.

Rechte Seite:
Bronzetüren der Grabkapelle König Heinrichs VII. in der Abtei von Westminster (1509) mit den Wappenbildern des Königshauses (Lilien und Löwen) und seinen Badges: *Sunburst,* Fallgatter, Falke auf Schnappschloß, Krone mit Margeriten- und Rosenranken, verknotetes Monogramm R und h.

für die französischen »Devises« und die italienischen »Imprese«, vor allem jene, die mit bestimmten Fürsten und deren Regierungszeit verknüpft sind.

Diese Abzeichen, graphisch von gemeinen Figuren in den Wappen kaum zu unterscheiden und oft auch mit ihnen identisch, haben den Vorteil, daß sie in unbegrenzter Anzahl etwa als Stoffmuster wiederholbar sind, wie es bei den Wappenlilien von Frankreich der Fall ist. König Richard III. von England soll zu seiner Krönung (1483) die Anfertigung von 13 000 weißen Ebern befohlen haben. Damit dürften die Portieren der Zeremonie übersät gewesen sein, aber auch die Gewänder seiner Dienerschaft, die in mit Badges geschmückten »Livreefarben« gekleidet war.

Nach einigen berühmt gewordenen Zeichen werden sogar Parteiungen benannt. Am bekanntesten seit König Richards III. Zeiten ist seine Partei mit dem Namen eines seiner Badges, der weißen Rose des Hauses York. Die Beendigung der »Rosenkriege« findet in der zweifarbigen Tudor-Rose (↑ S. 210) noch heute Ausdruck. In England waren zeitweise die Badges prominenter, die Politik bestimmender Persönlichkeiten so volkstümlich, daß Shakespeare in seinen Königsdramen ihre Kenntnis voraussetzen durfte.

Die 1720 vom damaligen Wappenkönig von England als authentisch bezeichneten achtzehn verschiedenen Badges der »erlauchten Familie von Stafford«, davon die Hälfte auf halb schwarzem, halb rotem Grund, also in Livreefarben.

Die Livreefarben wurden früher willkürlich gewählt, dann aber innerhalb einer Familie oft beibehalten. Die Dynastie von Lancaster benützte Blau und Weiß, das Haus York Blau und Dunkelrot, die Tudors Weiß und Grün, die Stuarts Gold und Scharlach, die regierende Dynastie entsprechend den jetzt üblichen heraldischen Regeln Rot und Gelb.

Die Strenge der Heraldik führte immer wieder zu Strömungen oder ganzen Epochen, in denen zusätzliche Abzeichen aufkommen, an Beliebtheit gewinnen, aber auch wieder vergehen. Manche Nationen sind da sehr erfinderisch gewesen und geblieben, in erster Linie Japan.

JAPAN
Flaggen einiger Küsten-*Daimyos,* auf denen das jeweilige *Mon* in bestimmten Farben gehalten ist; 19. Jahrundert.

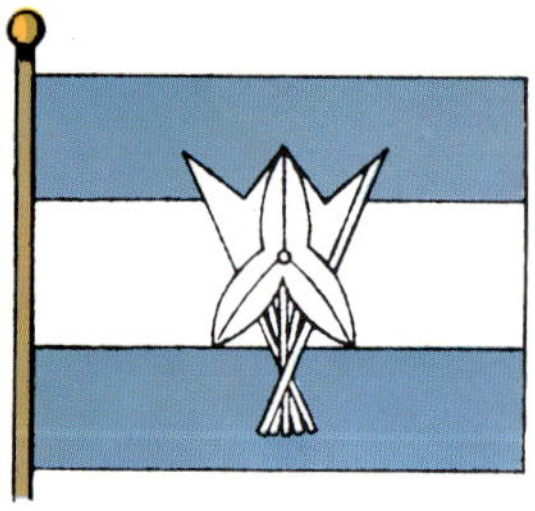

ASANO
DAIMYO ZU HIROSCHIMA

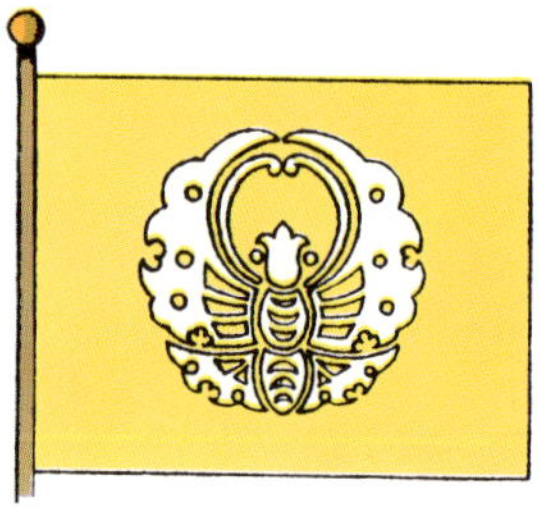

IKEDA
DAIMYO ZU OKAYAMA

IKEDA
DAIMYO ZU OKAYAMA

UESUGI
DAIMYO ZU YONEZAWA

ENGLAND
In England und in seinen überseeischen Gebieten hat sich der Gebrauch der »Badges« bis in die Gegenwart erhalten, manche von ihnen überdauerten mehrere Generationen.

PRINCE OF WALES

KÖNIG EDUARD III.

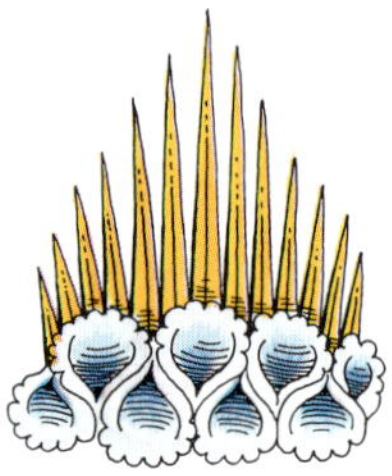

KÖNIG EDUARD III.

KÖNIG EDUARD IV.

TUDOR – ROSE

JOHANNA SEYMOUR

FRANKREICH
Zu den nur auf je eine Person bezüglichen Bilddevisen *(corps de devise)* der Könige von Frankreich und anderer Mitglieder des Königshauses paßt stets ein Spruch (Wortdevise, *âme de devise*).

STACHELSCHWEIN
KÖNIG LUDWIG XII.

HERMELIN, ANNA VON BRETAGNE,
KÖNIGIN VON FRANKREICH

SALAMANDER
KÖNIG FRANZ I.

SCHWAN, CLAUDE V
BRETAGNE

ITALIEN
In der Gotik war Italien reich an Bilddevisen; hier eine Reihe von Bilddevisen des Grafen von Pavia aus dem Haus der Visconti in Mailand, 1495.

Die Bilddevisen von der Fahne des Grafen von Pavia aus dem Hause Visconti. Die Wortdevisen sind teils lateinisch (*Merito et tempore,* mit

SPANIEN
Freistehende, teilweise den Wappen entnommene Bilder werden in Spanien seit dem 12. Jahrhundert und bis in die Gegenwart als nebenheraldische Abzeichen gebraucht.

KASTELL VON KASTILIEN

LÖWE VON LEON

JOCH (YUGO) KÖNIG FERDINANDS I.

PFEILBÜNDEL KÖNIGIN ISABELLAS

JOHANNISADL
VON ARAGON

PREUSSEN
Aus dem schwarzen Adler des Herzogtums Preußen leiteten die Hohenzollern persönlich interpretierte und mit Wahlsprüchen erläuterte naturalistische Adler ab, die von 1740 an nur noch wenig variierten.

FRIEDRICH I.: SUUM CUIQUE (JEDEM DAS SEINE).

FRIEDRICH WILHELM I.: »NON SOLI CEDIT«

FRIEDRICH II.: »PRO GLORIA ET PATRIA«

FRIEDRICH WILHELM III.

WILHELM

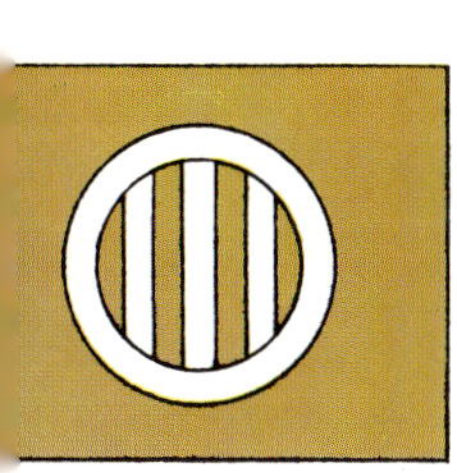

ATE
AIMYO ZU UWADSCHIMA

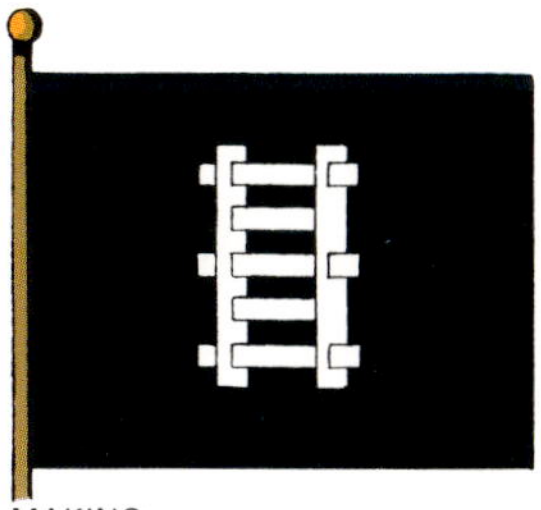

MAKINO
DAIMYO ZU NAGAOKA

OGASAWARA
DAIMYO ZU KOKURA

II
DAIMYO ZU HIKONE

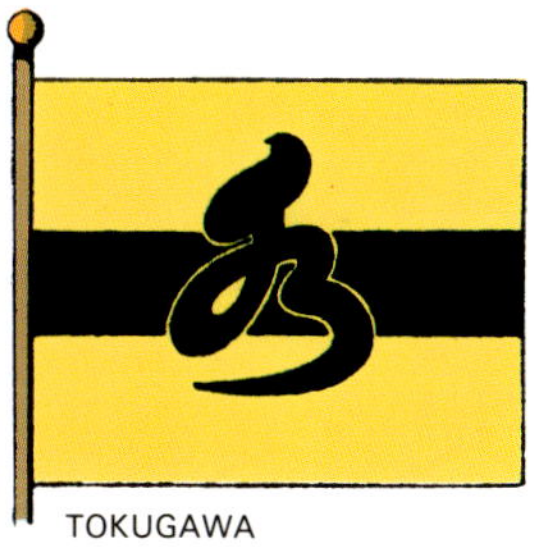

TOKUGAWA
DAIMYO ZU MITO

ATHARINA PARR

RICHMOND
HERALD

»PORTCULLIS«
(FALLGATTER)

HARFE VON
IRLAND

HAND VON
ULSTER

STRAITS SETTLEMENTS

EI KRONEN
ÖNIG HEINRICH III.

LUDWIG XIV., DER SONNENKÖNIG
TORBOGEN DER FESTUNG LANDAU

FLAMMENSCHWERT, KARDINAL
LUDWIG VON BOURBON

Bei den Franzosen gewinnt der den Emblemen zugehörige Spruch durch Anspielung auf zoologische Eigentümlichkeiten oft den Charakter eines Bekenntnisses oder einer Lebensphilosophie.

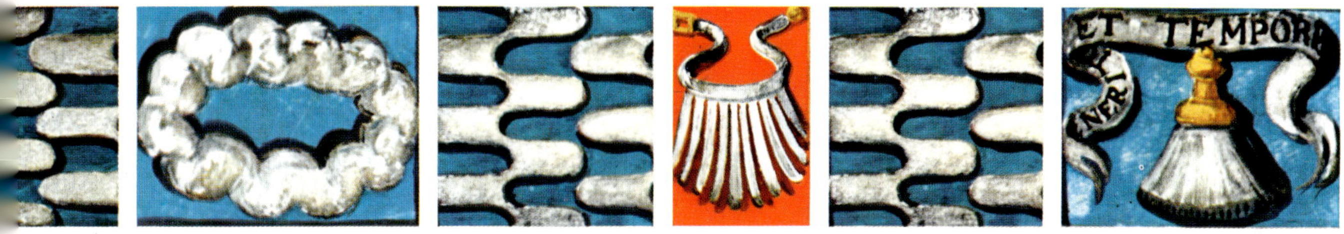

rdienst und mit der Zeit), teils französisch *(A bon droit)*, teils deutsch (Verges nit). Die Felder sind durch das typisch italienische Wogenfeld abgeteilt.

ANATAPFEL UND
GLISCHE ROSE

KATHARINA VON
ARAGON UND KÖNIG
HEINRICH VIII. (1509)

FEUERSTEIN UND
FEUERSTAHL

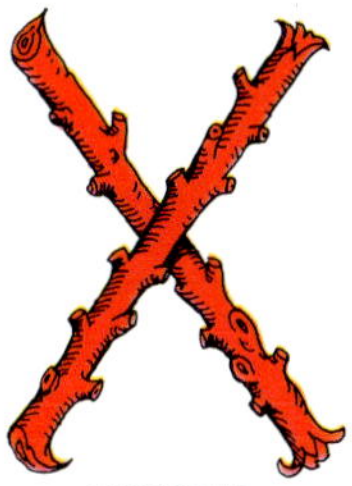

ASTKREUZ
(HERZOGTUM
BURGUND)

SÄULEN DES HERKULES SEIT KARL I.
(KAISER KARL V.)

Die geheimnisvollsten *Imprese* brachten die Italiener zustande; sie handhaben die alltäglichsten Geräte in tiefsinniger Weise, während die spanischen Devisen entweder auf Wappenfiguren oder leicht verständlichen Elementen beruhen. Die Anspielung auf die Last der Ehe durch das Joch und auf ihre Kraft durch das ungeöffnete Pfeilbündel wurde gekoppelt mit Bezugnahmen auf die Namensinitialen des Partners. Eine Verbindung, die für die Weltgeschichte entscheidend war.

Ein prunkliebender König, der erste einer über zweihundertjährigen Reihe, hat seinen Wappenadler mit den edlen Zügen der Tiersage ausgestattet, indem er »Jedem das Seine«, nämlich durch den Lorbeerkranz Lob und durch den Donnerkeil und das Blitzbündel Tadel zusicherte. Sein Sohn aber, der spätere Soldatenkönig, hat schon als Prinz eine andere Eigenschaft des Adlers herangezogen, daß er der Sonne, nämlich Frankreich, nicht weiche. Dessen Sohn, Friedrich II., wollte von so viel Ressentiment gegen eine Kulturnation nichts wissen: seitdem waren »Ruhm und Vaterland« Dauermaximen, bis zum bitteren Ende 1918.

Rechte Seite:
Proben aus der reichhaltigen Sammlung von *Imprese* in der Biblioteca Trivulziana in Mailand, die den Charakter solcher Bilder aus Figuren und Spruchbändern erkennen lassen.

Der mächtigste und bedeutendste aller Herzöge von Mailand, Gian (Johannes) Galeazzo aus dem Hause der Visconti, hatte 1395 vom deutschen Kaiser Wenzel die Herzogswürde und die Berechtigung erhalten, den deutschen Reichsadler im Schilde zu führen. Seine bevorzugte *Impresa*, den brennenden Knorrenast mit den beiden Löscheimern, setzte er gerne mehrfach neben sein Wappen. Diese Äste kommen natürlich auch allein oder zu dreien gruppiert vor, aber immer mit zwei am gleichen Seil hängenden Löscheimern, die man jedoch niemals in Löschaktion antrifft. Die das Kind verschlingende *biscia*, das Wappenbild des Stammwappens der Visconti, bildet die normale Helmzier und ist als *Impresa* nicht üblich. Hingegen kommt eine andere Visconti-Helmzier, der Baum (↑ S. 156), als Hauptmotiv von *Imprese* oft vor.

England und Italien sind jene Länder, in denen die Sitte, neben den eigentlichen Wappen noch weitere Embleme zu benützen, am lebhaftesten geblüht hat; in England und den Gebieten seiner kulturellen Ausstrahlung ist sie ja noch lebendig. Vor allem in Humanistenkreisen wetteiferte man in der Erfindung eindrucksvoller Rätselbilder, deren Entschlüsselung nur selten auf Anhieb gelingt. Ein Beispiel sind die beiden Säulen des Herkules bei Kaiser Karl V., denen der Spruch *Plus ultra* beigefügt wurde (↑ S. 211). Daß es sich dabei um die Ausdehnung der spanischen Herrschaft über die Meerenge von Gibraltar hinaus handeln solle, war offenkundig. Daß aber die eine Säule mit einer ranghöheren Krone besetzt sein muß als die andere, wird oft übersehen; und an dem grammatikalischen Fehler, das französische *Plus Ou(l)tre* einfach als *Plus Ultra* zu deuten, nahm bis ins 20. Jahrhundert niemand Anstoß.

Die italienischen *Imprese* entsprechen entweder diesem Typus und tragen neben dem Bild einen nicht immer sehr aufschlußreichen Erläuterungsspruch auf flatterndem Bande, oder sie beschränken sich auf die unerklärten Bilder, an denen die Zeitgenossen kaum weniger herumgerätselt haben dürften als die modernen Betrachter, denen selten eine Deutung gelingt. Die wissenschaftliche Behandlung der *Imprese* und anderer Devisen steckt noch in den Kinderschuhen, allerdings gibt es doch schon kunsthistorisch angelegte Sammelwerke. Zur Deutung der Bilder gehört eine intime Kenntnis der Fabel- und Märchenwelt und der Sprichwörter vieler Epochen.

Lichtstrahlen ausgedrückten »Wetter« hervorkommt. Auch der Taube wird der rechte Zeitpunkt, sich auf dem Tellerrand niederlassen, durch eine Sonne und den Spruch *(Ades[s]o el tempo* [jetzt ist es an der Zeit]) angezeigt.

Die Regentropfen reichen als Waschwasser nicht aus *(Tu lavi indarno* – Du wäschst vergebens). Manche Bilder kommen einem heutigen Betrachter ganz vertraut vor. Ein paar Beispiele mögen das verdeutlichen.

Ein Wildbach im Gebirge ist durch Stützwände eingeengt. Spruch: *Per più sigurez(z)a* (zu größerer Sicherheit).

Ein Mann sitzt klagend auf einem kleinen Hügel, eine Schlange kriecht aus seinem Gewande und beißt ihn in die rechte Wange. Spruch: *Io levato la bis(ci)a in sene* (Ich nährte die Natter am Busen).

Von Bienen umschwärmter Bienenstock. Spruch: *Per mel merito* (Für wohlverdienten Honig).

Ein auf dem Rücken liegendes Lamm wird von einem über ihm stehenden Wolf in den Hals gebissen. Spruch: *Che per gra se fa* (Was aus Gnade geschieht).

Ein Strauch mit verknoteten Ästen. Spruch: *Per non fallire* (Um nicht fehlzuwachsen).

Ein Obstbaum mit Pfropfstellen. Spruch: *Seg(u)ndo el tempo* (Je nach Zeitlage).

Ein nach hinten ausschlagendes Pferd. Spruch: *Vendet(t)a de tre(n)ta an(n)i* (Rache für dreißig Jahre).

Ein Zinnenturm, an dessen Pforte ein schwebender Arm anklopft. Spruch: *Quando dio vor(r)à* (Wenn Gott will).

Das 1912 verliehene Wappen von Australien ist nicht aus den Wappen, sondern den Badges der sechs Teilstaaten zusammengesetzt. Als Südaustralien 1935 ein Wappen mit aufgehender Sonne verliehen worden war, wurde 1936 irrigerweise dieses anstelle des hübschen Singvogels *(Australian Piping Shrike)* auf neugeprägten Münzen ins 4. Wappenfeld eingefügt, aber nur bei Münzen mit diesem Stempel.

In den rechts abgebildeten mailändischen *Imprese* wird etwa der rechte Zeitpunkt für Geldausgaben *(Qu[a]ndo sarà tempo*, wenn die Zeit gekommen, beziehungsweise wenn das Wetter danach sein wird) durch einen Arm angedeutet, der einen offenbar mit Geld prall gefüllten Beutel hält und aus dem durch Wolken und

Eine Tartsche lehnt an einem Felsblock, davor liegen mehrere zerbrochene Krönleinlanzen. Spruch: *Tu perde el tempo* (Du verschwendest nur Zeit).

Ein Bär kommt (nach Winterschlaf) aus seiner Höhle und blickt zur Sonne. Spruch: *Post tenebras lucem* (Nach der Finsternis das Licht).

QVNDO
SARA
TEMPO

TV.LAVI.IN
DARNO

ADESO·EL·TEMPO

Träger der Abzeichen eines Vertreters der drei Hauptgruppen von Ritterorden *(von links nach rechts):*

EIN KREUZRITTERORDEN
Ein Mitglied des Johanniterordens im Ordensmantel.

EIN HOFORDEN
Herzog Karl der Kühne von Burgund als Großmeister eines auf Vasallentreue aufgebauten Ritterordens.

EIN VERDIENSTORDEN
Winston Churchill mit dem britischen Verdienstorden *(Order of Merit)* am Halse.

Wenn von Orden die Rede ist, denkt man heute zuallererst an die Kreuze und Medaillen, die den Überlebenden und teilweise auch den Hinterbliebenen aus den Kriegen als bequeme Belohnung an die Brust geheftet wurden und immer noch werden. Diese Gedankenverbindung zeigt, wie weit sich das Wort »Orden« von seinem Ursprung entfernt hat, in dem es mit der Heraldik äußerst eng verbunden war.

Denn »Orden« bedeutet in erster Linie Ordnung, Regel, Statut, Reglement, also eine Vorschrift, der man sich aus freiem Willen unterwirft und deren Zeichen man zur Bekundung dessen öffentlich am Gewand trägt. Diejenigen, die in der Begeisterung, welche seit dem Konzil von Clermont 1095 die abendländische Welt erfaßt hatte, das »Kreuz genommen« hatten, mußten nach irgendeiner Organisationsform streben, die die hohe Aufgabe erfüllbar machte. Es ergab sich von selbst, daß die Kreuzfahrer sich in der grundsätzlich feindlichen Umwelt mehr zusammenschlossen, und zwar möglichst Motivierung heraus kirchlich gesonnen und konnte somit den aufstrebenden Königreichen hinderlich, wegen der darin verkörperten militärischen Macht auch verdächtig sein. Dagegen gab es drei Mittel: 1. Der König machte sich zum Haupt einer solchen Ordensgemeinschaft, wie es in Spanien und Portugal geschah; 2. der König legte es auf mehr oder weniger totale Ausschaltung eines ihm zu mächtig gewordenen Ordens an, wie es Philipp der Schöne von Frankreich in den Jahren 1307–1314 mit dem Templerorden praktiziert hat; 3. der König errichtete selbst einen Orden, in den er verläßliche Anhänger, oder wen er dafür hielt, aufnahm. Auf dieser Grundlage entstanden die auf Vasallentreue beruhenden Hoforden, von denen einige noch bis in unsere Tage bestehen, vor allem das englische »Hosenband«. Die Zahl der Mitglieder dieser Orden, die in ihrem Aufbau der alten Bezeichnung noch voll entsprechen, ist grundsätzlich so beschränkt, daß der Zugang nur den obersten Gesellschaftsklassen offenstehen kann.

Kameradschaftsmahl des französischen Sternordens, der nur wenige Jahre bestand. Mit der Stiftung dieses Ordens am 6. November 1351 antwortete König Johann II. von Frankreich auf die Stiftung des englischen Ordens vom Hosenband. Dem Orden sollten 500 Ritter als Rückgrat eines nationalen Heeres angehören.

mit solchen Mitstreitern, mit denen sie sich verständigen konnten. Die Situation war derjenigen vergleichbar, die sich auf der iberischen Halbinsel entwickelt hatte, wo ein jahrhundertelanger und zäher Kampf zur Vertreibung der Moslems ebenfalls zur Gruppenbildung unter den christlichen Rittern geführt hat.

Diese Art von Gruppenbildung war aus ihrer

Diesem Hindernis bei der Gewinnung von treuen Anhängern wurde bereits im Mittelalter durch die »Gesellschaften« abgeholfen; das sind Abzeichen, die im Typ denjenigen der echten Orden ähnlich sind und von Weltreisenden aus mancherlei entfernten Ländern als Gnaden-, ja auch beinahe als Reiseandenken mitgebracht wurden; man darf hierbei nicht vergessen, daß seinerzeit

Teppichmilieu und Gedenkplatte *(links)* des Nikolaus von Diesbach, Herrn zu Signau, mit dem Schwertorden von Zypern, der SS-Kette von England, dem Katharinenorden von Sinai, dem Kannenorden von Aragon, dem Schwanenorden von Kleve und dem Orden des Heiligen Geistes oder der Taube von Kastilien.

eine Reise ein gefährliches und strapaziöses Wagnis darstellte.
Die sich darin abzeichnende Entwicklung zur ziemlich unverbindlichen Belohnung anstelle der Verpflichtung zur Treue mündete in die Schaffung der ehrlich auf Verdienstbelohnung abgestellten »Dekorationen«, die weiterhin »Orden« heißen, auch Statuten bekommen, aber zwischen den Mitgliedern nur noch oberflächliche, schließlich keine Beziehung mehr herstellen. Das sind die Orden, wie man sie heute meist versteht, ihre Zahl hat seit dem 18. Jahrhundert stetig zugenommen.
Von dieser Entwicklung ist fast kein Land ausgenommen geblieben, seit die Französische Republik nach Aufhebung aller Orden des

Fünf sowjetische Generäle *(oben)* beim Aufstieg zum sowjetischen Ehrenmal in Berlin-Treptow, Juni 1960. Sie tragen so lange Ordensschnallen, weil die wichtigsten Orden mehrfach verliehen werden können. Hinzu kommen die Medaillen für die militärischen Erfolge ihrer Divisionen.

Wappentafel *(unten)* des Prinzen Henrik von Dänemark als Ritters des dänischen Elefantenordens im Schloß Frederiksborg, 1967.

Wappentafel *(links)* des späteren Königs Karl XIV. Johann von Schweden als Ritters des schwedischen Seraphinenordens mit der Kette dieses Ordens und allen anderen schwedischen Orden, 1810.

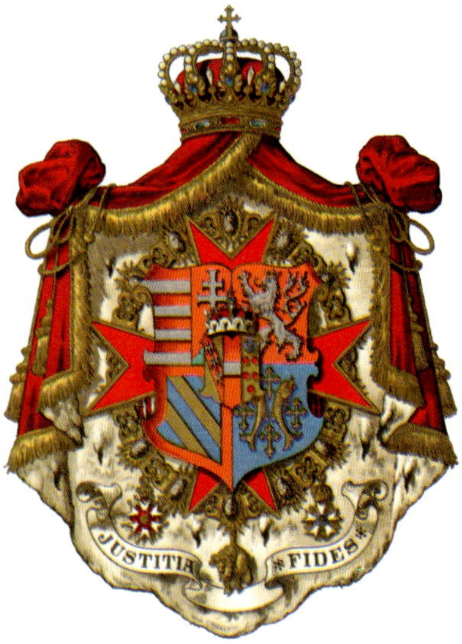

Die Erzherzöge von Österreich aus der Linie Toskana führten die Tradition dieses 1866 aufgehobenen Großherzogtums und somit auch das Großmeistertum des St.-Stephans-Ordens (rotes Kreuz) fort, während der Erzherzog Albrecht als Ritter der obersten Klasse des Militär-Maria-Theresien-Ordens (weißes Kreuz) nur für seine Person dekoriert war.

Ein Gedenkblatt *(oben rechts)* auf den Tod Kaiser Maximillians I., des »letzten Ritters«, von 1519, stellt die Schilde der damaligen geistlichen Ritterorden zusammen.

Die Innenseiten beider Türen der Elisabethkirche in Marburg sind mit dem Wappen des Hochmeisters des Deutschen Ritterordens bemalt.

Königreichs durch Errichtung des Ordens der Ehrenlegion auch in nichtmonarchischen Staatswesen ordensfeindlichen Bestrebungen viele Argumente entzogen hat.
Zudem fielen seit dem gemeinsamen Vorgehen mehrerer verbündeter Nationen gegen Napoleon auch die Schranken der Inkompatibilität, der Unvereinbarkeit zweier oder gar mehrerer Orden verschiedener Länder bei einem Träger.
Wer das Kreuz genommen und sich, sofern sein sozialer Stand es erlaubte, in einem Ritterorden organisiert hatte, der trug das Kreuz nicht nur auf der Kleidung, sondern benützte es auch sonst zur Dokumentation seiner Persönlichkeit im Siegel und im Wappenschild.
Die Zahl der ritterlichen Ordensgesellschaften, die im Heiligen Lande und auf der Iberischen Halbinsel entstanden, ist recht groß. Überragende Bedeutung gewannen vor allem drei von ihnen:
1. Der Johanniterorden führt seinen Ursprung auf ein Hospital zur Betreuung von Pilgern zurück, das in Jerusalem bereits etwa dreißig Jahre vor dem ersten Kreuzzug bestanden hatte und in dem nach der Eroberung Jerusalems 1099 durch die Kreuzritter eine Bruderschaft gegründet wurde. Die ursprünglich auf Lazarettdienst beschränkten Aufgaben erweiterten sich unter dem Druck der Moslems zu den Pflichten eines Ritterordens. Das wurde erst recht deutlich, nachdem der Orden – das Heilige Land ging 1291 verloren – 1530 mit der Insel Malta belehnt worden war, von wo aus er im Kampf gegen die nordafrikanische Seeräuberei zur »Polizei des Mittelmeeres« aufstieg. Wie alle anderen in Palästina entstandenen Ritterorden erkennt der Malteserorden, wie er seit 1530 meistens genannt wird, den Papst als seine oberste Autorität an. Dieser Autorität entzog sich während der Reformation eine der Ordensprovinzen, die Ballei Brandenburg, aus der – nach dem Zweiten Weltkrieg vor allem aus Währungsgründen – skandinavische autonome Johanniterorden ebenfalls evangelischer Konfession ausgegliedert worden sind.
2. Der Deutsche Orden, der nur Deutsche aufnahm, wobei als »Deutscher« jeder gelten konnte, der aus einem zum römisch-deutschen

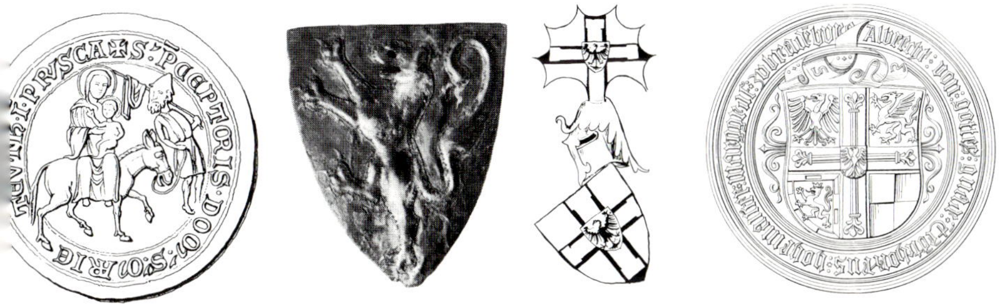

Heraldik des Deutschen Ritterordens *(von links nach rechts):* Siegel des Landmeisters 1244 bis 1255, Wappenschild eines Landgrafen von Hessen als Ordensritter, Wappen des Hochmeisters, Siegel des letzten Hochmeisters in Preußen, Albrecht von Brandenburg (bis 1525).

Reich gehörigen Land stammte. Als sein Gründungsjahr wird 1190 angesehen, das Jahr, in dem die Kreuzritter die Festung Akkon belagerten. Die Kreuzritter unterschieden sich in den Farben ihrer Mäntel und der aufgenähten Kreuze. Die Mäntel der Johanniter waren seinerzeit schwarz mit weißen Kreuzen, die der Deutschritter umgekehrt. Seitdem gilt das

Der nach seinem Patron Johannes dem Täufer offiziell »Souveräner Orden St. Johannis von Jerusalem zu Malta« genannte geistliche Ritterorden wird, nachdem ihm 1530 die Insel Malta als neapolitanisches Lehen zugeteilt worden war, meist Malteserorden genannt; er besitzt ein genaues Reglement für die Kombination des Familienwappens mit dem Ordenswappen *(von links nach rechts):* Siegel eines Komturs aus dem Jahre 1355, gültiges Wappenschema für den Großmeister, Schema für einen Profeß-Bailli, Siegel des in Großbritannien 1888 wiederbelebten Zweiges mit dem am 1. Februar 1926 verliehenen Wappen.

Auf der Iberischen Halbinsel haben geistliche Ritterorden wesentlich zur Vertreibung der Mohammedaner beigetragen; in Portugal war der König Großmeister des Avis-Ordens, dessen grünes Lilienkreuz er in sein Wappen so einfügte, daß die typischen Enden allein auf dem Schildrand erscheinen *(oben).*

Der zwischen 1307 und 1314 vernichtete Templerorden war zuletzt

sehr reich, anfänglich aber angeblich so arm, daß je zwei Ritter nur ein Pferd besaßen, wie es viele Siegel des Ordens darstellen *(oben).*

Zu den Aufgaben der Ritterorden gehörte nicht nur die kämpferische, sondern auch die humanitäre Betreuung der Pilger; die Wallfahrt zum Heiligen Grabe wird vom Kreuz auf dem Schnappsack, das Pilgertum durch die Pilgermuschel ausgedrückt *(links).*

Die Trennung der evangelisch gewordenen Ballei Brandenburg des Johanniterordens und deren enge Verknüpfung mit der in Brandenburg, dann in Preußen regierenden Dynastie der Hohenzollern hatte auch Abweichungen in der Gestaltung der Ordenszeichen und deren Verbindung mit dem Familienwappen der Ritter zur Folge. Maßgeblich wurde eine 1728 herausgebrachte Geschichte des evangelischen Johanniterordens *(links).*

1 Ordenszeichen
2 Schema für Komture
3 Schema für einfeldige Wappen
4 Schema für quadrierte Wappen
5 Schema für geteilte Wappen
6 Schema für quadrierte Wappen, die bereits einen Mittelschild haben
7 Schema für halbgespaltene und geteilte Wappen mit Mittelschild

Gedenktafel des Nürnberger Patriziers Ulrich Ketzel, der 1462 auf dem Wasserwege zum Heiligen Grabe gepilgert war und dabei siebzehn Ordensmitgliedschaften erworben haben soll. Die Familie Ketzel zählte mindestens acht Mitglieder, die am Heiligen Grab (Jerusalem-Kreuz) waren und dann auch den Schwertorden von Zypern mitbrachten. Die gefährliche Reiseverlängerung nach dem Katharinenkloster auf dem Sinai (Richt- oder Marter-Rad) wird für zwei Pilgerfahrten zwischen 1389 und 1462 berichtet. Sechsmal soll der aragonesische Kannenorden an Mitglieder dieser reisefreudigen Familie gelangt sein; auch zweimalige Erwerbung des Antoniusordens (Glöckchen am Krückenkreuz hängend) ist glaubhaft, alle anderen dürften Prahlerei sein.

schwarze Kreuz bis in die Gegenwart als »deutsches Kreuz«. Von 1234 bis 1525 bestand an der Ostsee ein von diesem Orden gebildeter Staat, auf den letztlich der Königstitel von Preußen zurückgeht.
3. Der vor allem französisch orientierte Tempelritterorden nannte sich nach dem in der Nähe seines Sitzes befindlichen Tempel Salomonis, dessen Abbild auf einigen Siegeln des Ordens (↑ S. 66) vorkommt. Er ist ungefähr zwanzig Jahre nach der Eroberung Jerusalems errichtet worden und war an weißen Mänteln mit rotem Kreuz kenntlich. Das führte wegen der Verwechslung mit dem weißen Mantel des Deutschen Ordens zu Beschwerden beim Heiligen Stuhl, der auch für diesen ursprünglich mehr auf Kampf gegen die Ungläubigen als auf Krankenpflege eingestellten Orden die höchste Autorität war. Sie konnte ihn aber vor der Feindschaft König Philipps des Schönen von Frankreich nicht schützen.
Nach dem Verlust des Heiligen Landes an die Mohammedaner war der Drang, der Seele Heil zu sichern und dies mit einer Pilgerfahrt – sei es nach Santiago de Compostela in Spanien oder nach Palästina – zu erreichen, nicht erloschen. Die heiligen Stätten blieben den Pilgern zugänglich, und diese konnten sich am Grabe Christi zum Ritter vom Heiligen Grabe schlagen lassen und dann das Jerusalemkreuz an der Kleidung tragen. Auf diesen Pilgerfahrten besuchten Herren von Stand auch am Wege liegende Fürstenhöfe, etwa auf Zypern, und ließen sich dort empfangen, wobei sie den Schwertorden einheimsten. Das Ansehen solcher Ordenszeichen hing vom Ansehen ihrer Verleiher ab.
Dem Beispiel der Könige von Zypern folgten viele kleinere Potentaten, die es an Ansehen mit dem Hosenband der Könige von England (gestiftet um 1348), dem Goldenen Vlies des mächti-

DEUTSCHER RITTERORDEN

AVIS-ORDEN (Portugal)

gen Herzogs von Burgund (gestiftet um 1430), auch mit dem Annunziatenorden der Herzöge von Savoyen (gestiftet um 1360) nicht aufnehmen konnten. So stiftete der Markgraf von Brandenburg einen Schwanenorden, den er der Muttergottes weihte, ein Herzog von Bourbon, obwohl kein Souverän, den Orden von der Halsberge oder dem Schuppenhalsband, die Herzöge von Österreich einen Adler- und einen Lindwurm-Orden, Kaiser Sigismund den auf Ungarn bezüglichen Drachenorden, der dort so beliebt war, daß er zum erblichen Abzeichen wurde. Vielen von diesen Orden machte die politische Entwicklung oder die Reformation den Garaus; auch konnten den Rittern die kostspieligen Reisen zu den Kapitelsitzungen zu beschwerlich werden. Die Statuten eines echten Ordens beziehen sich hauptsächlich auf das Leben im Orden, und das ist ohne ständigen Kontakt nicht auf-

Florian Waldauf von Waldenstein hängte auf seinem *Exlibris* nur die Kette des vornehmsten seiner drei Orden um den Schild, nämlich die des brandenburgischen Schwanenordens. So viele Orden zu kombinieren, war noch ungewohnt.

rechtzuhalten. Selbst ein so hochangesehener Orden wie der vom Goldenen Vlies hielt sein letztes Kapitel, worunter eine Sitzung zur Besprechung der Ordensangelegenheiten zu verstehen ist, 1555 in Brügge ab.

Die Entwicklung des Ordenswesens nahm mit der Renaissance eine neue, ihm eigentlich fremde Richtung. Orden wurden immer mehr zum Werkzeug politischer Werbung; die Zahl der Ritter des französischen Ordens von St. Michael (gestiftet 1569) war Ende des 16. Jahrhunderts so stark angestiegen, daß sein Ansehen entsprechend gesunken war. So stiftete König Heinrich III. 1578 einen zweiten, höheren Orden, dessen Mitgliedschaft auf hundert Ritter beschränkt sein sollte: den Orden vom Heiligen Geist. Dies ist der erste staatspolitisch geplante Orden, zu dessen Abzeichen nicht wie bisher nur

Neben dem Helm schwebt der österreichische Orden vom Sala-

mander *(oben)*, in gleicher Weise wie viele Ordenszeichen in den Arlberger Bruderschaftsbüchern.

HOSENBANDORDEN (England)

GOLDENES VLIES (Burgund)

STEPHANSORDEN (Toskana)

ELEFANTENORDEN (Dänemark)

KATHARINENORDEN (Rußland)

eine emblematische Figur gewählt wurde, sondern ein Kreuz. Seitdem nahm die Zahl der Orden, deren Abzeichen ein mehr oder weniger verziertes Kreuz ist, unaufhörlich zu, und unter »Orden« wird schließlich allgemein ein kreuzförmiges Abzeichen verstanden.

Die Möglichkeit, daß ein Souverän über mehrere, nach Zwecken verschieden zu handhabende Orden verfügen kann, wurde in Frankreich reichlich ausgeschöpft. 1693 stiftete Ludwig XIV. einen Militärverdienstorden, der nach König Ludwig dem Heiligen (reg. 1226 bis 1270) benannt wurde und die drei Stufen erhielt, die auch die geistlichen Ritterorden hatten (Großkreuz, Komtur, Ritter). 1759 wurde er durch einen neutral nur »Militärverdienstorden« genannten ergänzt, da man den protestantischen Offizieren – etwa den zahlreichen Schweizern – den Heiligen Ludwig nicht zumuten durfte.

Jakob von Savoyen, Graf von Romont war 1460 bis 1486 Herr des Waadtlandes, und sein Wappen *(links)* ist nicht etwa vom Orden des Halsbandes von Savoyen (dem späteren Annunziatenorden) umrahmt, sondern von dem französischen Orden von der Halsberge *(Ordre du Camail)*, der von 1394–1498 bestanden hat und auch »vom Stachelschwein« (↗ S. 210) heißt. Die Buchstaben c und e bedeuten *cominus et eminus* (In der Nähe und auf Entfernung).

Der sowjetische Marschall Schukow *(rechte Seite)* gilt heute als der Träger der meisten Orden; darunter zwei sowjetische Siegesorden und mehrere Großkreuze der Alliierten des Zweiten Weltkrieges.

Porträt des Heinrich Blarer *(rechts)* aus St. Gallen 1460 mit dem Schulterband des Kannenordens von Aragon, wozu auch das an der Wand hängende Greifenkleinod gehört.

Der weitgereiste Tiroler Minnesänger Oswald von Wolkenstein (1377?–1445) trägt auf seinem Porträt *(rechts, Mitte)* die Kette des Kannenordens von Aragon und die Schärpe dazu, auf der er auch den ungarischen Drachenorden angebracht hat.

Die Porträt-Büste Ludwigs XIII. von Frankreich *(ganz rechts)* löste das Problem, wie zwei Ordensketten gleichzeitig anzulegen seien, nämlich konzentrisch. Der höhere Orden, der vom Heiligen Geist, hängt tiefer, der zweitrangige von St. Michael hat die kürzere Kette.

Der Ritter Florian Waldauf von Waldenstein *(unten)* hängt die Ordensketten an einer Leiste neben seinen Wappenschild.

Oben rechts
Die Orden von Herzog Friedrich Wilhelm von Braunschweig, von links nach rechts: Preußischer Schwarzer Adlerorden, Dänische »Union Parfaite«, zwei Magdeburger Stiftskreuze, von St. Sebastian und vom Dom.

Der Gedanke der ordensritterlichen Korporation war zwar noch nicht erloschen, aber kaum mehr wirksam. Versuche, die angebliche Leibwache Kaiser Konstantins in einem St. Georgsorden unter dem Großmeistertum eines byzantinischen Prinzen im Exil fortzusetzen und sogar eine Kompanie Soldaten zur Bekämpfung der Türken in Dalmatien aufzustellen, blieb ein Plan. Erheblich erfolgreicher war die 1562 erfolgte Stiftung des toskanischen Stephansordens, dem die Sicherung der toskanischen Handelsschiffahrt oblag, weshalb die Kriegsflagge von Toskana ein rotes Kreuz auf weißem Grunde zeigte. Die reiche Beute dieses Ordens an eroberten Flaggen hängt in der Stephanskirche zu Pisa.

Die absolutistische Staatsauffassung trieb indessen seltsame Blüten. Ordensstiftungen wurden mit mühsamen Begründungen als Erneuerungen uralter Ordensgemeinschaften ausgegeben, um ihnen höheres Ansehen zu verschaffen. Das gilt insbesondere für den dänischen Danebrog-Orden, der 1671 sein Stiftungsjahr auf das Jahr 1219 verlegte. Ähnlich knüpften der britische Orden vom Bade 1725 an angebliche Stiftungen von 1399, der dänische Elefantenorden 1693 an einen Vorgänger von 1462 und der schwedische Seraphinenorden 1748 wenigstens nur an das 16. Jahrhundert an.

Zur Unterscheidung von den »Milizen«, deren Abzeichen ein auf einem Mantel getragenes großes Stoffkreuz war und in gewissem Sinn auch noch immer ist, bestanden die Abzeichen der Hoforden aus einer sinnbildlichen Figur, die an einer Kette aus mehreren, ebenfalls sinnbildlich gewählten Gliedern hing. Diese Kettenorden, von denen einige (z.B. der Hosenbandorden und das Goldene Vlies) noch bestehen, sind das Vorbild für die zahlreichen Ordensketten, die als oberste Stufen mehrklassiger Orden üblich sind.

Die Abstufung eines Ordens in mehreren Klassen ist das Ergebnis der Abschaffung der höchstens dreiklassigen französischen Militärverdienstorden und deren Ersetzung durch die 1802 gestiftete Ehrenlegion. Ihre Einteilung in fünf Klassen wurde zum Modell für die meisten gegenwärtig zur Verleihung kommenden Verdienstorden.

Die Reaktion dagegen, nämlich einen Orden nur möglichst wenig oder gar nicht abzustufen, zeigt sich am deutlichsten bei den Orden der Sowjetunion. Sie hatten bis zum Zweiten Weltkrieg keine Klassen, aber die mehrfache Verleihung des gleichen Ordens ist zulässig und wird praktiziert.

Und der Herr redete
mit Mose und Aaron und sprach:
Die Kinder Israel sollen
vor der Hütte des Stifts umher sich lagern,
ein Jeglicher unter seinem Panier und Zeichen,
nach ihrer Väter Haus.

4. Mose 2, 1 und 2

Wappen-recht

Klassische Darstellung der göttlichen Dreieinigkeit als Wappen des Bischofs von York *(oben)* und als symbolisches Wappen Gottes selbst *(unten)*.

Während der Blütezeit der Heraldik gehörte in Europa ein Wappen zum gehobenen Lebensstil. Sogar den unsichtbaren überirdischen Gewalten dichteten die Menschen eigene Wappen an. Die Bildersprache der Heraldik war besonders gut geeignet, abstrakte Mächte sinnfällig zu machen. Das in der Bibel ausgesprochene Verbot, sich von Gott selbst ein Bild zu machen, konnte leicht umgangen werden, wenn man den schwer begreifbaren Glaubenssatz von der göttlichen Dreifaltigkeit gleichnishaft darstellte. Häufiger noch werden die Werkzeuge von Christi Leidensweg einzeln in mehreren Wappenschilden dargestellt oder erscheinen in einem einzigen Wappenschild, ja sogar in Form eines Vollwappens auf Schild und Helmzier verteilt.

Wie Christus in Mitteleuropa als Weltenrichter und oberster Lehensherr aller irdischen Gewalten, der weltlichen wie der geistlichen, betrachtet werden konnte, so konnte eine ähnliche Rolle auch Heiligen zufallen, die, am auffälligsten in Zeiten einer Thronvakanz, als die eigentlichen Landesherren behandelt wurden. Das zeigt sich in einer Reihe von Staatssiegeln, etwa denen von Schottland, von Schweden und von Ungarn.

Aber nicht nur das Kreuz von St. Andreas in Schottland, St. Georg in England, die drei Kronen von St. Erich in Schweden und das Apostolische Kreuz St. Stephans in Ungarn wären hier zu erwähnen, sondern ebenso die Wappen, die den Heiligen von Fall zu Fall zugeschrieben wurden, wie die um das Kreuz gescharten Vögel Eduards des Bekenners (↑ S. 30), die neun Kugeln St. Quirins zu Neuss, das zweifarbige Kreuz von St. Florian, den Flügellöwen von St. Markus (↑ S. 112) nicht zu vergessen.

Symbolisches Wappen des Todes *(Mitte)*, Stich von Albrecht Dürer.

Christi Passionswerkzeuge als päpstliches Gnadenzeichen im Eckquartier des Banners von Schwyz, 1512 *(oben rechts)* und im Wappen Christi, des Lehnsherrn aller Gewalten *(rechte Seite)*.

Wappen exotischer Reiche in der Vorstellung mitteleuropäischer Wappensammler des 15. Jahrhunderts.

Die angeblichen Wappen des Sultans von Essen (die Essener-Sekte, im Deutschen durch die Buchstaben S redend), des Königs von Armenien (zwei der Wahrheit nahekommende Varianten), des Königreichs Saba (auch Wallfahrtsort Sava in Bosnien!) und Rutheniens (Vertauschung der Figuren des richtigen Wappens von Tschernigow).

Was für Heilige gelten konnte, war erst recht auf wirkliche oder für wirklich gehaltene Personen anwendbar. Gelehrte Wappensammler des 17. Jahrhunderts trugen dieser Auffassung nur noch mit Zurückhaltung Rechnung. Im 14. und 15. Jahrhundert aber schrieb man jedem Fürsten aus früher Zeit und jedem exotischen Reich, von dem man gehört hatte, ein Wappen zu, manchmal sogar aufgrund der Meldung eines Weltreisenden wie Marco Polo, oft aber unter mißverständlicher Deutung solcher Hinweise. In den meisten Fällen sind wir bis jetzt nicht hinter den Gedanken gekommen, der bei der Wahl solcher Phantasiewappen ausschlaggebend war.

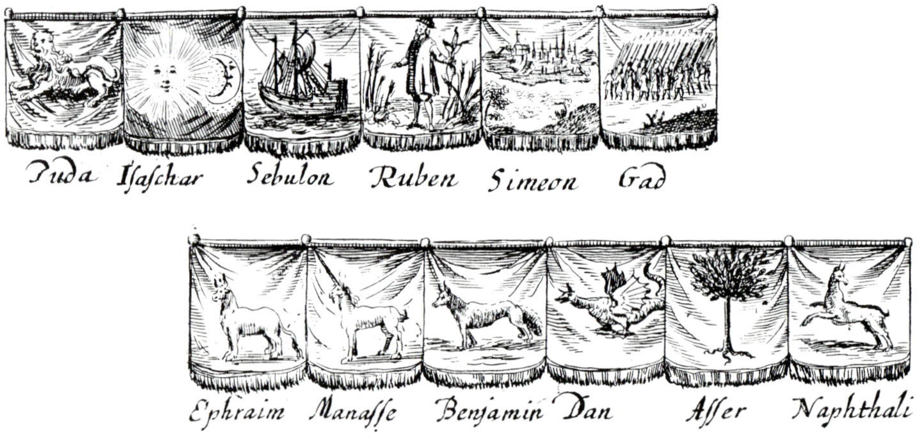

Die in der Bibel erwähnten Abzeichen der zwölf Stämme Israels werden von den Heraldikern des 17. Jahrhunderts als Vorläufer der Wappen betrachtet und nicht in Schilden, sondern auf Vorhängen abgebildet. Gegenwärtig spielen diese Abzeichen in der öffentlichen Heraldik des Staates Israel wieder eine gewisse Rolle.

Zuweilen gelingt eine Deutung aber doch. Als Wappen des »Königs von Maroch« (Marokko) findet man drei Schachfiguren (Roche), in spanischen Quellen aber das ganze Schachbrett statt der Einzelfigur. Die Löwen von Armenien mit dem Kreuzchen beruhen auf echten Münzbildern und dürften als Symbole des sagenhaften Priesterkönigs Johann zum Wappen des Kaiserreichs Äthiopien geworden sein.

Eine philologische Interpretation der falschen Ausdeutung laienhafter Beschreibungen kann die Lösung für angebliche Wappen liefern. Das gilt nicht nur für Wappenbücher, sondern auch für Ahnenwappen auf Grabmälern, die sich auf weit zurückliegende Generationen beziehen sollen. Der in dieser Beziehung viel Material bietende Konrad Grünenberg, der ja selbst ins Heilige Land gereist war, brachte von dort allerlei Märchenhaftes mit, unter anderem den Glauben, daß der große Chan der Tataren einen Hundekopf habe, weil der Hund *canis* heiße, was leider lateinisch und nicht tatarisch ist. Wer aber in der Nähe Ägyptens gewesen war und dort von Anubisfiguren hatte faseln hören, der konnte leicht solche Irrtümer glauben.

Manche der gerade bei ihm vorkommenden Phantasiewappen finden in moderner Orientforschung eine Erklärung. So ist das typische Mauerwerkmuster im Wappen des »Königs von Java« wohl auf javanische Münzbilder des 15. Jahrhunderts zurückzuführen.

Was man in bezug auf ganze Reiche entdecken kann, gilt natürlich auch hinsichtlich einzelner historischer Personen, und nicht nur für Karl den Großen (↑ S. 30) und andere der Neun Helden (↑ S. 172/173), sondern auch für so weit zurückliegende wie die Zwillingsbrüder Romulus und Remus, deren angebliches Wappen mit der kapitolinischen Wölfin (↑ S. 118) leichter erklärlich ist als die Schilde der übrigen sechs Könige. Auch vorheraldischen und vorchristli-

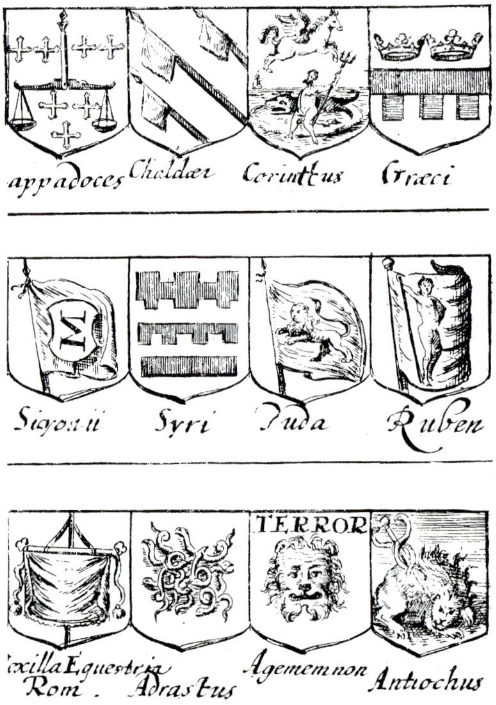

In den heraldischen Lehrbüchern des 17. Jahrhunderts stehen zur Illustration der Vorgeschichte des Wappenwesens ganze Tafeln mit Wappenschilden *(rechts)*, darin die angeblichen Zeichen antiker Völker, Stämme, Städte und Personen; worauf sie zurückgehen, ist oft unklar.

chen Königen wurden Wappen zugeschrieben. Am bekanntesten sind die dem Frankenkönig Chlodwig zugewiesenen drei Kröten, aus denen sich die drei französischen Lilien entwickelt haben sollen; Napoleon I. hat die in Chlodwigs Grab gefundenen Figürchen lieber als Bienen angesehen (↗ S. 130). Für die Embleme der Stämme Israels, die man – erst recht in der Gegenwart – auch in schildförmige Hintergründe gesetzt antrifft, bietet das Alte Testament an mehreren Stellen Hinweise, die allerdings auch verschieden interpretierbar sind.

Die im 15. Jahrhundert erfundenen Phantasiewappen der sieben Könige von Rom aus den Jahren 753–510 v. Chr. und der nach der Wiedereroberung des Heiligen Landes einzuführende dreiköpfige römisch-deutsche Kaiseradler.

Im Mittelalter verlangte man nach sichtbarer Bekundung rechtlicher Verhältnisse. Die zum Aufbau einer geordneten Verwaltung unerläßliche Abstufung von Befehlenden und Ausführenden wurde seit der Karolingerzeit bis ins 16. Jahrhundert aus dem Lehnswesen abgeleitet. Grundsätzlich war der König Herr über Grund und Boden.

Das lateinische Wort für Lehen, *feudum,* ist ein germanisches Wort mit lateinischer Endung.
Es ist von einer vermuteten fränkischen Wortbildung *fehu-* und *od* abzuleiten, die aus dem Wortstamm *faihu* (gotisch: Herde, neudeutsch: Vieh) und dem Wort *od*=bewegliche Habe, Gut (das in dem Wort Kleinod noch fortlebt) besteht. Dies entspricht dem Grundgedanken des Lehenswesens, daß die Landwirtschaft die Leistung des Dienstes ermöglicht.

Die für die deutsche Rechtsgeschichte so wichtige Sammlung von mittelalterlichen Rechtsgrundsätzen, der »Sachsenspiegel«, wurde um 1240 niedergeschrieben. Einige Ausfertigungen sind mit drastischen Illustrationen bereichert. Zur Erläuterung des Lehnsrechtes dient die Abbildung oben mit sieben »Heerschilden«, nämlich dem König (Adler), den geistlichen Fürsten (Bischof mit Mitra, Bibel und Krummstab), den weltlichen Fürsten (Löwe), den freien Herren (zwei Fische), den freien Vasallen (zwei Balken) und den unfreien Rittern (dreimal geteilt). Der siebente Schild ist leer und hat keinen Fuß, weil der Siebente Heerschild die Lehensunfähigkeit bedeutet. In unserer Illustration weist der bärtige Lehrer den artig mit gekreuzten Beinen vor ihm sitzenden Schüler mit unmißverständlichen Gebärden auf den Text hin: »Wer Lehnrecht können will, der folge dieses Buches Lehre. Allererst sollen wir merken, daß der Heerschild an dem Könige beginnt und mit dem siebenten endet.« Darunter sieht man den Lehensempfänger vor dem an der Krone kenntlichen König stehen, wie er die Huldigung mittels der »Mannschaft« leistet: Er legt seine Hände wie zum Gebet zusammen und zwischen die Hände des Lehnsherrn.

Zwei Siegel des Landgrafen Konrad II. von Thüringen um 1234, links als Landesherr auf dem Thron, rechts als Heerführer zu Pferde, beide Male mit dem Wappenschild. Als Landesherr zeigt der Fürst das Banner, mit dem er belehnt worden ist, dem Reiterführer genügt – damals – die bildlose Fahne, ein Gonfanon.

Die Bindung des Dienstes an Grund und Boden erschöpft den Charakter des Lehenswesens nicht und kann das wegen ihrer ökonomisch-primitiven Ausschließlichkeit auch nicht. Wegen der Bedeutung des Lehenswesens werden die sozialen Stufungsverhältnisse des Mittelalters oft als »Feudalismus« klassifiziert und unter ökonomischer Geschichtsauffassung sogar abgetan.
Der ökonomische Aspekt kommt in einem anderen lateinischen Wort für Lehen, nämlich *beneficium* (wörtlich »Wohltat«) unverhüllt zum Ausdruck. Das auf der Treue aufgebaute Lehenswesen beruht damit auf zwei Elementen, einem persönlichen und einem materiellen. Das persönliche Element war das Vasallentum, also ein moralisches, das materielle Element, das *beneficium,* war ein ökonomisches.

Aus diesen beiden Komponenten werden die Frühformen der Heraldik verständlich. Der Gedanke der Erblichkeit des Wappens war erst anwendbar, nachdem es den Lehensträgern in ständiger Bemühung gelungen war, die ihnen auf Lebenszeit übertragenen Besitzungen auf ihre Nachkommen übergehen zu lassen. So konnte sich eine Dauerhaftigkeit entwickeln, die sich sowohl auf leibliche Erben als auch auf Besitznachfolger aus Seitenlinien oder sogar Käufer erstreckte. So wird verständlich, warum bereits in sehr früher Zeit Wappen für Ämter, etwa für Pfalzgrafschaften, entstehen konnten, deren Inhaberschaft nicht von vornherein als eine erblich angelegte anzusehen sein kann.
Das Lehenswesen, das in den Nachfolgestaaten der Karolingerreiche die Grundlage der staatlichen Entwicklung geliefert hatte, diente den Königen von Frankreich dazu, ihren Vasallen gegenüber mit lehensrechtlichen Argumenten allmählich die Oberhand zu gewinnen. In Deutschland hingegen ist die Entwicklung genau umgekehrt verlaufen. Die Absetzung des übermütigen Herzogs von Bayern und Sachsen, Heinrichs des Löwen, im Jahre 1180 bestand in einer lehensrechtlich mit Verstoß gegen die Vasallenpflichten begründeten Aberkennung der als Reichslehen behandelten Herzogtümer Bayern und Sachsen, wohingegen ihm die welfischen Stammgüter verblieben. Die Versuche Kaiser Friedrichs II., den deutschen Staat, in dem eine Stufenfolge von Treueverhältnissen, Heerschilde genannt, vom König über die Ministerialen bis zu den Rittern, sogar den unfreien, reichte, auf lehensrechtlicher Grundlage zu reorganisieren, gipfelten 1231 in dem Status zugunsten der Fürsten *(statutum in favorem principum).* Die Folge davon war die Zersplitterung Deutschlands in zahllose Territorien, und letzlich die föderativen Verfassungen der Bundesrepubliken Deutschland und Österreich. Auch die Einigung Italiens ist von den Konsequenzen der hohenstaufischen, auf dem Lehenswesen beruhenden Politik hinausgezögert worden.

Zwei Seiten *(links)* aus dem Wappenbuch des Jörg Rugenn, 1495, in deren Mitte jeweils das Vollwappen eines Fürsten (oben Kurfürst von Sachsen, unten König von Sizilien und Herzog von Lothringen) steht. Die diesen Fürsten untertanen oder von ihnen beanspruchten Länder und Titel sind durch die das Wappen in der Blattmitte umrahmenden Schilde dargestellt. Noch scheute man sich, den Schild in zu viele Felder aufzuteilen.

Zum Vergleich kann die Landnahme durch die erobernden Normannen in England 1066 herangezogen werden. Eine totale Enteignung der Unterlegenen wurde in ein totales Grundeigentum des neuen Königs umgemünzt und führte mit Hilfe des Lehenswesens zur Bildung einer vollkommen neuen Oberschicht; ein – vielleicht unbewußtes – Vorbild für ähnliches Vorgehen in Palästina nach dem Siege über die Sarazenen, wenn auch ein weniger dauerhaftes.

Karl der Große setzt Roland als seinen Stellvertreter in Spanien ein und überreicht ihm als Herrschaftszeichen einen Gonfanon *(unten)*. Dann verabschiedet er sich mit winkender Gebärde, um nach Frankreich zurückzukehren, und Roland versucht vergeblich, die Fahnenlanze in den Felsboden zu rammen.

Was die Beziehung zwischen Wappen, die ja in der Zeit zwischen dem ersten und dem zweiten Kreuzzug üblich werden, betrifft, so zeigen gerade die streng feudalen Verhältnisse in den Kreuzfahrerstaaten, daß für die Wappenführer die persönlichen Bindungen ausschlaggebend waren und territoriale nur, wenn sie auf lehensrechtlicher Grundlage beruhten. Die Bindung an den Ritterschaftspaten war enger als die an den leiblichen Vater (↗ S. 54).

Mit der Stärkung der Fürstenmacht im Deutschen Reich, die sich auch in der Ansammlung mehrerer Territorien in einer Hand ausdrückte, nahm die Zahl der Wappen, zu deren Führung Einzelpersonen berechtigt waren, zu. Hier liegt der Ursprung jener vielfeldigen deutschen Fürstenwappen (↗ S. 90 und 91).

Nächste Seiten:
Achtzehn Blätter aus dem »Armorial Equestre de la Toison d'or et de l'Europe« frühes 15. Jahrhundert, der Bibliothèque de l'Arsenal, Paris. Die Reiter sind jeweils von links nach rechts:

1. Reihe: Herzöge der Normandie, von Bretagne und Luxemburg, König von Frankreich, Bischof von Langres, König von England.

2. Reihe: Herzöge von Geldern und von Brieg (in Schlesien), Könige von Sizilien, Kastilien und Aragon, Graf von Toulouse.

3. Reihe: Könige von Portugal, Schweden und Norwegen, Graf von Champagne, Könige von Schottland und Navarra.

140.

93.

97.

LE ROY DE PORTVGAL
105.

LE ROY DE SVEDE.
255.

Roy de France

109.

le conte de toulouse

conte de champaigne
115.

Le Roy d'escosse
In de fens.
272.

Das heutige Wappen des Domkapitels von Aachen wurde im ganzen Mittelalter für das Wappen Karls des Großen gehalten; es ist zusammengesetzt aus den Wappen des Reichs und Frankreichs.

Die Frauen fügten sich partnerschaftlich dem ritterlichen Lebensstil ihrer Gatten ein; sie billigten den Waffendienst ihrer Gemahle und schenkten ihnen wohl auch kostbare Rüstungsteile, wie eine reichverzierte Schwertscheide.

Zu den interessantesten heraldischen Untersuchungen gehört die Erforschung der Zusammenhänge, aufgrund deren ein mehrfeldiges Wappen entstanden ist. Anfänglich, also seit dem ersten Drittel des 12. Jahrhunderts, und während eines weiteren ganzen Jahrhunderts strebte man so sehr nach überzeugender Eindeutigkeit, daß man nicht mehrere ganze Felder in einem Wappenschild kombinierte, sondern allenfalls halbierte. Dadurch kamen so sonderbare Gestalten zustande wie halbe Adler mit herangeschobenen Löwen oder Bären mit Löwen Rücken an Rücken, wie man sie nicht nur häufig in Westpolen, sondern auch in der Schweiz (zum Beispiel den roten Löwen mit dem blauen Adler, den die Grafen von Toggenburg bis etwa 1250 führten) findet. Auch das angebliche Wappen Karls des Großen ist auf diese Weise gebildet worden. Sehr selten zeigt es statt des halben Adlers einen ganzen oder auch einen zweiköpfigen im ersten Felde. Man konnte auch ganze Felder aufeinanderlegen; so ist das Wappen der Bretagne aus einem Beizeichenfeld entstanden (↑ S. 98 f., Kapetinger-Stammtafel).

Ein einschneidendes Ereignis trat in Spanien ein, dessen Kernland Kastilien mit dem nordwestlich gelegenen Königreich León zusammen nicht nur die Hauptlast der *Reconquista* getragen hatte. Seine Könige hatten wiederholt das eine oder andere Land oder auch gleichzeitig beide beherrscht.

Um 1230 hat man dort den Einfall gehabt, die Wappen im »quadrierten« Schild je zweimal unterzubringen, wodurch die graphische Gestaltung des Kastells und des Löwen kaum, und auch nur in den beiden unteren Feldern, beeinträchtigt wurde. Das Beispiel wurde übernommen und zwar vermutlich erstmals ein Jahrhundert später in England, wo König Eduard III. im Zusammenhang mit der Entfesselung des Hundertjährigen Krieges 1337 den Titel »König von Frankreich« annahm und vor seinen englischen Königstitel setzte. Damals ahmte er die spanische Methode der Vereinigung zweier Staatswappen in einem quadrierten Schild nach, wobei auch hier Frankreich den Vortritt vor England erhielt. Man vermutet, daß ihm bei dieser Maßnahme das Wappen seiner Großmutter Eleonore von Kastilien (gestorben 1290), der ersten Gemahlin Eduards I., als Vorbild diente. Eduards zweite Gemahlin, Margarete, (gestorben 1308), eine Schwester König Philipps IV. von Frankreich, hatte 1299 noch einen gespaltenen Schild geführt, der in der vorderen Hälfte die englischen Löwen aus der Spaltlinie hervorkommend und in der hinteren das leichter zu halbierende Wappen Frankreichs aufweist.

Die Mutter Eduards III., Isabella von Frankreich

Die vier Wappenschilde *(unten)* deuten zwei Ehepaare an. Ein Inhaber des Kreuzwappens mit den Muscheln, Guy de Montmorency, Herr zu Laval, hatte 1239 Philippe, Herrin zu Vitré (mit dem Löwenwappen) geehelicht. Und Jeanne, eine Tochter König Karls VI. von Frankreich, hatte 1396 Herzog Johann VI. der Bretagne geheiratet, dessen Mutter eine französische Prinzessin aus der Linie Evreux (Navarra) war.

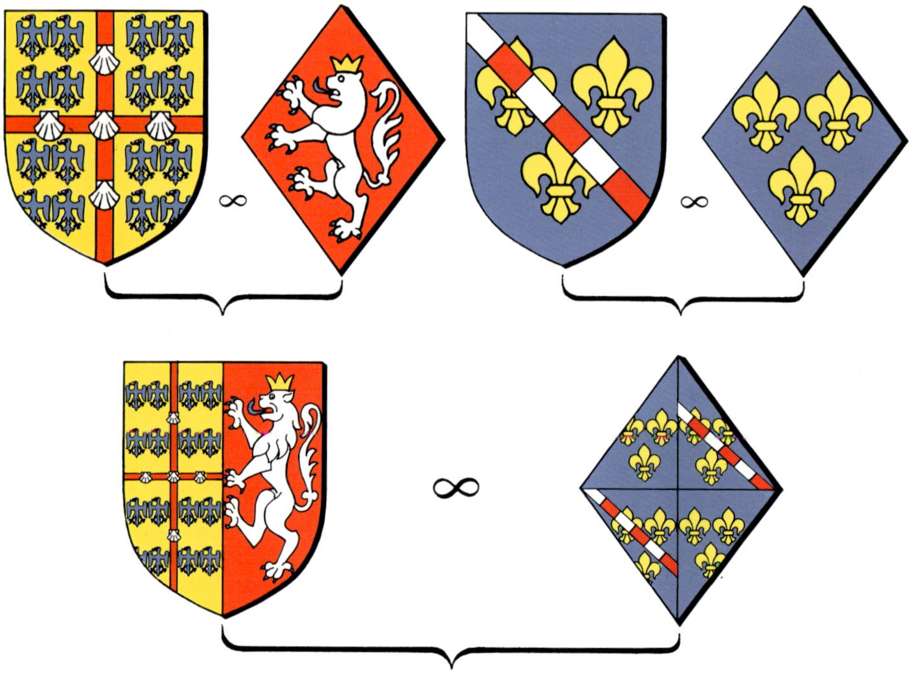

Als der Kunstmäzen Jean de Malestroit, Herr zu Derval, Hélène de Laval heiratete, hätte diese neben dem Wappen von Montmorency der Linie Laval das Hermelinfeld der Bretagne von der Seite ihrer Mutter Isabella mitbringen können; aber das mochte man wohl deswegen nicht, weil das Wappen

des Jean de Malestroit (↑ S. 197) bereits ein solches Hermelinfeld doppelt enthielt.
So griff man zu Ahnenwappen mit den französischen Lilien, die dann vorgehen, als ob ein König von Frankreich eine Prinzessin von Evreux zur Ehe genommen hätte.

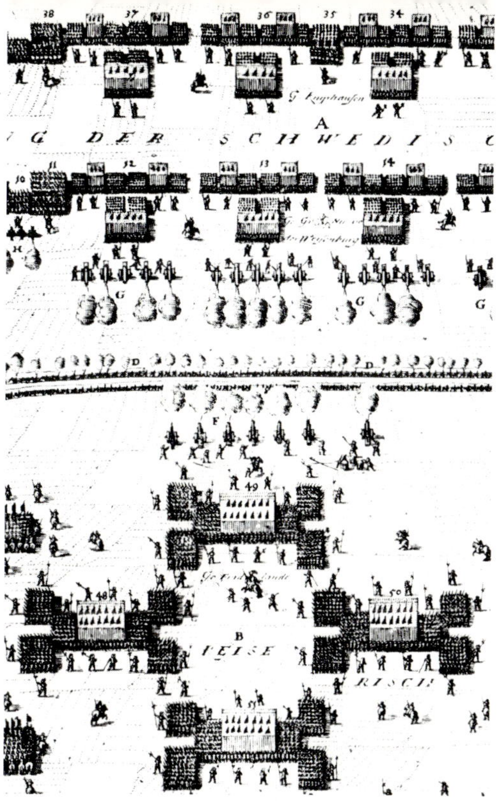

Der für den Gang der Weltgeschichte so bedeutsame Tod des »Löwen aus dem Norden«, König Gustav Adolfs von Schweden, in der Schlacht bei Lützen 1632 *(links)*, hatte keine heraldischen Folgen. Es waren innerpolitische Ereignisse, die im Wappen des Königreichs Schweden Ausdruck gefunden haben.

KOMMANDOFLAGGE DES KÖNIGS VON SCHWEDEN

1523

1654–1720 1720–1751 1751–1818

Nach der Abdankung der Königin Christine wechselten die Königshäuser mehrfach; auf das Haus Pfalz folgte 1720 Hessen. 1751 wählten die Stände wieder einen deutschen Prinzen aus dem Hause Gottorp, dessen Nachfolger 1810 den Marschall Bernadotte adoptierte (seit 1818 König Karl XIV.). Das Wappen Wasa kam 1818 neben Bernadotte wieder zu Ehren.

1810–1814
Kronprinz Karl Johann

(gestorben 1357), hatte, wohl nachdem sie ihren Gatten 1327 hatte umbringen lassen, sogar schon einen aus verschiedenen Wappen gevierten Schild mit den Feldern England, Frankreich (in der oberen Häfte), sowie Navarra und Champagne in der unteren. Diese Königinwitwe führte in einem ihrer Siegel auch zwei getrennte Schilde; der eine ist der englische, der andere in der bis dahin gewohnten Weise von Halb-Frankreich und Halb-Navarra gespalten. Seit jener Zeit nehmen die gevierten Wappen ständig zu. Im Wappenbuch des Herolds »Gelre« sind es unter 1707 Eintragungen schon fast einhundert, darunter, wiederum mit Spanien als Vorreiter, drei schräggevierte, sodann zwei aus drei Feldern gevierte – eines also wiederholt –, drei mit verschiedenen Feldern (zwei davon Könige: Ungarn-Polen und Schweden-Mecklenburg), zwei mit einem Herzschild (Berg-Ravensberg und Orsini-Lecce) und sogar ein Franzose (Raoul, Herr von Montfort sur Meu, gestorben 1393), der nach seiner Eheschließung 1384 ein im zweiten und dritten Feld wiedergeviertes Wappen führte. Bis ins 15. Jahrhundert ging man möglichst nicht über ein quadriertes Wappen hinaus; lieber quadrierte man eines der Quartiere erneut. Die entscheidenden Schritte zu einer von der Quadrierung unabhängigen Felderanordnung scheinen im 15. Jahrhundert der am Hofzeremoniell interessierte »Bon Roi René« (↗ S. 13 ff, Turnierbuch und S. 98 f., Kapetinger-Stammtafel) und die Erzherzöge von Österreich getan zu haben.

Bei Wappenverbindungen bestehen also vor allem folgende Möglichkeiten:

1. Die beiden Schilde der Eheleute, auf die sich eine Erbschaft gründet, werden – vor allem zu ihren Lebzeiten – nebeneinandergestellt.
2. Beide Wappen werden in einem gespaltenen Schild ohne Veränderung ihres Inhalts, aber unter Anpassung an die veränderte Gestalt des Hintergrundes nebeneinandergestellt.
3. Die beiden Wappen werden in einem gespaltenen Schild je zur Hälfte vereint.
4. Nur eines der beiden Wappen, das sich dazu eignet, wird halbiert, das andere nicht.
5. Beide Wappen werden in einem gevierten Schild so vereinigt, daß das ranghöhere Wappen im 1. und 4., das nächstniedrige im 2. und 3. Feld untergebracht wird.
6. Wenn weitere Wappen zur Verfügung stehen oder herangezogen werden sollen, können sie einen Platz im Mittelschild erhalten, der, je nach Lage, als der beste oder als der geringste Platz angesehen wird.

Das älteste schwedische Staatswappen ist gleichzeitig das der Dynastie der Folkunger (Löwenfeld). Seit dem 14. Jahrhundert gilt das Dreikronenwappen als das eigentliche Landeswappen. Seit dem 15. Jahrhundert pflegte man das Wappen der regierenden Dynastie als Mittelschild aufzulegen. Nachdem Gustav Wasa 1523 als Anführer eines nationalen Aufstandes zum König von Schweden als Gustav I. erkoren worden war, wurde dieses System beibehalten. Sein Geschlechtswappen, eine Garbe (schwedisch *Vase*), blieb dort bestehen, bis Königin Christine 1654 abdankte.

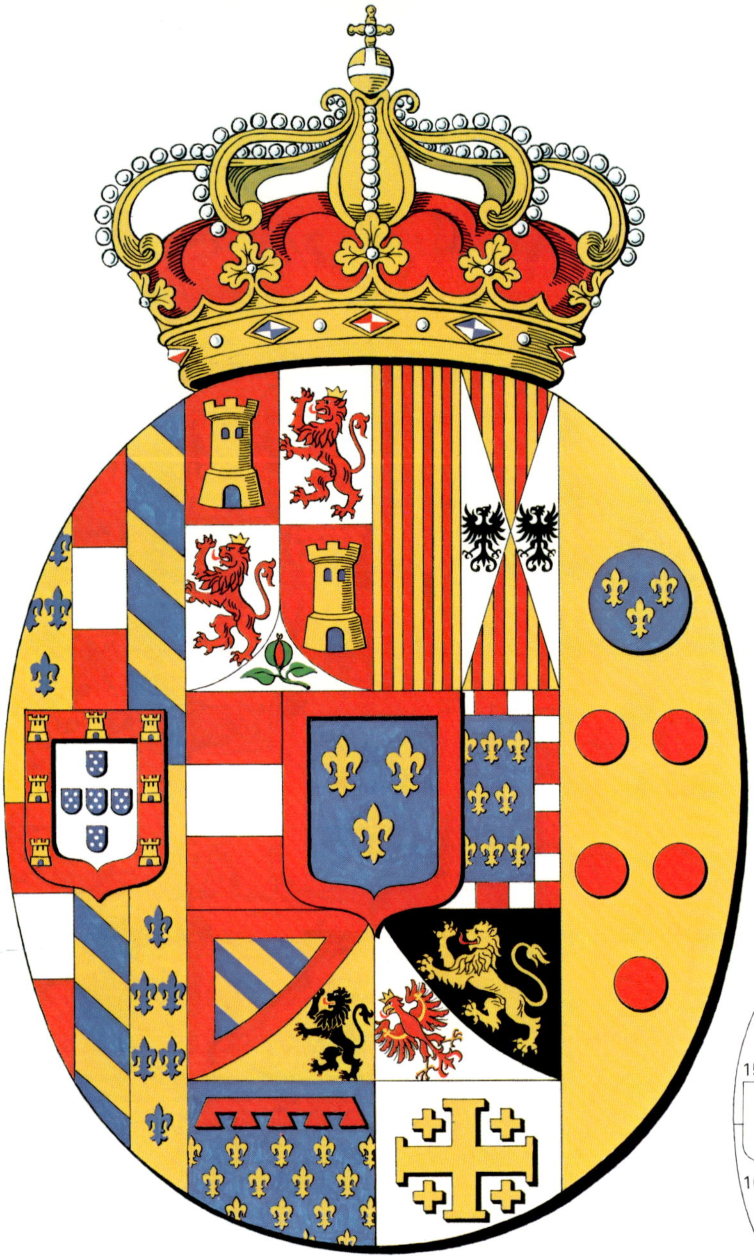

Das Wappen des Königreichs Beider Sizilien ist das komplizierteste, das je ein Kapetinger (↑ S. 98 f.) ersonnen hat. Den Grundstock lieferte die Kombination der Wappen von Spanien (Felder 1–5) und Österreich-Burgund (Felder 6–11), auf welches 1701 das Wappen des Hauses Bourbon-Anjou (Nr. 14) gelegt worden war.
Nachdem der 1716 geborene spanische Infant (Prinz) Karl 1731 seinem Großonkel Anton als Herzog von Parma und Piacenza gefolgt war, eroberte er 1734 Neapel, wurde dort als König Karl VII. anerkannt und nach dem Verzicht auf das Herzogtum Parma vom Papst 1738 mit Sizilien und dem Königstitel von Jerusalem belehnt. Er behielt alle vom Vater ererbten Felder (1–11 und 14) bei und fügte ihnen unten die Felder 12 und 13 für das 1735 gewonnene Königreich an; an die Flanken kamen die von seiner Mutter Elisabeth (Isabella) Farnese (↑ S. 233) stammenden Wappen von Parma (Felder 15–18) und Medici (Feld 19). Als er 1759 als Erbe seines

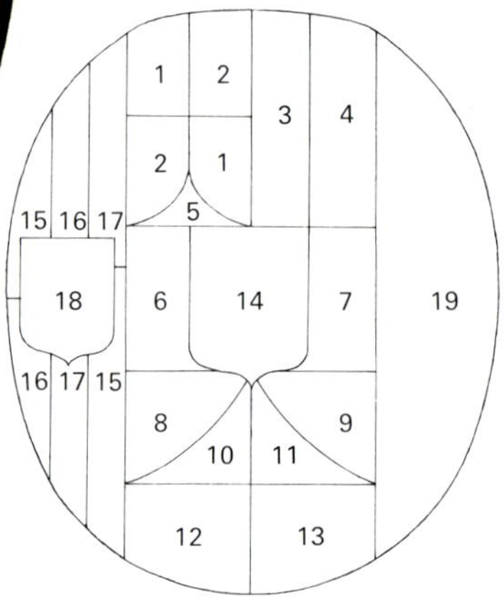

In dem Schema links sind die einzelnen Felder übereinstimmend mit den 19 Schildchen auf Seite 233 beziffert, um die Orientierung zu erleichtern. Die Felder 1–11 hatte schon Kaiser Karl V. (in Spanien König Karl I.) geführt. Der Mittelschild (14) wurde aufgelegt, als ein Enkel des französischen Königs Ludwig XIV. (↑ S. 98 f., Kapetinger-Stammtafel) König von Spanien wurde. Mit der Beifügung aller übrigen Felder war das Wappen jenes Königreichs geschaffen, das bis 1867 bestand und auch nach der Hauptstadt Neapel benannt werden konnte.

Die Landkarte *(unten)* weist die Gebiete nach, deren Wappen im Wappen des Königreichs Beider Sizilien zusammengekommen sind. Die Ziffern entsprechen dem Schema rechts.

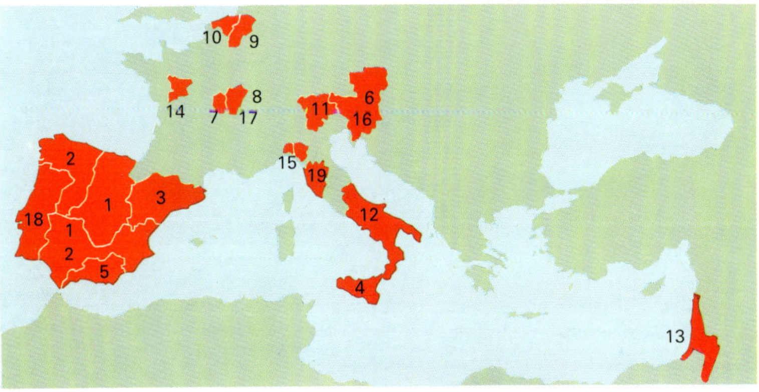

Die Münzen des Königreichs Neapel *(rechts)* betonten im 14. und 15. Jahrhundert den Anspruch auf den Königstitel von Jerusalem. Auf ihnen erhält das Jerusalemkreuz den Platz vor »Alt-Anjou«.

Halbbruders Ferdinand VI. wider Erwarten König von Spanien wurde, fielen die Felder 12 und 13 weg, aber die Felder 15 und 19 wurden in die Stammgruppe hereingezogen (↑ Bild S. 100).
Königin Elisabeth (Isabella), als zweite Gemahlin Philipps V., des ersten Königs von Spanien aus dem Hause Bourbon, ohne Hoffnung darauf, daß ihre Kinder je den Thron von Spanien besteigen könnten, hatte deren Versorgung mit anderen Staaten erfolgreich betrieben. Sie brachte nicht nur den Anspruch auf Parma mit, sondern auch auf Toskana.
Das Wappen des Herzogtums Parma bestand seit 1556 aufgrund der Ehe des Herzogs Octavio mit einer Tochter Kaiser Karls V. aus einer Verschmelzung der Wappen des Hauses Farnese mit dem österreichisch-burgundischen Wappen und dem Abzeichen der päpstlichen Fahnenträger. Da der Sohn dieses Ehepaares, Alexander (gestorben 1592), aufgrund seiner Ehe mit Maria,

1 KASTILIEN

In Rot ein goldenes Kastell mit blauem Tor und blauen Fenstern (ein redendes Wappen).

2 LEON

In Silber ein goldengekrönter roter (ursprünglich purpurner) Löwe (ein redendes Wappen).

3 ARAGON

In Gold vier rote Pfähle, eigentlich das Wappen der Grafschaft Barcelona (Katalonien).

4 SIZILIEN

Schräggeviert von Aragon und Hohenstaufen (in Silber ein schwarzer Adler).

5 GRANADA

In Silber ein naturfarbener beblätterter Granatapfel (ein redendes Wappen).

6 ÖSTERREICH

In Rot ein silberner Balken, vergleiche Ziffer 16.

7 NEU-BURGUND

Innerhalb rot-silbern gestückten Schildrandes blau mit goldenen Lilien besät (↗ S. 50/51).

8 ALT-BURGUND

Innerhalb roten Schildrandes golden-blau fünfmal schräggeteilt (↗ S. 50/51).

9 BRABANT

In Schwarz ein goldener Löwe (heute das Wappen Belgiens).

10 FLANDERN

In Gold ein schwarzer Löwe (heute das Wappen der belgischen Provinz Ostflandern).

11 TIROL

In Silber ein gekrönter roter Adler, die Flügel mit goldenden Kleeblattstengeln belegt.

12 ALT-ANJOU (Königreich Neapel)

Blau mit goldenen Lilien besät, belegt mit einem roten Turnierkragen.

13 KÖNIGREICH JERUSALEM

In Silber ein goldenes, von vier Kreuzchen bewinkeltes schwebendes Krückenkreuz.

14 NEU-ANJOU

Innerhalb roten Schildrandes in Blau drei goldene Lilien.

15 PARMA

In Gold sechs (3, 2, 1) blaue Lilien, eigentlich das Familienwappen des Hauses Farnese.

16 ÖSTERREICH

Siehe Ziffer 6. Dient oft als Gesamtwappen für alle schon vor 1477 habsburgischen Gebiete.

17 ALT-BURGUND

Siehe Ziffer 8. Der Schildrand wurde im Zusammenhang mit Österreich oft weggelassen.

18 PORTUGAL

Innerhalb roten, mit sieben goldenen Kastellen belegten Schildrandes die sog. *Quinas.*

19 TOSKANA (Medici)

In Gold sechs Kugeln, die fünf unteren rot, die oberste blau, mit drei goldenen Lilien belegt.

einer Tochter des Prätendenten auf den freiwerdenden Thron von Portugal, seinem Sohn Ranuncio I. Hoffnungen machen konnte, König von Portugal zu werden, legte dieser den Schild jenes Landes in die Mitte des Wappens von Parma. Wegen des Erlöschens des päpstlichen Fahnenträgeramtes – Odoardo wurde 1641 exkommuniziert – mußte das entsprechende Würdezeichen irgendwann einmal entfernt werden, daraufhin verschoben sich die vorher in der Quadrierung auseinandergehaltenen Felder Farnese und Österreich-Burgund zu sechs gleich großen Feldern.

Der Anspruch auf Toskana gründete sich auf eine 1731 gegebene Zusicherung, weil Herzog Odoardo I., der Urgroßvater der Königin Isabella, Margarete, die Tochter des Großherzogs von Toskana Cosimo II. (gestorben 1621) geheiratet hatte. Der Erbfall trat 1737 ein, aber die Mächte hatten es sich anders überlegt. Toskana erhielt der einstige Herzog von Lothringen, später Gemahl der Maria Theresia und seit 1745 auch Deutscher Kaiser. So blieb der Prinzessin Farnese nur der Titel, den sie an ihre Kinder weitergeben konnte. Dieser eigentlich nur 1731–1735 oder allenfalls bis 1759 sinnvolle Titel wurde bei der restaurativen Errichtung des Einheitskönigreiches Beider Sizilien 1816 wieder erweckt; die Wappenfelder von Farnese und Medici stehen heute noch in den Wappen der Chefs der Königshäuser von Spanien und Beider Sizilien, die sich Graf von Barcelona beziehungsweise Herzog von Calabrien nennen.

An Stelle des komplizierten Wappens des Königreichs Beider Sizilien konnte auch eine vereinfachte Zusammenstellung verwendet werden, in der nur die wesentlichen Felder erscheinen, nämlich oben in der Mitte Kastilien (1) und León (2) für Spanien, und darunter Alt-Anjou (12) für Neapel, in der Mitte belegt mit dem Hauswappen der Dynastie Anjou (14), die sich in Spanien »Borbón« nennt. In der rechten Flanke Farnese (15) für Parma und Portugal (18), in der linken Medici (19) für Toskana.

Prinz Karl von Spanien, der 1731 die Herzogtümer Parma und Piacenza geerbt hatte, stellte neben sein angestammtes Wappen als Infant von Spanien provisorisch die beiden Wappen, auf die er als Sohn seiner Mutter, einer Prinzessin von Parma, Anspruch erhob *(links):* den Schild der Großherzöge von Toskana aus dem Hause Medici mit den sechs Kugeln und das mehrfeldige Wappen von Parma.

Papst Paul III. (gestorben 1549) aus dem Hause Farnese ernannte 1545 seinen illegitimen Sohn Peter Ludwig zum Herzog von Parma und zum Fahnenträger der Kirche *(Gonfaloniere della Chiesa),* und somit schob sich das Würdezeichen der *Gonfalonieri,* der päpstliche Schirm (↗ S. 238), zwischen die sechs parmesischen Lilien. Peter Ludwigs Sohn ehelichte 1538 eine illegitime Tochter des Kaisers Karl V., Margarete (1522–1586), die wie andere Kaiserskinder als einfaches Wappenbild einen von Österreich (Nr. 16) und Alt-Burgund (Nr. 17) gespaltenen Schild mitbrachte und in der Geschichte als glücklose, 1559

eingesetzte Generalgouverneurin der Spanischen Niederlande bekannt geworden ist.
Ihr Gatte, Herzog Octavio, behielt das kirchliche Amtszeichen und quadrierte den Hintergrund: Farnese in Feld 1 und 4, und Margaretes Mitbringsel in 2 und 3.

Rautenförmiges Wappen der späteren Königin Katharina von Aragon, als Witwe des Prinzen Arthur von England (gestorben 1502) mit ihrem Stammwappen anstatt des englischen im dritten Felde.

Rechte Seite:
Die Figuren stehen auf den Flügeln eines Triptychon des Lucas van Leyden. Die junge Frau trägt den in den Niederlanden üblichen Rautenschild der Damen, in dem bereits ihr Stammwappen mit dem ihres Gatten vereinigt ist.

Minnewappen des Meisters Heinrich Frauenlob, der nicht nur seinen eigentlichen Namen, Markgraf von Meißen, sondern auch sein Löwenwappen zugunsten des Damenhauptes ablegte.

Bella gerant alii, tu, felix Austria, nube (Kriege mögen andere führen, du, glückliches Österreich, heirate). Das war der Kommentar einer staunenden oder neidischen Umwelt, die mit ansehen durfte, wie eine konsequente Heiratspolitik aus einem kleinen Schweizer Grafengeschlecht die Dynastie hervorgehen ließ, in deren Reich die Sonne viele Jahrzehnte lang nicht unterging. Eine derartige Politik hat ständig neue wappenrechtliche Folgen gezeigt, die auf die Sitte zurückgehen, die Wappen von Ehepaaren zusammenzuziehen. Solche Wappen wurden von den Nachkommen zur Grundlage neuer Verschmelzungen gemacht, wenn die Mutter Erbin eines Landes oder eines Titels war. Frauen wurden nicht ohne Zögern als wappenfähig betrachtet; die Frau war, *ob imbecillitatem sexus,* wegen der Schwäche ihres Geschlechts, von der Erfüllung der Vasallenpflichten befreit. Dieser Zustand wurde unhaltbar, nachdem aufgrund des hohen Blutzolls eines fehdelustigen Adels die Fälle weiblicher Erbfolge immer häufiger wurden.

In Ländern, die nicht die salische Erbfolge, also im reinen Mannesstamm, vorschrieben wie Frankreich, sondern weibliche Thronfolge zuließen, wie England und Kastilien, ist die Wappenführung durch die Frauen naturgemäß häufiger als anderswo. So wurden auch in England komplizierte Regeln für die Kombination von Ehe- und Witwenwappen entwickelt, aus denen der Status auch von Witwern abgelesen werden kann. Zu diesen Regeln gehört vor allem die Einführung des rhombenförmigen oder Rautenschildes, der sich in Mitteleuropa nicht durchgesetzt hat und auch die Unterbringung komplizierter Wappenbilder behindert.

Die heraldisch ausgedrückte Allianz braucht nicht in jedem Fall eine Ehe zu sein. Eine Geschäftsverbindung wie die der Inkunabeldrucker Fust und Schöffer kann ebenso durch einander zugewandte Schilde ausgedrückt werden wie eine Zusammenstellung mehrerer Territorial- oder Amtswappen. In welcher Weise dann die Schilde freistehend einander zugeneigt oder zu einem gemeinsamen Schild verschmolzen werden, hängt vielfach von der Auffassung ab, als wie intensiv die Verbindung anzusehen ist. Grundsätzlich soll das heraldisch rechts stehende Wappen, das im Normalfall das des vorrangigen Partners, in Ehen also das des Mannes, ist, dem Wappen des andern Partners aus »courtoisie« zugewandt sein, was oft unterbleibt.

Die Zusammenstellung von zwei Wappenschilden kommt auch bei Stadtstaaten vor, die über zwei verschiedene Wappen verfügen. Die Reichsstadt Nürnberg stellte den Schild des Reiches über ihre beiden Wappen, eine Anordnung, die auch auf die Schweiz anwendbar war, wo schließlich auch zwei gleichartige Wappen wie Allianzwappen gruppiert wurden (↗ S. 129).

Eine folgenreiche Eheschließung war die Heirat des Erzherzogs Maximilian von Österreich mit Maria, der Erbin von Burgund 1477. In einem seiner älteren Siegel *(Mitte links)* stehen neben Vollwappen von Österreich und Steiermark die Schilde von Kärnten, Tirol und Habsburg; Im »Gegensiegel« der Braut *(ganz rechts)* hält ein Engel den mehrfeldigen Schild des Herzogtums Burgund zwischen den Schilden der Franche Comté, Hollands und von Artois. Im Siegel des Herrscherpaares (Mitte) sind die meisten Wappen in übereinstimmender Weise verschmolzen; jedoch sind im Wappen Maximilians die Mittelschilde zusammengezogen, aber vertauscht, so daß Tirol auf die burgundischen und Flandern auf die österreichischen Felder gelangt.

Exlibris des Abtes von St. Gallen Ulrich VIII. Rösch (1463–1491). Den mit der Mitra besetzten persönlichen Wappenschild des Abtes stützen Löwe und Bär, während in den oberhalb davon von Engeln gehaltenen Wappenschilden der Abtei St. Gallen deren Wappentier (Bär) und die Dogge von Toggenburg stehen.

Die von den Päpsten geführten Wappen sind entweder ihre echten oder vermeintlichen Familienwappen oder sie bestehen, vor allem in den letzten Jahrzehnten, aus spätestens bei der Einsetzung als Erzbischöfe gewählten Symbolen. Dies gilt besonders für Pius X., Pius XII. und Paul VI. Über ein unverändertes altes, übrigens »redendes« Wappen konnte nur Benedikt XV. aus dem Hause della Chiesa verfügen. Pius X. und Johannes XXIII. behielten die Erinnerung an ihre Amtszeit in Venedig bei.

Die kirchliche Heraldik ist von zwei Eigentümlichkeiten geprägt. Am auffälligsten ist das Wegfallen des als militärisch empfundenen Helmes, wogegen der ebenfalls dem Kriegshandwerk entlehnte Schild unbeanstandet die Grundlage der Wappen geistlicher Würdenträger bildet.

An die Stelle des Helmes und der Helmzier treten kirchliche Würdezeichen, nämlich die durch Farbe und Ausstattung mit Quastenschnüren nach Rängen gestuften breitkrempigen Pilgerhüte, dann die Hirtenstäbe, mit und ohne Schweißtuch, und Vortragskreuze, auch mit zwei oder eventuell drei Querbalken. Die sich in den letzten Jahrzehnten durchsetzende größere Schlichtheit wirkt sich im Fortfall der Mitra (↗ S. 239) aus, also einer zweiten Kopfbedekkung, die im vorigen Jahrhundert sogar zusätzlich zum breitkrempigen Hut auf den oberen Schildrand gesetzt wurde.

Der Papst ist der einzige kirchliche Würdenträger, dem eine Krone, die sogenannte Tiara –

Der derzeitige Papst Paul VI. wählte 1954 ein redendes Wappen *(links)*, nämlich die auf seinen Familiennamen Montini bezüglichen Berge *(monti)*. Über dem Wappenschild schwebt jene ihm anläßlich seiner Krönung geschenkte Tiara, die er zugunsten der Armen verkauft hat.

Die kirchliche Hierarchie kommt heraldisch in den Abstufungen der Kopfbedeckung zum Ausdruck. Neuerdings wird angestrebt, nur eine einzige Kopfbedeckung zu zeigen, vorzugsweise den breitkrempigen Hut, dessen Quasten *(fiocchi)* durch ihre Zahl und Farbe den Rang bezeichnen.

Links (von oben nach unten):

KARDINAL (30 rote Quasten);

PATRIARCH (30 grüne Quasten), gleichzeitig Bailli des Malteser-Ordens;

ERZBISCHOF (20 grüne Quasten), gleichzeitig Großkreuzritter des Ordens vom Heiligen Grab;

BISCHOF (12 grüne Quasten);

EXEMPTE ABTEI (Abtei Nullius). Zusätzlich zu den bischöflichen Insignien der Hirtenstab mit dem Schweißtuch und dem Schwert, weil die Abtei Einsiedeln Landeshoheit ausübte *(rechts)*.

ÄBTISSIN, Familienwappen auf das Wappen des Klosters Notre Dame de la Maigrauge (Zisterzienser: zweites und drittes Feld) gelegt. Dahinter ein Hirtenstab.

Die geistlichen Siegel sind vorzugsweise spitzoval. Oben rechts das päpstliche Ablaß-Siegel für Kreuzfahrer um 1490.

Päpstliches Gnadenzeichen *(oben)*: Eckquartier des »Juliusbanners« von Zürich 1512.

Geistliche drücken ihren Widerwillen gegen den ritterlichen Helm oft durch einen Totenschädel an dessen Stelle aus *(links)*.

Wappen des derzeitigen Primas von Polen, des Kardinals Wyszinski, mit der Abbildung der Schwarzen Madonna von Tschenstochau, den Lilien des Bistums Gnesen und dem Kopf Johannes des Täufers (für Breslau).

Rechte Seite:
Auf dem 1712 geschaffenen Kunstblatt sind die Wappen sämtlicher Bistümer Englands (mit Wales) und am Rande dieselben mit den Familienwappen der Bischöfe verbunden dargestellt.

Einzug von Kardinälen im Konzil von Konstanz (1410) nach einem Holzschnitt von 1483. Diener tragen die Hüte der Kardinäle auf Stangen.

auch Triregnum genannt –, zusteht; er setzt sie auf oder über seinen Wappenschild. Hinter diesem liegen die beiden Schlüssel des Apostels Petrus, ein goldener und ein silberner, mit denen der Apostel nach der Tradition von Christus zum Binden und zum Lösen autorisiert worden ist. Die Reihe der päpstlichen Wappen, aber auch die Bildtafel auf Seite 239 verdeutlichen die andere Eigentümlichkeit der kirchlichen Heraldik, nämlich die auf die Person des Würdenträgers abgestellte Wappenführung. Von einer gewissen hierarchischen Stufe an, nämlich sobald die Führung eines Urkundssiegels in Betracht kommt, muß der Geistliche ein Wappen wählen. Und da in der Kirche selbst hohe und höchste Ämter den Söhnen armer und ruhmloser Eltern in gleicher Weise zugänglich sind wie den Abkömmlingen großer Geschlechter, kommt es oft vor, daß Priester nicht über ein eigenes traditionelles Wappen verfügen. Die Reihe der Papstwappen liefert Beispiele für traditionelle wie für neugewählte Wappen. In der Renaissance entstammten die Päpste zumeist Familien mit großem Namen, manchmal aber auch Familien, die nur den gleichen großen Namen hatten, ohne mit dem berühmten Geschlecht wirklich verwandt zu sein. So erklärt sich zum Beispiel die Häufigkeit des Medici-Wappens mit den sechs Kugeln (oder Pillen eines Medicus) seit Leo X. (1513). Clemens VII. wurde nachträglich als ehelich geboren erklärt; Pius IV. stammte aus einer Mailänder Familie und nicht aus dem Florentiner Geschlecht; erst Leo X. war wieder ein echter Florentiner Medici. Unter den letzten sieben Päpsten sind vier mit alten Wappen (Pius IX., Leo XIII., Benedikt XV. und – ob echt? – Pius XI.) Pius XII. modifizierte sein ererbtes Wappen; Pius X. wählte ein neues Wappen als Bischof von Mantua, Johannes XXIII. 1925 als Erzbischof von Areopolis und Paul VI. 1954 als Erzbischof von Mailand. Einige Päpste fügten ihrem Wappen das der religiösen Kongregation bei, aus der sie hervorgegangen waren; so Benedikt XIII. (Dominikanerorden), Clemens XIV. (Franziskanerorden), Pius VII. (Benediktinerorden), Gregor XVI. (Camaldulenser). Diese Anordnung hat eine gewisse Ähnlichkeit mit der anglikanischen Methode (↗ S. 239), während in Mitteleuropa die Quadrierung der beiden Wappen (↗ S. 34) die gewohnte Kombination ist. Beispiele hierfür findet man im Wappensaal von Lauf um 1370; der Herold »Gelre« (um 1390) führt wenigstens einen Bischof mit so gebildetem Wappen auf.

In der Zeit zwischen dem Tod eines Papstes und der Einsetzung seines Nachfolgers, während der sogenannten Sedisvakanz, führt ein Kardinal als *Camerlengo* die vatikanischen Staatsgeschäfte. Als Zeichen seiner weltlichen Hoheit dient ihm der *Ombrellino* mit den beiden Schlüsseln Petri, kombiniert mit seinem Rangabzeichen als Kardinal.

Wappen des Kardinals Felice di Peretto Ricci *(oben Mitte)*, nachmals Papst Sixtus V. (reg. 1585–1590) mit dem einen Birnenzweig *(pero)* haltenden Löwen. Im Wappen des Klosters Seuben *(oben)* steht nach deutscher Sitte das Familienwappen des Abtes neben dem apokryphen Wappen des Stifters des Klosters.

Das 1968 neu geschaffene Bistum Innsbruck stützt sein Wappen *(rechts)* unter anderem auf das des ehemaligen Bistums Brixen. Passau *(ganz rechts)* nimmt neuerdings die Würdezeichen (Krummstab und Kreuzfeld) in den Schild. Die kirchliche Heraldik erstrebt allgemein Vereinfachung.

To his Excellency the Right Rev.d Father
in God JOHN, Lord Bishop of BRISTOL,
Lord Privy Seal, Dean of her Maj.ties Chappel
Royal of St. George within ye Castle of Windsor,
and Register of ye most Noble Order of ye Garter;
One of her Maj.ties most Hon.ble Privy Council, and
First Plenipotentiary at the Congress at Utrecht,
A.D. 1712. This Sheet is humbly dedicated by
his Excell.cies Most Obedient humble Servant.
Wm. Jackson.
The B.prick of Chichester Containing the County of Sussex and therein 250 Parishes was Founded by Stigandus Bishop of Selsey A.D. 1070 himself the first Bishop.
The B.prick of Bristol Containing the City of Bristol and Dorsetshire and therein 239 Parishes was Founded by K. Henry VIII A.D. 1542 Dr. Paul Bush ye first Bp.
THE
ARMS of all the Archiepiscopal and Episcopal SEES, in that part of GREAT-BRITAIN, called ENGLAND and WALES, with ye Arms of ye Bishoprick of Man,
according to their present Precedencies; On Each Side whereof are represented ye aforesd.
Arms of each See, Impal'd wth. ye Paternal Arms of ye present most Rev.d the Archbps. and
the Rt. Rev.d the Bishops according to the times of their respective Consecrations.

Die älteste Zusammenstellung von Universitätswappen findet sich im Konziliumbuch von Konstanz *(rechts);* manche dieser Wappen könnten Konstruktionen der Wappensammler sein.

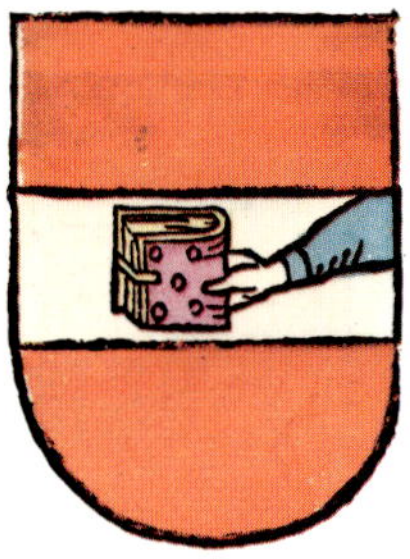
UNIVERSITÄT WIEN

UNIVERSITÄT HEIDELBERG

UNIVERSITÄT LONDON

UNIVERSITÄT BOLOGNA

UNIVERSITÄT PARIS

UNIVERSITÄT ALEXANDRIA (Ägypten)

UNIVERSITÄT ST. ANDREW (Schottland)

UNIVERSITÄT BOLOGNA

UNIVERSITÄT DILLINGEN

UNIVERSITÄT FRANKFURT AN DER ODER

UNIVERSITÄT LEIPZIG

Die Reihe der Universitätswappen hat Martin Schrot in seinem 1576 erschienenen Wappenbuch erheblich verlängert. Die Kombination aus dem passenden Landes- oder Stadtwappen bleibt das Übliche, doch kommen auch zusätzliche Motive ins Spiel wie der Schutzpatron bei St. Andrews oder die Taube des Heiligen Geistes.

Das akademische Leben ist im ausgehenden Mittelalter von gewissen zeremoniellen Umgangsformen geprägt. Die dem Lehrer aufmerksam oder mitschreibend lauschenden Damen der italienischen Gesellschaft sind ein Zeugnis für den weiblichen Anteil an der Kultur der Renaissance.

Das Wort Universität ist eine Kurzform für *Universitas litterarum,* Allgemeinheit der Wissenschaften. Eine Universität muß, um diese Allgemeinheit organisieren zu können, institutionalisiert sein und ein authentisches Siegel führen.

Da die Universitäten nirgends in der Welt zum Waffendienst ausbilden, allenfalls ihm wissenschaftlich zuarbeiten, hängt ihr Verhältnis zur Heraldik von äußeren geistigen Einstellungen ab. Das Bild auf dem Siegel kann ein heraldisches oder unheraldisches Motiv oder beides zusammen sein.

Die Wappenbücher des Mittelalters und deren Nachahmer in der beginnenden Neuzeit melden viele Universitäts-Wappen, die auf einer Kombination des regionalen Wappens mit dem Sinnbild der Gelehrsamkeit, dem Buch – seinerzeit fast immer einem geschlossenen – beruhen. Die Existenz solcher Wappen ist deswegen glaubwürdig, weil sie als Abzeichen auf den Maueranschlägen von Deputationen akademischer Körperschaften auf Kongressen, wie zum Beispiel dem Konzil zu Konstanz, angebracht werden mußten. Wie weit sie in Siegel übergegangen sind, hing vom Einzelfall ab; wie bei vielen Städten entwickelten sich die Siegel von den Wappen gänzlich unabhängig, wie das – allerdings spätere – Beispiel der University of Pennsylvania zeigt. Kombinationen wie bei Salzburg sind sehr häufig, und echte Wappen sind im Bereich der englischen Sprache die Regel.

UNIVERSITÄT OXFORD

UNIVERSITÄT AVIGNON

UNIVERSITÄT PRAG

UNIVERSITÄT KÖLN

UNGARISCHE UNIVERSITÄT

UNIVERSITÄT PADUA

UNIVERSITÄT ROM

UNIVERSITÄT SEVILLA

UNIVERSITÄT TÜBINGEN

UNIVERSITÄT WITTENBERG

UNIVERSITÄT ZÜRICH

UNIVERSITÄT MARBURG

UNIVERSITÄT SALZBURG bis 1962

UNIVERSITÄT SALZBURG seit 1972

FREIE UNIVERSITÄT BERLIN

UNIVERSITÄT CAMBRIDGE

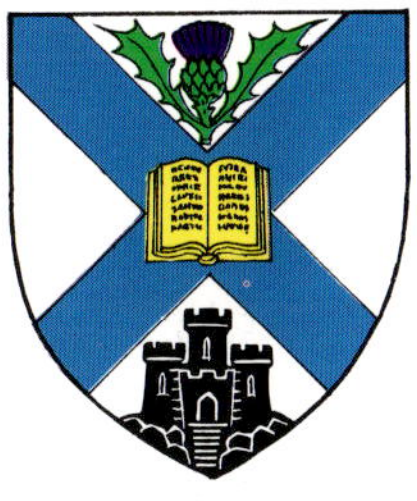
UNIVERSITÄT EDINBURGH

TRINITY COLLEGE DUBLIN

HARVARD UNIVERSITY

YALE UNIVERSITY

UNIVERSITY OF HONG KONG

Während in den Wappensammlungen des 15. und 16. Jahrhunderts für Universitäten in zahlreichen Ländern Wappen aufgeführt werden, stand die gelehrte Welt in den folgenden Jahrhunderten der Heraldik ziemlich ablehnend gegenüber. Daher haben viele Universitäten nur die zu Urkundszwecken unerläßlichen Siegel, allerdings meist mit symbolischer Bebilderung. In der Gegenwart erwacht auch dort ein Interesse an der Heraldik.

Die Philipps-Universität Marburg *(ganz links)* hat 1932 ihr Wappen nach den Angaben des Wappenbuchs von Martin Schrot wiederbelebt.

In der Mitte das Wappen des Salzburger Fürstbischofs Paris Graf von Lodron (reg. 1619–1653).

Das Siegel der University of Pennsylvania *(links)* schreibt über den Bücherstapel: »Ohne Sitten vergeblich«.

Das Zeremoniell des akademischen Auftretens wird durch die von den »Pedellen« den Professoren im Festzug vorausgetragenen Zepter unterstrichen. Links das Zepter der Universität Basel aus dem 16. Jahrhundert.

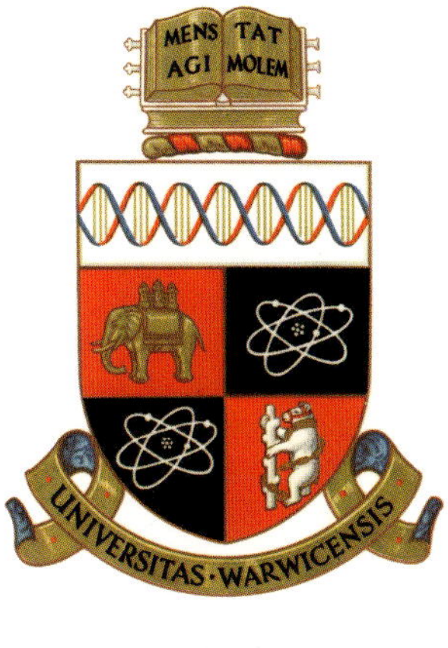

Großbritannien schuf sich in allen britischen Hoheitsgebieten akademische Ausbildungsstätten, darunter in Grahamstown, Natal, Südafrika *(ganz links)*. Oben enthält es Anspielungen auf das Familienwappen der Erben von Cecil Rhodes, unten die Muscheln aus dem Wappen des Gründers der Stadt. Die Statue stellt die »Physische Energie« dar.

Die Neigung, hochmodernen Fortschritt heraldisch zu verwerten, findet auch in jungen Universitäten Anklang, wofür die Wellen und die Atommodellsymbole der Universität Warwick ein Beispiel bieten *(links)*.

Das Zauberwort »Libertas« (Freiheit) begleitet die italienischen Stadtrepubliken durch die Jahrhunderte und hat seine Kraft bei San Marino sogar bis in die Gegenwart ausgeübt; auch im Wappen von Ragusa und heute noch von Bologna kündet es alten Unabhängigkeitswillen.

Wappen von Genua, das über den Schild mit dem roten Kreuz von St. Georg nach dem Erwerb von Korsika eine königliche Krone setzte.

Wappen der Stadt Lucca, das ihr Herzog Karl 1838 in der Form bestätigte, die während ihrer Unabhängigkeit geführt worden war, vermehrt um die Verdienstmedaille.

Die Unterscheidung zwischen Monarchie und Republik zur Kennzeichnung einer Staatsverfassung ist zwar in der Gegenwart durch den Gegensatz von Diktatur und Demokratie verwischt worden, hatte jedoch bis zum Ende des 18. Jahrhunderts volle Gültigkeit. Was aber bis dahin als Republik firmierte, waren Städte, die infolge der auf das Lehenswesen aufbauenden Politik der Hohenstaufenkaiser eine Autonomie erlangt hatten, die für außerhalb des römisch-deutschen Reiches liegende Gemeinwesen nicht erreichbar war. Diese Autonomie hat mit Demokratie wenig gemein, denn sie wurde von »regimentsfähigen Geschlechtern« ausgeübt, die sich an vielen Orten gegen die aufstrebenden Zünfte der Gewerbetreibenden wehren mußten. Die Stadtstaaten in Italien, der Schweiz und in gewissem Umfang auch in Deutschland schufen sich Untertanengebiete und dokumentierten ihre Staatlichkeit meist mit den Fürsten abgeschauten Kronen. Ihre Wappen gehen selten auf Siegelbilder zurück, sondern mehr auf Kriegsfahnen wie bei den Schweizer Kantonen Zürich, Luzern, Freiburg oder Solo-

Neben den Willen, die Unabhängigkeit von nachbarlicher Fürstengewalt zu bewahren, trat der Glaube an die Schutzherrschaft eines Heiligen; in Ragusa (slawisch Dubrovnik) wurde St. Blasius verehrt.
Auf dem Marktplatz wehte eine Flagge mit seinem Bilde vom hohen Mast; die außerordentlich große ragusanische Handelsflotte führte sein Bild oder seine Initialen oder das Wort LIBERTAS auf ihren weißen Flaggen.

Im Wappen von San Marino, das den Namen seines heiligen Stadtgründers bewahrt, stehen stilisierte Abbilder der topographischen Lage der Republik auf dem Monte Titano, einer massiven Erhebung im Zuge der Apenninen; auf deren Namen spielen die drei Federn (italienisch: *penne*) an. Die Krone soll der Souveränität Ausdruck verleihen.

Als ein Rudiment einer Zwitterlage hat sich die »Talschaft« Andorra erhalten, deren *Coprinces,* der Bischof von Urgel und der Graf von Foix, vertreten durch das Staatsoberhaupt Frankreichs, im Wappen repräsentiert werden.

Die staatliche Selbständigkeit der schweizerischen Kantone wurde und wird in einigen Fällen durch eine Souveränitäts-Krone ausgedrückt, nicht nur in Bern (hier das 1768 gravierte Staatssiegel), wo die Krone wie in Luzern und Solothurn eine Unterscheidung gegen das Wappen der gleichnamigen Hauptstadt ermöglicht.

thurn, deren Wappen aus einfachen Heroldsstücken bestehen, in Italien Lucca und Siena. Die Unterstellung unter einen Ortsheiligen lassen das Kreuz von Genua und der Heilige Blasius von Ragusa erkennen. An die Wappen der alten Landesherrschaft erinnern die Pfähle von Foix und Katalonien mit den Kühen von Béarn, wohl auch der Schrägbalken im redenden Wappen von Bern, da der Stadtgründer ein Ahne der Markgrafen von Baden (in Gold ein roter Schrägbalken) war.

Mit einem echten Herrschaftswappen, das aus den Territorialwappen ganz Venetiens und der adriatischen Anrainer, Istrien, Kroatien mit

Wappen der mächtigen Republik Venedig *(unten)*, die ihrem Beinamen »Serenissima« durch fürstliches Auftreten und die Embleme der beherrschten Gebiete bis nach Zypern Nachdruck verschafft. Oben sitzt die Fischermütze des Dogen.

Dalmatien und Raszien und auch der Inseln Zakynthe und Zypern gebildet ist, kann die *Serenissima* aufwarten. Die aristokratische Verfassung wird dem Betrachter einer Zusammenstellung der Wappen der Stadtstaaten sofort deutlich. Die heraldischen Regeln sind so sorgfältig beachtet wie in der Blütezeit der Heraldik. Wie tief eingewurzelt ihre Herrschaft in den adriatischen Küstengebieten war, zeigt der Löwe der sieben Ionischen Inseln (↑ S. 112, Nr. 42), der sogenannten Heptarchie, der noch mehrere Jahrzehnte nach dem Ende der Republik Venedig ein international anerkanntes Hoheitszeichen war. Das Wappen des Königreichs Zypern mit allen seinen dynastischen Feldern findet sich gleichzeitig auch im Wappen des Königreichs Sardinien wieder. Die Ziege von Istrien wurde von Österreich (↑ S. 91) weitergeführt.

Mit der Darstellung ihrer Territorialhoheit mittels einer Wappenreihe steht die Republik Venedig nicht allein. Kunsthistorisch von großem Interesse sind die sogenannten Ämterscheiben der schweizerischen Kantone, vor allem Bern, Freiburg und Luzern; auf diesen sind als Wappen der Ämter fast durchgehend die Schilde der früheren adeligen Grundherren zusammengestellt (↑ S. 266).

Als Stadtpatron von Mailand wird St. Ambrosius verehrt, nachdem die zeitweilige Unabhängigkeit von einem Fürstengeschlecht den Namen »Ambrosianische Republik« (1407 und 1447–1450) erhielt. Die mit dem Kreuzwappen von Mailand und dem gekrönten Freiheitswort übersäten Fahnen sind dank der Kurzlebigkeit dieser Republik bekannt; die Schweizer konnten sie 1512 erbeuten.

Der Baum als Sinnbild der Selbstverwaltung wird im späten 18. Jahrhundert in Westeuropa zum Sinnbild der republikanischen Freiheit und in Amerika das Symbol der Trennung von britischer Bevormundung.

Benjamin Franklin ermahnte schon 1754 mit dem Symbol der zerhackten Schlange *(unten)* die sogenannten Neu-England-Kolonien zur Einigkeit, um der tödlichen Alternative zu trotzen.

Freiheitsmützen besetzte Freiheitsbäume herum, nicht ahnend, welche Lasten auf sie zukamen. Eine sich an das antike republikanische Rom anlehnende Begeisterung nahm auch ihre eigene Symbolik von dort her: Frauen in weitfallenden Gewändern mit Liktorenbündeln, ungeöffnete Pfeilbündel, Füllhörner und phrygische Mützen. Die Schweiz, damals nach französischem Schema »Helvetische Republik« geheißen, griff nicht so weit zurück, sondern in den einheimischen Traditionsvorrat, in dem Wilhelm Tell mit dem gelungenen Schuß aus der Armbrust in den Apfel auf seines Sohnes Kopf das dankbare Motiv des unbeugsamen Fronvogtverächters bot. Zugleich mit dieser antiheraldischen Emblematik erlangten dreifarbige Fahnen und Bänder so sehr die Abstempelung als republikanischer Typ, daß bei

Wer alles neu und anders machen will, dem sind die heraldischen Regeln gleichgültig, selbst wenn er der Symbolik nicht entraten kann, deren selbst der Revolutionär zur Artikulation seiner Ziele bedarf. Die Abwendung der amerikanischen Kolonien von Großbritannien manifestierte sich im Baum, den schon im Altertum freie Völker als

LOI
du 26 Juillet
1798.

RÉPUBLIQUE HELVÉTIQUE
UNE ET INDIVISIBLE
CANTON DE BÂLE

Vom 28.4.1797 bis 20.1.1798 bestand in Padua eine Zentralregierung der ganzen Gegend (Siegel), die sich später mit der Cispadanischen Republik (Fahne rechts) vereinigte. Die Schweiz wählte die Apfelschuß-Szene aus der Tell-Sage *(ganz rechts)*. In Südamerika *(unten)* werden die republikanischen Hoffnungen durch Eingeborene, Sinnbilder des Wohlstandes und Treueschwüre unter der Freiheitsmütze dargestellt.

Versammlungsplatz und Gerichtsstätte zu wählen pflegten, wie heute die Basken in Guernica. Schon 1686 steht die Fichte in der neuenglischen Flagge (↗ S. 135) und heute noch in der von Massachusetts.

Der Baum war dann auch das Symbol der Französischen Revolution, und von ihren fürstlichen Bedrückern »befreite« Menschen tanzten um mit den französischen Farben verzierte und mit den

den Legitimisten Zweifarbigkeit der Abzeichen zur Regel wurde.

Die Revolutionen in Frankreich und Amerika hatten der Welt vor Augen geführt, daß auch ganze Länder demokratisch regiert werden könnten, nicht nur Stadtstaaten oder Unionen wie die Niederländischen Generalstaaten. Wenn man das *Commonwealth* Oliver Cromwells, des Lordprotektors von 1649–1658, und seines Sohnes Richard mit dem gleichen Titel (1658–1660) als eine Republik im staatsrechtlichen Sinne gelten lassen will, so hätte man hier den Prototyp jener nicht monarchischen Staaten, die sich in der Wahl ihrer Symbole so eng an die Geschichte anschließen, als es ihre republikanische Staatsform gerade noch gestattet. Hierbei werden überlieferte Wappenbilder nach Möglichkeit geschont und nur ausgesprochen monarchische Abzeichen in Frage gestellt. Sind diese als Rangabzeichen unverkennbar, wie

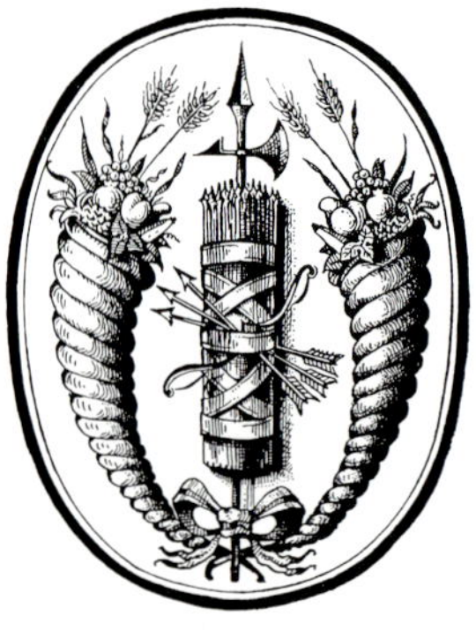

Die Autonomie der Schweizer Kantone drückte sich bis 1848 auch darin aus, daß jeder Kanton ein eigenes Bürgerheer mit eigener Fahne hatte; hier die »Auszüger« von Uri (Schwarz-Gelb) und Schwyz (Rot mit Kreuzchen).

Kaiser- und Königskronen, dann sind ihre Tage gezählt; Schmuckkronen, als »Volkskrone« zu Souveränitätszeichen auch von Teilstaaten deklariert, haben eine gegen sie denkbare Voreingenommenheit oft überwunden, so in Bayern (↑ S. 8), Hessen, Baden-Württemberg und Rheinland-Pfalz, mit Modifikationen in

Westberlin. Eine der ältesten Republiken des 19. Jahrhunderts, die Spanische von 1868, griff die Mauerkrone in ihrer Bedeutung als Bürgerkrone (↑ S. 246) auf, ein Vorbild, dem die Republik Österreich nachgeeifert hat.

Bemerkenswerte Rückgriffe auf eine Geschichte als Nation der Seefahrer und Entdecker wagte Portugal 1910, indem es die persönliche Bilddevise von König Manuel I. (1495–1521) nicht in der Versenkung verschwinden ließ.

Die republikanische Staatsform, die in Europa im 19. Jahrhundert eher die Ausnahme bildete, setzte sich seit dem Ende des Ersten Weltkrieges weitgehend durch. Der Sturz der großen und kleinen Monarchien in Deutschland warf allenthalben das Problem auf, wie die neuen Hoheitszeichen zu gestalten seien. Im allgemeinen behielt man die von den Landesfürsten geführten Wappenschilde bei, obwohl sie fast alle eigentlich deren Familienwappen waren. Nur in Württemberg versuchte man den abgesetzten König nicht zu kränken, indem man sein Wappen mit den drei Hirschstangen (↑ S. 121) beibehielt und ihnen nur die schwarz-roten Landesfarben beigab, eine allseits als unbefriedigend empfundene, inzwischen durch den »Südweststaat« Baden-Württemberg überholte Lösung. Baden-Württemberg hat sogar vor einigen Jahren das alte Wappen des Herzogtums Schwaben wiederbelebt, während in Niedersachsen das Welfenroß sogar überdauert. Die den republikanischen Gedanken weiter ausbauenden Volks- oder sozialistischen Republiken haben es mit der Traditionspflege etwas schwerer; einige von ihnen aber konnten den Anschluß an die Vergangenheit wahren, die Tschechoslowakische Sozialistische Republik sogar unter Verwendung einer für typisch gehaltenen Schildform (↑ S. 73).

Was mit Bezug auf die Alte Welt und hauptsächlich auf Europa gilt, kann nicht ohne weiteres auf neue Territorien angewandt werden. Es gibt aller Überlieferung zum Trotz auch in Europa noch Landstriche, die jeder heraldischen Tradition bar sind. Im Mittelalter sind in solchen Fällen oft einfach eine oder mehrere Königskronen (↑ S. 91, Galizien) für ein neues Königreich gewählt worden, eine für Republiken nicht in Betracht kommende Lösung, an deren Stelle einheimische Motive treten müssen.

Die Tschechoslowakei *(oben links)* hat unter allen Verfassungen den böhmischen Löwen beibehalten, die Republik Finnland *(rechts)* das Wappen vom Grabmal des Gustav Wasa.

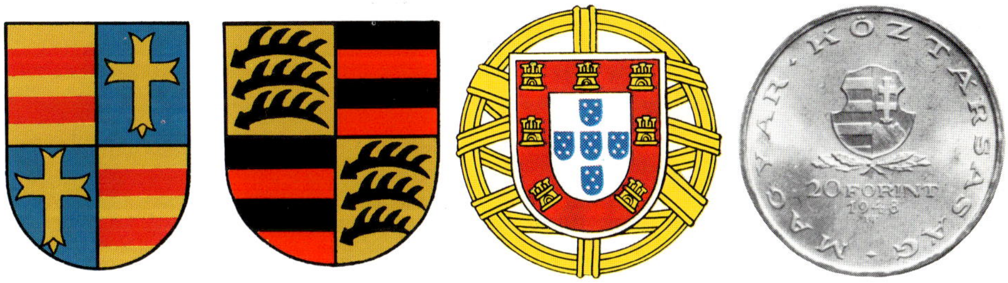

Der Sturz der Monarchien hat in Deutschland 1918 zwar die Kronen wegfallen lassen; die Wappenschilde wurden aber nach Möglichkeit geschont (links Oldenburg, daneben Württemberg), so auch in Portugal 1910. Ungarn griff 1920 auf den Stand von 1848 zurück und behielt ihn bis 1957. Die von der Spanischen Republik 1868 vorgenommene Einfügung des Wappens von Navarra im 4. Wappenfeld hatte Bestand, die rot-gelb-violette Fahne *(links)* hingegen blieb mit der republikanischen Idee verknüpft.

Der heraldische Adler wird trotz seiner imperialen Herkunft in der Republik Österreich *(links)* und im republikanischen Deutschen Reich von 1918 wie in der bestehenden Bundesrepublik Deutschland auch als nationales Symbol Polens (weißer Adler) und in der byzantinischen Form des Doppeladlers (↑ S. 124) in der Volksrepublik Albanien *(ganz rechts)* respektvoll behandelt.

Zum heraldischen Sinnbild der sich selbst verwaltenden Stadt ist seit dem 18. Jahrhundert die Mauerkrone geworden, für die es in manchen Ländern sogar Schemata gibt, aus denen Rang und Größe der Stadt abzulesen sein sollen. Manche Orte verbinden damit historische Bezüge wie hier Bar-le-Duc durch die Verschmelzung mit einer Herzogskrone.

Stadtluft macht frei, sagt ein altes deutsches Schlagwort. Damit dies aber möglich ist, muß die Stadt selbst als frei gelten, und zwar frei von fürstlicher Oberhoheit.
Alte Römerplätze hatten die Völkerwanderung überdauert und bildeten Anziehungspunkte für Kaufleute und Handwerker, die in ihren Gemeinwesen eine Selbstverwaltung organisierten, welche eng mit der kirchlichen Verfassung verbunden war. Kennzeichnend dafür sind die Urkundssiegel der großen Städte des Mittelalters, auf denen die Schutzheiligen dargestellt werden, teils in der Marterszene, teils, an ihren Attributen kenntlich, umrahmt von Mauerwerk, das sogar Porträtcharakter tragen kann. Besonders in Italien und in Deutschland konnten die Städte große Selbständigkeit erlangen, ein Produkt des lehensrechtlichen Staatsaufbaues, in dem die Städte Eigeninteressen verfolgen konnten. Nur im Bereich des alten Deutschen Reiches gab es daher »Reichsstädte«, die nur dem Kaiser untertan waren.
Seit der Mitte des 12. Jahrhunderts führten die großen Städte am Rhein Siegel von beachtlichem Durchmesser. Diese Siegel sind aber nicht die Vorläufer der städtischen Wappen, obwohl es – aber erst in späteren Jahrhunderten – viele Stadtwappen gibt, die auf Heiligenbilder zurückgehen, zum Beispiel das von Bingen (↑ S. 121).

Die Siegel *(unten, von links nach rechts)* zeigen eine Auswahl städtischer Motive.
Rückseite einer Goldbulle Kaiser Ludwigs des Bayern mit einer Ansicht von Rom aus der Vogelschau, 1328.

Rücksiegel König Balduins I. von Jerusalem (1118–1131), mit der Abbildung der drei wichtigsten Bauwerke dieser »Stadt des Königs aller Könige«.

Großsiegel von Hamburg von 1254, Modell für die amtliche Vorlage von 1864.

Stadtsiegel vom Emmerich (Niederrhein) mit dem Typenbild einer Stadt, darüber Schilde mit dem »redenden« Wappen (Eimer) der Stadt, 1237.

Rückseite des Siegels der Stadt Arles (Südfrankreich) mit dem Bild des Stadtpatrons und den Vertretern der die Stadtregierung bildenden Zünfte (vermutlich 14. Jahrhundert).

Unten, von links nach rechts:
Die älteste farbige Abbildung des Wappens von Berlin (aus dem Wappenbuch von Jörg Rugenn).
Wappen des Westberliner Bezirks Charlottenburg, eine Zusammenstellung des Wappens der ehemaligen Stadt Charlottenburg mit der besonderen Mauerkrone der zwölf Westberliner Bezirke.
Siegel mit der Abbildung eines markanten Bauwerkes anstelle einer Mauerkrone.

Vollständiges Wappen der Stadt Carlisle in England, bestehend aus dem Wappenschild als Hauptelement (in Gold ein rotes schwebendes Tatzenkreuz, belegt mit einer goldenen Rose und begleitet von vier roten Rosen), auf dem eine Mauerkrone ruht. Als Schildhalter dienen zwei rote, auf den Flügeln mit goldenen Rosen bestreute Lindwürmer, die auf einem Rasenstück stehen. Das Spruchband trägt die Inschrift *BE JUST AND FEAR NOT* (Tue recht und scheue niemand).

Als Frühformen städtischer Wappen muß man die städtischen Siegel ansehen, in denen die Attribute der Ortsheiligen allein erscheinen und somit geeignet sind, in einen Wappenschild überzuwechseln. Formal ähnlich sind diesen Siegeln jene, in denen das Hoheitszeichen des fürstlichen Oberherrn allein oder mit Unterscheidungszeichen steht, wie bei den deutschen Reichsstädten (↑ S. 126). Ist der Oberherr ein Landesfürst, wie bei der Hansestadt Lemgo

Entwicklung des Stadtwappens von Mainz (von links nach rechts): Siegel 1392; Schild um 1440, von Napoleon verliehen 1811, nach Napoleons Sturz, neuverliehen 12. Juni 1915.

Oben rechts:
Gedenkmedaille der »Guten Städte« zur Geburt des Königs von Rom, 1811.

(↑ S. 133), kann sein Zeichen auch in architektonischer Umrahmung erscheinen.

Die Möglichkeiten sind unbeschränkt; festzuhalten ist vor allem, daß städtische Siegelbilder, in einen Wappenschild gesetzt, nicht automatisch zum Stadtwappen werden. Die Wahl der Wappenbilder läßt vielfach darauf schließen, wie intensiv die Bindung der Stadt an eine übergeordnete Instanz ist oder wie unabhängig sie sich fühlen kann. Hamburg hat zeitweise trotz seiner Eigenschaft als Hansestadt im Torbogen das Nesselblatt (↑ S. 134) von Holstein geführt.

Die Erkenntnis, daß Siegel bei aller Verwandtschaft nicht mit Wappen identisch sind, hat sich in den letzten Jahrzehnten durchgesetzt; hingegen gibt es keine einhellige Auffassung darüber, ob zu einem Stadtwappen außer dem unumstrittenen Schild auch weitere Prunkstücke hinzukommen sollen oder dürfen. Viele, gerade alte und bedeutende Städte wie Oxford (↑ S. 121) in England, Prag in Böhmen, Hannover und Göttingen in Niedersachsen ergänzen das Wappen mit Helm und Helmzier, anderen sind Rangkronen verliehen worden, wie Amsterdam (Kaiserkrone) oder Berlin (Kurhut, später Königskrone). Am verbreitetsten sind die auf die Antike zurückgehenden Mauerkronen, die von den drei bedeutendsten deutschen Reichsstädten Nürnberg, Augsburg und Frankfurt am Main seit Beginn des 18. Jahrhunderts in Siegeln und Münzen auf ihren Schild gesetzt wurden und seit dem 19. Jahrhundert weithin Anwendung gefunden haben, in Deutschland aber in dem falschen Verdacht stehen, ein Erbe der verachteten napoleonischen Heraldik (↑ S. 50) zu sein.

Abgesehen von diesen Nebenfragen muß festgehalten werden, daß die Tendenz, jeder Gemeinde – also nicht nur solchen, die den Titel »Stadt« tragen – ein Wappen zu schaffen, in den letzten Jahrzehnten in Europa außerordentlich erfolgreich war, so daß es gerade in demokratisch regierten Ländern, etwa der Schweiz oder Finnland, kaum eine Gemeinde ohne eigenes Wappen mehr gibt. Das gilt ähnlich für die Niederlande und weite Teile der Bundesrepublik Deutschland.

Urkunde, mit der Kaiser Friedrich III. seine Hauptstadt Wien unter dem 12. August 1461 mit einer Wappenbesserung begnadet. Sie besteht in der Berechtigung, künftig den kaiserlichen Doppeladler – und zwar in umgekehrter Farbstellung – zu führen. Die Stadt Wien hat hiervon in besonderer Weise Gebrauch gemacht, indem sie den überlieferten Wappenschild (in Rot ein silbernes Kreuz) dem Doppeladler auf die Brust zu legen pflegte. Gegenwärtig wird nur noch der Kreuzschild geführt, im Siegel allerdings auf einen einköpfigen Adler gelegt.

Eine Galerie der Wappen von Hauptstädten – hier angefüllt mit einigen weiteren Großstädten – verschafft einen Überblick über die Elemente, aus denen Stadtwappen überhaupt gebildet werden. Seit Reykjavik ein Wappen geschaffen hat (1957), ist Athen die einzige Hauptstadt in Europa, die nur über ein Siegelbild, die namengebende Göttin Athene, verfügt, wenn man Moskau von der Betrachtung ausnimmt. Dort widerspricht das historische Wappen der Staatsauffassung – ein provisorisches von 1925 ist außer Gebrauch gekommen – und die in der Sowjetunion zu beobachtende Tendenz zur Schaffung neuer systemkonformer Stadtwappen hat zwar Städte wie Kiew, Odessa, Sotschi, Saporoschje, Riga, Stalingrad und andere erfaßt, aber noch nicht Moskau. Historische Wappen, wie das von Nowgorod, trifft man wieder an.

Antike Tradition lebt mit den Buchstaben *S(enatus) P(opulus) Q(ue) R(omanus)* (Senat und Volk von Rom) weiter in einem Wappen, das schon seit dem Mittelalter nachweisbar ist, wie auch das Kreuzwappen des Kreuzfahrerhafens Marseille, das guelfische Kreuzwappen von Mailand und das deutsche Kreuzwappen von Wien.

Sehr alt sind auch die redenden Wappen mit den Bären von Berlin und von Bern, das Georgskreuz von London mit dem Schwert von St. Paul. Auch die Burgen in den Wappen von Preßburg und Hamburg gehen auf alte Stadtsiegel zurück, werden gegenwärtig aber moderner gezeichnet, während die Burg von Prag sich recht eng an hussitische Vorbilder hält.

Mittelalterliche Fahnenbilder sind bei Neapel zu vermuten und bei Zürich gesichert. Auf örtliche Sagen beziehen sich das Weichselweibchen von Warschau in einem sehr alten und die in Wasser schwimmenden Thronstützen in Reykjaviks neugeschaffenem Wappen. Neugeschaffen sind fast alle Wappen von Hauptstädten einstiger Kolonien, und zwar im anglophonen Bereich fast ausnahmslos vom englischen *College of Arms* verliehen. Das gilt für Banjul, Canberra, Freetown, Kampala, Kingston (Jamaika), Montreal, Nairobi, Ottawa, Pretoria, Quebec, Rangun, Salisbury, Singapur, Toronto und Wellington.

Damit wird eine alte spanische Tradition fortgeführt, denn diese ehemalige Kolonialmacht verlieh im 16. Jahrhundert vielen überseeischen Städten ein Wappen spanischen Typs, der sich bis in die Gegenwart erhalten hat oder in neuerer Zeit wieder hergestellt worden ist; das gilt für Bogotà, Caracas, Guatemala, La Habana, La Paz, Lima, Manila, Mexico, Panama, Quito, Santa Isabel, Santiago und Santo Domingo. Heraldisch einwandfrei sind, beziehungsweise waren manche Wappen der portugiesischen Einflußsphäre, z.B. Bissau, Lissabon, Lourenço Marques (jetzt Maputo).

ATHEN
BAMAKO
BANJUL
BELFAST
BELGRAD
BERLIN
BERN
BISSAU
BUKAREST
BUDAPEST
BUENOS AIRES
CANBERRA
CARACAS
CASABLANCA
CHICAGO
DAKAR
FREETOWN
GENF
GUANABARA
GUATEMALA
HAMBURG
HELSINKI HELSINGFORS
JERUSALEM
KAMPALA
HOC SIGNVM VERE REGVM EST
LA HABANA
LA PAZ
LIBREVILLE
LIMA
LISSABON
LONDON
LOS ANGELES
LOURENÇO MARQUES
CON LIBERTAD NI TEMO NI OFENDO
MARSEILLE
MEXICO
MAILAND
MONACO
MONTEVIDEO
MONTREAL
MOSKAU
NAIROBI
OTTAWA
PANAMA
PARIS
PORT-AU-PRINCE
PRAG
PRETORIA
QUEBEC
QUITO
LIBERTAS
BIAFRA
N FRANCISCO
SAN JOSE DE COSTA RICA
SAN MARINO
SANTA ISABEL
SANTIAGO DE CHILE
SANTO DOMINGO
SEOUL
SINGAPUR
VADUZ
WARSCHAU
WASHINGTON
WELLINGTON
WIEN
WINDHUK
WINNIPEG
ZÜRICH

Das Tischgrab des Philippe Pot, Groß-Seneschalls von Burgund, Kammerherrn König Ludwigs XI. von Frankreich, Gouverneurs von Burgund, ist 1493 kurz vor seinem Tode von ihm selbst in Auftrag gegeben worden. Die Trauernden tragen die Wappenschilde von sieben seiner Urgroßeltern; an die Stelle der ihm unbekannten Mutter der Mutter seines Vaters setzte er als achtes sein Stammwappen (in Gold ein blauer Balken) als Lückenbüßer. Der Trauernde zur Rechten am Kopfende trägt das gevierte Wappen, das Philipps Großvater Regnier zur Erinnerung daran vermehrt hat, daß ihm auf einem Feldzug (einer sogenannten Reise) 1389 gegen die heidnischen Preußen der Heldenname »Palamedes« beigelegt worden war.

Das bedeutende Schlachtengemälde von der Besiegung der Sieneser durch die Florentiner bei San Romano 1432, das Paolo Uccello um 1455/60 geschaffen hat, zeigt in der lebhaften Bewegung der Fanfarenbehänge, daß diese, heraldisch wie Fahnen gestaltet, auch deren optische Signalfunktion im Verein mit dem Posaunenschall ausüben können. Bemerkenswert ist die auf dem Schrägkreuz beobachtete Unterscheidung von Schilden und Tartschen, auf denen die gleichen roten guelfischen Kreuze stehen wie auf dem langen Schwenkel.

Tod und Begräbnis sind seit jeher Anlaß zu weihevollen Feiern und bildlichen Darstellungen gewesen. Je höher der Rang eines Menschen, desto größer ist sein Bedürfnis, seine Bedeutung für die Nachwelt zu dokumentieren. Lange vor ihrem Tod bestellen Mächtige ihr Grabmal. Nicht selten vergessen die Erben dann, das Todesdatum noch nachträglich einzufügen.
Mancher begnügte sich mit der Abbildung seiner ganzen Gestalt in Tracht oder Rüstung. Wer konnte, ließ diese Gestalt vom Wappen seiner Eltern, ja auch Großeltern und höherer Generationen begleitet sein (↗ S. 252); daß man aber auch die Trauergemeinde auf seinem Grabmal abbilden läßt, ist ziemlich selten, selbst wenn die Trauernden als Träger der Ahnenwappen aufgebaut werden.
Als Träger der Ahnenwappen oder auch anderer

Wappengruppen trat das Trauergefolge bei Begräbnissen hochadliger Personen oft auf. Die meist schwarzen, mit den Ahnenwappen bemalten Trauerfahnen wurden dann in der Begräbniskirche aufgehängt, wo sie, von der schwarzen Farbe zerfressen, langsam vergehen. Dem konnte man abhelfen, indem man dauerhaftes Material, zum Beispiel Holztafeln, verwandte, die in Schweden immer noch Funeral-Banner heißen.

Von den feierlichen Prozessionen, mit denen hochgestellte Personen zu Grabe getragen wurden, haben zeitgenössische Künstler manchmal sehr genaue Bildberichte festgehalten, die nicht nur für die Tracht, sondern auch für die Wappen- und Fahnengeschichte wertvolle Dokumente darstellen. Auf den Bannern, in deren Begleitung Königin Elisabeth I. von England zu Grabe getragen wurde, erscheinen die Ehewappen ihrer leiblichen Vorfahren aus zwölf Generationen, darunter neun auf dem Königsthron. Mit Heinrichs des VII. Gemahlin war der Mannesstamm zugunsten einer weiblichen Deszendenz unterbrochen. Diese Königin bringt daher, obwohl sie die Tochter eines – allerdings entthronten – Königs war, nur dessen ursprüngliches Wappen als Earl of March mit.
Zur weiteren Ausschmückung des Trauerzuges sind auf die Decken der Trauerpferde die vom Knieband des Hosenbandordens umzogenen Wappen der Königin Elisabeth aufgesetzt. Die Pferde tragen auf Kopf und Kruppe Wimpel mit ihren Namensbuchstaben und Badges.

Leichenbegängnis der Königin Elisabeth I. von England 1603. Die Königin oder ihr Abbild liegen aufgebahrt auf dem Sarkophag, begleitet von den zwölf Bannern der Vorfahren der verstorbenen Königin: Heinrich II. ∞ 1152 Eleonore von Aquitanien, Johann ohne Land ∞ 1200 Isabella von Angoulême, Heinrich III. ∞ 1236 Eleonore von Provence, Eduard I. ∞ 1254 Eleonore von Kastilien, Eduard II. ∞ 1308 Isabella von Frankreich, Eduard III. ∞ 1328 Philippa von Hennegau, Edmund von Langley, Herzog von York ∞ 1372 Isabella von Kastilien, Richard, Graf von Cambridge ∞ Anna Mortimer aus dem Hause der Grafen von March, Richard Herzog von York ∞ 1438 Cecily Neville, Eduard IV. ∞ 1464 Elisabeth Woodville, dann Elisabeth, eine Tochter dieses Königspaares ∞ 1486 Heinrich VII., schließlich Heinrich VIII. ∞ Anne Boleyn, aus deren Ehe die Königin Elisabeth I. hervorgegangen ist.

Wappenkunst

Und wir haben ihnen dieses Wappen gegeben
und geben es mit diesem Gegenwärtigen,
um es an allen Orten
und gegenüber allen Personen zu gebrauchen,
wie es ihnen gut scheinen wird,
und sowohl in Friedenszeiten wie in Kriegszeiten,
ohne daß ihnen irgendeine Behinderung
auf welche Weise auch immer
jetzt oder in künftigen Zeiten
gesetzt oder bereitet werden dürfte,
sondern vielmehr im Gegenteil.

König Ludwig XI. von Frankreich begnadet das Haus Medici 1465

Zu den kunstgeschichtlich und wappenkundlich wichtigsten und eindrucksvollsten Wappenbildern gehören die in die Architektur eingefügten. Alle Nationen, die überhaupt Heraldik kennen, haben herrliche Beispiele dafür. Leider wurde in den Jahrzehnten um 1800 im Rausch der Freiheitsideen manches als Zeuge der feudalen Vergangenheit unwiederbringlich zerstört.

Obschon sich die Heraldik aus einer praktischen Notwendigkeit heraus entwickelt hat, erkannte man doch bereits in ihrer Frühzeit, daß sie viel ausgedehntere Möglichkeiten bot, als nur ein Hilfsmittel zur Erkennbarkeit im Gefecht und Turnier zu sein; deutlich zeigt dies die Verwendung von Wappen auf Siegeln und auf Denkmälern, etwa der Grabplatte des Gottfried von Anjou (↑ S. 62).
Eine Person wurde durch ihr Wappen symbolisiert, repräsentiert oder identifiziert; es konnte zu ihrem Namen, Monogramm oder Bildnis hinzutreten, aber auch ganz oder teilweise deren Stelle einnehmen. Wappen waren ein anschauliches, einfaches und unmißverständliches Mittel, einen Bezug zu einer Person oder einer Institution herzustellen, letzteres aber erst vom 14. Jahrhundert an, als Körperschaften Wappen zu führen begannen.
Zuweilen, wie im Fall des mit Wappen verzierten Schwertgehänges, das im Grab des Infanten Fernando de la Cerda († 1275) in Burgos aufgefunden wurde, ist den Heraldikern und Historikern bis jetzt die Begründung für die darauf angebrachten Wappen nicht gelungen. In anderen Zusammenhängen aber, wie beim Wappenturm von Innsbruck (↑ S. 253), ist die Gruppierung des Wappenschmucks leicht zu begreifen.
Einer der Vorzüge der Heraldik, jedenfalls unter künstlerischem oder kunsthandwerklichem Gesichtspunkt, besteht in der Möglichkeit, mittels der dritten Dimension eine Reliefwirkung zu erzielen; aber da es sich nur um eine Zusammenstellung von Symbolen handelt und weil die Schilde selbst ja ausnahmslos zweidimensional sind, kann sie sich in zwei Dimensionen ebenso gut entfalten. Dies verleiht ihr eine Geschmeidigkeit, über die andere Symbolformen, wie die japanischen Mon oder die modernen Firmenzeichen, keineswegs in gleichem Maße verfügen. So erklärt sich, daß vollplastisch in Stein gestaltete und ebenso eindrucksvoll in buntem Glas dargestellte Wappen schon aus den ältesten Zeiten der Heraldik überliefert sind (↑ S. 264 bis

Ritter Hans von Bischofswerder wird auf seinem Grabstein aus dem 15. Jahrhundert in der Kirche zu Ebersbach bei Görlitz umrahmt von den acht Wappenschilden seiner Ahnen *(unten)*.

Die italienischen Bildhauer verwendeten Marmor, um so edle Formen wie die der heraldischen Lilie vollendet zu gestalten und – wie auf diesem Wappenstein zu S. Giovanni in Laterano in Rom – zu einem teppichartigen Muster zusammenzustellen und mit einem passenden Rahmen zu umgeben.

In den Innenhöfen italienischer Rathäuser kann man ganze mit plastischen Wappentafeln geschmückte Wände bewundern, nachahmenswerte Schöpfungen der Hochblüte der Spätgotik. Rechts eine Wand aus Florenz mit der Florentiner Lilie und den Wappen mächtiger Geschlechter.

266). Diese besondere Form der Wappenführung hat sogar die Jahrhunderte überdauert und ihre Beliebtheit niemals eingebüßt. Und, obwohl nur wenige Leute sich ganze Fensterscheiben aus buntem oder bemaltem Glas leisten können, betreiben Kunsthandwerker immer noch einen lebhaften Handel mit Glasscheiben, die in Fenster eingehängt oder als freistehender Schmuck verwendet werden können.

Die Bereiche, in denen Heraldik angewandt werden kann, sind nur durch die Grenzen von Erfindungsgabe und Einfallsreichtum eingeschränkt; da Wappen aber Zeichen der Ehre sind, überwiegt das Gefühl, man solle sie vornehmlich zur Ausschmückung privater Schätze, weniger auf alltäglichen Gegenständen verwenden. Ungeschriebene Gepflogenheiten, die zudem von Land zu Land verschieden sind, bestimmen die Formen der Wappenführung. Allgemein darf man sagen, daß das Hauptkriterium ästhetischer Natur ist, aber auch, daß es eine feine Grenze zwischen Prachtentfaltung und eitler Prahlerei gibt. So ist ein Vollwappen, in Stein gehauen, über dem Eingang zu einem Schloß ein altes und angemessenes Mittel, ein Wappen zu führen; in der Voraussetzung, daß jedermanns Heim sein Schloß sei, wäre auch eine weniger auffällige und weniger aufwendige Wiedergabe des Wappens als Schmuck eines Bungalows ebenfalls zulässig; aber bei einer Soßenschüssel sollte das natürliche Empfinden empfehlen, von Wappenschmuck abzusehen oder allenfalls zum relativ bescheidenen Badge zu greifen.

In jenen Tagen, da man Schüsseln aus Zinn oder Silber benützte, waren diese bereits manchmal mit Wappen verziert, aber im frühen 18. Jahrhundert hat sich wappengeschmücktes Tisch-

Der Schlange des Geschlechts der Visconti begegnet man auch außerhalb Mailands, wie hier am Schloß zu Passau (*oben*), und auf den Monumenten der polnischen Königin Bona Sforza (1518–1558).

Auf dem Dach des Stephansdomes in Wien wird seit 1784 der österreichische Reichsadler in bunten Ziegeln ausgelegt. Nach der Sitte der Zeit steht der Namensbuchstabe Kaiser Franz I. in der Mitte des Brustschildes. Auf der anderen Seite des Daches bilden zwei moderne Adler, der österreichische und der Wiener, seit 1950 ein Pendant dazu.

Der 1766 abgerissene Wappenturm in Innsbruck (*links*) war um 1497 mit allen Wappen der habsburgischen Herrschaftsgebiete bis hinunter zu den kleinsten in Flandern (Aalst) und Graubünden (Rhäzüns) bemalt.

Das Modell der 1650 vom Stapel gelassenen Staatsjacht »Sophia Amalia« des Königs von Dänemark (*rechts*) zeigt am Heck die Wappenschilde des Königs im äußeren und die der Königin, einer geborenen Prinzessin von Braunschweig, im inneren Ring.

Die schweizerischen Kraftfahrzeuge tragen auf dem Nummernschild neben den Kennbuchstaben des Kantons auch dessen Wappen. Das Fürstentum Liechtenstein, das mit der Schweiz durch Zollunion verbunden ist, schließt sich diesem Brauch an (Bild).

geschirr weit verbreitet, als in dieser Weise verziertes Porzellan aus China eingeführt wurde. Dieses Porzellan wurde meistens in Chin-Te-Chen fabriziert und dann in Kanton dekoriert, von wo aus es nach Europa exportiert wurde. Was nach England kam, nannte man *Armorial Lowestoft;* in Wahrheit hat es aber mit der 1757 zu Lowestoft in der Grafschaft Suffolk eingerichteten Weichporzellan-Manufaktur nichts zu tun. Tatsächlich schickten europäische Firmen die Wappen ihrer Kunden nach China; dort wurden sie abgezeichnet, und das mit ihnen bemalte Porzellan wurde nach Europa exportiert. Anfänglich wurde der Gebrauch von Porzellan anstelle von Metall als reiner Luxus betrachtet und war ganz »à la mode«. Häufig waren die nach China gesandten Vorlagen übrigens die gleichen wie die, nach denen die früher gebrauchten metallenen Geräte graviert

Die Werbewirksamkeit graphischer Zeichen wenden die Luftfahrtgesellschaften an; sie gestalten das Seitenleitwerk entsprechend aus, hier Kuwait.

Die Wappenfreudigkeit der Schweiz kommt auch bei den Schweizerischen Bundesbahnen zum Zuge. An der Stirnseite der Triebwagen prangt das Bundeskreuz, und an den Längsseiten steht in tadelloser Gestaltung das Wappen einer Stadt oder Gemeinde, überhöht von ihrem Namen.

In den Kunstgewerbemuseen harrt noch viel Geschirr der Identifizierung der darauf erkennbaren Wappen und teilweise auch der genauen Datierung: von links nach rechts eine deutsche Dose von 1674, der Becher eines Ehepaares aus Enkhuizen (Niederlande) um 1630, eine silbervergoldete Prunkplatte aus der Werkstatt des Edward Farell 1824. Gesichert ist die Zuschreibung eines silbervergoldeten Augsburger Humpens, 1743, einer Schokoladenkanne aus Boston (U.S.A.), 1755, der schwedischen Porzellanplatte von 1709 und der Platte aus der noch immer tätigen Porzellanmanufaktur in Wedgwood, von 1796.

Unten von links nach rechts:
Eine Berloque mit drehbarem, auf allen drei Seiten graviertem Stein, ein Siegelring mit dem spiegelverkehrt gravierten Allianzwappen und daneben der Abdruck, der das Wappen richtig zeigt. Leider findet man neuerdings auch Ringe mit plastisch aufgelegten Wappen oder gar einer Wappenimitation, mit der man nicht einmal einen Wertbrief siegeln könnte.

Eine bereits fortgeschrittene Stufe der Wappenführung: das Einpressen – meist blind – auf Visitenkarten (Ingenieur Ingemar Sjöblad, Linköping, mit einem redenden Wappen – Seeblätter) oder auf dem Briefkopf *(rechts).*

worden waren; so kommt es, daß die Wappen auf frühem Wappenporzellan oft wie graviert aussehen. Später tauchen andere Zeichnungen auf, aber diese stellen immer wieder Kopien bestehender Wappendarstellungen dar und sind nicht speziell für den Zweck gezeichnet worden, für den sie verwendet worden sind. Daher kann chinesisches Porzellan an sich wahrhaft erlesen, seine heraldische Dekoration aber als öde, sogar verlogen zu qualifizieren sein.

Im weiteren Verlauf des 18. Jahrhunderts gingen auch englische Firmen, besonders Wedgwood, zur Produktion von Wappenporzellan über. Manches davon ist, was die Wappengestaltung betrifft, nicht besser als das chinesische Porzellan, aber Stücke von höchster Qualität gibt es dazwischen doch. Erfreulicherweise ist Wedgwood noch rege tätig und produziert neben ein oder zwei anderen Firmen weiterhin über alle Maßen feines Wappenporzellan.

Was für Porzellan gilt, gilt auch für Glas. Im 16. Jahrhundert wurde es modern, metallene Trinkgefäße durch feine venezianische Gläser zu ersetzen. Die Welle ergriff ganz Europa, und noch vor dem Ende des 16. Jahrhunderts richteten venezianische Glasmacher überall auf dem Kontinent Glashütten ein. Der venezianische Einfluß war so stark, daß die Bestimmung der Herkunft eines Glases à la Venise aus dem frühen 17. Jahrhundert sehr schwierig ist. Wie man Wappen auf Becher und Kannen graviert hatte, so dehnte man diese Gepflogenheit auch

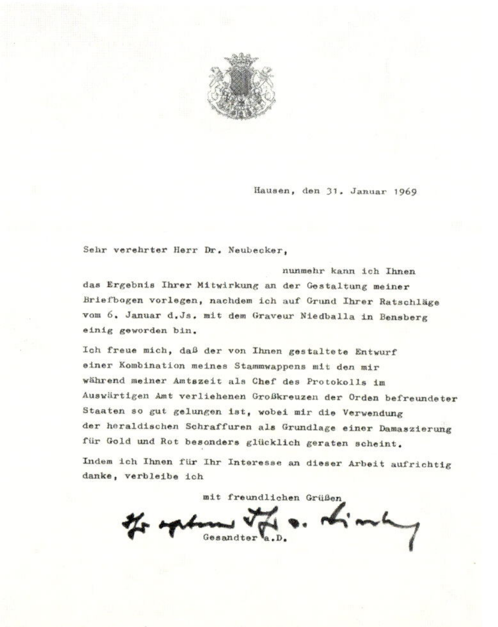
Hausen, den 31. Januar 1969

Sehr verehrter Herr Dr. Neubecker,

nunmehr kann ich Ihnen das Ergebnis Ihrer Mitwirkung an der Gestaltung meiner Briefbogen vorlegen, nachdem ich auf Grund Ihrer Ratschläge vom 6. Januar d.Js. mit dem Graveur Niedballa in Bensberg einig geworden bin.

Ich freue mich, daß der von Ihnen gestaltete Entwurf einer Kombination meines Stammwappens mit den mir während meiner Amtszeit als Chef des Protokolls im Auswärtigen Amt verliehenen Großkreuzen der Orden befreundeter Staaten so gut gelungen ist, wobei mir die Verwendung der heraldischen Schraffuren als Grundlage einer Damaszierung für Gold und Rot besonders glücklich geraten scheint.

Indem ich Ihnen für Ihr Interesse an dieser Arbeit aufrichtig danke, verbleibe ich

mit freundlichen Grüßen

Gesandter a.D.

Exlibris eines Mitglieds des Malteserritterordens, Entwurf Rudolf Niedballa 1976.

Handgemaltes *Exlibris (links)* des Richters von Upland, Ritter Benedikt Jensson Oxenstierna, 1440, mit seinem Wappen in der Mitte und den Schilden seiner Großeltern und der Mutter seines Großvaters väterlicherseits (sog. Gabel) in den Ecken.

Exlibris eines deutschen Offiziers 1942, in der Art der Arlberger Bruderschaftswappenbücher. Entwurf Ottfried Neubecker.

auf Trinkgläser aus; solche Gläser mit eingravierten Wappen findet man schon aus dem späten 16. Jahrhundert. Später waren auch bemalte Gläser vor allem in Deutschland und den Niederlanden sehr beliebt.
Die Kunst der Glasgravur ist zum Glück nicht erloschen; zwar gibt es kaum noch ganze Sätze von Wappenscheiben, aber zu Geschenkzwecken werden oft Einzelstücke angefertigt.

Auf den Siegeln von Körperschaften werden Wappen immer noch häufig gebraucht; private persönliche Siegel treten gegenwärtig kaum noch in Erscheinung, obwohl Siegelringe so beliebt sind wie eh und je. Hier haben sich die Gewohnheiten verändert. Im 18. und 19. Jahrhundert umschlossen Ringe und Berloquen gewöhnlich einen Stein, in welchen das oder die Wappen eingraviert waren, auch vollständig mit Helm,

Der nach der Überführung der Reichskleinodien nach Nürnberg (1424) zu deren Aufbewahrung 1438 gefertigte silberne Schrein (*rechts*) ist auf allen Seiten mit den beiden Wappen Nürnbergs in rhombenförmigen Feldern überzogen.

Umrahmt von vier Schildchen, auf denen der mecklenburgische Stierkopf eingraviert ist, dient der Kopf, plastisch ausgearbeitet, als eindrucksvoller Türklopfer an der Sakristei der St. Petrikirche zu Lübeck.

Die neun Felder im Wappenschild der englischen Familie Jones stellen einen Auszug aus ihrer Genealogie dar. Sie sind in feinster Holzschnitzerei in das Schalloch einer Gambe eingesetzt.

Der Holzkasten (*rechts*) konnte anhand eines der vier Wappenschilde ziemlich sicher auf eine Herkunft aus Pisa und die Fertigung in der zweiten Hälfte des 13. Jahrhunderts bestimmt werden.

Helmzier und Spruchband. Im 19. Jahrhundert verdrängte der Crest mit oder ohne Spruch in England das Vollwappen, seit einigen Jahren wird wieder der Schild, auch allein, bevorzugt. Auf dem europäischen Kontinent ist das Vollwappen noch immer sehr beliebt; ein Zeichen der Zeit aber ist es, daß infolge der Funktionslosigkeit der Siegelringe die Wappen auf der Platte oft positiv aufgelegt und nicht siegelgerecht negativ und vertieft eingeschnitten werden.

Im vorigen Jahrhundert waren wappengeschmückte Drucksachen sehr beliebt; und sie sind es noch immer. Sogar der alte Snobismus, daß Wappen niemals nur einfach gedruckt sein dürften, sondern einfarbig oder sogar farblos eingeprägt zu sein hätten, gilt weiterhin. In diesem Sinne schätzt man farbige Wappenabbildungen, ob nun geprägt oder gedruckt, als angemessen für Briefpapier von Firmen und Körperschaften, aber nicht für Privatpersonen. Diese soziologische Einschränkung wird in Großbritannien strenger gehandhabt als sont in Europa, so wie ja auch die Verwendung von Wappenzeichen auf einer Visitenkarte für Briten etwas Unerhörtes ist; man sähe eine solche Karte sogleich als die eines Firmenvertreters an. Auf dem Kontinent mag das anders betrachtet werden.

Zu den höchstgeschätzten Besitztümern einer kultivierten Person zählen Bücher, so liegt es nahe, das Eigentum daran in geschmackvoller und eindeutiger Weise klarzustellen, nämlich durch Verwendung von Wappen-*Exlibris*. Von den Zeiten Albrecht Dürers an – der ein früher und berühmter Exlibrisgestalter war – ist das Bucheignerzeichen oder *Exlibris* bis auf den heutigen Tag eine der beliebtesten und zweckmäßigsten Wappenführungsweisen geblieben. Auch hier hat sich der Geschmack von Zeit zu Zeit gewandelt, so daß die Bucheignerzeichen über die engen Grenzen der Heraldik hinaus lebhaftes Interesse erwecken können. *Exlibris* werden von Sammlern in gleicher Weise wie Druckblätter und Briefmarken zusammengetragen; es gibt *Exlibris*-Gesellschaften, Tauschgelegenheiten, *Exlibris*-Zeitschriften und eine Menge von einschlägiger Literatur.

Vom Wappengebrauch früherer Jahrhunderte, der Ausschmückung und Verzierung von Gebäuden, Mobiliar, Geschirr, Wandbespannung und anderen wertvollen persönlichen Besitztümern, geben die Bilder auf den Seiten 258–260 einen Eindruck. Heute ist derart teure und üppige Wappenführung seltener als einst, aber es gibt immer noch Künstler und Kunstgewerbler, die die Darstellung von Wappen in jeder Art von Material und für jeden Zweck ausführen können, und es gibt auch noch Leute, die wünschen, daß ihr Wappen in Stein oder Holz gehauen, in Metall graviert, in Bronze emailliert eingelegt, auf Holz, Leinwand oder Pergament gemalt, in Stoffe eingewebt – Wappenkissen zum Knien in der Kirche werden immer beliebter –, in Edelstein und Metall ausgearbeitet und auf Autotüren aufgebracht wird.

Privatleute sind also noch immer Auftraggeber für heraldische Künstler und Kunsthandwerker, aber ihr Mäzenatentum ist durch die wirtschaftlichen Tagesbedürfnisse eingeengt. In der Ver-

Der Kronleuchter mit der auf ein Hirschgeweih aufgesetzten Königsbüste soll Kaiser Maximilian I. darstellen und wird Jörg Lederer 1516–1519 zugeschrieben. Der Wappenschild vor der Brust zeigt aber den einköpfigen Reichsadler, den Maximilian als »Römischer König« nur bis 1508 geführt und dann als »Erwählter Kaiser« gegen den Doppeladler ausgetauscht hat.

Auf dem zweitürigen Schrank aus Niedersachsen (*links*), spätes 14. Jahrhundert, sind die Wappenschilde der vier Ahnen des Ehemannes oben und der der Ehefrau unten in gewohnter Weise – auch ohne Helm – schräggelegt.

Zu Häupten eines Schläfers, der sich in die von dem Holzbildhauer Peter Flötner Anfang des 16. Jahrhunderts entworfene, mit Intarsien ausgezierte Bettstatt legen würde, sollte das Wappen des Todes als ein ständiges *Memento mori* schweben.

König Jakob III. von Schottland und seine ihm 1460 angetraute Gemahlin Margarete von Dänemark im Kostüm des späten 16. Jahrhunderts in einem 1591 angelegten schottischen Wappenbuch. Die Königin ist mit dem dänischen Wappen aus der Zeit um 1572 gekleidet.

Wappen des Herzogs von Burgund, Karls des Kühnen, als Mittelstück eines Tausendblumenteppichs, eines der ältesten Beispiele dieses Typs *(unten)*. Er wurde 1466 in Brüssel gefertigt und fiel zehn Jahre später in der Schlacht bei Grandson den Schweizern als Beute in die Hände.

Wappen von Großbritannien (*Mitte*) auf dem Hintergrund einer Draperie aus französischen Trikoloren und britischem »Union Jack« anläßlich des Staatsbesuchs der Königin von Großbritannien in Paris.

Tausendblumenteppich (*rechts*) im gegenwärtigen, restaurierten Zustand mit dem Bildnis des Jean de Dillon († 1481/82) als standartentragender Ritter. Er wurde vermutlich 1477 in Arras gefertigt, als de Dillon dort Statthalter war.

gangenheit waren die Adeligen die wahren Vermögenden, die, stolz auf ihre Wappen, diese anbrachten, wo es nur möglich war, und damit jede Form der Wappenkunst förderten.

Heute besteht kein so großes Interesse mehr an Wappen, und seit in Europa nur noch wenige Wappenämter übriggeblieben sind, können Wohlhabende sich auch kein Wappen erwerben, und so erstreckt sich ihre Unterstützung auf andere Bereiche. Als Förderer der Heraldik ist die alte Aristokratie durch reiche wappenführende Körperschaften ersetzt worden; sie sind die neuen Auftraggeber, und die Wichtigkeit ihrer Wappen nimmt ständig zu.

Eine Körperschaft kann in der Führung ihres Wappens viel entschiedener auftreten als eine Privatperson, deren Wappen nur teilweise ein Sinnbild ihrer Existenz ist; bei Körperschaften sind Wappen zugleich Sinnbilder ihrer körperschaftlichen Einheit, ein Aspekt ihres *»public image«*, und in einigen Fällen sogar ihre Handelsmarken. Es kann daher als Grundsatz gelten, daß das Wappen einer Körperschaft als Schmuck auf ihren Drucksachen in vollen Farben erscheinen soll; selbst die bescheidensten Stücke ihres Inventars, wie Buchhüllen, Tischtücher, Gästetassen, natürlich auch Speisekarten verkünden das Bestehen der Körperschaft in all ihren Erscheinungsformen.

Wappen verzieren die Bürgerbriefe von Städten und dann auch die Kassetten, in welche diese manchmal eingelegt sind; sie schmücken Diplome und Zeugnisse beruflicher und akademischer Einrichtungen und – auf geringerem Niveau – die Jacken, Krawatten und Drucksachen solcher Institutionen, sie verleihen den Amtszeichen von Vorsitzenden, Bürgermeistern, Kanzlern und anderen hohen Beamten Glanz und qualifizieren den Würdenträger. Auf Flaggenstoff flattern sie auf den Amtsgebäuden und Rathäusern; in Metall graviert verkünden sie selbst dem Analphabeten das Dienstsiegel; in Fiberglas oder in ein traditionelleres Material gepreßt tragen sie, ein Farbtupfen und ein Bindeglied zur Vergangenheit, zur Belebung der strengen eintönigen Fassaden moderner Gebäude bei.

Die Tammany Hall in New York (*rechts*), anläßlich des Nationalkonvents vom 4. Juli 1868 mit den Siegelbildern der Teilstaaten der U.S.A. und gerafften Bundesflaggen dekoriert. Diese Art der Dekoration, das sogenannte Bunting, ist mit Nationalflaggen gegenwärtig nicht mehr zulässig. Stattdessen dürfen nur die Farben und graphischen Motive der Flagge verwendet werden.

Wenn auch der Natur der Sache nach nur wenige Handelsfirmen ein eigenes Wappen haben, so benützen doch viele von ihnen Darstellungen, durch die der Eindruck eines Wappens erweckt wird. Den Erzeugnissen soll auf diese Weise eine größere Werbekraft verschafft werden. Dieser Zweig der Heraldik könnte passend als «Werbeheraldik« bezeichnet werden.

Wappen suggerieren vortreffliche Qualität, Dauerhaftigkeit und Zuverlässigkeit, und im Werbegeschäft besteht kein Zweifel daran, daß

Die Formen der Heraldik sind so bestechend, daß man gerade da, wo es auf Werbewirksamkeit ankommt, sich dort Anregung suchte, wobei darauf zu achten ist, daß keine internationalen Schutzbestimmungen verletzt werden.

Die Genußmittelindustrie lehnt sich bei der Ausschmückung ihrer Werbegraphik oft an die Wappen der Herkunftsländer ihrer Waren an; bevorzugt werden bei Tabak die Wappen von Spanien zugrundegelegt, aber auch die Wappen von Havanna, von Kuba und von Brasilien. Im brasilianischen Staat Bahia wurden hierbei aus dem Schmied und der Personifikation der Freiheit zwei zigarrentragende Wilde Männer. Manche Packungen zeigen mit Erlaubnis der betreffenden Person bestehende Wappen, wie im Falle der Filter-Zigarette St. Moritz, deren Schachtel das persönliche Wappen des Prinzen Bernhard der Niederlande zeigt; der Fabrikant trägt den Titel »Hoflieferant« des Prinzen.

Schildhaltende Löwen wirken so sehr heraldisch, daß sie in der Werbeheraldik einen hervorstechenden Platz einnehmen. Neue Wege beschritt O.H.W. Hadank in seiner graphisch durchgefeilten Werbung für Haus Neuerburg, ohne sich allerdings an den klassischen Formen der Heraldik zu orientieren, sondern an denen des späten 19. Jahrhunderts.

Zur Volkstümlichkeit der Wappen tragen auch die Sporttrikots von Nationalmannschaften bei. Wappenschildchen links auf der Brust stellen entweder das Wappen ihrer Heimat oder eine Abwandlung davon dar. Auf unserem Bild trägt die holländische Nationalmannschaft einen Löwenschild, der dem niederländischen Staatswappen entlehnt ist.
Solche Wappenschildchen werden auch von Reitern *(ganz rechts)* und den Schülern vieler Privatschulen, vor allem englischsprachiger, auf ihrer Oberbekleidung getragen.

gewisse Produkte, wenn sie mit Wappen oder echt wirkenden Nachahmungen von Wappen verziert sind, die Aufmerksamkeit auf sich lenken. Darum werden Kraftwagen, Zigarettenpackungen und eine Unmenge anderer Güter mit Werbeheraldik verziert; manchmal, etwa auf Weinflaschenetiketten, sind die verwendeten Wappen sogar wahr, nämlich die des Eigentümers oder des Namensgebers des Weingutes, aber gewöhnlich zeigen sie nur die Vorstellung eines Werbegraphikers von adeliger Heraldik. Da steht man dann vor einer Unzahl von Bügelhelmen, Federbüschen, Kronen und Schildhaltern, die gewöhnlich Löwengestalt bekommen, da man – und das mit Recht – glaubt, der springende Löwe sei die wahre Hauptfigur unter den altheraldischen Wappenbildern. Der Einsatz der Werbeheraldik verdrießt die Puristen und kann in Schottland zu Protesten führen, denen der Finanzsachwalter beim Lyon-Gericht sein Ohr leihen und möglicherweise durch Einleitung gesetzlicher Schritte zum Erfolg verhelfen muß. Den oberflächlichen Wappensammlern gebe man zu bedenken, daß die von Volks- und Werbeheraldik Beeindruckten nur sich selbst tadeln sollten. Das trifft in gewissem Umfang zu, aber es muß daran erinnert werden, daß, wer solche Art von Heraldik benützt, aus der Unkenntnis des Publikums Vorteil zieht, indem er einen falschen Eindruck erweckt. Solchen Leuten ist vorzuwerfen, daß sie unter Vorspiegelung falscher Tatsachen Geld machen. Eine andere Form von Wappenführung besteht im Gebrauch von Symbolen, die ebensowenig

wahre Heraldik darstellen, aber nicht zu Täuschungszwecken dienen, sondern weitgehend gebilligt werden. Diese Art kann man »Para-Heraldik« nennen. Sie betrifft den Gebrauch von oft wie Wappen aussehenden Abzeichen durch Sportvereine, Schulen, Freimaurerlogen, Armeekorps, Divisionen und Regimeter; und gewisse Logogramme und Symbole findet man immer wieder auf Krawatten und Briefpapier von Clubs und Gesellschaften. Ein Purist mag gegen solche Embleme Einwendungen erheben, aber gewöhnlich wird solche Para-Heraldik geduldet.
Seit dem frühen 19. Jahrhundert war es in den europäischen Monarchien üblich, daß der Herrscher und vielfach auch bestimmte Mitglieder seines Hauses denen, die ihnen vortreffliche Lebensmittel oder Dienste liefern oder leisten, gestatten, sich »Hoflieferanten« zu nennen und das betreffende Wappen zu benützen.

Der heraldische Stil hat die Werbegraphik nachhaltig beeinflußt *(links)*. Der Löwe des Verlags Diederichs, früher Jena, der Löwenkopf der Monarch Machinery Ltd., Kanada, der feuerspeiende vielbeinige Hund von AGIP, die Muschel der Shell-Gesellschaft und die Äskulapschlange der chemischen Fabrik Stroschein treten neben den phantasievoll ausgestalteten Menschen, das Gummimännchen von Michelin, den St. Georg einer Aluminiumfirma oder das aus Buchstaben zusammengesetzte Männchen der Berliner Molkerei Bolle, eines der ältesten der Art. Reine Buchstaben liegen den Logogrammen der Firme Huskvarna (Schweden), des Volkswagenwerks und der japanischen Seidenfabrik Takashivaya zugrunde.

Die Führung königlicher Wappen kann den Produkten oder Diensten jener nur zugutekommen, die so gewürdigt wurden. Dies aber ist keine Werbeheraldik, denn der heraldische Werbewert ist rechtmäßig als eine Anerkennung von Vortrefflichkeit erworben worden und kann nur so lange genossen werden, als die Firma den vom Verleiher festgelegten Vorschriften und Beschränkungen entspricht. Es handelt sich nicht um einen usurpierten Werbewert, sondern um ein seltenes und höchst begehrtes Privileg; es ist so sehr begehrt, daß es in einem Zeitalter der Nivellierung Neid erweckt. Derzeit kann man farbenprächtige und würdevolle Königswappen als Verzierung von Briefen und Drucksachen vieler Handelsfirmen und auf einer Vielfalt von Erzeugnissen finden.
Die Gewohnheit, historischen, biblischen und legendären Personen, deren wirkliche oder erdachte Existenz vor der heraldischen Zeit liegt oder läge, nachträglich Wappen zuzuschreiben, geht auf das 13. Jahrhundert zurück.
Nicht nur Karl dem Großen, König Artus und den Rittern seiner Tafelrunde wurden Wappen zugeschrieben, sondern auch Adam, den

Was den Tabakfirmen recht ist, ist den Alkoholproduzenten billig. Sie stützen sich gerne auf die Wappen französischer Provinzen und Städte, wie auch auf das von Portugal, Spanien oder Savoyen, während die Autofabrikanten sich kaum scheuen, sich an heimatliche Wappen ziemlich eng anzulehnen, so Alfa Romeo an das kombinierte Wappen der Stadt und des Herzogtums Mailand, Porsche an das Wappen des Freistaats Württemberg mit einem Mittelschild Stuttgart. Cadillac (*oben Mitte*) erweckt durch die Krone den Eindruck, als stamme die Firma aus einem europäischen Freiherrngeschlecht, während der Schild an englische Herkunft denken läßt.

Erzengeln, Christus, den Aposteln und andern Heiligen, den vor-normannischen Monarchen Englands und vielen anderen, deren Aufzählung zu weit führen würde. Noch heute werden Wappen nachträglich zugeschrieben; der praktische Hauptzweck dabei ist die Anwendung in kirchlichem Rahmen. Die Gewohnheit ist ziemlich alt, die Wappen zu benützen, welche Heiligen oder religiösen Begriffen zugeschrieben werden, denen ihrerseits eine Kirche geweiht ist. Solche Wappen erscheinen auf den Bekanntmachungstafeln an der Außenwand der Kirche, auf dem Amtsblatt des Kirchspiels, auf dem Pfarrei-Siegel.

Tatsächlich sind den meisten wichtigen Heiligen schon längst Wappen zugeschrieben worden, aber manchmal wird eine Abwandlung eines altbekannten Wappens verlangt, oder der Geistliche einer neuen Kirche weiß nicht, welche Wappen den Heiligen zugeschrieben worden sind und beschließt, Neuland zu betreten. In anderen Fällen kann die Kirchweihung selbst neu sein, etwa für St. Joseph den Zimmermann, oder Christ König; obwohl es viele so benannte Kirchen gibt, sind noch in keinem Nachschlagewerk entsprechende Wappen erschienen.

Die Angemessenheit des richtigen Gebrauchs zugeschriebener Wappen ist niemals bezweifelt worden. Diese Frage gehörte schon im 14. Jahrhundert zur heraldischen Szene, als König Richard II. von England sein Königswappen angespalten an das angebliche Wappen St. Eduards des Bekenners vorführte. So geschieht es noch heute, wenn ein kürzlich einem urzeitli-

Rundscheibe mit dem Wappen des Abtes von Kreuzlingen (Thurgau) Petrus I. von Bubenberg, aus Kempten. Sie wurde laut Inschrift von ihm selbst 1513 gestiftet. Im Schild sind die Wappen des Reichsstifts regulierter Augustiner-Chorherren zu Kreuzlingen (Kreuz und Krummstab) mit dem Familienwappen des Abtes (vierspeichiges Rad) durch Quadrierung vereinigt. Über dem Schild steht die Mitra mit den den Raum geschickt ausfüllenden *Infuln* (Nackenbändern) und dem *Pedum* (Krummstab) mit dem Schweißtuch.

Typische »Standesscheibe« eines Schweizer Kantons, Glarus 1608 *(oben)*. Der Landespatron St. Fridolin wird auch im oberen Eckfeld gezeigt, wie er den aus dem Grabe erweckten Ursus dem Richter vorführt, damit er seine Unschuld beweisen könne.

Beispiel aus einer Serie von zwölf, vielleicht auch dreizehn Scheiben, die 1605 von den Zürcher Zünften für das Wirtshaus zur Linde gestiftet worden waren. Das Werk des Zürcher Glasmalers Josias Murer bestand aus Genrebildern, die je einem Monat, hier dem Oktober *(unten)*, gewidmet waren und typische Verrichtungen darstellen, hier – für den Weinmonat – die Weinlese. Unten das Wappen der stiftenden Zunft und im Rahmen die Schilde der Zunftmitglieder.

chen keltischen Heiligen zugeschriebenes Wappen erneut die Anschlagtafel einer ihm geweihten Kirche ziert. Es ist ein seltsames, aber verständliches Paradox, daß das weitverbreitete Interesse an der Heraldik heute in großem Umfang von jenen, die Wappentafeln liefern, entfacht und unglücklicherweise oft auch befriedigt wird.

Gewisse Firmen, die mit Heraldik Handel treiben, liefern gewöhnlich eine einem Nachschlagewerk entnommene Darstellung, die zu irgendeinem geschichtlichen Zeitpunkt von einer Familie mit dem gleichen oder einem ähnlichen Familiennamen wie dem des Bestellers geführt worden ist. Erstens wird die Lieferfirma in den meisten Fällen weder die Herkunft des gelieferten Wappens kennen, noch seine historische Richtigkeit prüfen. Zweitens kann niemand ohne Kenntnis vom Stammbaum des Bestellers entscheiden, ob er von jemandem abstammt, dem rechtmäßig ein Wappen zustand, und ob er selbst zur Führung dieses Wappens berechtigt ist. Solange es Wappen gibt, werden Einzelpersonen und Körperschaften Methoden finden, sie zu brauchen und zu führen, denn noch ist kein Identifizierungszeichen aufgetaucht, das alle die Eigenschaften einer wohlgezeichneten und gut gearbeiteten Wappendarstellung aufweist.

J.P.B.-L.

***

Diese Erkenntnis bricht sich immer mehr Bahn; das allgemeine Interesse an der Wappenkunst zieht Interesse an der Wappenkunde nach sich und neugewonnene heraldische Kenntnisse fordern ästhetische Befriedigung. Immer größer wird die Zahl derer, die mit der Kamera bewaffnet in ihren Ferienorten heraldische Motive aufspüren und dann zu Hause dem Fachmann zur Identifizierung vorlegen. Versteckte Kunstwerke kommen auf diese Weise der Fachwelt zur Kenntnis; dieses Buch enthält manches erstmals veröffentlichte Beispiel von derartigen Funden. Der vielfach nur ästhetisch bestimmte Wissensdurst der Kunsthistoriker dehnt sich zunehmend auf die historische Einordnung schöner Antiquitäten aus; das Bewußtsein, daß Kunstgegenstände nicht nur von Künstlern gefertigt, sondern zu allen Zeiten auch von wohlhabenden Bestellern in Auftrag gegeben worden sein müssen, wird mehr und mehr Allgemeingut. Diese Bewegung trägt zu der Geschichtsauffassung bei, wonach nicht nur Strömungen, sondern in ihre soziale Umgebung eingebettete machtvolle Einzelpersonen die Geschicke der Menschheit bestimmen. Die soziale Umgebung ermöglicht aber auch die Überschreitung gesellschaftlicher Schranken, also den sozialen Aufstieg. So gibt es immer wieder Familien, deren Lebensstil Wappenführung erforderlich macht.

Hierdurch werden alte Traditionen stets mit neuem Leben erfüllt. In einigen Ländern ist die echt heraldische Tradition niemals ernstlich unterbrochen gewesen, die letzten Bildseiten unseres Werkes mögen es verdeutlichen und mit der kraftvollen Sprache ihrer Farben beweisen, daß eine so alte Kunst wie die Wappenkunst allzeit jung bleiben konnte und kann. O.N.

Die Sitte der Wappenscheibenschenkungen ist in der Schweiz noch lebendig; früher war es üblich, dem Mitbürger, der ein neues Haus bezog, eine Wappenscheibe als Freundschaftszeichen zu schenken. Heutzutage stiften vor allem Bürgergemeinden eine Scheibe mit ihrem Wappen für Gemeinschaftsgebäude oder bei Jubiläen. Der Luzerner Glasmaler Eduard Renggli versteht es, die konventionellen Vorlagen in moderne Formen umzusetzen, wie die Scheibe mit dem roten Löwen der Stadt Willisau *(oben)* und der heilige Martin mit der bei einem Volksfest in Sursee zu schlachtenden Gans *(unten)* beweisen.

Die Standesscheiben der Barockzeit entfalten das ganze Hoheitsbewußtsein der patrizisch regierten Stadtstaaten in den »Ämterscheiben«. Die Schweiz blieb das Land der Wappenscheiben. Man wendet sich dort insbesondere großflächigen modernen Formen der Heraldik zu.

DIE
STADT
LUZERN

VERZEICHNIS VON WAPPENROLLEN

Im Anschluß an die Ausführungen auf S. 26–37:
Das nachstehende Verzeichnis ist so vollständig wie zur Zeit möglich. Viele Wappenrollen sind nur noch in Kopien erhalten. Die Aufbewahrungsorte sind angegeben, soweit Originale existieren. Über den Inhalt sind nur Angaben gemacht, sofern er nicht aus dem Titel hervorgeht. Auswertungen in der Literatur sind nur dann als Veröffentlichung zitiert, wenn sie den Inhalt in ausreichendem Maße wiedergeben.

Abkürzungen
AHS: Archives Héraldiques Suisses
BGH: Berchem, Galbreath, Hupp, Die Wappenbücher des deutschen Mittelalters
ZWR: Wappenrolle von Zürich

GELEGENHEITSWAPPENROLLEN

RÔLE D'ARMES BIGOT, 1254

295 Wappenbeschreibungen in Fachsprache, Dialekt der Picardie. Inhalt: Ritter beider Parteien, die an einem Feldzug in Flandern oder dem Waffenstillstand beteiligt waren.
Original verloren, Kopie aus dem 17. Jahrhundert: Paris, Bibliothèque Nationale, Ms. Français 18648, fol. 32–39.
Veröffentlicht: AHS 63, 1949, S. 15–22, 68–75, 115–121.

TOURNOI DE COMPIÈGNE, 1278

Inhalt: Beschreibung der Wappen der Teilnehmer am Turnier, vermutlich 1278.
Original verloren, mehrere Kopien aus dem 15. Jahrhundert.
Nur auszugsweise veröffentlicht.

RÔLE D'ARMES DE L'OST DE FLANDRE (RÔLE D'ARMES CHIFFLET-PRINET), 1297

Wappenbeschreibungen in Fachsprache des 15. Jahrhunderts und 156 bunte Schildskizzen. Inhalt: Teilnehmer am Feldzug des Königs von Frankreich, Philipps des Schönen, gegen den Grafen von Flandern.
Original verloren; mehrere Kopien der Texte und der Abbildungen, vor allem: Besançon, La Bibliothèque, Ms. 186.
Veröffentlicht: ›Le Moyen âge‹, 2. Serie, Band 22, 1920, und AHS. 1959, S. 2–7.

FALKIRK ROLL, 1298

111 Wappenbeschreibungen in Fachsprache, Französisch. Inhalt: Englische Ritterschaft als Teilnehmer an der Schlacht bei Falkirk in Schottland, 22. Juli 1298.
Veröffentlicht: Henry Gough, ›Scotland in 1298‹, S. 129–159.

CAERLAVEROCK POEM OR ROLL, um 1300

Inhalt: Beschreibung von 106 Wappen der Eroberer der Festung Caerlaverock in Dumfriesshire, Juli 1300, in französischer Sprache in Versform.
Original: London, British Museum, Ms. Cotton Caligula A. XVIII, fol. 26 b.

GALLOWAY ROLL, 1300

Inhalt: 259 Beschreibungen der Wappen der an der Schlacht bei Galloway auf Seiten König Edwards I. im Feldzug gegen Schottland teilnehmenden Ritter.

NATIVITY ROLL, um 1300

Inhalt: Beschreibung der Wappen von 79 Rittern, die an unbekanntem Ort an dem Tage von Mariae Geburt (8. September) in einem unbekannten Jahr zusammengekommen waren.
In französischer Sprache.

STIRLING ROLL, 1304

Inhalt: Beschreibung der Schilde von 102 Teilnehmern an der Belagerung von Stirling am 30. Mai 1304 durch König Edward I. von England.

FIRST DUNSTABLE ROLL, 1308

Inhalt: Wappen der Teilnehmer am Turnier zu Dunstable, 1308, etwa 240 Schilde, teils gezeichnet, teils mit englischen und französischen Beschreibungen.

WAPPENSCHILDE IM HAUSE »ZUM LOCH« IN ZÜRICH, 1306

Aus Anlaß des Besuchs des deutschen Königs. Reste der wappengeschmückten Dachbalken in Zürich, Schweizerisches Landesmuseum; Rekonstruktion ebenda (↗ S. 36).
Veröffentlicht in ZWR, Farbtafeln 28–32.

WAPPENFOLGE AUS DEM TURM IN ERSTFELD (Kanton Uri), 1309

Anläßlich des Reichstages in Speyer. Nur in Abzeichnungen bekannt, vgl. BGH, S. 9.

TOURNOI DE MONS, Juli 1310

Inhalt: Wappen der Teilnehmer.
Original verloren, Kopien aus dem 15. Jahrhundert in Brüssel, Bibliothèque Royale, Ms. 14.935, und Wien, Nationalbibliothek, Nr. 3297.
Veröffentlicht in: ›Annuaire du Cercle Archéologique‹, Band 19, Mons 1886, und erneut ebenda, Band 38, 1909.

WAPPEN VON RIVOLI, 1310 (?)

Vermutlich aus Anlaß eines Kaiserbesuchs im Jahre 1310.
Original: Malereien im zerstörten Kastell Rivoli bei Turin.
Beschreibung aus dem 15. Jahrhundert: Turin, Staatsarchiv, sez. I protocolli, serie di carte no. 2, protocolli Tribù no. 1, fol. 134–136.

TURINER WAPPENBUCH, 1312

119 Wappenbeschreibungen in französischer Fachsprache. Inhalt: Teilnehmer an der Kaiserkrönung Heinrichs VII. in Rom am 29. Juni 1312.
Original: Turin, Staatsarchiv, Diplomi Imperiali, Mazzo 4 no. 12.

NOMS DES NOBLES DE FLANDRES DU TEMPS DU COMPTE LOUYS DE NEVERS, qui commença sa principauté l'an 1322.

Papierhandschrift des 17. Jahrhunderts, Bibliothèque publique, Lille, fol. 103–118.

BOROUGHBRIDGE ROLL, 1322

Inhalt: Beschreibung der Wappen von 214 Rittern auf Seiten des unterlegenen Königs Eduard II. von England als Teilnehmer an der Schlacht von Boroughbridge am 27. März 1322.
Original: London, British Museum, Ms. Egerton 2850.

FALTTISCH AUS DEM RATHAUS VON LÜNEBURG, um 1328

Acht farbige Vollwappen von Königen und Fürsten. 30 farbige Schilde und danebengestellte Helme mit Helmzier (↗ S. 154/155) des Herzogs von Braunschweig und Lüneburg, seiner Angehörigen und Anhänger.
Original: Museum Lüneburg.
Veröffentlicht: Lüneburger Blätter, Heft 2, 1951.

WAPPENSCHILDE MAINZER GESCHLECHTER, nach 1332

129 Wappenschildskizzen, 22 davon leergelassen. Inhalt: die 1322 geächteten und wieder rehabilitierten Patrizier von Mainz.
Original: Staatsarchiv Darmstadt, Nr. 207/5. Im 2. Weltkrieg untergegangen (vgl. BGH, S. 30).

RÔLE D'ARMES DES ROIS ET PRINCES CONFÉDÉRÉS POUR FAIRE LA GUERRE AU DUC JEAN III DE BRABANT – VASSAUX DU PART DU DUC.

70 Wappenschilde der Gegner des Herzogs Johann III. von Brabant, 1332. Strichzeichnungen des 17. Jahrhunderts. Paris, Bibliothèque de l'Arsenal, ms. 5014, fol. 150.

CARLISLE ROLL, 1334

Inhalt: 277 gemalte Schilde der Begleitung König Eduards III. von England beim Aufenthalt in Carlisle am 12.7.1334.
Original: Cambridge, Fitzwilliam Museum, Ms. 324.

SECOND DUNSTABLE ROLL, 1334

Inhalt: 135 Beschreibungen der Wappen der Teilnehmer am Turnier zu Dunstable. In französischer Sprache.

(Dritte) CALAIS ROLL, um 1348

Inhalt: 24 roh gemalte Wappenschilde bei der Belagerung von Calais (1345–1348) umgekommener Herren und Hauptleute.
Original: London, British Museum, Ms. Additional 29502.

WAPPENSAAL ZU LAUF (BEI NÜRNBERG), 1360

114 plastische, kolorierte Wappenschilde in der 1357–60 erbauten Burg. Inhalt: Territorien und Gefolgschaft Kaiser Karls IV., der in Lauf mehrfach Quartier bezogen hat. Mehrfach veröffentlicht, zuletzt; Wilhelm Kraft und Wilhelm Schwemmer, ›Kaiser Karls IV. Burg und Wappensaal zu Lauf‹, Nürnberg 1960, erneute Behandlung in Vorbereitung, Passau 1975.

WAPPENURKUNDEN DEUTSCHER RITTER IN ITALIEN, 1361

106 farbige Wappenschilde in zwei Urkunden vom 12. November und 29. Dezember 1361. Inhalt: Deutsche, auf Ehrenwort aus der Gefangenschaft entlassene Ritter, die an der Familienfehde der Gonzaga beteiligt waren.
Original: Mantua, Archiv der Gonzaga, Esterni B 27 No. 1, busta 48.
Veröffentlicht: ›Der Deutsche Herold‹, Monatsschrift, 42. Jahrgang, 1911, S. 27–32, 59–66, 86–92, 109–111, 170, 244, auch selbständig: Paderborn 1911.

RÔLE D'ARMES DU TRAITÉ DE GUÉRANDE

253 gemalte Wappenschilde bretonischer Adliger, die den zwischen Frankreich und der Bretagne 1381 zu Guérande geschlossenen Vertrag einzuhalten versprachen.
Kopie des 17. Jahrhunderts, Paris, Bibliothèque Nationale, ms. fr. 22361, fol. 11 ff.

CHI SONT LI DUC LI CONTE LI VISCONTE LI BANERECHE ET LI CHEVALER QUI FURENT SUR LE KUUNRE EN FRISE LAN NRE SINGNR. M.CCC.XCVI.

333 Wappenschilde der Teilnehmer am Feldzug Albrechts von Bayern gegen Friesland, 1396.
Original: Den Haag, Reichsarchiv.
Veröffentlicht durch J.-M. Lion, 1889, 2°, 14 Tfln.

FALTTISCH IM MUSÉE CLUNY, PARIS

Vier Platten mit acht Vollwappen, davon nur zwei gedeutet, am Rande umlaufend 44 Wappenschilde aus aller Welt – mit Beischrift – davon 11 nicht mehr kenntlich.
Vermutlich aus dem Kloster Wienhausen bei Celle stammend, um 1400.
Behandelt von Neitzert, Gabriele: ›Der Peter- und Pauls-Altar der St.-Lamberti-Kirche in Hildesheim‹. In: Niederdeutsche Beiträge zur Kunstgeschichte, Bd. VI, Berlin 1967.

CHI SON LI DUC LI CONTE ET LI CHEVALER QUI FURENT DEVAN GORINCHEN L'AN NOTRE SEIGNEUR MCCCC ET DEUX.

Wappenschilde der Teilnehmer an der Belagerung von Gorinchem (Seeland). Original verloren, u.a. alte Kopie des Herolds Gelre-Beyeren, Vienne, Bibliothèque publique, 3297.

ULRICH RICHENTHALS CHRONIK DES KONZILS ZU KONSTANZ, 1414–1418

Original verloren; davon existieren neun fast gleichzeitige Kopien. Vielfach veröffentlicht (↗ S. 34, 181, 206, 224, 238, 240). Vgl. BGH, S. 33 f.

NOBLES DE FLANDRES, 1421, ACCOMPAIGNANS LE DUC PHILIPPE II, À LA JOURNÉE PREMIÈRE QU'IL FEIT EN FRANCE, POUR LA VENGEANCE DE SON PÈRE.

Papierhandschrift des 17. Jahrhunderts, 2°, Lille, Bibliothèque publique, 486.
Wappenrolle der Teilnehmer am Rachefeldzug des Herzogs von Burgund, Philipps II. gegen Frankreich 1421.

Armorial des chevaliers dauphinois tués à la bataille de Verneuil, 1424

Wappenrolle der in der Schlacht bei Verneuil 1424 umgekommenen Ritter aus der Dauphiné.
Veröffentlicht in: Revue nobiliaire, héraldique et biographique, Band V (VII der Sammlung), Paris 1869, Seite 37–47.

Barnard's Roll of Badges, 1475

Inhalt: Skizzen und Beschreibungen der Badges der Teilnehmer am Feldzug gegen Frankreich.
Original: London, College of Arms.

Writhe's Book of Knights, um 1500

Inhalt: Wappen und Banner der seit 1460 zu Rittern Geschlagenen.
Original: London, British Museum, Ms. Additional 46354.

ILLUSTRIERTE CHRONIKEN UND MANUSKRIPTE

Eneît (Eneide), 1174–1188

Verfasser: Heinrich von Veldeke. Die vorkommenden Wappen sind grundsätzlich Phantasiewappen (↗ S. 26, 152) vorheraldischer Personen, aber teilweise von zeitgenössischen Wappen abgeleitet und u.a. auch auf den Gegensatz zwischen Kaiser- und Fürstenmacht bezogen.
Original: Berlin, Staatsbibliothek, cod. germ. fol. 282.
Veröffentlicht: Heinrich von Veldeke, ›Eneide. Die Bilder der Berliner Handschrift‹, bearbeitet von Albert Boecklar, Leipzig 1939.

Carmen de bello Siculo inter Henricum vi. Imperatorem et Tancredum, 1195–1196

Verfasser: Petrus de Ebulo.
Die Wappen und Embleme sind zeitgenössisch (↗ S. 118, 152).
Original: Bern, Stadtbibliothek, Cod. 120, Bibl. Bongarsiana; vgl. BGH S. 1 f.

Matthew Paris († 1259), Historia Anglorum, Chronica Majora, Abbrevatio Chronicarum, Liber Additamentorum.

Inhalt: Zusammen etwa 100 Schilde.
Originale: London, British Museum, Ms. Royal 14 C VII, bzw. Ms. Cotton Claudius D VI. (f 17)
Vielfach literarisch behandelt, besonders Dr. Vaughan, ›Matthew Paris‹, Cambridge 1958, und Aspilogia I und II, S. 1–86.

Chansonnier du roi (Liederbuch des Königs)

Originalhandschrift 1253–1270, Paris, Bibliothèque Nationale, ms. fr. 844. Darin elf Darstellungen der Liederdichter in ritterlichem Gewande. Veröffentlicht in: Mélanges Linguistiques, Littéraires offerts à A. Jeanroy, Paris 1928, Seite 521–537, Tfln.

Grosse Heidelberger Liederhandschrift, um 1300

Sog. Manesse-Codex.
Original: Heidelberg, Universitätsbibliothek, cod. palat. germ. Nr. 848.
Vielfach in der Literatur behandelt; heraldisch besonders bei Karl Zangemeister, ›Die Wappen, Helmzierden und Standarten der Großen Heidelberger Liederhandschrift (Manesse-Codex)‹, Görlitz und Heidelberg 1892, XII, 30 S. LXII Farbtafeln, Gr. 2°. Faksimile-Druck: Berlin 1930.

Weingartener Liederhandschrift, Anfang des 14. Jahrhunderts.

Inhaltlich der Großen Heidelberger Liederhandschrift nahe verwandt, aber weniger umfangreich.
Original: Stuttgart, Öffentliche Bibliothek, Poet. germ. I.
Heraldisch ausgewertet bei Zangemeister, op. cit., Tafeln 20 und 21.

Sachsenspiegel, um 1300

Kodifikation der Rechtssätze im Bereich des Sächsischen (norddeutschen) Rechts, mehrfach auch heraldisch illustriert (↗ S. 226).
Mehrere Originalhandschriften.
In der rechtsgeschichtlichen Literatur vielfach behandelt. Faksimile-Ausgabe: Karl von Amira, ›Die Dresdener Bilderhandschrift des Sachsenspiegels‹, Leipzig 1892.

Balduineum oder Die Romfahrt Kaiser Heinrichs vii., um 1345

Fortlaufender Bilderzyklus; die Teilnehmer, sofern Ritter, sind mit ihren Wappen und Bannern dargestellt, auf den Rückseiten die Wappen der Burgmannen des Erzbistums Trier (↗ S. 144, 180).
Original: Koblenz, Staatsarchiv.
Veröffentlicht: ›Die Romfahrt Kaiser Heinrichs VII. im Bilderzyklus des Codex Balduini Trevirensis‹. Bearbeitet von Georg Irmer, Berlin 1881.

Beijerens Holländische Chronik, um 1409

Arbeit des holländischen Herolds »Bayern«, mit bürgerlichem Namen Claes Heynensoen, illustriert u.a. mit den Wappen von 25 Bischöfen von Utrecht und holländischer Großer, dazu Wappengedichte in niederländischer Sprache.
Original: Brüssel, Bibliothèque Royale, Ms. 17914.

Harleian Roll, um 1314

Inhalt: Am oberen Rande des Gedichts ›Manuel des Pechez‹ von William of Waddington 191 farbige Wappenschilde.
Original: London, British Museum, Ms. Harley 337.

Peterborough Roll, ca. 1321–1329

Inhalt: Am Rande der ›Chronicle and cartulary of Peterborough‹ 17 farbige Wappenschilde der Abtei und der Äbte.
Original: London, British Museum, Ms. Additional 39758.

Georg Hagens Österreichische Chronik, 1394–1398

Inhalt: 14 schön stilisierte farbige Wappen sagenhafter Herrscher sowie das österreichische Herzogswappen.
Original: Innsbruck, Universitätsbibliothek, Ms. 255.

Sherborne Missal Shields, um 1400

Inhalt: 66 ausgemalte Schilde.
Original: Alnwick Castle, Duke of Northumberland.

The Great Coucher Book des Herzogtums Lancaster, um 1410

Inhalt: 16 dem Herzogtum Lancaster zustehende Wappenbanner.
Original: London, Public Record Office, D of L/42.

Furness Coucher Book, um 1412

Inhalt: 84 Wappen von Wohltätern. Das Buch besteht aus zwei Teilen.
Originale: 1. Public Record Office, Duchy of Lancaster Records, 2. British Museum, MS Additional 33244

Salisbury Roll, um 1460

Inhalt: Heraldisch gekleidete Ehepaare in der Reihe einer königlichen Abstammung.
Original: Manuskript im Besitz des Herzogs von Buccleuch.

Gebhard Dachers Konstanzer Chronik, um 1465

Inhalt: 646 Wappen, auf Konstanz und nähere Umgebung bezüglich.
Original: St. Gallen, Stiftsbibliothek, Cod. 646.

Warwick oder Rous Roll, 1477–1491

Inhalt: Reich illustrierte Geschichte des Hauses Rous. Die Illustrationen, dabei figürliche, mit Schilden, Bannern und Badges ausgestattet.
Original: Lateinische Fassung London, College of Arms; englische Fassung London, British Museum, Ms. Additional 48976.

Clemens Speckers Österreichische Chronik, 1479

Inhalt: 82 farbige Phantasiewappen erdichteter früherer Herrscher.
Original: Bern, Stadtbibliothek, Ms. A 43.

Georg Edlibach, Zürcher Chronik, 1485

Inhalt: 33 Wappen der Untertanengebiete Zürichs und heraldisch illustrierte Schlachtenbilder (↗ S. 31).
Original: Zürich, Zentralbibliothek, Ms. A 75.

ALLGEMEINE WAPPENBÜCHER

1) Von Herolden verfasste oder veranlasste.

Armorial Wijnbergen, 1265–1288

Inhalt: 1302 farbige Wappenschilde mit darüber gesetzten Namen, meist mit Taufnamen, am Ende auch Phantasiekönige, in französischer Sprache.
Original: 's-Gravenhage, Koninklijk Nederlandsche Genootschap voor Geslacht- en Wapenkunde.
Veröffentlicht: in AHS 1951–1954, auch als Sonderdruck (↗ S. 29).

Walford's Roll, um 1273

Inhalt: 185 Wappenbeschreibungen in französischer Fachsprache.
Original: Verloren, mehrere Kopien.
Veröffentlicht: Aspilogia II, 167–204.

Heralds' Roll, um 1270–80

Inhalt: 892 gemalte Wappenschilde, teilweise doppelt vorkommend.
Originale: College of Arms, Ms. B 29, pp. 20–27, und Cambridge, Fitzwilliam Museum, MS 297.

Camden Roll, um 1280

Inhalt: 270 gemalte Wappenschilde. Auf den Rückseiten 185 zugehörige Beschreibungen in französischer Sprache.
Original: London, British Museum, Cotton Roll XV, 8.

Segar's Roll, um 1282

Inhalt: 212 gemalte Wappenschilde.
Ausgewertet in: ›The Genealogist‹, Vol. IV, London 1880.

Smallpece's Roll, um 1300

Inhalt: 168 gemalte Schilde.

Sir William le Neve's Roll, um 1300

Inhalt: 167 gemalte Schilde.

The Lord Marshal's Roll, um 1300

Inhalt: 588 gemalte Schilde.

The Lord Marshal's Roll Old, Band ii, um 1300

Inhalt: 65 Schilde von Souveränen.

Sir William le Neve's Second Roll, um 1320

Inhalt: 118 gemalte Schilde.

Cooke's Book, um 1320

Inhalt: 89 gemalte Schilde.

Ashmolean Roll, um 1334

Inhalt: 498 Wappenbeschreibungen, in französischer Sprache.
Original: Oxford, Bodleian Library, Ms. Ashmole 15 A.

Grimaldi's Roll, um 1350

Inhalt: 167 gemalte Wappenschilde mit Beschreibungen in französischer Sprache.
Original: Manchester, John Rylands Library, Western (French und Italian) Ms. 88.

Armorial Bellenville, circa 1364–1386

Inhalt: 1722 Wappenschilde, davon bei den Souveränen und dem Anhang »Turniere« 478 mit Helm und Helmzier. Berichte darüber in ›Recueil du 11e Congrès international des sciences généalogique et héraldique‹, Liège (Lüttich), 29.5.–2.6.1972.

Gelres Wappenbuch, 1370–1386

Inhalt: 1755 farbig gemalte Vollwappen (↗ S. 11, 26f., 35, 121, 160).
Original: Brüssel, Bibliothèque Royale, Ms. 15652–56.
Veröffentlicht: AHS 1961–1968 und Sonderdruck.

Basygnes' Book, um 1395

Inhalt: 407 unbeholfen gemalte Schilde. Der dem englischen Adel gewidmete Teil etwas nach Bildern angeordnet.
Original: London, College of Arms, Ms. B 22, fol. 62–85 b.

Beijerens Wappenbuch, um 1400

Inhalt: 1098 Wappenschilde mit zusätzlich den Rang in der Heeresfolge angebenden Fähnchen.
Original: 's-Gravenhage, Koninklijk Nederlandsche Genootschap voor Geslacht-en Wapenkunde.
Mehrfach zitiert, nicht ausgewertet.

Armoriaux d'Urfé, um 1420

Original: Paris, Bibliothèque Nationale, Ms fr. 32.753
Veröffentlichung in Vorbereitung.

The Lord Marshal's Roll old, Band i, um 1420

Inhalt: 47 gemalte Wappenschilde.

Fenwick's Roll, um 1422

Inhalt: 1035 gemalte Schilde, dabei u.a. die der Heiligen drei Könige.

Ulster's Roll, um 1420

Inhalt: 672 gemalte Schilde.
Original: Dublin, Genealogical Office, MS. 41, fol. 45-86.

Armorial du héraut Sicile (Wappenbuch des Herolds Sicile)

Allgemeines Wappenbuch, Inhalt 1976 Wappenschilde, 1425.
Original verloren, mehrere alte Kopien u.a. 1) Paris, Bibliothèque Nationale, ms. fr. 4366, 2) Paris, Bibliothèque de l'Arsenal, ms. 4910.

Bergshammar Wappenbuch, um 1435

Inhalt: 3388 Wappen mit oder ohne Helm und Helmzier.
Original: Stockholm, Riksarkivet, Bergshammarsamlingen.
Veröffentlicht: Jan Rancke, Bergshammarvapenboken, en medeltidsheraldisk studie. Lund 1975.

Portcullis' Book, um 1440

Inhalt: Neben den üblichen Abbildungen auch didaktische Abschnitte.
Original: British Museum, Ms. Harley 521.

Armorial Gymnich, um 1445

Original: Brüssel, Bibliothèque Royale, Ms. II 6567 (Fonds Houwaert).

Bradfer-Lawrence's Roll, um 1450

Inhalt: Sehr reichhaltig, auch mit didaktischen Abschnitten. Die Wappen sind mit Helmen und Helmzierden ausgestattet.
Original: In Privatbesitz.

Kings of Britain Roll, um 1450

Inhalt: 342 Schilde.

Dublin Roll, um 1450

Inhalt: 324 Schilde.
Original: Dublin, Genealogical Office, Ms. 7, fol. 28–324.

Hans Burggrafs Wappenbuch, um 1450

Inhalt: etwa 600 Wappen
Original: London, British Museum Ms. Additional 15681.

Wappenbuch Nr. 8769 der Nationalbibliothek in Wien, 1450–1460

Original: Wien, Nationalbibliothek.

Miltenberger Wappenbuch, Ende 15. Jahrhundert.
Original: Paris, Privatbesitz.

Hans Ingerams Wappenbuch, 1459

Inhalt: etwa 1100 Wappen. Das Wappenbuch des Persevanten Ingeram diente mehreren späteren Wappenbüchern als Vorbild.
Original: in Privatbesitz.

Armorial du héraut Berry (Wappenbuch des Gilles Le Bouvier, genannt Berry, Wappenherold König Karls VII. von Frankreich)

Allgemeines Wappenbuch, 1953 gemalte Schilde, Original 1454–1458, Paris, Bibliothèque Nationale, ms. fr. 4985.
Teilweise publiziert.

Armorial du héraut Hongrie (Anhang an ein wappenkundliches Traktat eines Herolds »Ungarland«)

Einige hundert Wappenbeschreibungen, mit Schlachtrufen, 1460–1466. Papierhandschrift, Paris, Bibliothèque Nationale, ms. fr. 5242.

Mandeville Roll, um 1460

133 gemalte Schilde.

Randle Holme's Book, um 1470

Inhalt: Sehr reichhaltiger Sammelband eines amtlichen Wappenmalers; enthält Figuren mit Krone, Helmen, Pferden, auch Phantasiewappen und Zunftwappen.
Original: British Museum, Ms. Harley 2169.

London Roll, um 1470

Inhalt: 104 roh gemalte Schilde, dabei Wappen von London und dortigen Korporationen.
Original: British Museum, Ms. Add. 29502.

Ballard's Book, um 1465–1490

Inhalt: Umfangreicher Sammelband des William Ballard, zuletzt Wappenkönig der Marche »Westengland, Wales und Cornwall«.
Original: London, College of Arms, Ms. M. 3. »Tiltinge«.

Ansbacher Wappenbuch, 1485–1490

Inhalt: Die Wappen exotischer Fürsten nach dem Konstanzer Konzilienbuch, und zumeist oberdeutscher Adel.
Original: Ansbach, Historischer Verein für Mittelfranken.

Whrithe's Book, um 1480

Inhalt: Reichhaltig.
Original: College of Arms, Ms. M. 10 (›Coats in Colours‹), 71–190.

Peter le Neve's Book, um 1480–1500

Inhalt 2070 Wappen, gemalt, davon 296 in Bannerform und 109 mit Helm und Helmzier.
Original: British Museum, Ms. Harl. 6163.

Wernigeroder (Schaffhausensches) Wappenbuch, um 1490

Dies ist wohl die besterhaltene Wappenhandschrift des 15. Jahrhunderts. Die Wappendarstellungen gehören zu den besten ihrer Zeit.
Original: München, Nachlaß Otto Hupp.

Jörg Rugenns Wappenbuch, um 1492

Inhalt: über 3600 Wappen, darunter sehr viele städtische (↗ S. 227).
Original: Innsbruck, Universitätsbibliothek, Ms. 545.

Sir William le Neve's Book, um 1500

Inhalt: 936 Schilde, die letzten sechs: Städtewappen.

Armorial de la Toison d'Or et de l'Europe, frühes 15. Jahrhundert

Original: Paris, Bibliothèque de l'Arsenal. Veröffentlicht als Faksimile, Paris 1890 (↗ S. 228 f.).

Armorial du Héraut Berry (Gilles Bouvier), 15. Jahrhundert

Original: Paris, Bibliothèque Nationale, Ms. 4985.
Teilweise literarisch ausgewertet.

Livro Grande oder Armeiro-mor, 15. Jahrhundert

Original: Lissabon, Arquivo Nacional de Torre do Tombo.
Veröffentlicht: Faksimile, Lissabon 1956. Historisch-kulturell interpretiert von Francisco de Simas Alves de Azevedo, Lissabon 1966.

Shirley's Roll, 15. Jahrhundert

Inhalt: 469 gemalte Schilde, das Wappen des Königs von England als Vollwappen in reicher Ausgestaltung.
Original: Privatbesitz.

Devereux Roll, 15. Jahrhundert

Inhalt: 180 gemalte Wappenschilde mit Beschreibungen in englischer Sprache.
Original: Dublin, Trinity College, Ms. E 5.30, fol. 87–95.

Rawlinson Roll, 15. Jahrhundert

Inhalt: 79 roh, aber kraftvoll gemalte Schilde.
Original: Oxford, Bodleian Ms. Rawlinson B 107, fol. 26–35b.

Armorial Gorrevod, spätes 15. Jahrhundert

Original: Brüssel, Bibliothèque Royale, Ms 6563.

Wappenbuch Nr. 2936 der Nationalbibliothek in Wien, Ende 15. Jahrhundert

Inhalt: 445 Wappen; die erstmals vorkommende alphabetische Ordnung eines Wappenbuchs.
Original: Wien, Nationalbibliothek.

2) Private Sammlungen

Clipearius Teutonicorum des Conrad von Mure, 1242–1249

Inhalt: 73 Wappenbeschreibungen in Versform, in lateinischer Sprache.
Original verloren, Abschriften enthalten in ›Dialogus de nobilitate et rusticitate‹, herausgegeben 1497 von Sebastian Brant, seitdem mehrfach literarisch verwertet.

The Matthew Paris Shields, um 1244

Inhalt: Auszug aus den Chroniken des Matthäus Parisiensis (↗ S. 19, 63).
Original: British Museum, Ms. Cotton, Nero D 1, fol. 170–170 b.

Zürcher Wappenrolle, um 1340

Inhalt: 450 Wappen und 28 Banner
Original: Zürich, Zentralbibliothek, deponiert im Schweizerischen Landesmuseum (↗ S. 27, 116, 120, 136).
Veröffentlicht als Faksimile mit Kommentaren, Zürich 1930.

Wappenbuch »Van den Ersten«, Skizzenbuch, um 1380

Inhalt: 450 Wappen
Original im Zweiten Weltkrieg untergegangen, letzter Besitzer war der Verein Herold in Berlin. Kopie von 1578: Brüssel, Herzoglich Arenbergisches Archiv.

Uffenbachsches Wappenbuch, Ende 14. Jahrhundert

Inhalt: 640 Wappenschilde
Original: Hamburg, Staatsbibliothek (Ms. in scrinio 90 b).

Redinghovens Wappenbuch, 1440

Inhalt: 425 Vollwappen.
Original: München, Staatsbibliothek, cod. germ. 2214.

Donaueschinger Wappenbuch, 1433

Inhalt: ungefähr 1100 Vollwappen.
Original: Donaueschingen, Bibliothek des Fürsten von Fürstenberg.

Stuttgarter Wappenbuch, 1430–1446

Original: Stuttgart, Hauptstaatsarchiv.

Scheiblersches Wappenbuch, um 1450

Original: München, Bayerische Staatsbibliothek, cod. icon. 312 c.

Gabelentzsches Wappenbuch, um 1460

Inhalt: zumeist süddeutscher Adel.
Original: in Privatbesitz.

Pfälzer Wappenbuch, um 1460

Inhalt: 1080 Wappen.
Original: Innsbruck, Tiroler Adels-Matrikel-Genossenschaft.

Innsbrucker Wappenbuch, 1460–1470

Inhalt: 480 Wappen.
Original: Innsbruck, Tiroler Adels-Matrikel-Genossenschaft.

Berliner Wappenbuch, um 1460

Inhalt: ungefähr 900 Wappen.
Original: Berlin, Staatsbibliothek, Ms. geneal. fol. 271.

Wappenbuch von St. Gallen oder Haggenbergs Wappenbuch, 1466–1470

Inhalt: etwa 2000 Wappen.
Original: St. Gallen, Stiftsbibliothek, Pap. cod. fol. No. 1084.

Grünwaldsches Wappenbuch, um 1470

Inhalt: 48 Vollwappen und 467 Wappenschilde.
Original: München, Bayerisches Nationalmuseum, Nr. 3605.

Leipziger Sammelband, um 1470

Original: Leipzig, Universitätsbibliothek.

Eichstätter Wappenbuch, 1474–1478

Inhalt: etwa 2000 Wappen.
Original: Eichstätt, Staatsbibliothek, cod. 704.

Armorial de Clément Prinsault

Allgemeines Wappenbuch, Erweiterung des Wappenbuchs des Herolds Sicile durch Clément Prinsault, um 1470.
Original Paris, Bibliothèque Nationale, ms. n. acq. fr. 1075 (36).

Conrad Grünenbergs, Ritters und Bürgers zu Konstanz, Wappenbuch, 1483

Inhalt: etwa 2000 Wappen.
Original: Berlin, Geheimes Staatsarchiv, Berlin-Dahlem.
Zeitgenössische Kopie: München, Staatsbibliothek, Faksimileveröffentlichung: Görlitz 1875 (↗S. 128, 153, 161, 225).

REGIONALE WAPPENBÜCHER

Glover's Roll, um 1253–1258

Inhalt: 218 Wappenbeschreibungen in französischer Fachsprache, nur England betreffend, mit skizzenhaften Schilden.
Original: verloren, mehrere Kopien.
Veröffentlicht: Aspilogia II, S. 89–159.

Dering Roll, um 1275

Inhalt: Auf Tafeln zusammengestellte Schilde von Rittern, hauptsächlich aus Kent und Sussex.
Original: Privatbesitz von Sir Anthony Wagner, Garter King of Arms, London.

Armorial du héraut Vermandois

Kopie von etwa 1400 nach einem verlorenen Original von 1280–1300, 130 Wappenbeschreibungen von Großen und Grafen, 856 von Herren, nach Marches gegliedert.
Paris, Bibliothèque Nationale, ms. fr. 2249.

St. George's Roll, um 1285

Inhalt: 677 britische Wappenschilde mit Beschreibungen in französischer Sprache.

Charles' Roll, um 1285

Inhalt: 486 britische Wappenschilde mit Beschreibungen in französischer Sprache.

Collins' Roll, um 1295

Inhalt: 720 britische Wappenschilde mit Beschreibungen in französischer Sprache.
Original: London, Society of Antiquaries, Ms. 517.

Guillim's Roll, um 1295–1305

Inhalt: 148 britische Wappenschilde mit Beschreibungen in französischer Sprache.

Rôle d'Armes Chifflet-Prinet, 1297

Seit 1949 erkannt als Rôle d'armes de l'Ost de Flandre (siehe dort).

Fife Roll, um 1300

Inhalt: 31 gemalte Schilde englischer Geschlechter.
Original: College of Arms, Muniment Room, Box 15, Roll 28.

Holland's Roll, um 1310

Inhalt: 94 gemalte Schilde englischer Geschlechter.

The Great, Parliamentary, or Bannerets' Roll, um 1312

Inhalt: 1100 Beschreibungen, in französischer Sprache, der Wappen des Hochadels von England und der Bannerherren, nach Grafschaften geordnet.
Mehrfach veröffentlicht, u.a. in ›The Genealogist‹, New Series, vol. XI, 1885, und XII, 1886.
Original: British Museum, Ms. Cotton, Caligula A XVIII, fol. 3–21 b.

Povey's Roll, um 1320

Inhalt: 82 Wappenschilde englischer Adeliger.
Original: London, College of Arms, Ms. B 29, fol. 29–38.

Balliol Roll, um 1332

Inhalt: Gemalt, die älteste Sammlung schottischer Wappen.
Original: Privatbesitz Sir Anthony Wagner.

Cooke's Ordinary, um 1340

Ältestes Wappenbilderregister der Welt. 646 Schilde englischer Familienwappen, jeweils ein Banner bei Themawechsel.
Privatbesitz Sir Anthony Wagner.

Cotgrave's Ordinary, um 1340

Inhalt: 556 Beschreibungen in französischer Sprache mit 219 Erläuterungen und Abbildungen, bunt am Rande.

Powell's Roll, um 1350

Inhalt: 672 gemalte Schilde.
Original: Oxford, Bodleian Library, Ms. Ashmole 804, IV.

Antiquaries' Roll, um 1360

Inhalt: 352 gemalte Schilde englischen Adels.
Original: Society of Antiquaries, Ms. 136, Part I.

Sixth' Nobility Roll, um 1340

Inhalt: 71 gemalte Wappenschilde englischer Lords.
Original: British Museum, Ms. Additional 29505

Sir George Calverley's Book, um 1350–1450

Inhalt: 350 gemalte Schilde englischen Adels.

Bruce Roll, um 1370

Inhalt: Schottische Wappen und Banner.
Original: London, College of Arms, Ms. 2nd L. 12, last fol.

Armorial du héraut Navarre

Wappenbuch des Martin Carbonnel, Wappenkönig des Königs Karl des Bösen von Navarra, 1368–1375.
Wappenbuch des französischen Adels, nach Marches gegliedert.
Kopie des 15. Jahrhunderts, Paris, Bibliothèque Nationale, ms. fr. 14356.
Veröffentlicht durch Louis Douët d'Arcq, Paris 1859, 8°, 56 S.

Armorial du Baillage de Senlis

Wappen von 21 Vasallen der Ballei Senlis um 1370.
Original in Paris, Archives Nationales (P. 146).
Veröffentlicht in Bibliothèque de l'Ecole des Chartes, tome XC, 1929, Seiten 316–336.

Terrier des vassaux de comté de Clermont en Beauvaisis

Ungefähr 1700 gemalte Wappen, nach Burgmannschaften gegliedert. Die Bannerherrn haben rechteckige Schilde, die Edelknappen Schild und Wimpel, die Adligen nur einen Schild, die Bürgerlichen herzförmige Schilde. Datierung 1373–1374.
Paris, Bibliothèque Nationale, ms. fr. 20082. Teilweise publiziert.

William Jenyns' Ordinary, um 1380

Inhalt: 1161 gemalte Schilde, dabei einige Banner englischer Geschlechter.
Original: College of Arms, Ms. Jenyns' Ordinary.

County Roll, um 1385

Inhalt: 696 meist farbige Wappenschilde englischer Geschlechter, nach Grafschaften geordnet.

Willement's Roll,

Näheres siehe unter »Korporationswappenrollen«.

Norfolk and Suffolk Roll, um 1400

150 gemalte Schilde.

Thomas Jenyns' Book, um 1410

Inhalt: Nach Bildern geordnete Schilde, mit französischen Beschreibungen (↗S. 30 f.).
Original: Queen Margaret's Version: London, British Museum, Ms. Additional 40851.

»Rouen« Roll, um 1410

Inhalt: Angeblich, aber irrtümlich als Wappenrolle der Teilnehmer an der Belagerung von Rouen ausgegeben. Französische Beschreibungen.
Veröffentlicht: ›Notes and Queries‹, 6th series, vol. II, 1880, vol. III, 1881.

Visitation héraldique du pays de Caux (Normandie).

Wappenbuch der Herren im Lande Caux mit Ahnentafeln, Datierung: um 1415. Original, London, College of Arms, mss. M. 19.

Bowyer's Book, um 1440

Inhalt: Die Wappen englischer Geschlechter, auch vorheraldischer, in drei Kolonnen mit Text (englisch), Bild, Name.
Original: London, College of Arms, Ms. B 22, fol. 3–22.

Talbot Banners, um 1442

Inhalt: 15 Wappenbanner, geviert; Talbot und mit John Talbot, dem ersten Grafen von Shrewsbury, verschwägerte Familien.
Original: London, College of Arms, Ms. B 29, fol. 8–17b und 18.

Military Roll, vor 1448

Inhalt: Turnierbilder, je zwei vollheraldisch gerüstete Reiter mit Lanzen, bzw. Schwertern, auf den Helmen nur Wulste.
Original: London, British Museum, Ms. Harley 4205.

Armorial de Guillaume Revel.
Wappenbuch des Guillaume Revel, Herold Auvergne im Dienst Herzog Karls I. (1456) von Bourbon

750 Vollwappen, literarisch mehrfach verwertet.
Original des 15. Jahrhunderts, 506 Seiten, Paris, Bibliothèque Nationale, ms. fr. 22297.

Wappenbuch der Österreichischen Herzöge, um 1446

Inhalt: 141 Vollwappen, 21 Wappenschilde, 4 Doppelwappen.
Original: Wien, Staatsarchiv, Nr. 157.

Red Book Roll, um 1450

Inhalt: 548 Wappenschilde, englischer Adel.
Original: London, College of Arms, Ms. Vincent 164, fol. 176–93 b.

LUCY'S ROLL, um 1450

Inhalt: 282 gemalte Schilde englischer Geschlechter.

CLARENCE ROLL, um 1450

Inhalt: 102 gemalte Schilde, englischer Hochadel.

ATKINSON'S ROLL, um 1450

Inhalt: 88 Wappenbeschreibungen, in englischer Fachsprache, englischer Hochadel.
Original: London, British Museum, Ms. Harley 1408, fol. 107–108b, 105–106b, 109.

PORTINGTON'S ROLL, um 1450

Der Zusammenhang der drei Teile ungeklärt, fast nur Wappen englischer Geschlechter, aber auch der Stadt London.

NOMS ET ARMES DES SEIGNEURS ET GENTILSHOMMES PRÉSENTS AUX MONTRES GÉNÉRALES DU DUCHÉ DE BRETAGNE (Wappenbuch der Teilnehmer an den allgemeinen Musterungen der Bretagne), 1455–1458.

Original: Paris, Bibliothèque Nationale, ms. fr. 5506.

CLARE ROLL, um 1456

Inhalt: 11 zum Teil mit Gold gemalte Wappen der Mitglieder des Hauses Clare und ihrer Gattinnen, 1248–1456.
Original: London, College of Arms, Box 21, Nr. 16.

DITIERS FAITS ET ARMORIÉS POUR DES NOCES DE NOBLES BOURGEOIS ET POUR LA CONFRÉRIE DES DAMOISEAUX DE CETTE VILLE

Von Engherant Le France, Wappenherold von Valenciennes, 1459 bis 1468 komponierte Hochzeitsgedichte, mit Wappen illustriert.
Veröffentlicht durch die Société des Bibliophiles Belges, Nr. 18, Mons 1856, 8°, 87 Seiten.

SECOND SEGAR ROLL, um 1460

Inhalt: 150 gemalte Wappen englischer Geschlechter.

FRIAR BRACKLEY'S BOOK, um 1440–1460

Inhalt: 73 gemalte Schilde aus der Sippschaft des Geschlechtes Paston.
Original: Privatbesitz.

STARKEY'S ROLL, um 1460

Aus drei Kopien bekannt, wenigstens 1124 skizzierte Schilde englischer Geschlechter.

GOSSENBROT'SCHES FAMILIENBUCH, um 1469

Inhalt: 85 gut gezeichnete Wappenschilde von Augsburger Geschlechtern und der Verwandtschaft der Familie Gossenbrot.
Original: München, Staatsbibliothek, cod. mon. germ. 98.

TREGOZ ROLL, nach der Mitte des 15. Jahrhunderts.

Inhalt: Gemalte Halbrundschilde ohne Beschriftung, in Beziehung zu den Familien Tregoz und Grandison.
Original: London, College of Arms, Muniment Room, Box 21, Nr. 11.

DOMVILLE ROLL, um 1470

Inhalt: 284 englische Familienwappen, dabei einige mit »Farbe auf Farbe«.
Original: Privatbesitz.

SIR JOHN FENN'S BOOK OF BADGES, um 1470

Inhalt: 57 gemalte Badges.
Original: London, British Museum, Ms. Additional 40742

GENTRY ROLL, um 1480

Inhalt: 36 Schilde englischer Familien.
Veröffentlicht: Walford's Antiquarian Magazine and Bibliographer, vol. II, London 1882.

CONRAD GRÜNENBERG'S ÖSTERREICHISCHE CHRONIK, um 1480

Inhalt: 11 Vollwappen, 70 Allianzwappen und 14 Dreiergruppen. Wappen der österreichischen Herrscher von etwa 850–1484; die ältesten sind Phantasiegebilde.
Original: Wien, Staatsarchiv.

KODEX NASSAU-VIANDEN, um 1480

Inhalt: mittel- und niederrheinische Dynastenwappen.
Original: München, Nachlaß Otto Hupp.

BASLER WAPPENBUCH, um 1480

Inhalt: 28 Vollwappen aus der Umgegend des Bodensees.
Original: Basel, Universitätsbibliothek, Ms. 0.III. 47.

GENEALOGIE DER GRAFEN UND HERZÖGE VON KLEVE, zwischen 1467 und 1481

Inhalt: Wappen der Angehörigen des Hauses Kleve.
Original: Kleve, Stadtarchiv.

KOCH'SCHES WAPPENBUCH, um 1490

Inhalt: 320 Blätter mit vier Vollwappen bzw. sechs Wappenschilden auf jeder Seite. In der Seitenmitte steht ein Herold.
Original: Basel, Universitätsbibliothek, Ms. 0.I.13.

GEROLD EDLIBACH'S WAPPENBUCH, um 1493

Wappen von Geschlechtern aus Zürich und Umgegend.
Original: Zürich, Antiquarische Gesellschaft, deponiert im Staatsarchiv.

WAPPENBUCH DES GALLUS ÖHEM, um 1496

Inhalt: Wappen mit Bezug auf das Kloster Reichenau.
Original: Freiburg im Breisgau, Universitätsbibliothek.

COTTONIAN ROLL, 15. Jahrhundert.

Inhalt: 461 Wappenschilde, wegen schwieriger Datierung von mäßigem Quellenwert.
Original: London, British Museum, Ms. Cotton, Tiberius E VIII, fol. 104–108.

LEIPZIGER WAPPENBUCH, 2. Hälfte des 15. Jahrhunderts

Inhalt: vor allem Turnieradel aus dem Oberrheingebiet.
Original: Leipzig, Stadtbibliothek, Sig. 11, 12ᵉ, 164.

NIEDERLÄNDISCHES WAPPENBUCH, kurz vor 1500

Inhalt: hauptsächlich Wappen aus der Umgegend von Delft.
Original: Münster, Stadtarchiv.

GEMALTES WAPPENBUCH DER STAATSBIBLIOTHEK MÜNCHEN, um 1500

Inhalt: hauptsächlich Wappen aus der Umgegend von Passau.
Original: München, Bayerische Staatsbibliothek, cod. icon. 309.

COLLINGBORNE'S BOOK, spätes 15. Jahrhundert

Inhalt: Auffallend viele nur zeitgenössisch erklärbare Wappenmalereien.
Quelle: London, College of Arms, Ms. B 22, fol. 50–60 und 26–49.

LE NEVE'S EQUESTRIAN BOOK, spätes 15. Jahrhundert

Inhalt: 88 Reiterfiguren, Beschreibung in englischer Sprache.
Original: Privatbesitz.

WAPPENBUCH AUS DEM BREISGAU, Ende 15. Jahrhundert

Inhalt: Wappen aus dem Oberrheingebiet.
Original: Privatbesitz.

WAPPENROLLE VON ST. GALLEN, Ende des 15. Jahrhunderts

Inhalt: hauptsächlich Wappen aus dem weiteren Bodenseegebiet.
Original: St. Gallen, Staatsarchiv.

ARMORIAL D'ASSIGNIES, um 1500

Wappen und Schlachtrufe der 31 Ritter von Flandern, Hennegau, Artois und Cambrésis, um 1500.

Veröffentlicht durch A. Dinaux, in: Archives historiques et littéraires du Nord de la France et du Midi de la Belgique, Tome IV – (Tome VIII der Sammlung), 1842, S. 5–26.

LIVRO DA NOBREZA, 1541

Inhalt: Portugiesischer Adel, Vollwappen.
Original: Lissabon, Arquivo Nacional da Torre do Tombo.

KORPORATIONSWAPPENROLLEN

WAPPENTAFELN KURTRIERISCHER BURGMANNEN, um 1345

Inhalt: 258 nach Burgen geordnete Wappenschilde, gemalt auf der Rückseite der Chronik vom Romzug Kaiser Heinrichs VII. (sogenanntes Balduineum).
Original: Koblenz, Staatsarchiv.

LEHENSBUCH DES KLOSTERS MURBACH, ab ungefähr 1350

Inhalt: Wappen der Lehensleute, zumeist aus dem Elsaß.
Original: Colmar, Archives Départementales.

WILLEMENT'S ROLL, um 1395

Inhalt: 25 Schilde der Gründungsritter des Hosenbandordens, vom Ordensband umzogen, nach diesen 576 Schilde englischen Adels.

WIENER MINORITEN-NECROLOGIUM (REGESTA SEPULCHRORUM), ab Ende des 14. Jahrhunderts

Inhalt: hauptsächlich Wappen der Wohltäter des Klosters.
Original: Wien, Städtische Sammlung.

BRUDERSCHAFTSBÜCHER VON ST. CHRISTOPH AUF DEM ARLBERG, Anfang 15. Jahrhundert

Inhalt: Wappen der im ganzen deutschen Sprachgebiet verstreuten Mitglieder.
Hauptoriginal: Wien, Österreichisches Haus-, Hof- und Staatsarchiv.

COFRARIA DOS CAVALEIROS DE SANTIAGO, BURGOS, seit dem 14. Jahrhundert

Inhalt: Darstellungen der Mitglieder der Bruderschaft zu Pferde in voller heraldischer Ausrüstung.
Original: Burgos, Staatsarchiv.

TOTENBUCH DER FRANZISKANER IN LANDSHUT, ab 1400

Inhalt: Wappen der Stifter des Klosters. Original: München, Hauptstaatsarchiv, sig. Franziskaner-Orden A. 3, Landshut.

ERFURTER UNIVERSITÄTSMATRIKEL, seit 1420

Inhalt: Hervorragend gemalte Wappen des Rektors, auch mit vier Ahnenwappen, und immatrikulierter Studenten aus allen Ständen.
Original: Erfurt, Stadtarchiv, Codex Erfurt, fol. 104. Einige der Blätter als Meisterwerke mehrfach veröffentlicht.

NEKROLOGIUM DES FRANZISKANERKLOSTERS IN MÜNCHEN, ab 1424

Inhalt: Portraits der Stifter von Seelenmessen mit ihren Wappen (↗ S. 28).
Original: München, Franziskanerkloster.

WAPPENBÜCHLEIN E(INER) E.(HRBAREN) ZUNFT ZU PFISTERN IN LUZERN, 1428

Inhalt: Wappen der Zunftmitglieder.
Original: Luzern, Bürgerbibliothek.

BRUGES' GARTER BOOK, um 1430

Inhalt: 26 farbige Portraits der Gründungsritter des Hosenbandordens. Das erste britische Wappenbuch, dessen Autor, William Bruges († 1450), der erste Wappenkönig des Hosenbandordens, namentlich bekannt ist. (↗ S. 21)
Original: London, British Museum, Stowe 594.

BIBLIOGRAPHIE

Anniversar von Elgg, etwa 1439–1465

Inhalt: 21 anspruchslos gezeichnete Wappenschilde, meist von Bürgerfamilien von Elgg.
Original: Elgg, Zivilgemeinde, Archiv III 39 bzw. 72.

Lehensbuch des Bistums Basel, 1441

Inhalt: Wappen der Lehensleute des Bistums.
Original: Karlsruhe, Familienarchiv des Großherzoglichen Hauses von Baden.

Armorial de l'ordre du Croissant

Wappenbuch der Mitglieder des von René von Anjou 1448 gestifteten Ordens vom Halbmond, Manuskript des 16. Jahrhunderts, Paris, Bibliothèque Nationale, ms. fr. 5225.

Lehensbuch des Bistums Speyer, 1465

Inhalt: Wappen der Lehensleute des Bistums.
Original: Karlsruhe, Generallandesarchiv, Kopialbücher, 300.
Veröffentlicht: Von Karl Freiherrn von Neuenstein, »Wappenkunde«, Jahrgang 4, 1896.

Baseler Universitätsmatrikel, Band I, ab 1460

Inhalt: Wappen der Rektoren der Universität in hervorragender Ausführung.
Original: Basel, Universitätsbibliothek, MSA N II 3–4 a.

Lehensbuch des Kurfürsten Friedrichs I. von der Pfalz, 1471

Inhalt: Wappen der Lehensleute in ungeschickter Zeichnung.
Original: Karlsruhe, Generallandesarchiv, Kopialbuch 1057.
Die Wappen wurden nach Pausen in lithographischer Wiedergabe veröffentlicht von Karl Freiherrn von Neuenstein, Karlsruhe 1892.

Anniversar von Uster, 1469–1473

Inhalt: Etwa 60 flott gezeichnete Wappen aus der Sippschaft der Landenberg-Greifensee und der Bonstetten, auch Schilde bürgerlicher und bäuerlicher Familien.
Original: Zürich, Zentralbibliothek, Ms. I 703.

Heroldsbuch des Jülicher Hubertus-Ordens, 1480

Inhalt: Über 1000 Vollwappen und mehr als 100 Schilde, meist wohl Ahnenwappen der Ritter.
Original: Berlin, Staatsbibliothek, Ms. germ., Quart 1479.

Lehensbuch des Grafen Kraft VI. von Hohenlohe, 1476–1503

Inhalt: Ahnenwappen aus der Verwandtschaft des Grafen Kraft VI.
Original: Waldenburg, Fürstlich-Hohenlohisches Archiv.

Totenbuch der Franziskaner in Bamberg, ab 1486

Inhalt: Ungefähr 210 farbige Wappen der Wohltäter des Klosters.
Original: Bamberg, Historischer Verein für Ober-Franken.

Armorial de l'ordre de Notre-Dame de la Table ronde de Bourges

Wappenbuch (28 Wappen) der bürgerlichen »Tafelrunde« zu Bourges, zwischen 1486 und 1508.
Original verloren.
Kopie des 17. Jahrhunderts, Bibliothèque Carpentras, ms. 1793, fol. 627–629.
Veröffentlicht: Bourges 1837, 8°, 20 Seiten.

Writhe's Garter Book, um 1488

Ähnlich aufgebaut wie die Willement's Roll (siehe dort)
Original: Privatbesitz des Herzogs von Buccleuch.

Baseler Gräberbuch, um 1490

Inhalt: Wappen der Gründer von Jahrzeitmessen.
Original: Karlsruhe, Generallandesarchiv, Anniversa 4.

Bruderschaftsbuch des Sankt-Hubertus-Ordens, Ende 15. Jahrhundert

Inhalt: Wappen der Ordensritter mit ihrem Ahnenwappen.
Original: München, Bayerische Staatsbibliothek, (cod. icon. 318)

Wappenbuch der Gesellschaft »Zur Katze«, Konstanz 1547

Veröffentlicht: Von Karl Freiherrn von Neuenstein, Karlsruhe 1904.
Erneut veröffentlicht: Eine farbige Tafel mit 159 Wappen, Konstanz 1904.

ALLGEMEIN

Bernd, Christian Samuel Theodor: *Allgemeine Schriftenkunde der gesamten Wappenwissenschaft,* 4 Bde., Bonn 1830–41.

Classed Catalogue of books on Heraldry, London 1912.

Berchem, Egon Frhr. v.: *Heraldische Bibliographie = Familiengeschichtliche Bibliographie,* Bd. V, Leipzig 1937, Neudruck Neustadt a.d. Aisch 1972.

Saffroy, Gaston: *Bibliographie généalogique, héraldique et nobiliaire de la France,* 3 Bde., Paris 1968–74.

Achen, Sven Tito, und Ole Rostock: *Bibliografi over heraldisk litteratur i Danmark og om Danmark 1589–1969,* Christiansfeld 1971.

LEHRBÜCHER UND LEITFÄDEN DER WAPPENKUNDE

Bara, Hierosme de: *Le Blason des Armoiries,* Lyon 1581, Neudruck Paris 1975.

Böckler, Georg Andreas: *Ars Heraldica,* Nürnberg 1688, Neudruck Graz 1971.

Spener, Philipp Jacob: *Insignium theoria = Opus heraldicum, pars generalis,* Frankfurt a. Main 1690.

Rudolphi, J.A.: *Heraldica curiosa,* Nürnberg 1698.

Rietstap, J.B.: *Handboek der Wapenkunde,* 1. Aufl. Leyden 1856, 3. Aufl. hrsg. von Cornelis Pama, Leyden 1943.

Sacken, Eduard Frhr. v.: *Katechismus der Heraldik,* Leipzig 1862, 8. Aufl. Leipzig 1920.

Hildebrandt, Adolf Matthias: *Wappenfibel,* 1. Aufl. Berlin 1887, 14. Aufl. Berlin 1943, 15. Aufl. Neustadt a.d. Aisch 1967 *(Wappenfibel, Handbuch der Heraldik),* 16. Aufl. 1970.

Seyler, Gustav Adelbert: *Geschichte der Heraldik = J. Siebmacher's Großes Wappenbuch,* Bd. A, Nürnberg 1890, Neudruck Neustadt a.d. Aisch 1970.

Keller, Alfred von: *Leitfaden der Heraldik,* Berlin 1891, 2. Aufl. 1908.

Hauptmann, Felix: *Das Wappenrecht,* Bonn 1896.

Ströhl, Hugo Gerard: *Heraldischer Atlas,* Stuttgart 1899.

Gritzner, Maximilian: *Heraldik = Grundriß der Geschichtswissenschaft,* hersg. von Aloys Meister, Bd. 1, Abt. 4, 1. Aufl. Leipzig 1906, 2. Aufl. 1912.

Hauptmann, Felix: »Wappenkunde«, in: *Handbuch der Mittelalterlichen und Neueren Geschichte,* hrsg. von G. von Below und F. Meinecke, München und Berlin 1914.

Fox-Davies, Arthur Charles: *A Complete Guide to Heraldry,* London 1909, revised and annotated by J.P. Brooke-Little 1969.

Galbreath, Donald Lindsay, und H. de Vevey: *Manuel d'Héraldique,* Lausanne 1922.

Philippi, Friedrich: *Wappen, Versuch einer gemeinfaßlichen Wappenlehre,* Dortmund 1922.

Gevaert, Émile: *L'héraldique, son esprit, son language et ses applications,* Bruxelles 1923.

Beck, Edward: *Grundfragen der Wappenlehre und des Wappenrechts,* Speyer 1931.

Galbreath, Donald Lindsay: *Handbüchlein der Heraldik,* Lausanne 1931, 2. Aufl. 1948.

Le Juge de Segrais: *Resumo da Ciência do Brasâo,* Lisboa 1951.

Moncreiffe, Iain, und Don Pottinger: *Simple Heraldry, Cheerfully Illustrated,* London & Edinburgh 1953, 10. Aufl. 1963.

Neubecker, Ottfried: *Wie finde ich ein Familienwappen,* Berlin 1956.

Pama, Cornelis: *Handboek der Wapenkunde – J.B. Rietstap,* 2. Aufl. Leyden 1961.

Almeida Langhans, Franz Paul de: *Heráldica – ciência de temas vivos,* Lisboa 1966.

Neubecker, Ottfried: *Kleine Wappenfibel,* Konstanz 1969.

Zmajić, Bartol: *Heraldika, sfragistika, genealogia,* Zagreb 1971.

Zenger, Zdenek M.: *Heraldika,* Prag 1971.

Volborth, Carl Alexander von: *Heraldik aus aller Welt in Farben,* Berlin 1972.

Sturdza-Săucesti, Marcel: *Heraldica, Tratat tehnic,* Bucuresti 1974.

Galbreath, Donald Lindsay: *Manuel du Blason,* Lausanne 1942; Neuausgabe: Léon Jéquier 1976.

REGIONAL BEGRENZTE LEHRBÜCHER

Zieber, Eugene: *Heraldry in America,* Philadelphia 1895.

Arendt, Léon, et Alfred De Ridder: *Législation Héraldique de la Belgique 1595–1895, Jurisprudence du Conseil Héraldique 1844–1895,* Bruxelles 1896.

Ströhl, Hugo Gerard: *Japanisches Wappenbuch »Nihon Moncho«,* Wien 1906.

Lukomskii, W.K., und Baron N.A. Tiepolt: *Russkaja geraldika,* Petrograd 1915.

Grandjean, Poul Bredo: *Dansk Heraldik,* København 1919.

Fourez, Lucien: *Le droit héraldique dans les Pays-Bas catholiques,* Bruxelles 1932.

Ewald, Walter: *Rheinische Heraldik,* Düsseldorf 1934.

Waltz, Jean-Jacques: *L'art héraldique en Alsace,* Nancy 1937, 1938, 1949, Neudruck 1975.

Lindgren, Uno: *Heraldik i svenska författningar,* Lund 1951.

Wagner, Anthony R.: *Historic Heraldry of Britain,* London, New York, Toronto 1939, Neudruck London und Chichester 1972.

Wagner, Anthony R.: *Heraldry in England,* London 1946, Neudruck 1949.

Mathieu, Rémi: *Le système héraldique français,* Paris 1946.

Innes of Learney, Thomas: *Scots Heraldry,* Edinburgh 1956.

Kamentseva, E.I. und N.V. Ustjugov: *Russkaja sfragistika i geral'dika,* Moskva 1963, 2. Aufl. ebda 1974.

Gumowski, Marian: *Handbuch der polnischen Heraldik,* Graz 1969.

SOZIOLOGISCHE THEMENSTELLUNG

Knötel, Paul: *Bürgerliche Heraldik,* Tarnowitz 1902, 3. Aufl. Breslau 1922.

Freier, Walter: *Der Rechtsschutz des bürgerlichen Familienwappens,* Greifswald 1920.

Franklyn, Charles A.H.: *Heraldry Simplified with Especial Reference to the Bearing of Arms by Women,* Baltimore 1973 (Neudruck von: *The Bearing of Coat Armour by Ladies,* London 1923).

Bauer, Konrad Friedrich: *Das Bürgerwappen,* Frankfurt am Main 1935.

Reise, Heinz: *Vom Wappenwesen und Wappenschwindel,* Göttingen 1948.

Heim, Bruno Bernard: *Wappenbrauch und Wappenrecht in der Kirche,* Olten 1947.
idem: *Coutumes et Droit héraldiques de l'Eglise,* Paris 1949.

Rabbow, Arnold: *dtv-Lexikon politischer Symbole A–Z,* München 1970.

Herman, Leonard: *Die Heraldik der Wirtschaft,* Düsseldorf und Wien 1971.

Wagner, Anthony R.: *Pedigree and Progress,* London 1975.

MONOGRAPHIEN ZUR FRÜHGESCHICHTE DES WAPPENWESENS

Ganz, Paul: *Geschichte der heraldischen Kunst in der Schweiz im XII. und XIII. Jhdt.,* Frauenfeld 1889.

Berchem, Egon Frhr. von, Donald Lindsay Galbreath und Otto Hupp: »Die Wappenbücher des deutschen Mittelalters«, in *S.A.H.* 1925, 1926, 1928, auch Sonderdruck; vermehrt erneut in: Dieselben und Kurt Mayer: *Beiträge zur Geschichte der Heraldik,* Berlin 1939, Neudruck, Neustadt a.d. Aisch 1972 als *J. Siebmacher's Großes Wappenbuch,* Band D.

Ulmenstein, Christian Ulrich Fhrh. von: *Über Ursprung und Entstehung des Wappenwesens,* Weimar 1935, Neudruck 1941.

Wagner, Sir Anthony (ed.): *Aspilogia, Being Materials of Heraldry; I. A Catalogue of English Mediaeval Rolls of Arms, II. Rolls of Arms Henri III,* London 1950 und 1957.

Alves de Azevedo, Francisco de Sivas: *Uma Interpretação histórico-cultural do Libro do Armeiro-mor,* Lisboa 1966.

Raneke, Jan: *Bergshammar Vapenboken – en medeltidsheraldisk studie,* Lund 1975.

Cahiers d'Héraldique, *Centre national de la recherche scientifique,* Tome I et II, Paris 1975 et ss.

BEGRIFFE

Querfurth, Curt O. von: *Kritisches Wörterbuch der heraldischen Terminologie,* Nördlingen 1872, Neudruck als: *Heraldische Terminologie,* Wiesbaden 1969.

Elvin, Charles Norton: *A Dictionary of Heraldry,* London 1889, Neudruck 1969.

Gritzner, Maximilian: *Handbuch der heraldischen Terminologie in zwölf Zungen (Sb. Wb. Einleitungsband,* Abt. B,) Nürnberg 1890.

Neubecker, Ottfried: *Deutsch und Französisch für Heraldiker,* Berlin 1934.

Stalins, Gaston: *Vocabulaire-Atlas héraldique en six langues,* Paris 1952.

Brault, Gerard J.: *Early Blazon, Heraldic Terminology in the Twelfth and Thirteenth Centuries,* Oxford 1972.

FIGURENKUNDE

Michelsen, A.L.J.: *Über die Ehrenstücke und den Rautenkranz als historische Probleme der Heraldik,* Jena 1854.

Homeyer, Karl Gustav: *Die Haus- und Hofmarken,* Berlin 1870, 2. Aufl. 1890, Neudruck Aalen 1967.

Hohenlohe-Waldenburg, Friedrich-Karl Fürst zu: *Das heraldische Pelzwerk,* Stuttgart 1876.

Warnecke, Friedrich: *Die mittelalterlichen heraldischen Kampfschilde in der St.-Elisabeth-Kirche zu Marburg,* Berlin 1884.

Dielitz, J.: *Die Wahl- und Denksprüche...,* Frankfurt am Main 1884.

Leist, F.: *Notariatssignete,* Leipzig und Berlin 1896.

Ströhl, Hugo Gerard: »Beiträge zur Geschichte der Badges«, in: *Jb. der K. K heraldischen Gesellschaft »Adler« N.F.,* 12. Band, Wien 1902, S. 75–113.

Fox-Davies, Arthur Charles: *Heraldic Badges,* London 1906.

Hupp, Otto: *Wider die Schwarmgeister,* München 1918, mehrfach wieder aufgelegt.

Arntz, Helmut: *Die Runenschrift; Ihre Geschichte und ihre Denkmäler,* Halle 1938.

Ruppel, Karl Konrad A.: *Die Hausmarke, Das Symbol der germanischen Sippe,* Berlin 1939.

Stalins, Gaston: *Histoire, généalogie et alliances des Stalins de Flandre... et quelques considérations sur le briquet héraldique,* 2 Bde, Privatdruck 1939 und 1945.

Nickel, Helmut: *Der mittelalterliche Reiterschild des Abendlandes,* Berlin 1958.

Spruth, Herbert: *Die Hausmarke, Wesen und Bibliographie,* Neustadt a.d. Aisch 1960.

Wulff, Aage: »Vaser, Liljer og Kroner i heraldiken«, Sonderdruck aus *Vaabenhistoriske Aarbøger XIII,* København 1966.

Henkel, A., und A. Schöne: *Emblemata, Handbuch zur Sinnbildkunde des 16. und 17. Jahrhunderts,* Stuttgart 1967.

Dennys, Rodney: *The Heraldic Imagination,* London 1975.

WAPPENKUNST

Amman, Jost: *Stamm- und Wappenbuch,* Frankfurt am Main 1579, Neudruck hrsg. von Friedrich Warnecke, Görlitz 1872.

Hildebrandt, Ad. Matthias: *Heraldisches Musterbuch,* Berlin 1872, 3. Aufl. Berlin 1897, Neudruck Neustadt a.d. Aisch 1975.

Warnecke, Friedrich: *Heraldische Kunstblätter,* 4. Lieferungen, Görlitz 1876–1898, 2. Aufl. 1890.

Doepler, Emil d.J.: *Heraldischer Formenschatz, Kunstblätter vom 15. Jahrh. bis zur neuesten Zeit,* Berlin 1898 = Warnecke, *Heraldische Kunstblätter,* Lief. 4.

Stückelberger, Ernst Alfred: *Das Wappen in Kunst und Gewerbe,* Zürich 1901.

Hope, W.H.: *Heraldry for Craftsmen and Designers,* London 1913.

Kretschmar, H.A. von: *Anleitung zur Darstellung von Wappen,* Dresden 1913.

Hupp, Otto: »Wappenkunst und Wappenkunde«, in *Beiträge zur Geschichte der Heraldik,* München 1927.

Hussmann, Heinrich: *Über deutsche Wappenkunst, Aufzeichnungen aus meinen Vorlesungen,* Wiesbaden 1973.

Leonhard, Walter: *Das große Buch der Wappenkunst,* München 1976.

SAMMLUNGEN ÖFFENTLICHE HERALDIK

Allgemein

Fox-Davies, Arthur Charles: *The Book of Public Arms,* London and Edinburgh, 1915.

Solis, Virgil: *Wappenbüchlein,* Nürnberg 1555, Faksimilereproduktion München 1886.

Schrot Martin: *Wappenbuch des Heiligen Römischen Reichs und allgemeiner Christenheit...,* München 1581, Neudruck Unterschneidheim 1975.

Sibmacher, Johann: *Großes und allgemeines Wappenbuch* (Sb.Wb.), Nürnberg 1854–1961, Bd. I. Neudruck Neustadt a.d. Aisch ab 1970.

Jäger-Sunstenau, Hanns: *General-Index, Zu den Siebmacherschen Wappenbüchern 1605–1961,* Graz 1964.

Rentzmann, Walter, und Ottfried Neubecker: *Wappen-Bilder-Lexikon,* München 1974.

Staatliche Wappen

Heyer von Rosenfeld, Friedrich: *Die Staatswappen der bekanntesten Länder der Erde.* 10. Aufl. Frankfurt am Main 1895.

Ruhl, Jul. M., und Alfred Starke: *Die Wappen aller souveränen Länder der Erde,* 10. Aufl., Leipzig 1928.

Smith, Whitney: *Flags, Through the Ages and Across the World,* Maidenhead 1975.

Posse, Otto: *Die Siegel der deutschen Kaiser und Könige 759–1913,* Dresden 1909–1913.

Ströhl, Hugo Gerard: *Deutsche Wappenrolle,* Stuttgart 1897.

Willement, Thomas: *Regal Heraldry,* London 1821.

Wyon, A.B.: *The Great Seals of England,* London 1887.

Pinches, J.H. und R.V.: *The Royal Heraldry of England,* London 1974.

De Gray Birch, Walter: *History of Scottish Seals,* 2 Bde. Stirling und London, 1905.

Laars, T. van der: *Wapens, Vlaggen en Zegels van Nederland,* Amsterdam 1913.

Ströhl, Hugo Gerard: *Österreichisch-ungarische Wappenrolle,* Wien 1894, 2. Aufl. 1899.

Galbreath, Donald Lindsay: *Papal Heraldry,* Cambridge 1930, 2. Auflage neubearbeitet von Geoffrey Briggs, London 1972.

Pama, Cornelis: *Lions and Virgins. Heraldic State Symbolism in South Africa 1487–1962,* Cape Town und Pretoria 1965.

Kommunale Wappen

Wappenmarken der Kaffee HAG (hrsg.), Bremen und ihrer Töchtergesellschaften in Deutschland, Belgien, Dänemark, Franreich, Großbritannien, Jugoslawien, Niederlande, Norwegen, Österreich, Polen, Schweden, Tschechoslowakei 1913 ff.

Hupp, Otto: *Wappen und Siegel der deutschen Städte, Flecken und Dörfer,* Frankfurt am Main 1895–1912, Speier 1930.

Neubecker, Ottfried: *Deutsche Städtewappen aus Ost und West,* Memmingen o.J. 1955.

Stadler, Klemens: *Deutsche Wappen,* 8 Bände, Bremen 1964–1971.

Demandt, Karl E. und Otto Renkhoff: *Hessisches Ortswappenbuch,* Glücksburg 1956.

Servais, Max: *Armorial des provinces et des communes de Belgique,* Bruxelles 1955.

Suomen Kunnallisvaakunat: *Finlands Kommunvapen – Municipal Coats of Arms of Finland,* Helsinki und Helsingfors 1970.

Scott-Giles, C. Wilfried: *Civic Heraldry of England and Wales,* London 1933, 2. Aufl. 1953.

Prünster, Hans: *Die Wappen der Gemeinden Südtirols,* Bozen 1972.

Rünckel, A.: *Nederlandsche Wapens van het Rijk, de Provinciën en de Gemeenten...* 2 Bde, de Bilt, 1941 und 1943.

Druif, C.: *Nederlandse Gemeentewapens,* Leeuwarden 1965.

Ströhl, Hugo Gerard: *Städtewappen von Österreich-Ungarn,* Wien 1904.

Gumowski, Marian: *Najstarsze pieczecie miast polskich XIII i XIV wieku,* Toruń 1960.

Almeida Langhans, Franz Paul de: *Armorial do Ultramar Português,* Lisboa 1966 ss.

Cernovodeanu, Dan, und Ioan N. Manescu: »Noile steme ale judeţelor şi municipiilor din Republica Socialista România, studia asupra dezvoltarii istorice a heraldicii districtuale şi municipale Românesti« – »Les nouvelles armoiries des districts et des villes (municipes) de la République Socialiste de Roumanie – Étude sur le développement historique de l'héraldique de district et municipale Roumaine«, in *Revista Arhivelor,* Anul 51, vol. 36, Nr. 1–2, Bucureşti 1974.

Winkler, P.P. von: *Gerby gorodov, gubernii, oblastei i posadov Rossiiskoi Imperii... s 1649 po 1900 god,* S. Petersburg 1900.

Speransov, N.N.: *Zemel'nye Gerby Rossii XII–XIX vv., Coats of arms of Russian principalities, Les armoiries des villes de la Russie, Russische Länder-Wappen,* Moskva 1974.

Scheffer, C. Gunnar U.: *Svensk vapenbok för landskap, län och städer,* Stockholm 1967.

Novák, Jozef: *Slovenské mestské a obecné erby,* Bratislava 1967, 2. Aufl. 1972.

Ruda, Vladimír, a kolektiv: *Znaky severočeských měst,* Most 1970.

Széll, Sándor: *Városaink neve címere és lobogója,* Budapest 1941.

Chapin, Howard M.: *Civic Heraldry, a Roll of Arms of Cities and Towns in the United States,* Providence, R.I. 1935.

Korporative Heraldik

Gritzner, Maximilian: *Die Siegel der deutschen Universitäten* (Sb.Wb., 1. Bd., 8. Abt.), Nürnberg 1904.

Gaisberg Schöckingen, Friedrich Frhr. von: *Die Wappen der deutschen Korporationen des In- und Auslandes (Das Akademische Deutschland,* Bd. IV), Berlin 1931.

Seyler, G.A.: *Berufswappen* (Sb.Wb. I Bd., 7. Abt.), Nürnberg 1895ff.

Ströhl, Hugo Gerard: *Die Wappen der Buchgewerbe,* Wien 1891.

Brasonário corporativo, Lisboa 1955.

Almeida Langhans, F.P. de: *Manual de heráldica corporativa,* Lisboa 1956.

Kirchliche Heraldik

Seyler, G.A.: *Bistümer, Klöster* (*Sb.Wb.* I. Bd., 5. Abt. 1.u.2.), Nürnberg 1881–82, Neudruck Neustadt a.d. Aisch 1976 als Sb.Wb. Bd. 8, *Die Wappen der Bistümer und Klöster.*

Kissel, Clemens: *Wappen-Buch des deutschen Episcopates,* Frankfurt a. Main 1891.

Zimmermann, Eduard: *Bayerische Klosterheraldik,* München 1930.

Schröder, Brigitte: *Mainfränkische Klosterheraldik,* Würzburg 1971.

Kolb, Peter: *Die Wappen der Würzburger Fürstbischöfe,* Würzburg 1974.

Saint Sand, Comte de: *Armorial des Prélats Français du XIXe siècle,* Paris 1906–08.

Meurgey de Tupigny, Jacques: *Armorial de l'Eglise de France,* Mâcon 1938.

Sammlungen Familienwappen

Spener, Philippe Jacob: *Opus heraldicum – pars specialis,* Frankfurt am Main 1680.

Renesse, Comte Théodore de: *Dictionnaire des figures héraldiques,* Bruxelles, 1894–1905.

Rietstap, Jean-Baptiste: *Armorial général* 2e éd., Gouda 1884. Mehrere Neudrucke, zuerst Berlin 1934, mehrere Tafelbände, mehrere Supplemente.

Achen, Sven Tito: *Danske adelsvåbener, En heraldiske nøgle,* Kobenhavn 1973.

Siebmacher, Johann: *Wappenbuch* (Sb.Wb.), Nürnberg 1854–1976.

Hupp, Otto: *Münchener Kalender 1885–1932, 1934–36.*

Closs, Gustav Adolf: *Deutscher Wappenkalender 1920–1936,* Görlitz 1919–1935.

Kenfenheuer, Johann Josef: *Alphabetisches Namensregister bürgerlicher deutscher Wappenvorkommen,* Köln 1937.

Henning, Eckart: *Nachweise bürgerlicher Wappen in Deutschland 1937–1973,* Neustadt a.d. Aisch 1975.

Wappensammlung in Buntdruck des Verlages J. Perthes, Gotha, 1913ff.

Deutsche Wappenrolle, Bd. 1–5 & 8, Leipzig 1935–1939, Bd. 6, 7, 9ff Neustadt a. d. Aisch 1956ff.

Allgemeine Deutsche Wappenrolle, Bd. 1, Berlin 1971.

Kuschbert, Paul: *Haus- und Hofmarken; Handwerkerzeichen,* Köln 1941.

Zimmermann, Eduard: *Augsburger Zeichen und Wappen,* Augsburg 1970.

Kuodt, Hermann: *Hessisches Wappenbuch,* 1. Teil, Görlitz 1934.

Hübner, Otto: *Mühlhäuser Wappenbuch,* Görlitz 1934.

Schellenberg, Alfred: *Schlesisches Wappenbuch,* Band 1, Görlitz 1938.

Jouglas de Morénas: *Grand Armorial de France,* Paris 1934–1952.

Burke, Bernard: *The General Armory of England, Scotland, Ireland, and Wales,* London 1880.

Papworth, John W.: *Ordinary of British Armorials,* London 1874, Neudruck 1961.

Fox-Davies, Arthur-Charles: *Armorial Families,* 2 Bde., 7. Aufl. London 1929.

Loutsch, Jean-Claude: *Armorial du Pays de Luxembourg,* Luxembourg 1974.

Raadt, J.-Th. de: *Sceaux armoriés des Pays-Bas et des pays avoisinants,* Bruxelles 1898–1903.

Cappelen, Hans A.K.T.: *Norske slektsvapen,* Oslo 1969.

Fischnaler, Konrad: *Tirolisch-Vorarlberg'scher Wappenschlüssel,* Innsbruck 1938–1951.

Obštšii Gerbovnik Dvoryanskich Rodov Vserossiiskaya Imperii, 10 vol. St. Petersburg 1797–1836.

Klingspor, Carl Arvid: *Sveriges Ridderskaps och Adels Vapenbok,* Stockholm 1897.

Schweiz: Für fast alle Kantone gibt es spezielle Familienwappenbücher.

Skandinavisk vapenrulla, Malmö 1963ff.

Nobiliario de Conquistadores de India, Madrid 1892.

Colección de Documentos inéditos para la historia de Hispano-América. Tomo II: Nobiliario Hispano-Americano del siglo XVI, por Santiago Montoto; Nobiliario de Reinos, Ciudades y Villas de la América Española, por Santiago Montoto, Madrid 1928.

Pama, Cornelis: *Heraldry of South African Families,* Cape Town 1972.

A Roll of Arms Registered by the Committee on Heraldry of the New England Historic Genealogical Society, Boston 1928–1958.

Hartwell, Rodney Eugene: *The Augustan Society Roll of Arms 1967,* Torrance, Cal. 1968 et ss.

Orden

Ackermann, Gustav Adolph: *Ordenskunde,* Annaberg 1855.

Schulz, H.: *Chronik sämtlicher bekannten Ritter-Orden und Ehrenzeichen,* Berlin 1835, 1. Supplement, Berlin 1870, 2. Supplement, Berlin 1878.

Trost, L.J.: *Die Ritter- und Verdienstorden, Ehrenzeichen und Medaillen aller Souveräne und Staaten,* Wien und Leipzig 1915.

Neubecker, Ottfried: »Ordensritterliche Heraldik«, in *Der Herold für Geschlechter-, Wappen- und Siegelkunde,* Bd. 1 Görlitz 1940, S. 17–48, 83–176, 220–245.

Klietmann, Kurt-Gerhard, und Ottfried Neubecker: *Ordenslexikon,* 3 Lieferungen, Berlin 1958 ff.

Měřička, Vaclav: *Orden und Auszeichnungen,* Prag 1960.

Hieronymussen, Poul Ohm: *Handbuch europäischer Orden in Farben,* Berlin 1961, 2. Aufl. 1975.

Ganz, Paul: »Die Abzeichen der Ritterorden im Mittelalter« in *S.A.H. 1905/, S. 28–37, 52–67, 134–140; 1906/, S. 16.*

Gritzner, Maximilian: *Handbuch der Ritter- und Verdienstorden aller Kulturstaaten der Welt innerhalb des XIX. Jahrhunderts,* Leipzig 1893, Neudruck Graz 1962.

Siegelkunde

Melly, Eduard: *Beiträge zur Siegelkunde des Mittelalters,* Wien 1846, Neudruck Graz 1972.

Seyler, Gustav Ad.: *Geschichte der Siegel,* Leipzig 1894.

Ilgen Th.: »Sphragistik« in *Grundriß der Geschichtswissenschaft,* hrsg. von Aloys Meister, Leipzig 1906, 2. Aufl. 1912.

Ewald, Wilhelm: »Siegelkunde« in *Handbuch der Mittelalterlichen und Neueren Geschichte,* hrsg. von G. von Below und F. Meinecke, München und Berlin 1914.

Berchem, Egon Frhr. von: *Siegel (Bibliothek für Kunst- und Antiquitätensammler,* Bd. II), Berlin 1918, 2. Aufl. 1923.

Kittel, Erich: *Siegel (Bibliothek für Kunst- und Antiquitätenfreunde,* Bd. XI), Braunschweig 1970.

Kronen

Biehn, Heinz: *Die Kronen Europas und ihre Schicksale,* Wiesbaden 1957.

Twining, E.F.: *A History of the Crown Jewels of Europe,* London 1960.

Twining, E.F.: *European Regalia,* London 1967.

Abeler, Jürgen: *Kronen, Herrschaftszeichen der Welt,* Düsseldorf 1972, 3. Aufl. Wuppertal 1976.

Biehn, Heinz: *Alle Kronen dieser Welt,* München 1974.

VERZEICHNIS DER ABBILDUNGEN

Abkürzungen

A.H.S.	Archives Héraldiques Suisses, vgl. S.A.H.
A.N.	Archives Nationales
Arl.	Die Bruderschaftsbücher vom Arlberg, um 1400 Publ. Otto Hupp, Berlin 1937–1943
A.W.L.	Otto Posse, Hrsg. Die Siegel des Adels der Wettiner Lande bis zum Jahre 1500, Dresden 1908
Ba.Pr.Kb.	Bildarchiv Preußischer Kulturbesitz
B.G.H.	Berchem, Galbreath und Hupp, Beiträge zur Geschichte der Heraldik, Berlin 1939
B.H.M.	Bernisches Historisches Museum
B.N.	Bibliothèque Nationale
B.R.A.	Bibliothèque Royale Albert 1er
Br. L.	British Library
Br.M.	British Museum
By.N.M.	Bayerisches Nationalmuseum
By.Sb.	Bayerische Staatsbibliothek
D.W.Wb.	Der durchlauchtigen Welt vollständiges Wappenbuch, 1. Band, 2. Aufl., Nürnberg 1772
Gbg.	Konrad Grünenberg, Wappenbuch, 1483 München, By.Sb., Cgm 145
G.d.H.	Geschichte der Heraldik, = S.Wb. Bd. A
Gelre	Armorial Universel du héraut Gelre, Ms. 12652 bis 56, Brüssel, B.R.A.
G.N.M.	Germanisches Nationalmuseum
J.P.Z.	Photo: James Perret, Luzern, nach Exemplar der Stadtbibliothek Zofingen
Kh.M.	Kunsthistorisches Museum
l.	links
m.	Mitte
M.C.	Große Heidelberger Liederhandschrift, sog. Manesse-Codex
M.d.L.	Musée du Louvre
M.G.	Abb. nach Max Geisberg, Der deutsche Einblatt-Holzschnitt... Photo: Urwyler, Zürich, nach Exemplar der Graphischen Sammlung der Eidgenössischen Technischen Hochschule Zürich
M.N.P.	Réunion des Musées Nationaux, Paris
o.	oben
Ö.N.	Österreichische Nationalbibliothek
Ö.St.A.,H.H.St.A.,A.U.R.	Österreichisches Staatsarchiv, Abt. Haus-, Hof- und Staatsarchiv, Allgemeine Urkundenreihe
Publ.	Publiziert in/bei/von
r.	rechts
S.A.H.	Schweizerisches Archiv für Heraldik, vgl. A.H.S.
S.Lm.	Schweizerisches Landesmuseum
Stb.Pr.Kb.	Staatsbibliothek Preußischer Kulturbesitz
St.M.Pr.Kb.	Staatliche Museen Preußischer Kulturbesitz
Ströhl, H.A.	Hugo Gerard Ströhl, Heraldischer Atlas, Stuttgart 1899
S.Wb.	Johann Siebmachers Großes und Allgemeines Wappenbuch, Nürnberg, 1854–1976
u.	unten
U.R.K.	Ulrich von Richenthal, Conciliumbuch von Konstanz
V.A.M.	Victoria and Albert Museum
v.l.n.r.	von links nach rechts
Z.W.R.	Die Wappenrolle von Zürich, hrsg. von Walther Merz und Friedrich Hegi, Zürich 1930

S. 8 – Grenzpfähle des Freistaates Bayern
Bildarchiv Stern, Hamburg

S. 9 – Toledo, Puerta de la Bisagra
Agencia Zardoya, Barcelona

S. 10 o. – Apis-Stier
London, Br.M.

S. 10 u. – Hermes und Silen, Vasenbild
Berlin-West, St.M.Pr.Kb., Antikenabteilung, F 2160
Ba.Pr.Kb.; Photo: Ute Jung

S. 11 – Gelre
Brüssel, B.R.A.; Ms. 15652–56, fol. 122

S. 12 o. – Bruges' Garter Book
London, B.L.; Ms. Stowe 594, fol. 56

S. 12 u. – Englische Wappenbeamte 1511
London, College of Arms
Publ.: Anthony R. Wagner, Heralds of England, London 1967, pl. XIII

S. 13 o.l. – Zwei englische Herolde, Zeichnung von Lely
l. früher Berlin, Kupferstichkabinett, derzeit verschollen; r. London, V.A.M.
Publ.: Anthony R. Wagner, Heralds of England, London 1967

S. 13 o.r. – Georg Rüxner, Turnierbuch, Ausgabe 1530.
Abb. nach B.G.H. Seite 159

S. 13 u. – Turnierszene aus dem Turnierbuch des Königs René
Paris, B.N.; Ms. français 2692, fol. 3v.–4r.
Publ.: René d'Anjou, Traité de la forme et devis d'un Tournoi, Paris 1946

S. 14 und 15 u. – ebd.; fol. 9v.; 11r.; 13r.; 17r.

S. 16 und 17 – ebd.; fol. 47v.–48r.

S. 15 o. – Turnierbuch Wilhelms IV. von Bayern
München, By.Sb.; Cgm. 2800, S. 8/9

S. 18 o. – Albrecht Dürer, Silberstiftzeichnung, Porträt von Caspar Sturm.
Chantilly, Musée Condé;
Photo: Giraudon, Paris

S. 18 l. – Herold aus: Der Dotendantz, Druck von Heinrich Knoblochtzer, Heidelberg, Ende 15. Jhdt.
Abb. nach: B.G.H. S. 176

S. 18 u. v.l.n.r. – Herold von Nassau-Vianden nach Wappenbüchlein Nassau-Vianden, Original ehemals Bibliothek Otto Hupp, Oberschleißheim, z.Zt. verschollen.
Abb. nach B.G.H. von Franz Coray, Luzern

– Herold Jörg Rugenn
Wien, Ö.N.; Cod. 2936, Teil 2, fol. 11v.

– Herold Antol Tirol, 1510
München, By. Sb.; Cod. icon. 310, fol. 1a r.

– Jean Le Fevre, Sire de Saint Rémy, als Wappenkönig »Toison d'or«
Paris, B.N.; Ms. français 16830, fol. 1

– Herold aus einem Turnierbuch
Berlin-West, Kupferstichkabinett; 77 Bb
Ba,Kb., Photo: Anders

S. 19 v.l.n.r. – Matthew Paris Shields
London, Br.L.; Ms. Cotton Nero D. I 171v.

– Porträt von Jean Courtois, Herold Sicile
Paris, B.N.; Ms. français 387, miniature fol. 4

– Hans Burggraf, Persevant
London, Br.L.; Ms. Add. 15681, fol. 154v.

– Französischer Herold
Abb. nach Philipp Jacob Spener, Opus heraldicum, Pars generalis, Frankfurt a.M. 1690, Tfl 1.

S. 20 o.l. – Der Tod als Herold
Berlin-West, St.M.Pr.Kb., Kupferstichkabinett
Ba.Pr.Kb, Photo: Anders

S. 20 o.m. – Spielkarte mit Herold aus dem Hofämterspiel, Böhmen III.
Wien, Kh.M.; Pl.Slg. 5104

S. 20 o.r. – Weibelschild der Talschaft Ursern
Abb. nach S.A.H., 1910, Tfl. VIII

S. 20 u. v.l.n.r. – Hans Ingeram, Selbstbildnis aus dem Ingeram'schen Wappenbuch
Wien, Kh.M., Abt. Waffensammlung

– Spanischer Herold
Granada, Flachrelief am Hauptaltar der Kathedrale
Photo: Oronoz S.A., Madrid

– Porträt des Herolds Johannes Francolin aus seinem Buch: »Rerum praeclare gestarum intra et extra moenia munitissimae civitatis Viennensis«, Wien 1560.
München, By.Sb.; 2° Austr. 63

– derselbe aus seinem »Thurnier-Buech wahrhafftiger ritterlicher Thaten...«, Wien 1561
Wien, Ö.N.

– zwei schwedische Herolde, 1594
Stockholm, Riksarkivets Heraldiska Sektion

S. 21 – Bildnis eines Herzogs von Lancaster
London, Br. L.; Ms. Stowe 594, fol. 8

S. 22 – Tappert aus der Regierungszeit von Königin Anne
Eigentum von Howard Phillips, London
Photo: Percy Hennell, London

S. 23 – John Smert, Herold Guyenne
Mit Genehmigung von Tallow Chandler's Company, London

S. 24 Abb. 1 – Heroldsrock aus dem 14. Jahrhundert
Nürnberg, G.N.M., T 548

S. 24 Abb. 2 – Wappenrock von Louis de Chalon
Freiburg, Staatsarchiv, Freiburger Fahnenbuch
Photo: B.H.M.

S. 24 und 25 Abb 3–7 – Wappenröcke
Wien, Kh.M.; Nr. III TO 1; XIV 83; XIV 85; XIV 96

S. 24 Abb. 8 – Wappenrock für den Herold des »Römischen Kaisers«
Wien, Kh.M.; Nr. XTV 101

S. 25 Abb. 9 – Kurpfälzischer Wappenrock
München, By.N.M.

S. 25 Abb. 10 – Chinesische Staatsrobe, 19. Jh.
The Minneapolis Institute of Arts; The William Hood Dunwoody Fund

S. 26 o. – Berlin, Sb.Pr.Kb., früher Preußische Staatsbibliothek; Ms. germ., fol. 282, Bl. LIIIr.

S. 26 u. – Gelre
Brüssel, B.R.A., Section des Manuscrits; Ms. 15652–56, fol. 80r.

S. 27 o.l. – M.C.; J.P.Z.

S. 27 o.r. – Abb. nach: Z.W.R.

S. 27 u.r. – Gelre
Brüssel, B.R.A., Section des Manuscrits; Ms. 15652–56, fol. 2v.

S. 28 o. – Wappenschilde der Herren van Henevliet links (Vasall) und van Haemstede (Bannerherr)
Beijeren's Wappenbuch, Privatbesitz Kopie des Verfassers nach B.G.H., S. 27

S. 28 r. – Kniender fürstlicher Koch aus dem Nekrolog des Franziskanerklosters St. Anna in Mümchen

S. 29 – Armorial Wijnbergen
Den Haag, Koninklijk Nederlandsch Genootschaap voor Geslacht- en Wapenkunde
Publ.: Paul Adam-Even und Léon Jéquier
Un Armorial français du XIIIe siècle; In: A.H.S., 1951–1954, auch Sonderdruck, besonders S. 55

S. 30 und 31, ganz oben – Thomas Genyn's Book
London, Br.L.; Ms. Add. 40851

S. 30 l. – Eduard der Bekenner und das ihm zugeschriebene Wappen nach einer Kopie der Rous Roll, 1477–1491
London, Br.M.; Ms. Add. 48976

S. 30 u.r. – Wappen Karls des Großen und des Bistums Utrecht
Beijerens Holländische Chronik, um 1409
Brüssel, B.R.A., Section des Manuscrits; Ms. 17914, fol. 12r.

S. 31 – Edlibach-Chronik
Zürich, Zentralbibliothek; Ms. A 75, Seite 420

S. 32 und 33 – Tristanteppich
Kloster Wienhausen
Photo: Wolff Walsrode AG
Publ.: Doris Fouquet, Wort und Bild in der mittelalterlichen Tristantradition – Der älteste Tristanteppich von Kloster Wienhausen und die textile Tristanüberlieferung des Mittelalters. Philologische Studien und Quellen, hrsg. v. Wolfgang Binder, Hugo

Moser, Karl Stackmann, Heft 62, Berlin 1971

S. 34 o. – *Mon* japanischer Geschlechter (v.l.n.r. Mori, Hirohaschi, Fushihara und Hino)
Abb. nach Hugo Gerard Ströhl, Japanisches Wappenbuch »Nihon Moncho«, Wien 1906, S. 47–50

S. 34 u. – Wappen von Bischöfen
Abb. nach: U.R.K.

S. 34 und 35 – Gelre
Brüssel, B.R.A.; Ms. 15652–56, fol. 62v.; fol. 46r.; fol. 52v.; fol. 64r.

S. 36 o. – Wappenbestätigung des Garde de l'Armorial Général de France, Paris 1698, für Gilles des Plasses
Abb. nach: Jacques Meurgey de Tupigny, Armorial de la Généralité de Paris, Tome IV, Mâcon 1967

S. 36 m. – Wappenfries, Burg Lauf an der Pegnitz
Photo Oriold, Lauf a.d.P.

S. 36 u.l. – Haus »Zum Loch«, Nachbildung
Zürich, S.Lm.

S. 37 – Stemmario del Carpani, Como 1593, S. 82 und 99. Como, Museo Civico, Ms. No 406 c
Photo: Gastone Cambin, Lugano

S. 37 m.r. – Armorial général, Paris II
Paris, B.N.; Ms. français 32217, fol. 795

S. 37 u. – Obschtschii Gerbownik Dworjanskich Rodow Wserossiiskaja Imperii, Teil 2, St. Petersburg 1797, S. 14

S. 38 – Deckel eines Preußischen Adelsdiploms aus dem Jahre 1896, Lederschnitt, Silberbeschläge
Deutsches Adelsarchiv, Marburg a.d. Lahn
Photo: Konrad Lange, Marburg

S. 39 – Wappenbrief für die Imperial Tobacco Ltd., London
London, The College of Arms

S. 40 o. – Vereidigung des Königs Juan Carlos I. von Spanien
Photo: Centifoto, Servicio de Prensa Gráfica, Madrid

S. 40 u. – Landsgemeinde Nidwalden
Photo: Leonard von Matt, Buochs

S. 41 l. – Festzug anläßlich der Krönung Elisabeths II. von England
Abb. nach: Anthony R. Wagner, Heralds of England, London 1967

S. 41 o. – Parlamentseröffnung durch König Eduard VIII.
Abb. nach: Jean Améry, Winston S. Churchill, Luzern 1965, S. 119

S. 41 u. – Zeremonie des Distelordens
Photo: The Glasgow Herald

S. 42 – Mann mit Widderemblem
Paris, MdL.
Photo: M.N.P.

S. 43 o. – M.C.; J.P.Z.

S. 43 u. – Drei Siegel
Stockholm, Riksarkivet
Photo: Bengt Lundberg, Stockholm

S. 44 o. – Jean Froissart, Chroniques de France
London, Br.M.; Ms. Harl. 4379, fol. 23v.

S. 44 l. – Lanzenspitze
Archiv des Verlags

S. 44 u.r. – König Eduard III. von England und St. Georg.
Walter de Milimete, Liber de Officiis Regum.
Oxford, Christ Church Library, Ms. Ch.Ch. 92, fol. 3 r.

S. 45 o. – Kolbenturnier
Kopie aus Handschrift Konrad von Würzburg, Trojanischer Krieg, 1441, Federzeichnung.
Nürnberg, G.N.M. Nr. 998, Pap. 79

S. 45 u. – Turnier mit Lanzen
Lukas Cranach d.Ä., 1509
M.G. 621

S. 46 o. – Ms. Harl. 1319, fol. 18
London, Br.L.

S. 46 u. – Maltesische Galeere
Valetta, Malta Library

S. 47 – Archiv des Verfassers

S. 48 und 49 – Genealogie des Hauses Bourbon.
Charles Bernard, Généalogie de la Maison Royale de Bourbon, Paris 1645.
Photo: Cine Brunel, Lugano, nach Exemplar Istituto Araldico e Genealogico di Gastone Cambin, Lugano

S. 49 o. – Ahnentafel von vier Geschwistern des Geschlechts von Erlach
Abb. nach S.A.H. 1906, Tafel II

S. 50 o. – Napoleonischer Adler
Vignette in: J.-F. Jules Paulet du Parois, Nouveau manuel complet du blason..., Paris 1854, S. 152

S. 50 und 51 u. – Proben Napoleonischer Heraldik
ebd., Tfl. 4, Nr. 186–197 und 177, Zeichnungen: Werner Luzi, Luzern

S. 51 m. – ebd., Nr. 144

S. 51 l.u.r. – Wappen von Talleyrand
Abb. nach S.Wb. I 3 III B, Tfl. 87

S. 52 – Kleines und mittleres Wappen des Königreichs Preußen
Abb. nach: Schriftproben der Reichsdruckerei. Initialen, Zierstücke, Adler und Wappen, Berlin o.J. (zwischen 1900 und 1918).

S. 53 – Großes Wappen des Königreichs Preußen
Abb. nach Hugo Gerard Ströhl, Deutsche Wappenrolle, Stuttgart 1897, Tfl. II

S. 54 und 55 o. – Archiv des Verfassers

S. 54 und 55 l. – Archiv des Verlags

S. 54 und 55 m. – Abb. nach: C.W. Scott-Giles, Shakespeare's Heraldry, London 1950, S. 3

S. 55 m. – Zwei Siegel und Wappenskizze
Archiv des Verfassers

S. 55 u.l. – Zwei Siegel König Richards I.
London, Br.L.

S. 55 u.r. – Hl. Michael aus dem Abrahamsteppich, Halberstadt, Domchor
Abb. nach: Betty Kurth, Die deutschen Bildteppiche des Mittelalters, Wien 1926, Band 2, Tfl. 6

S. 56 o. – Siegel des Johannes von Steglitz, 1272
Berlin, Ba.Pr.Kb.

S. 56 u. – Schmiedeszene
Rom, Museo nuovo del Palazzo dei Conservatori
Photo: Alinari-Giraudon

S. 57 – Schild von Seedorf
Zürich, S.Lm.

S. 58 o. – Wikinger-Schiff, Modell
Smithsonian Institution, Washington, D.C.

S. 58 u. v.l.n.r. – Zwei Krieger
Stockholm Statens Historiska Museum,
Antikvarisk-Topografiska Arkivet, Stockholm,
Photo: Claes Claesson

– Kadmus tötet die Schlange
Ausschnitt aus Malerei auf einem lakonischen Becher
Paris, M.d.L.
Photo: Roger-Viollet, Paris

– Persischer Krieger
Paris, B.N.; Ms. Suppl. Persan 1280, fol. 500v.

– Römischer Krieger
Rom, Marmorrelief am Sockel der Säule des Antonius Pius
Archiv des Verlags

– Krieger von einem Weihekessel, gefunden in Gündestrup, Jütland
Kopenhagen, Nationalmuseum

S. 59 l. – Archiv des Verlags

S. 59 o.r. – Japanische Setzschilde
Abb. nach Ströhl, Nihon Moncho, (vgl. S. 34 o.), Tfl. XI

S. 59 m. und r. – Zwei Siegel Herzog Rudolfs IV., des Stifters von Österreich
Wien, Ö.St.A.,H.H.St.A., A.U.R.
l. 1360 Februar 6 (mit beanspruchten Herrschaftstiteln)
r. 1364 März 12 (nach Ablegung usurpierter Titel nach kaiserlichem Verbot)

S. 60 o.l. – Bemaltes Gesicht eines Nuba-Jünglings
Photo: Leni Riefenstahl-Film, München

S. 60 o.m. – Massai-Schild
Archiv des Verlags

S. 60 o.r. – Wappen von Kenia
Archiv des Verlags

S. 60 u. – Normannen
Paris, B.N.; N.A.L. 1390, fol. 7

S. 60 r. – Massai-Krieger
Photo: Picturepoint Ltd., London

S. 61 l. – Zürcher Polizei
Photo: Comet, Zürich

S. 61 r. – Archiv des Verlags

S. 62 – Grabplatte des Gottfried Plantagenet
Le Mans, Musée Tessé
Photo: Lauros-Giraudon, Paris

S. 62 und 63 o. – Archiv des Verlags
drei Zeichnungen: Franz Coray, Luzern

S. 63 l. – Archiv des Verlags
vier Zeichnungen: Franz Coray, Luzern

S. 63 r. – Schild mit Kreuz
London, Br.L.; Ms. Cott. Nero D I, fol. 171

S. 64 und 65 – Standarte der Königin Mary von Großbritannien
Zeichnung: Franz Coray, Luzern, nach amtlicher Vorlage
In der Standarte ist das Wappen von Großbritannien (S. 64) in einem Stück zusammengesetzt mit dem auf ein Quadratfeld ausgebreiteten Wappen, das der Königin als Prinzessin von Teck von Geburt an zustand. Das Wappen von Großbritannien besteht aus den Feldern England, Schottland, Irland und nochmals England.
Das Wappen der Herzöge Teck zeigt im 1. und 4. großen Quartier das Wappen von Großbritannien in der von 1801 bis 1837 gültigen Anordnung mit dem Mittelschild von Hannover. Dieser besteht aus den Feldern Braunschweig (zwei Leoparden), Lüneburg (Löwe und Herzen) und Niedersachsen (Pferd), enthält aber nicht den Herzschild mit der deutschen Reichskrone, der nur dem Chef des Hauses Hannover zustand.
Dieses Wappen von Großbritannien ist belegt mit dem Turnierkragen der Herzöge von Cambridge. Wie es für Adolph Friedrich, den 1850 gestorbenen Bruder König Georgs IV., geschaffen worden war, ging es auf seine Tochter Mary Adelaide über, welche es in ihre Ehe mit Franz Paul Herzog von Teck mitbrachte; deren Kinder kombinierten das Wappen der Linie Cambridge mit dem Wappen der Herzöge von Teck im 2. und 3. Quartier (S. 65). 1917 nahmen die Herzöge von Teck den Namen Marquis von Cambridge an. Das Wappen der Herzöge von Teck ist das der Könige von Württemberg (gespalten von Württemberg – drei schwarze Hirschstangen in Gold – und Schwaben – drei schwarze Löwen in Gold), belegt mit einem schwarzgolden schräggerauteten Herzschild (Teck). Der Titel Herzog von Teck wurde 1871 durch den König von Württemberg dem Herzog Alexander von Württemberg verliehen, nachdem er 1863 morganatisch Claudine Gräfin Rhedey geheiratet hatte und zum Prinzen von Teck ernannt worden war.
In dieser Abart des Wappens von Württemberg haben die drei schwarzen Löwen, in Erinnerung an den Tod des Herzogs Konradin von Schwaben (1268) rote Vorderpranken.

S. 66 und 67 o. – Acht Siegel
Paris, A.N.

S. 66 m. – Christus als Vorreiter
Bildarchiv Foto Marburg

S. 66 u. – Randillustration der Secreta fidelium crucis, Venedig 1321
Ms. Tanner 190, fol. 22r.
Photo: Editions Robert Laffont, Paris

S. 67 – Betender Ritter
Basel, St. Leonhardskirche
Photo: Historisches Museum Basel, Maurice Babey

S. 68 und 69 o. – Dekorierte Herbergen von Turnierern
Vgl. S. 13 u., fol. 39v–40r.

S. 68 – Ritter aus dem sog. Lutrell-Psalter
London, Br. M.; Ms. Add. 42130, fol. 202v.
Reproduziert mit Genehmigung der British Library Board

S. 68 und 69 u. – Vier Abb. nach: M.C.; J.P.Z.

S. 69 m.l. – Schwertleite aus: Leben des Königs Offa
London, Br.M.; Ms. Nero D I, fol. 3a
Bildarchiv Foto Marburg

S. 69 m.r. – Sporenanlegung
Paris, B.N.; Ms. français 99, fol. 561

S. 70 o. – Medusenschild, 1541
Wien, Kh.M.; Waffensammlung A. 693 a

S. 70 und 71 u. – Vier Zeichnungen von Schildformen
Archiv des Verlags
Zeichnungen: Franz Coray, Luzern

S. 71 o. v.l.n.r. – Deggendorfer Tartsche
München, By.N.M.

– Tartsche der Familie Chigi
München, By.N.M.

– Hessische Tartsche
Marburg, Universitätsmuseum
Bildarchiv Foto Marburg

S. 72 und 73 o. v.l.n.r. – Wikinger-Schild, frühes erstes Jahrtausend n. Chr.
Kopenhagen, Nationalmuseum

– Totenschild von Tierstein, 15. Jhdt.
Aus der Klosterkirche von Rüti
Photo: S.Lm., Zürich

– Totenschild von Raron
Aus der Klosterkirche von Rüti
Photo: S.Lm., Zürich

– Venezianischer Rundschild
B.H.M.; Inv. Nr. 102 b

– Turnierschild von Wolf Dieter von Raitenau, Fürstbischof von Salzburg, um 1600
Offenbach, Deutsches Ledermuseum

– Funeralschild Kaiser Karls V.
Augsburg, Städtische Kunstsammlungen, Diözesanmuseum
Eigentum des Domkapitels des Bistums Augsburg

– Venezianischer Prunkschild, arabische Arbeit
Florenz, Bargello
Photo: Scala, Antella (Firenze)

– Abessinischer Rundschild
Offenbach, Deutsches Ledermuseum

S. 72 und 73 u. v.l.n.r. – Detail vom Bildteppich der Königin Mathilde
Bayeux, Musée de l'Evêché
Mit spezieller Genehmigung der Stadt Bayeux
Photo: Giraudon, Paris

– Schild mit Wappen der von Nordeck zu Rabenau
Marburg, Universitätsmuseum
Bildarchiv Foto Marburg

– Schild des Landgrafen Heinrich
ebd.

– Setzschild der Stadt Erfurt
Erfurt, Museum

– Pavese, Werk des Taddeo di Bartolo mit dem Wappen Buonamici
Florenz, Museo Bardini
Photo: Scala, Antella (Firenze)

– Tartsche von Matthias Corvinus
Paris, Musée de l'Armée, I. 7

– Burgundischer Schild
B.H.M.; Inv. Nr. 271

– Kuttenberger Setzschild mit dem Hl. Wenzeslaus
Mit Genehmigung des National-Museums, Prag
Photo: Voitěch Obereigner, Prag

– Roßstirn
Paris, Musée de l'Armée, G. 563

S. 73 o.r. – Wappen des Christoph Beham
Abb. nach: S.Wb. V 5, Tfl. 4

S. 74 l. – Wachestehender Ritter aus »Tractatus de Ludo Scacorum«; fol. 22r.
Photo: Biblioteca Nacional, Madrid

S. 74 r. – Prunktartsche aus Winterthur
Zürich, S.Lm.

S. 75 – Tartsche mit Liebespaar, flämisch, 15. Jhdt.
London, Br.M.

S. 76 und 77 – Schildtabelle
Archiv des Verlags
Zeichnungen: Werner Luzi, Luzern
Montage: Michael Stoll, Luzern

S. 78 l. – Tlingit-Totempfahl, Süd-Alaska
Ottawa, National Museums Canada
Photo: Richard Inglis

S. 78 r. – Felszeichnung
Photo: Marie E.P. König, Güdingen

S. 79 l. – Rollsiegel
London, Br.M.

S. 79 r. – Archiv des Verlags
Zeichnung: Franz Coray, Luzern

S. 80 o. – Mithrasaltar aus Heddernheim
Wiesbaden, Museum

S. 80 l. – Wirtshausschild
Archiv des Verlags
Photo: Robert Tobler, Luzern

S. 80 r. – Handelszeichen der Geschäftsfreunde des Hieronymus Koler, 1495–1527
Nürnberg, G.N.M.; Bibl. Hs 2908, S. 1r.

S. 81 l.u.o. – Gotteshausbekrönungen
Archiv des Verlags

S. 81 r. – Verkehrszeichen
Archiv C.J. Bucher, Luzern

S. 82 o. – Brandzeichen
Archiv des Verlags

S. 82 u. – Wasserzeichen
Archiv des Verlags

S. 83 o.l. – Wachtordnung der Zünfte von Basel mit ihren Wappen, 1415
Staatsarchiv des Kantons Basel-Stadt

S. 83 o.r. – Shakespeare-Wappen
Abb. nach: C.W. Scott-Giles, Shakespeare's Heraldry, London 1950, Tfl. I

S. 83 u. – Totenfahne des Grafen Friedrich VII. von Toggenburg
Zürich, S.Lm., KZ 5720

S. 84 und 85 m., S. 85 u. – Archiv F.A. Brockhaus, Wiesbaden
Zeichnung: Ottfried Neubecker, Wiesbaden

S. 84 und 85 o. – Archiv des Verlags

S. 84 u. – Archiv des Verfassers

S. 86 l. – Wappen der von Rathsamhausen
Zeichnung des Frhrn. Karl v. Neuenstein

S. 86 r. – Archiv des Verlags

S. 87 o. – Archiv des Verlags

S. 87 u. – Wappenbacksteine von St. Urban
Zürich, S.Lm.

S. 88 und 89 o. – Archiv des Verlags

S. 88 u.r. – Redinghoven's Wappenbuch
München, By.Sb.; Cgm 2213/38, fol. 304r.

S. 90 und 91 – Wappen von Österreich, 1915–1918
Abb. nach amtlicher Vorlage
Archiv des Verfassers

S. 92 – Abb. nach Philipp Jacob Spener, Opus heraldicum, Pars generalis, Frankfurt a.M. 1690, Tfl. 5

S. 93 – Abb. nach J.-B. Rietstap, Armorial Général, Gouda 1884

S. 94 – Spanische Reichsfahne um 1500
Archiv des Verlags
Zeichnung: Franz Coray, Luzern, nach Ottfried Neubecker, Wiesbaden

S. 95 – Wappen der Lloyds of Stockton
London, The College of Arms

S. 96 o. – Porträt von Königin Victoria
London, National Portrait Gallery

S. 96 und 97 m. – Turnierkragensystem des englischen Königshauses
Archiv des Verlags
Zeichnung: Franz Coray, Luzern

S. 96 u. – Archiv des Verfassers

S. 97 o. – Wappen des Kronprinzen von Hannover bis 1837
Photo: Heraldry Today, London

S. 97 l. – Vier belgische Wappen
Archiv des Verlags
Zeichnung: Werner Luzi, Luzern, nach Roger Harmignies, Brüssel

S. 97 r. – Wappen der Stadt Rom, amtliche Vorlage
Archiv des Verfassers

S. 97 u. – Schottisches Differenzierungsschema
Archiv des Verlags

S. 98–103 – Stammbaum des Kapetingerhauses
Archiv des Verlags
Ausarbeitung: Hervé Pinoteau, Versailles, und Ottfried Neubecker, Wiesbaden
Gestaltung: Emil M. Bührer, Luzern
Zeichnungen: Werner Luzi und Franz Coray, Luzern

Aus Raumgründen sind nicht sämtliche Nebenlinien ununterbrochen und bis zu ihrem Ende verfolgt.

S. 104 und 105 – Archiv des Verlags
Zeichnung: Franz Coray, Luzern

S. 106 o.l. – Auferstehung Christi, Psalterium um 1335
Engelberg, Stiftsbibliothek

S. 106 o.r. – Piero della Francesca: Auferstehung Christi
Sansepolcro, Pinacoteca Comunale, Nr. 19
Photo: Fratelli Alinari, Florenz

S. 106 l. – Byzantinische Flagge
Archiv des Verlags
Zeichnung: Franz Coray, Luzern

S. 106 u. – Schule des Raffael: Schlacht an der Milvischen Brücke
Vatikan, Stanze di Raffaello
Photo: Scala, Antella (Firenze)

S. 107 – Archiv des Verlags
Zeichnung: Werner Luzi, Luzern

S. 108 – Gonfanon der Herren von Blonay
Château de Blonay, Canton de Vaud
Photo: Stamm & Saxod, Lausanne

S. 109 – Banner der Stadt Frauenfeld
Frauenfeld, Thurgauisches Museum
Photo: James Perret, Luzern

S. 110 o.l. – Steinskulptur aus dem Kloster Steingaden
München, By.N.M.

S. 110 o.m. – Siegel von Albert III., Graf von Gleichen, 12.3.1272
Abb. nach A.W.L., 3. Bd., Tfl. 28, Nr. 2

S. 110 o.r. – Löwenschild vom Grabe König Ottokars I.
Prag, St. Veits-Dom
Photo: Jan Neubert, Dobřichovice, ČSSR

S. 110 l. – Münze der Stadt Kyzikos
Abb. nach: Münzen der Griechen, Office du Livre, S.A., Fribourg

S. 110 u. – Burgundischer Wappenteppich
B.H.M., Inv. Nr. 15a

S. 111 und 112 – Modelle für Gravierung von heraldischen Löwen
Abb. nach Charles Norton Elvin, A Dictionary of Heraldry, London 1889, 1969
Photo: Heraldry Today, London

S. 112 u. – Venezianische Flagge aus dem 17. Jhdt.
Venedig, Museo Correr
Photo: Taso, Venedig

S. 113 – Amtliche Vorlage des großen Wappens des Königreiches Belgien gemäß königlichem Erlaß vom 17. Mai 1837

S. 114 o. – H.L. Schäuffelein: Alexander als Luftschiffer, Holzschnitt
M.G. 1063

S. 114 u.l. – Basilisk aus einem englischen Bestiar
Leningrad, Nationalbibliothek
Presse-Agentur Nowosti, Genf

S. 114 u.r. – Wappen von Basel, Originaldruck, 16. Jhdt.
Archiv des Verfassers

S. 115 l. – Frau Demut und Frau Keuschheit
München, By.Sb.; Ms. Germ. 514, fol. 138r. und 141r.

S. 115 o.r. – Thailändischer Garuda
Archiv des Verlags

S. 115 r. Zwei englische Phantasiewappen
London, Br.L.; Ms. Harl. 2169, fol. 4v. und 66v.

S. 116 o. – Wappen von J. Chr. Gottsched
Abb. nach: S.Wb. V, 4, Tfl. 64

S. 116 u.l. – Erstes Großsiegel der Königin Maria Stuart
Abb. nach: Walter de Gray Birch, History of Scottish seals, Vol. I., Stirling and London 1905, No. 43

S. 116 u.r. – Zwei Einhornwappen, Z.W.R.

S. 117 – Wandteppich »La Dame à la Licorne«
Paris, Musée de Cluny
Photo: M.N.P.

S. 118 o. – Kapitolinische Wölfin
Photo: Leonard von Matt, Buochs

S. 118 2. Reihe l. – Kampfszene aus: »Carmen de bello Siculo«
Bern, Bürgerbibliothek; Cod. 120, fol. 130

S. 118 2. Reihe r. – Zwei Badges König Richards III.
Abb. nach Sir Wriothesleys Wappenbuch, vgl. H.G. Ströhl in: Jahrbuch Adler, Wien 1902, S. 100
Zeichnung: Franz Coray, Luzern

S. 118 3. Reihe v.l.n.r. – Berliner Stadtsiegel, 14. Jhdt.
Photo: Landesbildstelle Berlin

– Zwei Siegel der Stadt Bern:
Kleines Siegel 1365; Grosses Siegel 1717
Bern, Staatsarchiv des Kantons
Photo: Hugo Frutig, Bern
– Reiterstandarte der Stadt St. Gallen, 2. Hälfte 16. Jhdt.
Museum der Stadt St. Gallen

S. 118 u.l. – Wappen von Karpathorußland, 1920
Abb. nach: Staats-, Landes- und Städtewappen der Tschechoslowakischen Republik, Hg. Kaffee Hag AG, Marienbad

S. 118 u.r. – Wappen von Ost-Karelien, amtl. Vorlage
Archiv des Verfassers

S. 119 o.l. – Siegel aus der Familie von Planta
Originalstempel Privatbesitz
Photo: Rhätisches Museum, Chur

S. 119 o.r. – Wappen des Landkreises Grafschaft Hoya
Archiv des Verlags

S. 119 u.l. – Ältestes Siegel der Stadt St. Gallen, 1312
St. Gallen, Stadtarchiv
Photo: Museen der Stadt St. Gallen

S. 119 r. – Juliusbanner der Talschaft Ursern, 1512

Andermatt, Rathaus
Photo: Wyler, Andermatt

S. 120 o. – Wappen des Sultans von Baroda
Archiv des Verfassers

S. 120 o.l. – Wappen Helfenstein, Z.W.R.

S. 120 u. v.l.n.r. – Urner Landesbanner, geführt in den Schlachten bei Morgarten (1315) und Laupen (1339)
Altdorf, Rathaus
Photo: James Perret, Luzern

– Zwei mittelalterliche Mecklenburgische Siegel
Archiv des Verfassers

S. 121 m. v.l.n.r. – Wappen der Niederlausitz, nach Gbg.

– Wappen der Stadt Turin
amtliche Vorlage
Archiv des Verfassers

– Wappen der Grafen von Foix
Brüssel, B.R.A.; Gelre, fol. 122v.

S. 121 o.r. – Königsstandarte von Württemberg
Archiv des Verlags
Zeichnung: Franz Coray, Luzern, nach Verfasser

S. 121, rest. – sechs Wappen
Abb. nach: Brockhaus Enzyklopädie, Wiesbaden
Zeichnungen: Verfasser

S. 122 o. – Goldbulle Kaiser Karls VI. als König von Spanien
Galvanoplastik nach dem verlorengegangenen Original, gebraucht 12. August 1707
Nürnberg, G.N.M.

S. 122 u. – Zwei Familienwappen aus Arl.
1. Peter Tungast zum Klettstein
r. Philipp der Muschrat

S. 123 l. – Glarner Landesbanner, 15. Jhdt.
Näfels, Freulerpalast
Photo: Schönwetter, Glarus

S. 123 m. – Stadtwappen im 3. Eidbuch der Stadt München, 1686
München, Stadtarchiv, Pergamenthandschrift

S. 123 m.u. – Italienisches Wappen
Abb. nach: Ströhl, H.A.

S. 123 r. – Mustertafel mit menschlichen Körperteilen
Abb. nach: Elvin, vgl. S. 111

S. 124 o.r. – Siegel des Georg Kastriota, genannt Skanderbeg
Archiv des Verfassers

S. 124 l. v.l.n.u. – Geier aus dem königlichen Halsumhang
Kairo, Ägyptisches Museum, Grabschatz Tutanchamuns
Photo: Giraudon, Paris

– Brustschild aus einem Königsgrab in Byblos
Paris, M.d.L.
Photo: Giraudon, Paris

– Halsband mit dem Bildnis der Göttin Nechabit
Photo: Editions Rencontre, Lausanne

S. 124 r. – Sphinx
Aleppo, Museum
Photo: Rolf Ammon, Stuttgart

S. 125 o. – Wappen der Republiken Kolumbien und Bolivien
Abb. nach: Friedrich Heyer von Rosenfeld, Die Staatswappen der bekanntesten Länder der Erde, 10. verm. Ausgabe, Frankfurt a.M. 1895, Tfl. XII

S. 125 l. – Zwei Jungfrauenadler
l. Hauptsiegel der Stadt Nürnberg, 1253
Nürnberg, Stadtarchiv
r. amtliche Vorlage

S. 125 m. – Römisches Signum
Abb. nach: Die Weltgeschichte in Bildern, Band 4, Lausanne 1969, S. 33

S. 125 r. – Napoleonische Fahnen
Abb. nach: Gustav Lehman, Die Trophäen des Preußischen Heeres in der Kgl. Hof- und Garnisonskirche zu Potsdam, Berlin 1898, Tfl. II

S. 126 o. – M.C., fol. 323r.
Heidelberg, Universitätsbibliothek; Cod. Pal. Germ. 848

S. 126 m.o. – Fünf heraldische Adler
Archiv des Verlags

S. 125 m.u. v.l.n.r. – Schild mit »brennendem« Adler vom Grabmal König Ottokars I.
Prag, St. Veits-Dom
Photo: Jan Neubert, Dobřichovice, ČSSR

– Pavese der Stadt Wimpfen
Darmstadt, Hessisches Landesmuseum

– Pavese der Stadt Schongau
München, By.N.M.

S. 126 u.l. – Russischer Doppeladler auf der goldenen Bulle des Bündnisvertrages zwischen dem Großfürsten von Moskau Wassilij III. Iwanowitsch und Kaiser Maximilian I.
Wien, Ö.St.A., H.H.St.A., A.U.R. 1514 (Febr.-März 7)

S. 126 u.r. – Archiv des Verlags

S. 127 – Front- und Seitenansicht des Reiterschildes mit dem Wappen von Raron
Sion, Musée de Valère
Photo: Heinz Preisig, Sitten

S. 128 und 129 – Adlerreihe
Royal Book of Crests of Great Britain and Ireland, London o.J., Tfln 96 und 97

S. 128 o.l. – Archiv des Verlags

S. 128 u.l. – Drei Adlerwappen
Gbg., By.Sb., Cgm. 145, S. 6a

S. 128 u.r. – Quaternionenadler
Archiv des Verfassers

S. 129 l. – Grabplatte von Uwe Tetens, Witzwort
Photo: F. Sparck & Co, Husum

S. 129 r. – Berner Wappenscheibe
Zürich, S.Lm.

S. 129 u.l. – Siegel Napoleons I. für Adelspatente
Archiv des Verfassers

S. 129 u.r. – US-Dollar von 1799
Mit Genehmigung der Amerikanischen Numismatischen Gesellschaft, New York

S. 130 o. – Vier Straußenwappen
Archiv des Verfassers

S. 130 l. – Standarte mit Phönix
Archiv des Verlags
Zeichnungen: Franz Coray, Luzern

S. 130 r. – Standarte von Greyerz
Freiburg, Historisches Museum
Photo: Leo Hilber, Freiburg

S. 130 u.l. – Siegel
Photo: Reichsarchiv Kopenhagen

S. 130 u.r. – Banner des Grafen von Pavia
Abb. nach Freiburger Fahnenbuch
Freiburg, Staatsarchiv
Photo: Rast, Freiburg

S. 131 – Wappen Barberini
Abb. nach Original
Bibliothek des Verfassers

S. 132 o.l. – Florentiner Lilie vom Palazzo Ferroni
Archiv des Verfassers

S. 132 o.m. – Königlich französische Mantelbrosche
Paris, M.N.P.

S. 132 o.r. – Jean Froissart, Chroniques de France
London, Br.M.; Ms. 14 D IV
Photo: Editions Robert Laffont, Paris

S. 133 o. – Zwei Siegel der Stadt Lemgo
amtliche Vorlage
Archiv des Verfassers
S. 132 und 133 Rest – Archiv des Verlags

S. 134 m. v.l.n.r. – Fahne des Amtes Entlebuch
Luzern, Historische Rathaussammlung, Nr. 588
Photo: James Perret, Luzern

– Ein Banner des Schwäbischen Bundes, erbeutet im Schwabenkrieg
Abb. nach: Luzerner Fahnenbuch, Exemplar des S.Lm.

– Angebliche Flagge von Holstein
John Graydon, Ms. Insignia Navalia, 1686
Mit Genehmigung von: Master and Fellows of Magdalene College, Cambridge, England

S. 134 u. – Nesselblattformen
Archiv des Verlags

S. 135 l. – Musterseite mit pflanzlichen Motiven
Abb. nach: Ph.J. Spener, vgl. S. 92, Tfl. 16

S. 135 o.r. – Flagge von Neu-England
John Graydon, Ms. Insignia Navalia, 1686
Mit Genehmigung von: Master and Fellows of Magdalene College, Cambridge, England

S. 135 r. – Wappen von Kanada
amtliche Vorlage
Archiv des Verlags

S. 136 o. – Angebliche Wappen von Spanien und Portugal, Z.W.R.

S. 136 l. – Siegel der Stadt Stadthagen, 1324
Stadthagen, Rathaus

S. 136 r. – Zwei litauische Embleme
l. Wappen nach Gbg.
r. Dreitürme, Zeichen aus der Staatsflagge, 1918
amtliche Vorlage
Archiv des Verfassers

S. 136 u. – Vier englische Wappen, 15. Jhdt.
Archiv des Verlags
Zeichnungen: Werner Luzi, Luzern

S. 137 o.l. – Albrecht Dürer: Das große Wappen seiner Familie, Holzschnitt
Nürnberg, G.N.M.; Nr. St.Nbg. 12859

S. 137 o.r. – Wappen kurtrierischer Burgmannen auf der Neuerburg
Koblenz, Landeshauptarchiv; Balduineum, fol. 6

S. 137 u.l. – Urs Graf, Wappen der Schmiedezunft von Solothurn, Stich
Solothurn, Städtisches Museum

S. 137 u.r. – Trompetenbehang der Kompanie des J. F. Schenk von Schmidtburg
Malerei von Gabriel Geiger, Heidelberg, 1620
Codex im Besitz des Verfassers

S. 138 o.l. – Schnappschloß mit Falke
Archiv des Verlags

S. 138 o.r. – Wappen der Familie von Speth
Abb. nach: Otto Hupp, Münchener Kalender, 1920

S. 138 u. – Gerber-Embleme
Archiv des Verlags

S. 139 – Zunfttisch der Zunft zu Gerbern
Solothurn, Historisches Museum Blumenstein
Photo: James Perret, Luzern

S. 140 o.l. – Wappen der Stadt Portsmouth
Archiv des Verlags
Zeichnung: Franz Coray, Luzern, nach amtlicher Vorlage

S. 140 u.l. – Banner des Jacques de Luxembourg
Abb. nach Solothurner Fahnenbuch
Staatsarchiv, Solothurn
Photo: James Perret, Luzern

S. 140 u.r. – Mondwappen, Arl.
des Jakob Grün, Maler in Wien, und Margarete, seiner Ehefrau

S. 140–142 o. – Wappen mit Himmelskörpern
Abb. nach: Wilhelm Rentzmann und Ottried Neubecker, Wappen-Bilder-Lexikon,
München 1974

S. 140–142 m. – Crests mit Himmelskörpern
Abb. nach: Royal Book of Crests, London, Tfln. 7 und 8

S. 140–142 u. – USA-Flagge, getragen in der Schlacht bei Yorktown 1781
New York, Historical Society

S. 142 l. – Wappen der Inka-Könige
London, The Hamlyn Group

S. 142 u. v.l.n.r. – Flagge von Stralsund mit Sonne

– Französische Kavalleriestandarte

– Japanische Vexilloide
alle Archiv des Verlags

S. 143 – Japanisches Schlachtenbild
Archiv des Verlags

S. 144 o. – M.C.; J.P.Z.

S. 144 m. – Reitergefecht; Balduineum
Koblenz, Landeshauptarchiv

S. 144 u. – Ausschnitt aus dem Bildteppich der Königin Mathilde
Bayeux, Musée de l'Evêché
Mit spezieller Genehmigung der Stadt Bayeux
Photo: Giraudon, Paris

S. 145 – Pranckher Helm
Vorder- und Seitenansicht
Wien, Kh.M.

S. 146 u.l. – Zwei Ansichten eines Helms mit gesteppter Kapuze
Zeichnung des Verf. nach dem Lüneburger Falttisch (siehe S. 154 und 155).

S. 146 u.r. – Ritter vor Stadtmauer
Abb. nach: U.R.K.

S. 146 und 147 v.l.n.r. – Italisch-gallischer Helm
London, Br.M.

– Helm von Baldenheim
Straßburg, Château des Rohan

– Sog. Wendelhelm
Photo: Riksantikvarieämbetet, Stockholm

– Topfhelm aus der Burgruine Madeln bei Pratteln BL
Liestal, Kantonsmuseum Basel-Land
Photo: S.Lm.

– Helm und Helmzier des Schwarzen Prinzen
Abb. nach: Ströhl, H.A.

– Kübelhelm aus Madeln, vgl. oben

– Stechhelm
Florenz, Museo Nazionale
Photo: Alinari

– Spangen- oder Bügelhelm
Paris, Musée de l'Armée, H PO 1275

– Kolbenturnierhelm
Wien, Kh.M.

– Funeralhelm Kaiser Karls V.
Augsburg, vgl. S. 73

S. 147 o. – Deutsche Schallern
Solothurn, Altes Zeughaus
Photo: James Perret, Luzern

– Deutscher Stahlhelm aus dem 1. Weltkrieg
ebd.

– Renntartsche
Wien, Kh.M.

S. 147 u. – Kämpfer mit hochgeklapptem Visier
Abb. nach: Walter de Milimete, De nobilitatibus, sapientiis et prudentiis regum, 1326, fol. 67a
Oxford, Christ Church Library

S. 148 o. – Reiter
Abb. nach: Alexander Nisbet, A System of Heraldry, Vol. I, Edinburgh 1722, Tfl. I

S. 148 u. – Ranghelme
1. Reihe: Petra Sancta, Tesserae Gentilitiae, Rom 1638
2. und 3. Reihe: J. A. Rudolphi, Heraldica Curiosa, Nürnberg 1698
4. Reihe: J.-F. Jules Paulet du Parois, Nouveau Manuel complet du Blason, Paris 1854

S. 149 – Teile des Zuges der Prinzen und Ritter beim Fest »Der Zauber der Weißen Rose«
Lithographie von Hosemann nach einer Zeichnung von Stürmer
Berlin, St.M.Pr.Kb., Kunstbibliothek
Photo: Ba.Pr.Kb.

S. 150 – Relief, Römische Kriegergruppe, Zeit des Kaisers Hadrian
Paris, M.d.L., Antiquités Gréco-Romaines
Photo: M.N.P.

S. 150 und 151 – Griechischer Krieger, Detail aus einer bemalten Trinkschale, 5. Jhdt.v.Chr.
London, Br.M.

S. 151 – Etruskische Minerva-Statuette, 6. Jhdt. v.Chr.
London, Br.M.

S. 152 o. – Bezeichnete Helme
Abb. nach: Paul Ganz, Geschichte der Heraldischen Kunst in der Schweiz im XII. und XIII. Jahrhundert, Frauenfeld 1899, S. 24

S. 152 l. – Aus der Eneit des Heinrich von Veldeke, vgl. S. 26, Bl. XXXIVr.

S. 152 u.l. v.l.n.r. – Drei Siegel
Abb. nach: Seyler, G.d.H.

– Graf Gunzelin VI. von Schwerin 1313. Mecklenburgisches Urkundenbuch, Band 10, Seite 659, Nr. 351; G.d.H., Nr. 66

– Graf Günter v. Kevernburg (Thüringen) 1282; G.d.H., Nr. 54

– Graf Wolfram von Veringen, 1324, vor seiner Gemahlin kniend; G.d.H., Nr. 118

S. 152 u.r. – M.C.; J.P.Z.

S. 153 o.l. – Zwei Siegel

– Hoyer d. J. von Friedeburg, 21.8. 1267; Abb. nach A.W.L., 3. Bd., Tfl. 21, Nr. 12

– Hartmann von Lobdaburg, 16.7. 1297; ebda. 4. Bd., Tfl. 46, Nr. 9

S. 153 r. – Wikingerhelm
Photo: Riksantikvarieämbetet, Stockholm

S. 153 u. – Vier Wappen
Abb. nach: Gbg., S. 17

S. 154 und 155 u. – Falttisch
Lüneburg, Museum
Photo: Wilhelm Krenzien, Lüneburg

S. 154 und 155 o. – Rekonstruktionszeichnungen des Verfassers: Wappen auf den Schmalseiten des o.g. Tisches
Publ.: Lüneburger Blätter, Heft 2, Lüneburg 1951.

S. 156 o. – Bucheignerzeichen des Lagmans Nils Erengislesson till Hammersta, in: Manuskript von Magnus Erikssons landslag.
Stockholm, Skokloster-Sammlung, Depot in Riksarkivet

S. 156 u.l. – Wappen des österreichischen Geschlechts von Thiernstein, 1411, in Arl.

S. 156 u.r. – Wappen des John Bourchier, Lord Berners, nach seiner Gestühl-Tafel als Hosenbandritter. London, The College of Arms

S. 156 r. – Personifikation der Stärke Florenz, Biblioteca Nazionale Centrale; Ms. Landau – Finaly 22, C. 166r.
Photo: G. Sansoni, Florenz

S. 157 o. – Allianzwappen der Grafen von Görz, in Arl.

S. 157 l. – Wappen König Jakobs II. von Großbritannien als Herzog von York, 1661 von seiner Gestühltafel als Hosenbandritter
Photo: Heraldry Today, London

S. 157 r. – Holzschnitt von der ersten Seite des Werkes »Jaime I, rey de Cataluña y Aragon: Aureum opus regalium privilegiorium civitatis & regni Valentie...«, Valencia 1515
Photo: Biblioteca Nacional, Madrid

S. 158 o. – Siegel des Grafen Otto von Fürstenberg, Mecklenburg
Abb. nach: Seyler, G.d.H., Nr. 346

S. 158 l. – Schild und Helm des Minnesängers Bruno von Hornberg M.C.: J.P.Z.

S. 158 r. – Zwölf Wappen des elsässischen Geschlechts von Müllenheim
Abb. nach: Johann Sibmacher, Erneuert und Vermehrtes Wappenbuch, Nürnberg 1701, 3. Teil, Tfl. 146

S. 159 – M.C.; J.P.Z.

S. 160 o. – M.C.; Archiv des Verlags

S. 160 u. – Helmzierden
Gelre, fol. 28v.; 41v.; 46r.; 52v.; 64r.

S. 161 – Helmschau
Gbg., S. 233

S. 162 – Mecklenburger Helmzierden
Archiv des Verfassers

S. 163 o. – Wappen des Geschlechts von Rogendorf
Archiv des Verfassers

S. 163 r. – Wappen des Michael Behaim
Archiv des Verfassers

S. 163 u.l. – Das sog. Wappen mit dem Pelikan
Original verschollen
Abb. nach: Friedrich Winkler, Die Zeichnungen Albrecht Dürers, Band 1, (1484–1502)

S. 163 u.r. – Skulptur an der Wand des Hauses 1, Rue de la Loge, Luxemburg
Archiv des Verfassers

S. 164 – Wappen des Herzogs Bernhard Erich Freund von Sachsen-Meiningen von seiner Gestühltafel als Hosenbandritter
Photo: Heraldry Today, London

S. 165 – Wappen der Markgrafschaft Brandenburg-Ansbach
Abb. nach: D.W.Wb., Tfl. 98

S. 166 o.l. – Ausschnitt aus einem französischen Wandteppich mit den Neun Helden: König Artus
New York, The Metropolitan Museum of Art
The Cloisters Collection, Munsey Fund, 1932, and Gift of John D. Rockefeller, Jr. 1947.

S. 166 u.l. – Siegel der Königin Margarete I. von Dänemark und Schweden
Archiv des Verfassers

S. 166 u.r. – Herold mit Drei-Kronen-Mantel
Armorial de Bellenville
Paris, B.N., Ms. français 5230, fol. 70

S. 167 – Kaiser Heinrich VI.
M.C.
Abb. nach: Faksimile-Ausgabe, Leipzig 1924
Archiv des Verfassers

S. 168 l. – Rückenlehne des Thronsessels von König Tutanchamun
Kairo, Ägyptisches Museum
Photo: Hirmer Verlag, München

S. 168 r. – Basalt-Skulptur aus Karnak, Tempel des Mut, 25. Dynastie
Kairo, Ägyptisches Museum
Photo: Rolf Ammon, Stuttgart

S. 169 l. – Krönung des Königs Roger
Palermo, Martorana-Kirche
Photo: Scala, Antella (Firenze)

S. 169 r. – Tempeltänzerin
Angkor Wat
Photo: Brian Brake, Auckland, Neuseeland

S. 168 und 169 o. – Sechs Münzen mit Herrscherköpfen
Photo: Office du Livre, Fribourg

S. 170 o.r. – König David, Ausschnitt aus Buchillustration, 9. Jhdt.
Paris, B.N., H J p 38 No 49
Photo: Editions Robert Laffont, Paris

S. 170 und 171 – Zwei Reihen von Kronenentwicklungen
Archiv des Verlags

S. 170 u. – Besuch Kaiser Karls IV. bei König Karl V. von Frankreich, 1378
Paris, B.N.

S. 171 o.l. – Porträt Kaiser Karls IV.
Photo: Archiv des Verfassers

S. 171 o.r. – König Heinrich VII. von England
London, National Portrait Gallery

S. 171 u. – Deckplatte des Tischgrabes Kaiser Friedrichs III.
Wien, Dom St. Stephan
Photo: Bundesdenkmalamt Wien

S. 172 und 173 – Die Neun Helden
Paris, B.N.; Chevalier errant, 1394, Ms. français 12559, fol. 1

S. 174 o.l. – Banner der Stadt Köln um 1400
Köln, Stadtmuseum im Zeughaus
Photo: Rheinisches Bildarchiv, Köln

S. 174 o.r. – Kronenhäubchen der Königin Konstanze von Aragon
Palermo, Domschatz
Photo: Scala, Antella (Firenze)

S. 174 und 175 m. – Zehn Kronen
Abb. nach: Ströhl, H.A.

S. 174 u. – The Regalia of Scotland
Abb. nach: Alexander Nisbet, A System of Heraldry, Vol. II, Edinburgh 1742

S. 175 o.l. – Porträtbüste Karls des Großen
Archiv des Verlags

S. 175 o.r. – Römisch-deutsche Reichskrone
Wien, Weltliche Schatzkammer
Photo: Kh.M., Wien

S. 175 u. – Aachen, Domschatzkammer; Otton. Codex fol. 16r. Widmungsblatt
Photo: Ann Münchow, Aachen

S. 176 o. – Römisch-deutsche Reichsinsignien
Abb. nach: Krönungsdiarium, 1745.
Archiv des Verfassers

S. 176 m. – Fünf existierende Kronen:

– l.o. Krone vom Kopfreliquiar Heinrichs II.

– l.m. Krone der Kaiserin Kunigunde

– l.u. Frauenkrone, deutsch um 1350
alle: Photoarchiv Museumsabteilung der Bayer. Verwaltung der staatlichen Schlösser, Gärten und Seen, München

– r.o. Englische Krone um 1360/1370, ebd.

– r.u. Krone König Christians IV. von Dänemark, 1596
Kopenhagen, De Danske Kongers Kronologiske Samling paa Rosenborg

S. 177 o. – Zwei spanische Kronen 1525
Abb. nach: Jean Laurten Krafft, Histoire Générale de l'Auguste Maison d'Autriche, Tome II, Bruxelles 1745
Photo: B.R.A.

S. 176 und 177 – Kastilische Königskrone
Toledo, Domschatz
Photo: Oronoz, Madrid

S. 177 u.l. – Tiara des Papstes Pius II.
Pienza, Dom
Photo: Scala, Antella (Firenze)

S. 177 u.r. – Bischöfliche Mitra
Photo: Leonard von Matt, Buochs

S. 178 und 179 – Rangkronen
Archiv des Verlags
Zeichnungen: Werner Luzi, Luzern

S. 180 o. – Heilige Drei Könige, Säulenkapitell um 1130
Autun, Kathedrale St. Lazare, Sakristei
Archives Photographiques, Paris

S. 180 o.r. – Krönung König Karls VI. von Frankreich 1380
Paris, B.N.; Ms. français 2813, fol. 3v.

S. 180 l. – Krönung des Königpaares Heinrich und Margarete in Aachen
Koblenz, Landeshauptarchiv; Balduineum

S. 180 r. – Krönung Heinrichs VII. zum Kaiser, ebd.

S. 180 o.l. – Ausschnitt aus V. de Beauvais, 15. Jhdt., Le Miroir Historial
Krönung Karls des Großen
Chantilly, Musée Condé; Ms. 722, fol. 105r.
Photo: Giraudon, Paris

S. 181 o.m. – Krönung König Richards II. von England, 1377
Paris, B.N.; Ms. français 2608, fol. 521v.

S. 181 o.r. – Vom Teufel gekrönter Papst krönt den Kaiser
Rom, Biblioteca Vaticana; Cod. Reg. lat. 580, fol. 35v.

S. 181 u.l. – Papst Johannes und der Abt von Kreuzlingen
Abb. nach: U.R.K.

S. 181 u.r. – Szene aus der Kaiserkrönungszeremonie Napoleons
Skizze von Jacques Louis David
Archives Photographiques, Paris

S. 182 und 183 – Abb. nach dem Krönungsdiarium, 1745
Archiv des Verfassers

S. 184 l. – Königin Elisabeth II.
Photo: Cecil Beaton, London

S. 184 und 185 – Schwedische Staatsschaluppe »Vasaorden«, bereit zur Abholung des am 19.6.1976 getrauten Königspaars.
Photo: Presse-Agentur Dukas, Zürich

S. 186 l. und 187 r. – Schildhaltende Löwen aus dem Wappen von Bayern
Abb. nach: H.G. Ströhl, Deutsche Wappenrolle, Stuttgart 1897, Tfl. VIII

S. 186 und 187, Rest – Schildhaltende Stachelschweine und Wappenzelt
Abb. vgl. S. 131

S. 188 o. – Bertrand du Guesclin
Abb. nach: Triomphe des Neuf Preux, Abbeville 1481, Frontispiz
Paris, B.N.

S. 188 l. – Weltchronik des Hartmann Schedel, 1493
Abb. nach Exemplar der Faksimile-Ausgabe der Zentralbibliothek Luzern

S. 189 und 190 l. – Meister W.A.: Wappen Karls des Kühnen, 1468
Brüssel, B.R.A., Cabinet des Estampes

S. 189 und 190 r. – Wappen König Heinrichs VIII. von England
Abb. nach: Thomas Willement, Regal Heraldry, London 1821
Photo: L. Bührer, Luzern

S. 190 – Zwei Reihen mit elf Siegeln

1. Reihe v.l.n.r.
– Margaret Bruce, Lady de Ros, 1280
Abb. nach: Boutell's Heraldry, London 1970, Nr. 343

– Beatrix von Görz, um 1350
Abb. nach: Seyler, G.d.H., Nr. 394

– Herzogin Agnes von Braunschweig, † 1341,
Wolfenbüttel, Niedersächsiches Staatsarchiv

– Heinrich Graf von Nassau-Dillenburg, 1444
Wiesbaden, Hessisches Hauptstaatsarchiv

– John Graf von Arundel
Abb. nach Boutell (siehe oben), Nr. 346

– Markgraf Sigismund von Brandenburg, 1495
Abb. nach Seyler, G.d.H., Nr. 485

2. Reihe v.l.n.r.
– Winemar von dem Birnbaum, Konsul zu Köln, 1425
Archiv des Verlags
Zeichnung: Franz Coray, Luzern, nach Seyler, G.d.H., Nr. 482

– Vorder- und Rückseite, Margarete, Gemahlin König Eduards I. von England
Abb. nach Boutell (siehe oben) Nr. 296

– Eduard Mortimer, Graf von March, 1400
ebd., Nr. 344

– Thomas Holland, Graf von Kent, 1380
ebd., Nr. 342

S. 190 u.l. – Heinrich von Scharfeneck, 1292
Waldenburg/Württ., Fürstliches Rentamt Hohenlohe-Waldenburg

S. 190 o.l. – Johann I. Graf von Nassau-Dillenburg, 1393
Wiesbaden, Hessisches Hauptstaatsarchiv

S. 191 o.m. – Braunschweigische Münze
Braunschweig, Städtisches Museum
Photo: Otto Hoppe

S. 191 u.l. – M.C.; J.P.Z.

S. 191 r. – Lüsterweibchen mit dem Stadtwappen von Ochsenfurt am Main.
Original München, Kunsthandel, Tilman Riemenschneider zugeschrieben
Kopie Ochsenfurt, Rathaus
Photo: Knittel, Ochsenfurt

S. 192 – Steinplastik vom Grabmal des Erzbischofs Theoderich, um 1460
Köln, Dom
Photo: Rheinisches Bildarchiv, Köln

S. 193 – Glasgemälde aus dem Stephansdom, Wien, darstellend Rudolf I. von Habsburg und seinen Sohn Albert I.
Wien, Historisches Museum der Stadt

S. 194 o. – Backmatrize von Villingen, 16. Jhdt.
Archiv des Verfassers
Photo: Fred Hugel, Villingen

S. 194 u. – Steinplastik am schaumburgischen Schloß Bückeburg, wo es vermutlich von der Nichte der Clara von Braunschweig, Katharina (* 1577), angebracht wurde, die 1609 einen Schaumburger geheiratet hatte. Abb. nach: Der Deutsche Herold, Berlin 1913, Beilage zu Nr. 12

S. 195 – Exlibris des Herzogs Wolfgang von Pfalz-Zweibrücken
Holzschnitt von Virgil Solis, 1559
Abb. nach: Walter von Zur Westen, Exlibris, Bielefeld und Leipzig 1901, nach einem verschollenen Exemplar in der Hof-, jetzt Landes- und Hochschulbibliothek Darmstadt
Nachkolorierung: Franz Coray, Luzern

S. 196 – Donatello: Der Marzocco
Florenz, Bargello
Photo: Scala, Antella (Firenze)

S. 197 – Wappen des Jean de Malestroit
Paris, Bibliothèque de l'Arsenal; Chroniques de France, Manuscrit de Gaguin, 1477, 1. Seite
Photo: Lalance, Paris

S. 198 o.l. – Sog. Lichttaler, Reichstaler von 1578
Braunschweig, Städtisches Museum
Photo: Otto Hoppe

S. 198 o.r. – Reichstaler 1691, ebda.

S. 198 l. – Wappen des Königs Matthias Corvinus von Ungarn, 1469 König von Böhmen
Grölitz, Rathaus
Abb. nach: Der Deutsche Herold, Berlin 1907, Nr. 2

S. 198 m. – Holzschnitt auf der Rückseite des Titelblatts der Vasal-Bibel, Upsala 1531
Stockholm, Kungl. Biblioteket

S. 198 r. – Wappen der Familie von Holzhausen
Abb. nach: Jost Amman, Wappen- und Stammbuch, Frankfurt a.M. 1589

S. 198 u.l. – Wappen des Lord Baltimore
Abb. nach einer Landkarte, Anlage zu einer Relation von 1635
Publ. in: Justin Winsor, Narrative and Critical History of America 1886, Vol. III, S. 520

S. 198 u.r. – Siegel des Staates Maryland, USA
Archiv des Verlags

S. 199 – Musterseite mit Menschen als Schildhaltern
Abb. nach: Ströhl, H.A.

S. 200 und 201 – Vielerlei Schildhalter

– Nrn. 1, 3, 5, 6, 14, 15, 16 17, 25 aus Friedrich Warnecke, Heraldische Kunstblätter, Görlitz 1877 ff.

– Nrn. 2, 4, 12, 21, 28
Jost Amman, Stamm- und Wappenbuch, Frankfurt a.M. 1579; Neudruck, Hrsg. von Friedrich Warnecke, Görlitz 1877

– Nr. 7 Seyler, G.d.H., Nr. 481

– Nrn. 8, 10, 20, 30, 31
Heraldry in Miniature, London o.J. (1783)

– Nr. 9 aus W.K. Lukomskii und Baron N.A. Tiepolt, Russkaja Geraldika, Petrograd 1915, Tfl. XV.

S. 199 – Nrn. 11, 22–24, 26, 27, 34–36, vgl. S. 131

– Nr. 13 A.H.S., 1910/11

– Nr. 18 Druckersignet des Jacob Bellaert, Haarlem 1484
By.Sb.; Inc. c.a. 365d.

– Nrn. 19 und 29
D.L. Galbreath, Manuel du Blason, Lausanne 1942, S. 266 und 49

– Nr. 32 J.H. & R.V. Pinches, The Royal Heraldry of England, London 1974, S. 46

– Nr. 33 Druckersignet des Simon Bevilacqua, Venedig 1495
By.Sb.; Inc. c.a. 1185

S. 202 l. – Archiv des Verlags

S. 202 m. v.l.n.r. – Staatswappen von Lesotho
Archiv des Verlags

– Staatswappen von Tansania
Archiv des Verlags

– Wappen der Stadt Southampton
Abb. nach: A.C. Fox-Davis, A Complete Guide to Heraldry, London 1969, Tfl. X

S. 202 u. – Titelblatt des Kurmainzer Landrechts, Originaldruck 1755
Archiv des Verfassers

S. 203 o. – Monogramm Karls des Großen
Archiv des Verlags

S. 203 o.l. – Burgundische Standarte mit dem hl. Thomas,
Glarus, Landesarchiv; Glarner Fahnenbuch
Photo: Schönwetter, Glarus

S. 203 o.r. – Majestätswappen von Frankreich
Abb. nach: D.W.Wb., Tfl. 6

S. 203 u.l. – Wappen Georgs IV. von Großbritannien, vgl. S. 189, Tfl. XXXIV
Photo: Heraldry Today, London

S. 203 u.r. – Exlibris
Archiv des Verfassers

S. 204 – Verhandlungen in Zeltgruppe
Paris, B.N.; Ms. français 12559, fol. 162

S. 205 l. – Unterwerfungsszene vor Zelt
Paris, B.N.; Ms. français 2675, fol. 189v.

S. 205 o. – Wappenmantelartige Helmdecke und Wappenzelt
Abb. nach: vgl. S. 131, S. 640 und 642

S. 205 u. – Königsbegegnung im Camp du Drap d'Or, 1520
Versailles, Museum
Photo: M.N.P.

S. 206 o.r. – Schild mit Kriegszelt
Archiv des Verfassers

S. 206 o.l. – Kragenpartie des Mantels des österreichischen Kaiserornats
Wien, Kh.M.

S. 206 o.m. – Wappen der Marie de la Trémouille, 17. Jhdt.
Abb. nach: Ströhl, H.A.

S. 206 u. v.l.n.r. – Kaiser Konstantin führt zu Fuß das Pferd, auf dem Papst Sylvester sitzt.
Fresko, 12. Jhdt., Rom, Kirche Santi Quattro Coronati
Photo: Leonard von Matt, Buochs

– Vor dem Papst reitender, den Ombrellino führender Knappe
Abb. nach: U.R.K.

– Kaiser Sigismund unter einem Baldachin zwischen dem römisch-königlichen und dem römisch-kaiserlichen Wappen, ebd.

– Papst Pius II. bei seiner Einsetzung in der Basilika San Giovanni, der Bischofskirche von Rom
Siena, Dom, Fresko von Pinturicchio, 1502
Photo: Scala, Antella (Firenze)

S. 207 – Wappen des Königs von Italien und des Herzogs von Savoyen-Aosta, amtliche Abbildungen
Photo: Laboratorio Fotografico Chomon-Perino, Turin, nach Exemplar der Biblioteca Reale, Turin

S. 208 – Bescheinigung des englischen Wappenkönigs John Anstis, 1720, betr. die Badges des Geschlechts Stafford, Kopie um 1800
Besitzer: Paul L. Csank, Cleveland, Ohio USA

S. 209 – Eingangstor zur Kapelle König Heinrichs VII.
London, Westminster Abbey
Photo: Mit Genehmigung des Dekans und Kapitels von Westminster

S. 210 und 211 – Bilddevisen

Japan: – Ströhl, Hugo Gerard: Japanisches Wappenbuch »Nihon Moncho«, Wien 1906

England: – Zeichnungen: Franz Coray, Luzern

Frankreich: – Die ersten vier Bilder: Schloß Blois
Photo: Archives Photographiques, Paris

– Französische Fahne
Nancy, Musée Lorrain
Zeichnung: Franz Coray, Luzern, nach Originalphoto

– Sonnenemblem
Photo: Archiv des Verfassers

– Schlußvignette eines Lyoner Missale von 1487
Abb. nach: D.L. Galbreath, Manuel du Blason, 1942, S. 250

Italien: – vgl. S. 130

Spanien: – Zeichnungen: Franz Coray, Luzern

Preußen: – Zeichnungen: Joachim von Roebel, Bonn

S. 212 l. – Wappen der Visconti
Mailand, Biblioteca Trivulziana, Cod., 1390, S. 1

S. 212 u.l. – Archiv des Verfassers

S. 212 u.r. – Staatswappen von Australien, 19.9.1912
Archiv des Verlags

S. 213 – Vier Bilddevisen aus dem Hause Visconti
Mailand, Biblioteca Trivulziana; Cod. 2168

S. 214 o.l. – Ein Ritter des Johanniterordens
Paris, B.N.; Ms. français 854, fol. 113v.

S. 214 m. – Herzog Karl der Kühne von Burgund
Aus dem Statutenbuch des Ordens vom Goldenen Vlies
Wien, Ö.N.; Cod. 2606, fol. 70v.

S. 214 o.r. – Sir Winston Chrchill
Photo: Keystone Press, London

S. 214 u.l. – Ritter des Sternordens bei Tische, 1351
Grandes chroniques de France
Paris, B.N.; Ms. français 2313, fol. 394

– Fünf sowjetische Generäle
Abb. nach: Frankfurter Illustrierte, No 24, 11. Juni 1946
Archiv des Verfassers

S. 215 o. – Heraldik des Nikolaus von Diesbach
l. B.H.M.
r. edb., Inv. Nr. 11814

S. 215 u.l. – Wappentafel König Karls XIII.: Johann von Schweden als Kronprinz, 1810
Stockholm, Kungl. Livrustkammaren

S. 215 u.r. – Wappenschild
Schloß Frederiksborg
Photo: Poul Ainow, Kopenhagen

S. 216 o.l. – Zwei Wappen österreichischer Erzherzoge
Abb. nach: H.G. Ströhl, Österreichisch-Ungarische Wappenrolle, Wien 1894, Tfln. II. und III

S. 216 o.r. – Hans Weiditz, Gedenk-

blatt auf den Tod des Kaisers Maximilian
M.G., Nr. 1525

S. 216 u.l. – Türen mit dem Kreuz des Hoch-Meisters des Deutschen Ordens
Marburg, Elisabethenkirche, West-Portal
Bildarchiv Foto Marburg

S. 216 u.r. – Ausschnitt aus der Umrahmung des Giebelfeldes am Portal der Kathedrale von Autun. Zwei Pilger, die beim Aufruf zum Jüngsten Gericht aus ihren Gräbern auferstehen; der mit dem Kreuz auf dem Schnappsack war ein Jerusalempilger, der mit der Muschel war in Santiago de Compostela.
Photo: Musée des Monuments Français, Paris

S. 217 o. v.l.n.r. – Siegel des Landmeisters mit Flucht nach Ägypten
Abb. nach: F.A. Vossberg, Geschichte der Preußischen Münzen und Siegel, Berlin 1842, Tfl. I, Nr. 6

– Schild des Landgrafen Konrad
Bildarchiv Foto Marburg

– Hochmeisterwappen
Pause des Verfassers nach Gelre

– Siegel des letzten Hochmeisters in Preußen
Abb. nach: F.A. Vossberg (siehe oben) Tfl. XI

S. 217 m. v.l.n.r. – Wappen von Portugal
Pause des Verfassers nach Gelre
– Archiv des Verlags

S. 217 u.l. – Ein Siegel des Templerordens, Nr. 9863
Photo: Service Photographique des Archives Nationales, Paris

S. 217 u.r. – Schematafel des Johanniterordens Ballei Brandenburg
Abb. nach: Justus Christoph Dithmar, Geschichte des ritterlichen Johanniter-Orden, Frankfurt a.O. 1728

S. 218 l. – Ausschnitt aus der Ketzelschen Pilgertafel
Nürnberg, G.N.M.; Gm. 581

S. 218 und 219 – Ordensritterliche Tracht
Abb. nach: G. Eichler, Abbildungen und Beschreibung aller Hohen Ritter-Orden in Europa, Augsburg 1759

S. 219 o.l. – Exlibris des Florian Waldauf von Waldenstein
Archiv des Verlags

S. 219 o.r. – Wappen des Konrad von Kreig, um 1436
Abb. nach Arl.
S. 219 u. – Wappen von der Rückseite des Bildnisses des Jakob von Savoyen, Grafen von Romont
Basel, Kunstmuseum

S. 220 o.l. – Heinrich Blarer
Konstanz, Rosgarten-Museum

S. 220 o.m. – Oswald von Wolkenstein
Innsbruck, Universitätsbibliothek, Liederhandschrift B

S. 220 o.r. – Jean Warin: Bronzebüste König Ludwigs XIII.
Paris, M.d.L.

S. 220 u.l. – Marx Reichlich (wirkte 1480–1520): Altargemälde, darstellend den Ritter Florian Waldauf
Stadtmuseum Solbad Hall
Heute: Depot in Innsbruck, Tiroler Landesmuseum Ferdinandeum

S. 220 u.r. – Detail vom Bildnis Herzog Friedrich Wilhelms von Braunschweig
London, Ministry of Works

S. 221 – Korin: Porträt des Marschalls Georgii Konstantinowitsch Schukow
Photo: Presse-Agentur Nowosti, Genf

S. 222 o. – Wappen des Bischofs von York
London, Br.L.; Ms. Harl. 2169, fol. 9v.
S. 222 u.l. – Wappen aus dem sogen. Wernigeroder Wappenbuch
Original verschollen
Zeichnung: Otto Hupp, Kopie Sammlung Maria Hupp, Oberschleißheim bei München

S. 222 u.m. Albrecht Dürer; Wappen des Todes
Schweinfurt, Sammlung Otto Schäfer, D-98
S. 222 u.r. – Eckquartier aus dem Schwyzer Juliusbanner
Schwyz, Bundesbriefarchiv
Photo: James Perret, Luzern

S. 223 – Miniatur aus der Lüneburger Handschrift des Sachsenspiegels 1442–1448
Lüneburg, Ratsbücherei
Photo: Wilhelm Krenzien, Lüneburg

S. 224 o. – Exotische Wappen
Abb. nach: U.R.K.

S. 224 u. – Embleme der Stämme Israels und vorheraldische Embleme
Abb. nach: Philipp Jacob Spener, Insignium Theoria, Opus Heraldicum, Pars Generalis, Frankfurt a.M. 1690

S. 225 – Phantasie-Wappen der sieben Könige von Rom und des römischen Kaisers
Abb. nach Gbg.
München, By.Sb.; Cgm. 145, S. 30

S. 225 o. – Illustration zum Lehnsrecht
Heidelberger Handschrift des Sachsenspiegels
Heidelberg, Universitätsbibliothek; Cod. Pal. Germ. 164, fol. 1r.

S. 226 u. – Zwei Siegel des Landgrafen Konrad II. von Thüringen, 1233 und 1234
Wolfenbüttel, Niedersächsisches Staatsarchiv

S. 227 l. – Zwei Seiten aus dem Wappenbuch des Jörg Rugenn
Innsbruck, Universitätsbibliothek, Codex 545, fol. 34v. und 36r.

S. 277 r. – Belehnung Rolands
Der Stricker, Vita Caroli
St. Gallen, Stadtbibliothek (Vadiana); Ms. 302, fol. 26v.

S. 228 und 229 v.l.n.r. – Paris, Bibliothèque de l'Arsenal; Ms. Ars. 4790 fol. 64, 69, 40v., 47v., 48v., 78, 42v., 22v., 100, 82, 108, 53v, 105, 121v., 87, 53, 130, 115.

S. 230 o. – Elfenbeinplatte, Rückseite eines Spiegels
Brüssel, Musées Royaux d'Art et d'Histoire, Section Sculpture-Mobilier

S. 230 und 231 – Wappenverbindungen
Archiv des Verlags
Zeichnungen: Franz Coray, Luzern

S. 231 o. – Schlacht bei Lützen, 1632
Ullstein Bilderdienst, Berlin

S. 232 u. – Münze König Ludwigs von Sizilien († 1362)
Photo: Staatliche Münzsammlung, München

S. 233 – Vereinfachte Form des Wappens Beider Sizilien
Abb. nach: D.W.Wb., Tfl. 15

S. 232 und 233 rest. – Archiv des Verlags
Zeichnungen des Verfassers und Franz Coray, Luzern

S. 234 o. – Rauten-Wappen einer englischen Königin
Abb. nach: Willement, siehe S. 189

S. 234 l. – M.C., Archiv des Verlags

S. 234 m. – Drei Siegel
Abb. nach: Olivarius Vredius, Sigilla Comitum Flandriae, Brüssel 1639, S. 103, 104, 101

S. 234 u. – Exlibris aus der Abtei St. Gallen
St. Gallen, Stiftsarchiv, Bd. B. 436
Photo: Carsten Seltrecht, St. Gallen

S. 235 – Lucas van Leyden: Altarflügel des Triptychons
Die Heilung des Blinden
Leningrad, Eremitage
Photo: Presse-Agentur Nowosti, Genf

S. 236 o. – Wappen des regierenden Papstes Paul VI.
amtliches Muster
Archiv des Verfassers

S. 236 und 237 – Wappen der Päpste
Archiv des Verlags
Zeichnungen: Joachim von Roebel, Bonn

S. 237 l.u. – Exlibris des Dr. theol. Nicolaus Lang, Professor in Ettiswyl, 17. Jhdt.
Photo: S.Lm., Zürich

S. 237 o.r. – Päpstliches Ablaßsiegel
Abb. nach: D.L. Galbreath, Papal Heraldry, London 1972, S. 45

S. 237 m. – Eckquartier des Zürcher Juliusbanners
Photo: S.Lm., Zürich

S. 237 Rest – Kirchliche Hierarchie
Zeichnungen: B.B. Heim
Abb. nach: B.B. Heim, Wappenbrauch und Wappenrecht in der Kirche, Olten 1947

S. 238 o. – Wappen des Primas von Polen
amtliche Vorlage
Archiv des Verfassers

S. 238 o.l. – Einzug der Kardinäle in Konstanz
Abb. nach: U.R.K.

S. 238 m.l. – Wappen während päpstlicher Vakanz
Abb. nach: Ströhl, H.A.

S. 238 m. – Wappen des Kardinals Felice Peretto, 1585
Abb. nach: Der Deutsche Herold, 1901, Nr. 4

S. 238 m.r. – Wappen des Klosters Seuben
Originaldruck
Archiv des Verfassers

S. 238 u. – Zwei moderne Bistumswappen
amtliche Vorlage
Archiv des Verfassers

S. 239 – Englisches Episkopat, 1712 dem Bischof von Bristol als Unterhändler für den Frieden von Utrecht gewidmet
Originalblatt
Archiv des Verfassers

S. 240 und 241 o. – Universitätswappen
Abb. nach: U.R.K.

S. 240 und 241 zweite Reihe: Universitätswappen
Abb. nach Martin Schrot, Wappenbuch des Heiligen Römischen Reichs, München 1581, Bl. 124–156

S. 240 u.l. – Relief von Pier Paolo dalle Masegne
Akademisches Auditorium
Bologna, Museo Civico Medievale

S. 240 u.r. – Kreuzblume des Universitätszepters, 1461
Basel, Historisches Museum
Photo: Museum

S. 241 – Verschiedene Universitätswappen
amtliche Vorlagen
Archiv des Verlags

S. 242 o. – Gekröntes »Libertas«
Zeichnung: Franz Coray, Luzern

S. 242 l. – Nicola Bozidarević, Dalmatiner Schule, 16. Jhdt:
Linker Flügel des Triptychons des Altars der Kapelle des Geschlechts Bundić
Ragusa, Dominikanerkirche; St. Blasius, ein Modell der Stadt Ragusa vorweisend, und der Apostel Paulus
Photo: André Held, Ecublens, Canton de Vaud, Schweiz

S. 242 r. v.o.n.u. – Wappen von Genua
Abb. nach: Angelo Boscassi, Illustrazione Storica dello stemma di Genova, Genua 1919, Tfl. VIII

– Wappen von Lucca
Amtliche Vorlage 1835
Archiv des Verfassers
Photo: Cortopassi, Lucca

– Wappen von San Marino, Stahlstich
Archiv des Verfassers

– Wappen von Andorra
Zeichnung des Verfassers

– Siegel der Republik Bern, 1768
Bern, Staatsarchiv des Kantons
Photo: Hugo Frutig, Bern

S. 243 l. – Wappen der Republik Venedig
Abb. nach: D.W. Wb. Tfl. 21

S. 243 r. Banner der Stadt Mailand
Beutestück aus dem Pavierzug
Freiburg, Staatsarchiv; Freiburger Fahnenbuch
Photo: Benedikt Rast, Freiburg

S. 244 o.l. – Zerteilte Schlange, Pennsylvania Gazette, 9. Mai 1754
Photo: Archiv des Verlags

S. 244 o.m. – »Tanz um den Freiheitsbaum«
Photo: Benziger Verlag, Zürich

S. 244 o.r. – Neu-England-Flagge
Archiv des Verlags

S. 244 m.l. – Siegel
Padua, Museo Bottacin

S. 244 m.m. – Dreifarbige Fahne
Photo: Archiv des Verfassers

S. 244 m.r. – Titelkopf vom Gesetzeserlaß der Helvetischen Regierung vom 26. Juli 1798
Bern, Schweizerische Landesbibliothek

S. 244 u.l. – Zwei Wappen von Kolumbien 1819 und 1821
Abb. nach E.O. Ricaurte, Heraldica Nacional, Bogotá 1954, S. 63 und 79

S. 244 u.r. – Wappen von Argentinien
Archiv des Verlags

S. 245 o.l. – Schweizerisches Militär
Zürich, S.Lm

S. 245 o.r. – Wappen der Tschechoslowakei und von Finnland
Archiv des Verlags

S. 245 l. – Infanteriefahne der Spanischen Republik 1931
Amtliche Vorlage
Archiv des Verfassers

S. 245 m. v.l.n.r. – Wappen von Oldenburg und von Württemberg
Abb. nach: Die Wappen und Flaggen des Deutschen Reichs und der deutschen Länder, Berlin 1928, Tfln. VII., IV

– Wappen von Portugal
Archiv des Verlags

– Ungarische Münze, Günter Schön, Weltmünzkatalog, Nr. 48
Photo: Battenberg Verlag, München

S. 245 u.r. – Wappen von Österreich, Bundesrepublik Deutschland, Polen, Albanien
Archiv des Verlags

S. 246 o. – Krone der Stadt Bar-le-Duc

Amtliche Vorlage

S. 246 m. v.l.n.r. – Siegel

– Kaisergoldbulle Ludwigs des Bayern, 1328, nach Abschlag vom Stempel
München, Staatliche Münzsammlung

– Siegel mit Stadtbild von Jerusalem
Archiv des Verlags

– Hauptsiegel der Stadt Hamburg, um 1300–1800
Hamburg, Staatsarchiv

– Siegel der Stadt Emmerich, 1237
Düsseldorf, Hauptstaatsarchiv

– Siegel von Arles
Archiv des Verfassers

S. 246 u.m. v.l.n.r. – Bärenwappen
Archiv des Verfassers

– Wappen von Charlottenburg und Hameln
amtliche Vorlagen
Zeichnungen des Verfassers

S. 246 u. – Wappen der Stadt Carlisle
Amtliche Vorlage

S. 247 o. v.l.n.r. – Bronzeabguß des mittelalterlichen Stadtsiegels, auf dem erstmals das städtische Doppelrad erscheint
Mainz, Stadtarchiv

– Initiale mit dem Stadtwappen aus dem Friedebuch der Stadt von 1435
ebd., Abt. 4, Nr. 50

– Wappendarstellung in der Urkunde Napoleons vom 13. Juni 1811 (Verleihung des Rechts einer »Bonne Ville de l'Empire«)
ebd., Bild- und Plan-Sammlung VI D 3

– Aquarellierte Zeichnung des Stadtwappens aus dem 19. Jhdt.
ebd., VI D 5

– Darstellung des seit 1915 gültigen Wappens
ebd., VI D 6
Alle Photos: Pilko, Mainz

– Medaille der »Bonnes Villes«, 1811
Photo: Musée Monétaire, Paris

S. 247 u. – Wappenbrief für die Stadt Wien, 1461
Original im Wiener Stadt- und Landesarchiv, Privileg Nr. 46

S. 248 und 249 – Wappen von Haupt- und Großstädten
Archiv des Verlags
Zeichnungen des Verfassers für die Brockhaus Enzyklopädie, koloriert von Joachim von Roebel, Bonn

S. 250 und 251 o. – Acht Trauernde
Paris, M.d.L.
Näheres bei: Jean-Bernard de Vaivre, Les Armoiries de Regnier Pot et de Palamède
Publ. in: Cahiers d'Héraldique II., Paris 1975, S. 179–212
Photo: M.N.P.

S. 250 und 251 u. – Leichenzug von Königin Elisabeth I. von England
London, Br.L.; Ms. Add. 35324, fol. 37v.

S. 250 u.l. – Paolo Uccello: Die Schlacht von San Romano, Ausschnitt, Gegenangriff der Florentiner
Paris, M.d.L.
Photo: M.N.P.

S. 252 – Drei Steinplastiken

– Grabstein
Ebersbach bei Görlitz
Abb. nach: Deutscher Herold, 1927

– Lilienschild
Rom, S. Giovanni in Laterano
Abb. nach: Deutscher Herold, 1900

– Florentiner Wappenwand
Florenz, Brücke
Photo: Archiv des Verfassers

S. 253 l. – Innsbrucker Wappenturm
Druckblatt, 19. Jhdt.
Archiv des Verfassers

S. 253 o.r. – Wappen der Visconti
Abb. nach: Ströhl, H.A.

S. 253 r. – Reichsdach vom Stephansdom, Wien
Publ.: Hanns Jäger-Sustenau, Über den Wappenschmuck am Chordach von St. Stephan. In: Wiener Geschichtsblätter, 6. (66.) Jg. 1951, Nr. 1
Photo: Franz Hubmann, Wien

S. 254 o. – Liechtensteinisches Autokennzeichen
Archiv des Verlags
Photo: Robert Tobler, Luzern

S. 254 m. – Flugzeug
Photo: Archiv des Verlags

S. 254 u.l. – Wappen von Flüelen an einer Schweizer Lokomotive
Archiv des Verlags
Photo: Robert Tobler, Luzern

S. 254 u.r. – Lokomotive der Schweizerischen Bundesbahnen
Archiv des Verlags

S. 255 – Modell der Königsjacht Sophia Amalia
Kopenhagen, Orlogsmuseet
Photo: Museum

S. 256 o. v.l.n.r. – Gravierte silberne Dose
New York, Metropolitan Museum of Art

– Schokolade-Kanne
Boston, Mass., Museum of Fine Arts

– Teller
London, Christie's Collection

– Augsburger Humpen
Photo: Archiv des Verfassers

– Becher
New York, Metropolitan Museum of Art

S. 256 m. v.l.n.r. – Teller
Göteborg, Historiska Museum

– Bemalter Teller (Queens Ware Plate)
The Trustees of the Wedgwood Museum, Barlaston, England, GL 1473-1

S. 256 u. v.l.n.r. – Berloque, Privatbesitz

– Siegelring mit Allianzwappen Neubecker-Lippe mit Abdruck

– Wappenring
Photo: Firma Bucherer, Luzern

– Blindprägung aus einer Visitenkarte
Archiv des Verfassers

– Brief mit Wappen im Briefkopf
Archiv des Verfassers

S. 257 l. – Exlibris des Bengt Jönsson Oxenstierna
Stockholm, Kungl. Biblioteket

S. 257 r. – Zwei Exlibris
Archiv des Verfassers

S. 258 o.r. – Heiligtumsschrein
Nürnberg, G.N.M.

S. 258 l. – Türklopfer
Lübeck, Sakristei der Petrikirche
Abb. nach: Ströhl, H.A.

S. 258 u.l. – Wappenschild der englischen Familie Jones
Publ.: Der Herold, Band 1, 1940, S. 63–71
Photo: Archiv des Verfassers

S. 258 u.r. – Kasten mit der Darstellung eines Schau-Stechens
Berlin, Kunstgewerbemuseum
Publ.: Recueil du IVe Congrès International de Vexillologie, Torino, 24/27-VI-1971, S. 181–186, 2 Farbtafeln
Photo: Ba.Pr.Kb.

S. 259 l. – Zweitüriger Schrank
Hannover, Kestner-Museum
Photo: Hermann Friedrich, Hannover

S. 259 o.r. Kronleuchter aus der Pfarrkirche von Wildpoldsried
Photo: Lala Aufsberg, Sonthofen

S. 259 u.r. – Bettstatt mit dem Wappen des Todes
Holzschnitt von Peter Flötner
Abb. nach: Heinrich Kreisel, Die Kunst des deutschen Möbels, A. 121

S. 260 o. – Seton Armorial, Eigentum von Sir David Ogilvy, Pencaitland
Deponiert in der National Library of Scotland, Edinburgh, Department of Manuscripts, fol. 16
Photo: Tom Scott, Edinburgh

S. 260 u.l. – Detail von burgundischem Tausendblumenteppich
B.H.M.; Inv. Nr. 14

S. 260 u.m. – Britisches Wappen
Archiv des Verlags

S. 260 u.r. – Tammany Hall, New York, Lithographie 49 183
Mit Genehmigung der New York Historical Society, New York City

S. 261 – Tausendblumenteppich
London, Montacute House, National Trust

S. 262 m.l. – Haus Neuerburg, Zigarettenpackung nach O.H.W. Hadank († 17.5.1965)
Photo: Christiane Marchesi, Zürich

S. 262 u.l. – Zehnte Fußball-Weltmeisterschaft 1974
Endspiel in München, Bundesrepublik Deutschland – Niederlande
Photo: Erich Baumann, Ludwigsburg

S. 263 m.r. – Cadillac Seville Kühlerdekoration, General Motors Corporation
Photo: Cadillac Motor Car Division, New York

S. 262 und 263 Rest. – Angewandte Heraldik
Archiv des Verlags
Photo: James Perret, Luzern

S. 264 o. – Wappenscheibe des Petrus Babenberg
Aus der Kirche von Aarwangen
Zürich, S.Lm., Inv.-Nr. 6921

S. 264 l. – Standesscheibe von Glarus
ebd., Nr. 29264

S. 264 r. – Zunftscheibe, Oktober, Zunft zu Schiffleuten
ebd., Depot der Zunft zu Schiffleuten Nr. 3099, 1933 mit sieben weiteren Scheiben der Serie durch die Zürcher Zünfte aus dem Besitz der Fürsten von Fürstenberg auf Schloß Heiligenberg zurückgekauft. Eine neunte Scheibe (Juni, Metzgerzunft zum Widder) in London, V.A.M.

S. 265 – Wappenscheibe von Willisau und Entwurf zur Wappenscheibe von Sursee (unten)
Glasmaler: Eduard Renggli, Luzern
Photo: James Perret, Luzern

S. 266 – Ämterscheibe von Bern
Zürich, S.Lm. Nr. 8783
Aus Schloß Wildegg AG
Glasmaler: Jakob Brunner, aus Brugg AG

S. 267 – Wappenscheibe der Stadt Luzern
Glasmaler: Eduard Renggli, Luzern
Photo: James Perret, Luzern

INDEX

Aus Raumgründen konnten Namen, die auf Übersichten vorkommen, im Index nur in begründeten Einzelfällen aufgenommen werden.

Abkürzungen

Bf.	Bischof
Bt.	Bistum
By.	Bayern, bayerisch
CH	Schweiz, schweizerisch
Dmk.	Dänemark
Dt.	Deutsch
Dtl.	Deutschland
Dyn.	Dynastie
Ebf.	Erzbischof
Ebt.	Erzbistum
Engl.	England, englisch
Fam.	Geschlecht, Familie
Frk.	Frankreich
Fst.	Fürst
Fstin.	Fürstin
Fstm.	Fürstentum
Fz.	Französisch
GB	Großbritannien
Gb.	Gebiet, Landschaft, Territorium
Gf.	Graf
Gft.	Grafschaft
Hd.	Herold, Heroldsname
Hzg.	Herzog
Hzgt.	Herzogtum
It.	Italien, italienisch
Kg.	König
Kgr.	Königreich
Ks.	Kaiser
Kt.	Kanton
Ma.	Mittelalter, mittelalterlich
Nbg.	Nürnberg
Nl.	Niederlande, niederländisch
Öst.	Österreich, österreichisch
Prov.	Provinz
Pz.	Prinz
Pzin.	Prinzessin
Rep.	Republik
Röm.-dt.K.	Römisch-deutscher Kaiser oder König
Span.	Spanien, spanisch
St.	Stadt
Sw.	Schweden, schwedisch
T.	Turnier
Ta.	Turniergesellschafts-abzeichen
Univ.	Universität
ZH	Zürich

Zahlen in *Kursive* beziehen sich auf Beschreibungen oder Bilder.